AF876508

nrf essais

Luc Boltanski
Laurent Thévenot

De la justification

Les économies de la grandeur

Gallimard

© Éditions Gallimard, 1991.

Pour Joëlle Affichard
et Elisabeth Claverie

AVANT-PROPOS

COMMENT NOUS AVONS ÉCRIT CE LIVRE

Les lecteurs de cet ouvrage pourront ressentir une certaine gêne à ne pas rencontrer dans les pages qui suivent les êtres qui leur sont familiers. Point de groupes, de classes sociales, d'ouvriers, de cadres, de jeunes, de femmes, d'électeurs, etc., auxquels nous ont habitués aussi bien les sciences sociales que les nombreuses données chiffrées qui circulent aujourd'hui sur la société. Point encore de ces personnes sans qualités que l'économie nomme des individus et qui servent de support à des connaissances et à des préférences. Point non plus de ces personnages grandeur nature que les formes les plus littéraires de la sociologie, de l'histoire ou de l'anthropologie transportent dans l'espace du savoir scientifique, au travers de témoignages souvent très semblables à ceux que recueillent les journalistes ou que mettent en scène les romanciers. Pauvre en groupes, en individus ou en personnages, cet ouvrage regorge en revanche d'une multitude d'êtres qui, tantôt êtres humains tantôt choses, n'apparaissent jamais sans que soit qualifié en même temps l'état dans lequel ils interviennent. C'est la relation entre ces états-personnes et ces états-choses, constitutive de ce que nous appellerons plus loin une *situation*, qui fait l'objet de ce livre.

Mais nous n'avons pas pour autant oublié les êtres auxquels les sciences sociales nous avaient habitués. C'est en nous interrogeant sur les problèmes que posait leur confrontation dans un même cadre discursif, et jusque dans les mêmes énoncés, que nous avons été amenés à mettre au centre de nos recherches les questions que soulève l'acte même de qualifier, non seulement des choses, mais aussi ces êtres particulièrement résistants à la qualification que sont les personnes. Centrer nos investigations sur les opérations de qualification présentait un intérêt majeur parce que cette position nous permettait de faire le va-et-vient entre des interrogations qui relèvent habituellement de l'épistémologie, et des questions propres à la sociologie ou à l'anthropologie. En effet, les opérations de qualification peuvent être saisies en tant qu'actes élémentaires de l'activité scientifique, qui suppose une mise en équivalence des objets sur lesquels va porter l'explication. Mais elles constituent aussi les opérations cognitives fondamentales des activités sociales dont la coordination réclame un travail continu de rapprochement, de désignation commune, d'identification.

La généralisation des observations de terrain et la construction de l'équivalence statistique

Notre façon de travailler nous avait rendus attentifs aux différentes façons, scientifiques ou ordinaires, de qualifier, mais aussi aux problèmes que pose leur mise en relation. En effet, nos identités professionnelles, d'économiste et de statisticien pour l'un, de sociologue pour l'autre, nous amenaient sans cesse à manipuler ces êtres collectifs de grande taille auxquels il est nécessaire de faire appel pour embrasser, de façon quasi cartographique, ce qu'il est d'usage d'appeler, depuis la première moitié du XIXe siècle, la société. Mais en tant que producteur ou utilisateur de nomenclatures statistiques et, d'autre part, en tant que sociologue de terrain mettant en œuvre des méthodes d'observation inspirées de l'ethnologie, nous ne pouvions être complètement aveugles à la tension entre les exigences de la qualification qui précède tout classement et les résistances de la matière à classer qui était composée, quel que fût le traitement auquel on la soumettait, d'énoncés recueillis auprès de personnes. Or, dans nombre de cas, ces personnes opposaient à l'entreprise taxinomique des qualifications imprévues et par là inclassables, ou même s'élevaient, lorsque l'occasion leur en était offerte, contre la prétention des experts ou des chercheurs à vouloir les qualifier de façon à les rapprocher d'autres personnes dans la promiscuité d'une même catégorie.

Le problème de la relation du genre et du cas dans les descriptions des sciences sociales nous apparaissait en toute lumière et de façon particulièrement difficile à justifier en termes d'exigences épistémologiques lorsque, pour rendre plus vivant un énoncé formé de macro-entités, comme par exemple des classes sociales, on le fait suivre d'un extrait d'entretien, en traitant leur relation problématique sur le mode de l'illustration exemplaire ou de l'exemple typique. Cette tension est déjà présente, bien que de façon plus discrète, dès l'instant où l'on intègre dans un même discours, comme le fait souvent la statistique descriptive, des données chiffrées issues de matrices formées par le croisement de catégories avec des considérations sur les comportements des gens, en réduisant la question posée par l'intrication de ces deux langages de description au sein d'un même commentaire à un problème de rhétorique, d'écriture ou de style. On pourrait faire enfin les mêmes remarques pour ce qui est de la procédure, inhérente à de nombreuses formes d'analyse de contenu, consistant à attribuer l'expression d'une personne à une catégorie, en arguant de sa nature typique, pour s'autoriser à la constituer en fait de langage, susceptible d'une analyse scientifique, sans même parler du sentiment de gêne que suscite souvent la simple confrontation de l'enquêteur, le formulaire à la main, en face à face avec la personne interrogée chez elle, au milieu de ses objets familiers, et dont la présence, aussi bien que les propos, risquent à chaque instant de faire apparaître comme déconcertante, comme vaine, voire comme abusive l'opération visant à saisir la vérité de la situation dans la grille standardisée du questionnaire.

Une interprétation naïve de cette tension consiste à penser qu'elle est suscitée par un écart trop grand entre une réalité et des catégories jugées soit inadéquates soit trop générales pour en épouser les linéaments. On retrouve là les critiques habituelles opposées à la statistique et, plus généralement, à l'ensemble des approches globalisantes. De fait, notre première démarche a consisté à rentrer, plus que ne le font habituellement les chercheurs, dans les opérations de rapprochements entre les cas bruts et les catégories constituées. Ces opérations primaires de la recherche, qui précèdent toute visée d'explication ou même de traitement de la matière recueillie, sont à la fois les plus fondamentales et les moins problématisées ou explorées.

Notre attention, stimulée par l'éclairage que les recherches anthropologiques de Pierre Bourdieu jetaient sur le rapport entre les opérations classificatoires et les interventions pratiques (Bourdieu, 1972), s'est portée d'abord sur les opérations de codification et, plus généralement, de mise en forme, réalisées par les statisticiens, les sociologues ou encore les juristes. Nous avons accordé une importance particulière aux connexions opérées avec d'autres formes de qualifications tenues pour acquises qui contribuent à consolider et à stabiliser les catégories que l'on cherche à construire ou à mettre en œuvre.

Nous avons procédé de deux façons différentes, menées parallèlement. Nous avons, d'une part, entrepris de faire, en prolongeant le travail d'Alain Desrosières sur les catégories socioprofessionnelles (Desrosières, 1977), l'histoire de la construction d'une catégorie, celle des cadres, en montrant comment elle avait été établie en prenant appui sur des rapprochements antérieurs déjà stabilisés (comme les conventions collectives) (Boltanski, 1982). Pour cela, il fallait reconstituer le travail préalablement accompli par les porte-parole politiques ou syndicaux pour définir le contenu et les limites de la catégorie. Avant de désigner un groupe allant de soi et, pourrait-on dire, officiel, la catégorie apparaissait encore comme problématique et avait dû être construite à la façon d'une cause, c'est-à-dire avec l'intention affirmée de réparer une injustice en faisant reconnaître l'existence d'un groupe jusque-là passé sous silence. Mais l'étude de ceux qui, aujourd'hui, s'affirment comme cadres, montrait aussi que les acteurs eux-mêmes, quand ils sont interrogés sur leur identité professionnelle, sont amenés à réactiver cette représentation et, par conséquent, à faire œuvre à leur tour de représentants. D'autre part, le traitement statistique qui opère en principe par un croisement de variables ne suffit pas à éloigner totalement la présence des personnes. Leur évocation refait surface dans les cas difficiles où les consignes d'utilisation des variables ne suffisent pas. L'agent chargé du traitement est alors amené, pour décider d'une affectation à une catégorie, à se figurer la personne qui a rempli le questionnaire en la rapprochant de gens qu'il connaît.

Identification ordinaire et qualification scientifique

L'autre ensemble de recherches a consisté à observer et à analyser des catégories aux frontières indécises, comme les jeunes (Thévenot, 1979), et les procédures effectuées par les personnels, souvent subalternes, qui sont chargés, dans les grands organismes statistiques, du travail de codification, habituellement traité comme un travail de routine ne posant pas de problèmes particuliers (Thévenot, 1983). On s'intéressa particulièrement aux moments, qui interrompent le cours normal de la chaîne statistique, où les codeurs ont l'impression que les consignes distribuées ne suffisent plus à soutenir leur travail. Ces moments de doute apparaissent particulièrement lorsqu'ils doivent affecter à l'une ou l'autre des catégories de la nomenclature des cas qui leur paraissent incertains et éveillent leurs soupçons. Lorsque la codification porte sur la profession, le doute peut être résorbé et l'affectation accomplie en allant chercher, dans le questionnaire, d'autres propriétés, comme le niveau d'étude ou le revenu. Mais ce rapprochement conduit souvent à mettre en cause l'intitulé ou la qualification professionnelle proposés par la personne interrogée. Diminuée, elle se trouve affectée à une catégorie de rang inférieur à celle vers laquelle ses déclarations semblaient d'abord l'orienter. La rectification de la déclaration que l'on pouvait alors observer ou, pour employer un terme à résonance statistique, ce redressement, que l'opérateur – codeur ou chercheur – menait avec fermeté et, parfois, avec une sorte de réprobation quasi morale, à la façon dont il se serait engagé dans une dispute imaginaire avec l'individu qui faisait l'objet de son classement, conduisait donc à déplacer la personne sur un ordre, en la traitant comme si elle avait usurpé un état qui n'était pas justifié, bref à en diminuer la grandeur.

L'un des enseignements principaux de ces recherches fut de mettre en lumière la similarité entre la façon dont une personne, pour rendre compréhensible sa conduite, s'identifie en se rapprochant d'autres personnes sous un rapport qui lui semble pertinent et la façon dont le chercheur place dans la même catégorie des êtres disparates pour pouvoir expliquer leurs conduites par une même loi. Ce constat conduisait à porter la même attention à la qualification donnée par les personnes interrogées et aux qualifications catégorielles des faiseurs d'enquêtes. Par voie de conséquence, on était conduit à substituer à une opposition entre la généralité de la catégorie et la singularité d'un cas personnel, un conflit entre différentes façons de qualifier les gens.

On devait par là renoncer à une façon économique d'apaiser ce conflit – qui n'est pas sans rappeler une façon ordinaire de critiquer dans les disputes – et qui consiste à réduire la qualification proposée par les acteurs au profit de celle affectée lors du dépouillement de l'enquête. En effet, bien qu'intervenant en principe sous contrainte de neutralité, le chercheur ou le statisticien ne pouvaient parvenir à qualifier sans juger, comme le montraient les opérations d'affectation à une catégorie des cas marginaux ou douteux évoqués plus haut.

Du rapprochement au jugement

Les observations portant sur les opérations de codage et l'étude historique de la formation des catégories socioprofessionnelles furent prolongées par des recherches expérimentales visant à approfondir l'analyse des opérations cognitives de rapprochement engageant la profession ou le milieu social, telles qu'elles sont réalisées par des non-spécialistes (Boltanski, Thévenot, 1983). Ces recherches confirmaient d'abord la relation entre classement et jugement. Cette relation apparaissait nettement dans l'un des exercices proposés à des groupes d'une douzaine de personnes, qui consistait à négocier une nomenclature unique à partir de rapprochements différents accomplis par chacun des participants séparément lors de la phase précédente. Au cours de cet exercice, présenté comme un jeu, les participants critiquaient les propositions des autres joueurs non seulement en termes de cohérence logique mais surtout en termes de justice, considérant par exemple que c'était faire un tort à une ouvrière d'usine de la rapprocher indûment d'une femme de ménage, quand bien même elles auraient eu le même niveau de formation ou le même revenu. Dans un autre exercice, les participants étaient mis en concurrence pour identifier le milieu d'une personne inconnue (mais réelle) en jouant sur des indices très divers, dont l'accès était affecté d'un coût. Ces indices, dévoilés de façon progressive, étaient fournis à chacun des membres séparément et à l'insu des autres joueurs. Or cet exercice, mené avec ardeur puisqu'il comportait un gagnant (la meilleure identification au moindre coût), montrait que les variations dans la qualification s'accompagnaient de jugements explicitement exprimés sous la forme de réflexions telles que « je vais le remonter un peu » ou encore, par exemple, après avoir pris connaissance des lectures favorites de la personne cachée, « celle-là je l'avais mal jugée ». Le lien entre une activité cognitive et une évaluation apparaissait clairement dans l'excitation manifestée au cours du jugement.

Mais cet exercice apportait aussi un autre enseignement. En effet, il proposait délibérément aux joueurs des informations de divers types. Certaines relevaient d'une forme critérielle qui est celle des variables les plus publiques (en quelque sorte reconnues d'intérêt national) inscrites dans l'état civil, la comptabilité nationale, les conventions collectives, telles que l'âge, le niveau d'étude ou la taille de l'entreprise. D'autres renvoyaient à une approche plus familière de la personne par l'intermédiaire de ses goûts ou de ses conduites privées. Cet exercice enfermait donc en lui-même la tension entre le genre et le cas qui était l'un des objets de notre investigation. Cette tension n'était pas clarifiée par la consigne donnée aux joueurs, trouver la profession ou le milieu de la personne cachée et qui était interprétée tantôt en termes d'approximation statistique (« il y a 80 % de chances que ce soit un cadre »), tantôt comme une enquête devant conduire à démasquer l'identité de la personne voilée par le questionnaire. Cet exercice permettait par là de faire ressortir une pluralité de rapports sous lesquels pouvaient être opérés des rapprochements et des jugements incompatibles. On voyait apparaître ainsi des joueurs qui ressemblaient à des statisticiens ou à des chercheurs munis de lois sociales qui cherchaient à déterminer une catégorie par des spécifications successives reposant sur le croisement de variables. Ils construisaient ainsi des preuves ayant la forme de corrélations et relevant par là de la nature de la preuve statistique. A l'inverse, d'autres joueurs se glissaient dans les intrigues d'une enquête visant à débusquer la personnalité en utilisant pour cela, comme dans le paradigme de l'indice selon Carlo Ginsburg (1980), les signes les plus indirects tels que les goûts littéraires, les sports favoris ou la marque et l'âge de la voiture possédée.

Comme le suggère ce dernier exemple, les opérations de rapprochement menées par les joueurs semblaient très liées aux dispositifs d'objets dans lesquels on les jetait par les questions dont on leur proposait les réponses. Un nombre limité d'objets apparus à mesure que l'information était dispensée suffisait, s'ils étaient organisés selon des dispositifs cohérents, à faire surgir des formes assez prégnantes pour entraîner la réinterprétation ou le rejet des informations nouvelles et, par là, pour stabiliser le jugement, à un stade souvent précoce de l'exercice.

Enfin, les recherches sur l'identification ont mis également en lumière un effet inattendu de l'exercice de cette tâche. Un sentiment de gêne accompagnait souvent la réussite, lorsque l'un des membres était parvenu à « saisir » – comme disaient les participants – l'individu caché, au double sens d'un dévoilement et d'une traque. Gêne à circonscrire un être, dans son intégralité, lorsqu'on leur rappelait que, derrière cet exercice, il y avait une vraie personne, ce qui ne permettait plus de le considérer seulement comme un jeu. Les joueurs les plus habiles à manier des indices indirects – que l'on pourrait dire privés ou même singuliers – et qui obtenaient, en règle générale, la réussite la meilleure, se montraient aussi les plus souvent gênés et même honteux par le fait qu'ils devaient s'expliquer publiquement, en face d'autres joueurs qui s'étaient appuyés sur des qualités légitimes. Ce trouble ne les aurait pas gagnés si leurs inférences avaient pris place dans une conversation privée où rien n'interdit de soumettre les autres à un calcul des indices, par exemple pour s'assurer de leurs intentions. Bref, c'est parce que le dispositif comportait des questionnaires statistiques, la référence à des propriétés officielles, des débats publics appelant une justification en toute généralité des rapprochements opérés, que paraissait inacceptable l'appréciation, au demeurant très ordinaire, d'une personnalité.

Le caractère problématique de la mise en relation de traits personnels et de catégories de classement, mis en lumière par ce travail, nous a conduits à une exploration plus systématique des classements socioprofessionnels (Desrosières, Thévenot, 1988). Mais l'analyse de la façon dont la singularité est absorbée dans des formes générales ne se réduit pas aux questions statistiques ni même aux problèmes de classement. Nous avons prolongé l'étude des contraintes qui pèsent sur le traitement de la singularité par deux recherches en apparence très éloignées, puisque l'une portait sur les conditions de validité des plaintes pour injustice, et l'autre sur les formes d'ajustement entre ressources disparates dans les entreprises.

La construction de la preuve et la tension du général et du particulier

La mise en évidence des contraintes de cohérence dans la généralisation d'une situation, démontrant la nécessité d'effacer les attaches singulières pour se conduire de manière acceptable, s'est appuyée sur une analyse de la façon dont de simples quidams cherchent à faire admettre que leurs déboires personnels sont, en fait, des injustices engageant le collectif dans sa totalité, et qu'une réparation exige une reconnaissance publique du tort qui leur a été fait (Boltanski, 1984). L'un des résultats principaux de cette recherche fut de montrer que les appels à la justice jugés inacceptables et même, dans certains cas, délirants, étaient caractérisés par une construction déficiente de la généralité du grief. Ce défaut apparaissait particulièrement en l'absence de prise en charge par une institution à même de dé-singulariser le malheur de la victime pour le transformer en cas exemplaire d'une cause collective. Les documents constitués de lettres, ou plutôt de volumineux dossiers envoyés aux journaux mais non publiés, étaient rejetés par un panel de juges composé de personnes ordinaires en raison du caractère extrêmement disparate des objets engagés à titre de preuve. Certains étaient de l'ordre du familier (comme une épouse infidèle), voire du singulier (comme un sentiment d'angoisse), tandis que d'autres relevaient de la généralité la plus grande comme, par exemple, les malversations d'un grand syndicat, le moral de la Nation, voire l'équilibre international.

En analysant le travail de généralisation sur la forme des éléments de preuve et sur la cohérence de leur association, nécessaire pour les faire valoir de façon acceptable dans le cours d'un litige, on peut accéder à l'idée de justice par des voies inhabituelles. L'approche ne s'effectue pas par l'intermédiaire d'une règle transcendantale, comme c'est traditionnellement le cas, mais en suivant les contraintes d'ordre pragmatique qui portent sur la pertinence d'un dispositif ou, si l'on veut, sa justesse. Cette orientation était confirmée par des recherches portant sur des dispositifs techniques dans lesquels les objets occupent une place importante, tels qu'on peut les observer dans des entreprises. Il apparaissait ainsi que la nécessité de recourir à des formes générales ne s'impose pas seulement pour lier des êtres humains dans des groupes ou dans des causes. Il en va tout autant, bien que de façon encore plus inaperçue, pour faire tenir le monde de l'industrie dont les objets techniques doivent, pour fonctionner de façon satisfaisante et pour s'ajuster correctement les uns aux autres, prendre appui sur des ressources préalablement établies sous une forme propre à faire le lien du local au global.

Aborder la question de l'efficacité à partir d'exigences d'ajustement a conduit à étudier les investissements qui dotent les objets d'une forme de généralité. Ces investissements de forme leur confèrent des capacités et assurent donc la prévisibilité de leur comportement (Thévenot, 1986; Eymard-Duvernay, 1986). Ils leur permettent de se déployer dans l'espace et dans le temps en justifiant de rapprocher leurs fonctionnements d'une situation à l'autre. La nécessité d'investissements de forme se voit particulièrement bien à l'aube de la grande entreprise, lorsqu'il faut stabiliser dans le temps et étendre dans l'espace les organisations productives, en prenant appui sur des outils tels que mesures, horaires, normes, règlements, etc. Coûteux, ils contribuent en retour à l'économie d'interrogations permanentes sur les capacités des choses et sur leur compatibilité incertaine.

La tension entre diverses formes de généralité

Ces différentes recherches permettaient de saisir, dans un même questionnement sur les opérations de qualification et de généralisation, aussi bien des affaires constituant des causes pour réclamer justice que des investissements assurant l'ajustement de ressources diverses sous une forme commune. Cette démarche, reposant sur la mise en parallèle des exigences de justice entre les hommes et des contraintes d'ajustement entre les choses, nous donnait le moyen de traiter des objets apparemment très différents avec les mêmes outils conceptuels. Elle a conduit, dans un deuxième temps, à explorer la possibilité d'une pluralité de formes d'investissement et, par là, des formes de généralité dont relèvent ces objets.

L'attention portée, dans l'étude du fonctionnement d'organisations et d'entreprises, à des ressources et à des dispositifs fondés sur des relations personnalisées, sur une proximité entre les gens et entre les choses, et sur le gage que constituent pour des liens durables des attaches spécifiques, a conduit à envisager d'une façon nouvelle des traits qui ont été appréhendés le plus souvent de manière négative, comme des archaïsmes, des freins à l'extension du marché ou au développement du progrès technique. Elle amenait à reconnaître la place occupée par une autre forme de généralité, que nous avons nommée « domestique » en la distinguant d'une forme « industrielle » caractérisée par la standardisation, la stabilité temporelle dans l'avenir et l'anonymat des êtres fonctionnels. Elle ne se traduit pas en efficacité technique mais s'exprime en termes de confiance, et repose sur des traditions et des précédents qui font foi. Les ressources domestiques sont mises en œuvre dans un mode de gestion du personnel qui valorise l'expérience spécifique acquise par l'ancienneté dans la maison, et qui s'éloigne en cela d'un ordre marchand dans lequel les êtres doivent être mobiles, sans attaches et sans passé, amenant les économistes à parler de marché *interne* pour désigner ces procédures de gestion. Mais l'intérêt d'une analyse systématique d'une forme de généralité était d'appréhender dans un même cadre des éléments divers du fonctionnement d'une organisation, et de montrer qu'une même économie des formes domestiques permet de comprendre des règles de gestion de la main-d'œuvre, des types de relations avec des fournisseurs ou des clients fidélisés, des savoir-faire, des équipements spécifiques et des modes d'apprentissage (Thévenot, 1989a). La référence à une forme de généralité conduisait, d'autre part, à mettre en relation une façon de traiter les personnes en général et une façon de traiter des choses en général. En mettant en relief la congruence entre la qualification des gens et celle des objets, cette approche permettait de relier des questions qui sont souvent abordées dans des perspectives et des disciplines différentes, respectivement spécialisées dans l'étude des relations sociales ou des contrats, d'une part, et des contraintes technologiques ou de la qualité des produits (Eymard-Duvernay, 1989a), d'autre part.

Mais cette ouverture sur des formes de généralité alternatives a fait également ressortir les tensions critiques qui résultent de la confrontation entre plusieurs façons de former des équivalences entre les êtres, et donc de généraliser. La critique des archaïsmes de la tradition ne constituant que l'une des expressions courantes de ces tensions, il était nécessaire de traiter symétriquement chacune des formes de généralité si l'on voulait rendre compte de l'ensemble des tensions critiques, chacune de ces formes servant d'appui à une réduction critique d'une autre. Cette approche symétrique s'impose particulièrement dans l'analyse d'organisations que l'on peut dire complexes en ce que leur fonctionnement obéit à des impératifs qui renvoient à des formes de généralité différentes, leur confrontation occasionnant des tensions et suscitant des compromis plus ou moins précaires. Cette analyse conduisait notamment à mettre en lumière les tensions internes qui se trouvent au cœur de l'objet de l'économie. Les dispositifs d'ordre marchand ne sont pas propices à l'intégration d'une perspective temporelle alors que les dispositifs industriels supportent la possibilité d'une projection sur l'avenir et d'un déplacement spatial, les dispositifs domestiques permettant d'établir des liens avec le passé et un enracinement local de ressources spécifiques.

Cette visée de symétrie a engagé des décisions de méthode qui ont guidé aussi bien les observations sur le terrain que la façon dont furent esquissés les modèles visant à révéler la cohérence des observations recueillies. Il apparut, en effet, que les contraintes attachées à ces différents modes de généralisation ne s'exerçaient pas seulement sur les pratiques de justification des acteurs mais aussi sur les différents modes de connaissance du monde social. Ainsi, la fréquence statistique ne permet de produire des preuves qu'à partir de calculs sur des objets préalablement standardisés qui relèvent d'une forme de généralité industrielle (Thévenot, 1987, 1991). En revanche, la connaissance par l'exemple, qui est souvent à l'œuvre dans l'enquête monographique, puise dans la mémoire d'expériences passées dont la validation repose sur le témoignage de gens respectables, et s'appuie donc sur une forme de généralité domestique.

Les recherches sur la justice conduisaient, quant à elles, à mettre en lumière une autre forme de généralité, que l'on peut appeler civique au sens où elle substitue au mode de relations personnelles un monde dans lequel toutes les relations doivent, pour être légitimes, être médiatisées par la référence à des êtres collectifs garantissant l'intérêt général, tels que associations, institutions démocratiques, etc. Ces analyses mettaient du même coup l'accent sur une autre tension opposant aux relations personnelles dans lesquelles les gens s'engagent directement, des relations que l'on peut dire désingularisées, au sens où les acteurs doivent, pour agir de façon acceptable, n'être présents que sous le rapport où ils se rattachent à des collectifs. Ils se dépouillent de leur nom et de leur corps propres pour revêtir les qualificatifs qui marquent leur appartenance à des institutions ou à des groupes comme le fait, par exemple, un porte-parole qui signe un document du titre que lui vaut son élection à la présidence d'une organisation. Du même coup, on pouvait comprendre d'autres appuis critiques. C'est en s'appuyant sur ces formes civiques que les personnes engagées dans des affaires dénoncent les scandales qui suscitent leur indignation. L'analyse des affaires jugées scandaleuses montrait que ces critiques pouvaient toujours être réduites, schématiquement, à un dévoilement de liens personnels et, par conséquent, d'intérêts qui, du point de vue civique, ne pouvaient apparaître que comme égoïstes, et qui unissaient en coulisse des personnes orientées, en apparence, vers la recherche du bien public (par exemple des juges et des prévenus, des maires et des promoteurs immobiliers, etc.). Ce sont pourtant ces mêmes liens personnels qui sont source de confiance et de loyauté et dont, par conséquent, il n'y a rien à redire, lorsque les acteurs sont tous plongés dans un monde domestique. Mais il apparut également que la tension du domestique et du civique ne concernait pas seulement les personnes. Elle était non moins source de malaise, lorsque des objets relevant d'une forme domestique et d'une forme civique se trouvent engagés dans un dispositif composite, comme c'est le cas lorsqu'une victime, décidée à faire reconnaître publiquement le dommage dont elle se plaint, mêle, dans le récit de son affaire, des détails intimistes ou intimes concernant son corps propre ou des objets familiers et des entités de nature civique.

L'attention aux opérations critiques

Pour décrire chacun de ces ordres de généralité, domestique, industrielle ou civique, et les critiques croisées que les acteurs portent sur des actions relevant de l'un ou l'autre de ces dispositifs en s'appuyant sur un dispositif d'une autre nature, nous devions être particulièrement attentifs à notre langage de description. Il fallait éviter d'importer des références à des formes de généralité étrangères, ce qui aurait pour effet de transformer, comme c'est souvent le cas dans les sciences sociales, un constat en critique. Cette exigence n'est pas seulement le résultat d'un parti pris de méthode, encore moins d'un parti pris éthique. Elle repose sur le constat d'une relation entre les principes d'explication en usage dans les sciences sociales et les principes d'interprétation mis en œuvre par les acteurs que les sciences sociales prennent pour objet en insistant souvent sur la coupure qui séparerait l'observateur de l'observé. Pour illustrer les difficultés qui en résultent, prenons l'exemple d'une notion souvent utilisée dans les sciences sociales pour attribuer des motifs aux acteurs et qui est la recherche de la visibilité et l'accumulation d'un crédit auprès des autres, comme lorsque l'on parle en sociologie de la science de crédit scientifique. Or, le recours à cette notion apparemment neutre introduit dans le langage de description une façon de construire la généralité et, par là, de soutenir des justifications et des critiques, qui n'est pas étrangère aux acteurs eux-mêmes. Car les acteurs, dans leurs disputes, ne se privent pas de faire appel à la notoriété pour fonder leurs prétentions, comme on le voit, par exemple, lorsque des revendications s'appuient sur une pétition comportant les noms de personnages célèbres. C'est aussi cette forme de généralité qui est en jeu lorsque les acteurs stigmatisent la recherche de la reconnaissance dans le dévoilement critique d'un motif caché, comme c'est le cas lorsque la participation à une pétition est dénoncée comme recherche égoïste de la publicité ou encore, plus généralement, lorsque l'on critique la tyrannie de l'opinion. De même l'introduction, dans le langage de description, d'intérêts et, plus encore, d'offres et de demandes supposées se rencontrer sur un marché soulève des problèmes du même type en important l'ordre de généralité marchand.

Cette réflexion sur la symétrie entre les langages de description ou les principes explicatifs mis en œuvre par les sciences sociales et, d'autre part, les modes de justification ou de critique utilisés par les acteurs, nous a rendus particulièrement attentifs aux tensions qui habitent la sociologie lorsqu'elle prétend concilier une conception positiviste de la neutralité scientifique et une exigence de critique sociale. Car la sociologie critique se met alors dans l'impossibilité de ressaisir les dimensions nécessairement normatives qui soutiennent la contribution qu'elle apporte à la dénonciation des injustices sociales, ce qui la conduit nécessairement à insister de façon abusive sur l'extériorité de la science pour fonder la légitimité de sa pratique.

C'est ainsi que la référence à des intérêts, qui sont dévoilés sous des arguments visant le désintéressement ou le bien commun et traités comme des « rationalisations » – l'un des ressorts de la sociologie quand elle a la prétention de démasquer les faux-semblants ou les idéologies –, peut être ramenée à l'activité ordinaire des acteurs quand ils cherchent à dévaluer une forme de justification pour en faire valoir une autre. A cette différence fondamentale que les points d'appui normatifs mis en avant dans les critiques que les acteurs s'adressent au cours de leurs litiges, constituent, dans le cas des sciences sociales, un point aveugle, ce qui permet de se soustraire aux demandes de justification auxquelles les acteurs ordinaires doivent faire face.

La démarche suivie a donc conduit à être attentif aux rapports entre les qualifications opérées par le chercheur et celles auxquelles se livrent les acteurs. Dès lors que le chercheur ne peut plus adosser la validité de ses affirmations à une extériorité radicale, la clôture de la description fait problème. Il faut alors, dans la description, se maintenir au plus près de la façon dont les acteurs établissent eux-mêmes la preuve dans la situation observée, ce qui conduit à être très attentif à la diversité des formes de justification. En suivant les acteurs, on est par là amené à expliciter une plus grande variété de formes de justifications que les seules formes civiques, domestiques, industrielles, marchandes ou d'opinion évoquées plus haut. Le même type d'attention à la pertinence des objets introduits dans une démonstration, particulièrement lorsqu'elle est développée au cours de controverses, permet de reconnaître la généralité d'expressions singulières ou intimes souvent décrites en termes d'enthousiasme ou d'inspiration. Tendus vers l'authenticité, ces modes d'expression sembleraient affranchis des exigences de généralité dont nous avons trouvé diverses spécifications. Cependant, un examen plus attentif conduit à distinguer une forme de grandeur inspirée permettant, comme les autres, d'associer des acteurs dans un accord valant pour tous.

L'effort pour traiter symétriquement ces différentes formes de généralité conduisait à la construction d'un cadre commun dans lequel les exigences de justice entre les hommes et les exigences de justesse avec les choses pouvaient être traitées avec les mêmes outils. L'établissement d'une preuve acceptable, qu'il s'agisse d'une preuve au sens judiciaire ou d'une preuve scientifique ou technique, suppose en effet de pouvoir prendre appui sur des ressources ayant déjà fait l'objet d'une généralisation. Pourquoi ne pas envisager dans un même cadre la mise à l'épreuve de la demande de justice et le test technique ou la vérification scientifique? La preuve orientée vers le sens du juste et la preuve scientifique ont en commun de s'appuyer, non pas seulement sur des états mentaux, en l'espèce de convictions ou de croyances, mais également sur des dispositifs qui se tiennent et donc sur des objets soumis à une évaluation générale. Cette perspective permet de contourner le partage entre le juste, dont la mise en lumière relèverait uniquement d'une argumentation valable en raison, et l'ajusté dont l'évidence aveuglante tiendrait tout entière à l'adéquation naturelle ou instrumentale entre des choses.

Généralité et bien commun : les grandeurs de la philosophie politique

Les grandeurs deviennent particulièrement saillantes dans les situations de disputes, telles qu'on peut les observer dans de nombreuses occasions de la vie quotidienne. Caractérisés par une inquiétude sur l'évaluation des personnes, ces moments sont propices au repérage des modes de qualification. Mais les disputes n'amènent pas pour autant un exposé systématique qui permettrait de remonter aux principes de grandeur qui fondent l'évaluation. Or c'est précisément à de telles exigences de systématisation et de remontée aux principes que doivent satisfaire les philosophies politiques qui sont sommées, pour convaincre, de faire la démonstration du caractère bien fondé des définitions du bien commun associées à ces grandeurs. La confrontation d'un ensemble de constructions de la philosophie politique peut par là constituer un moyen de mettre en perspective différents principes pour établir un modèle de la façon dont ils peuvent soutenir des prétentions à la justice.

Le détour par la philosophie politique nous a donc servi pour avancer dans la compréhension des capacités que les acteurs mettent en œuvre quand ils ont à justifier leurs actions ou leurs critiques. Quand on est attentif au déroulement des disputes on voit qu'elles ne se limitent ni à une expression directe des intérêts ni à une confrontation anarchique et sans fin de conceptions hétéroclites du monde s'affrontant dans un dialogue de sourds. Le déroulement des disputes, lorsqu'elles écartent la violence, fait au contraire apparaître des contraintes fortes dans la recherche d'arguments fondés appuyés sur des preuves solides, manifestant ainsi des efforts de convergence au cœur même du différend. Les constructions de la philosophie politique constituent des instruments privilégiés pour clarifier ces contraintes et pour expliciter complètement les fondements qui restent le plus souvent implicites au fil des arguments échangés dans le feu de l'action.

Il reste que les parties qui présentent des analyses de textes canoniques de la philosophie politique ne doivent pas être lues en elles-mêmes, indépendamment de la construction d'ensemble. Si tel était le cas, notre entreprise serait bien présomptueuse, et une vie ne suffirait pas à mettre en parallèle les œuvres qui sont mises ici à contribution pour établir le modèle des cités et pour compiler les commentaires dont elles ont fait l'objet. Comme on le comprendra mieux par la suite, aucun de ces textes n'a été traité pour lui-même, ni en tant qu'il relève d'une histoire, mais comme œuvre de grammairien du lien politique. Cette approche visait à soumettre l'ensemble des textes étudiés à une même interrogation, comme lorsque l'on entreprend de coder un corpus.

Cet usage de la philosophie politique nous a conduits à écarter les systèmes qui, dans une visée réaliste ou critique, font reposer toutes les relations sociales sur la domination ou sur la force au profit des constructions attachées à construire l'équilibre dans une cité, qui ont en commun de dessiner un monde dans lequel les êtres humains sont nettement distingués des autres êtres et sont d'autre part rapprochés par une égalité fondamentale. Ces philosophies politiques peuvent par là être définies par leur visée de construction d'une commune humanité. C'est ce qui permet d'abord de rapprocher des ensembles théoriques différents en déployant les principes d'ordre légitimes qu'ils enferment : l'inspiration dans la *Cité de Dieu* de saint Augustin, le principe domestique dans la *Politique* de Bossuet, les signes de gloire et le crédit d'opinion dans le *Léviathan* de Hobbes, la volonté générale dans le *Contrat social* de Rousseau, la richesse chez Adam Smith dans la *Richesse des nations* ou l'efficacité industrielle dans le *Système industriel* de Saint-Simon. On a cherché ainsi à montrer que même une philosophie politique qui avait donné corps à l'individualisme en dessinant un ordre assis sur des transactions marchandes pouvait être rapportée au modèle du bien commun. On le voit mieux dans la construction d'Adam Smith que dans la science économique ultérieure, notamment parce qu'Adam Smith explicite, dans sa *Théorie des sentiments moraux*, l'anthropologie correspondant aux capacités humaines dans un monde marchand.

Mais l'intérêt de ce rapprochement n'est pas seulement de faire apparaître la référence récurrente à une commune humanité. Il est aussi de montrer comment chacune de ces philosophies propose un principe d'ordre différent permettant de spécifier de quoi est faite la grandeur des grands et, par là, de fonder un ordre justifiable entre les personnes. C'est sur de tels ordres que les personnes prennent appui lorsqu'elles doivent justifier leurs actions ou soutenir leurs critiques. Non, bien évidemment, que les membres ordinaires de notre société aient lu, dans le texte, les œuvres dont nous nous sommes inspirés pour construire des modèles de la compétence mise en œuvre dans les disputes. Mais les ordres qui sont formalisés dans ces philosophies politiques sont aussi inscrits dans les dispositifs d'objets qui composent les situations de la vie quotidienne.

La recherche d'un modèle commun

Le va-et-vient entre des constructions classiques de la philosophie politique et des justifications opérées par des acteurs dans des situations de dispute a permis de construire un lien solide entre la philosophie politique et la sociologie. On pouvait de cette façon contourner une opposition souvent polémique entre ces deux disciplines, entre une visée transcendantale orientée vers l'énoncé de principes et une attention aux disparités souvent taxée de relativisme, qui rejoint une opposition plus générale, que l'on voit aussi à l'œuvre dans les débats entre le droit et les sciences sociales, entre la référence à des règles et la référence à des pratiques. L'attention aux différences dans les expressions d'un sens du juste est maintenue dans notre travail, par la reconnaissance d'une pluralité de formes de généralité qui sont autant de formes de grandeur disponibles pour justifier une action. Ce pluralisme rapproche notre position de celle développée par Michaël Walzer et, comme dans *Spheres of Justice* (Walzer, 1983), conduit à s'intéresser à une théorie de la justice qui tiendrait compte de la diversité des façons de spécifier le bien commun. Cette voie amène à rencontrer le sentiment d'injustice suscité par la confusion entre des ordres de justice différents, et notamment par la dissémination d'une justification d'ordre marchand au-delà de ses limites de pertinence.

Mais notre effort vise à surmonter les problèmes du relativisme culturel qu'entraîne nécessairement une ouverture vers la diversité. Pour cela, il faut s'engager plus profondément dans l'analyse du sentiment d'injustice qui affecte les acteurs lorsque des formes de justification empiètent sur des situations où elles ne sont pas pertinentes. Pour comprendre la capacité des acteurs à critiquer, il faut les doter de la possibilité de passer d'une forme de justification à une autre tout en maintenant les mêmes exigences. Ce sont ces exigences communes à tous les ordres de grandeur identifiés que nous avons cherché à expliciter et dont nous avons essayé de montrer l'intégration dans un modèle de cité. Le modèle peut être envisagé à la fois comme une théorie de la justice compatible avec diverses constructions de la philosophie politique, et comme une capacité dont il faut supposer l'existence pour rendre compte de la façon dont les membres d'une société complexe accomplissent des critiques, remettent en cause des situations, se disputent, ou convergent vers un accord. Une des façons de vérifier la validité de ce modèle est de montrer qu'il rend aussi compte des difficultés à fonder des arguments sur des valeurs illégitimes au sens où elles ne sont pas compatibles avec ces principes, comme on le voit dans le cas de l'eugénisme.

Le modèle de cité rencontre certaines exigences explicitées par Rawls pour justifier des inégalités entre des états de personnes (Rawls, 1973), notamment le bénéfice qui doit en résulter pour les plus petits et qui correspond ici à une idée de bien commun, et l'ouverture des états à tous les membres qui se retrouvent dans le fait que les statuts inégaux doivent être librement accessibles à tous. Mais dans le modèle présenté ici, dont l'un des objectifs est d'intégrer philosophie politique et pragmatique du jugement, la distinction entre les états des personnes et les personnes elles-mêmes occupe une place centrale, tout comme l'opération par laquelle on attribue ces états et on porte un jugement en situation. C'est en se centrant sur le moment d'attribution des états aux personnes que l'on peut passer d'un principe formel d'ouverture démocratique, à l'incertitude du moment critique. L'analyse de ce moment porte sur la façon dont l'incertitude est résorbée dans une épreuve qui, pour être acceptable, doit à la fois faire face aux circonstances de la situation et être justifiable en toute généralité. L'interdiction, centrale dans le modèle, d'un attachement permanent des états de grandeur aux personnes, entraîne une inquiétude sur l'attribution des états de grandeur et une remise en cause récurrente de leur distribution.

Cette inquiétude n'est pas explicitée dans la philosophie politique et nous a amenés à être particulièrement attentifs aux conditions pragmatiques de l'attribution de la grandeur, à quitter l'espace des fondements et des principes qui est celui de la philosophie politique, pour entrer dans celui de l'action. C'est alors que l'on rencontre la question des objets et de la relation entre les personnes humaines et les choses. L'analyse de la remise en cause des grandeurs dans une situation, à partir des actions qui s'y déroulent, fait apparaître, en effet, la place des objets qui doivent être engagés pour que l'épreuve ait un caractère de réalité. L'attention aux liens entre les raisons et les objets engagés à l'appui, entre les modèles de justice et la pragmatique, permet de ne pas faire porter le poids de la coordination des conduites ni exclusivement sur des croyances ou des représentations unifiées, ni sur des systèmes ou des lois qui mettraient toutes les potentialités d'ordre du côté de la régularité des choses, selon une opposition récurrente dans les sciences sociales entre culture et société, représentation et morphologie, ou communication et système, dans la synthèse habermassienne.

Le lien social à l'épreuve des choses

Cette démarche nous conduit ainsi à nous écarter de certains des présupposés les plus habituels de la sociologie, que l'on voit particulièrement dans la façon dont elle traite les croyances, les valeurs ou les représentations et, deuxièmement dans le sort qu'elle fait aux objets. Les formes de généralité et de grandeurs dont cet ouvrage déploie l'économie, ne sont pas attachées, en effet, à des collectifs mais à des situations, ce qui nous amène à rompre avec l'ensemble des outils scientifiques solidement installés dans les notions de culture et de groupe social. Les personnes que nous suivons dans leurs épreuves sont obligées de glisser d'un mode d'ajustement à un autre, d'une grandeur à une autre en fonction de la situation dans laquelle elles s'engagent. Cette plasticité fait partie de la définition de la normalité, comme en témoignent nombre d'accusations de pathologie et particulièrement de paranoïa, qui stigmatisent des résistances aux ajustements exigées par le passage entre des situations différentes. Quant aux objets, nous entendons leur reconnaître la place qui leur revient dans les contraintes du jugement réaliste, en nous refusant à n'y voir que des supports arbitraires offerts aux investissements symboliques de personnes, pour qui ils ne représenteraient rien d'autre qu'un moyen d'exprimer leur appartenance à des groupes ou, ce qui, dans cette logique, revient au même, de manifester leur distinction. Pour autant, nous ne nous alignons pas sur une forme de réalisme que l'on trouve particulièrement développée dans l'économie et qui verrait dans les objets, définis soit par leur capacité à être échangés et à supporter naturellement un prix, soit par leur capacité fonctionnelle à être efficaces, la seule puissance d'ordre qui s'imposerait aux personnes. Renvoyant dos à dos la fétichisation réaliste et la déconstruction symboliste, nous cherchons à montrer la façon dont les personnes font face à l'incertitude en s'appuyant sur des objets pour confectionner des ordres et, inversement, consolident les objets en les attachant aux ordres construits. En ce sens notre entreprise vise un réalisme dynamique au sens où il ferait apparaître le travail de construction sans pour autant réduire la réalité à un pur accord de sens, labile et local. Cette orientation théorique qui suppose de saisir l'action dans son rapport à l'incertitude a pour conséquence, au niveau de la méthode d'observation, de centrer la recherche sur les moments de remise en cause et de critique qui constituent les scènes principales traitées dans cet ouvrage. Par ailleurs, le choix d'étudier en priorité ce moment-là nous paraît particulièrement adapté à l'étude d'une société où la critique occupe une place centrale et constitue un instrument principal dont disposent les acteurs pour éprouver la relation du particulier et du général, du local et du global.

Pour déployer les mondes d'objets sur lesquels s'appuie la réalisation de l'épreuve de grandeur, nous avons utilisé des guides d'action destinés aux entreprises (afin d'avoir un échantillon de situations voisines correspondant aux différentes formes de généralité) et nous avons mené cette opération hautement irrespectueuse consistant à mettre ces modestes recueils de conseils pratiques, éminemment périssables, en parallèle avec les œuvres immortelles de la philosophie politique. Il reste que la confrontation de ces raisons pratiques n'est pas limitée à la sphère économique et que, comme on le verra à la lecture des répertoires qui en sont extraits, elles concernent largement les activités quotidiennes dans des espaces de natures très diverses.

Enfin ces manuels, parce qu'ils ne sont pas destinés à alimenter l'espace du débat sur le juste, comme les philosophies politiques que nous avons examinées, mais à guider l'action, et qu'ils ont donc un souci de réalisme, doivent affronter le problème pratique du passage entre différents mondes. Ils permettent par là de repérer des opérations de compromis qui visent à accommoder des formes de généralité différentes en pointant vers des possibles dépassements de leurs contradictions, ce qui permet d'endiguer la dispute sans risquer l'escalade de la critique.

Cette approche à partir de manuels destinés aux entreprises peut paraître biaisée et limitée pour l'objet de notre recherche qui s'étend à l'ensemble des justifications et non pas seulement à celles qui ont trait à la vie économique. Pourtant ce premier repérage, destiné d'abord à fournir des outils de traitement de l'information collectée, s'est révélé plus robuste qu'on aurait pu le penser au premier abord. Les nombreuses enquêtes de terrain utilisant le cadre d'analyse des économies de la grandeur, si elles ont permis d'allonger la liste des êtres engagés dans des actions justifiables, n'ont pas conduit à remettre en cause les noyaux de chacun des mondes qui avaient été extraits des manuels, c'est-à-dire la forme de cohérence qui leur est propre et les êtres les plus à même de la faire valoir. La capacité que présentent les tableaux des différents mondes, tels qu'on les trouvera esquissés ici, à se maintenir sans déformation quand on se transporte sur différents terrains, constitue une preuve empirique du caractère général de la matrice extraite d'un corpus limité et spécialisé.

L'accumulation de ces travaux ouvre la voie à une approche nouvelle et systématique des organisations traitées non comme des entités unifiées caractérisées par référence à des sphères d'activité, des systèmes d'acteurs ou des champs, mais comme des montages composites comportant des dispositifs relevant de différents mondes (Boltanski et Thévenot, ed., 1989). Cette approche systématique permet de comparer dans un même cadre, et de cumuler dans un registre qui n'utilise pas exclusivement le langage de la concurrence et de l'efficacité technique, des observations portant sur des organisations très diverses – entreprises des secteurs industriels ou des services, collectivités territoriales, administrations publiques ou encore établissements scolaires et dispositifs culturels ou d'innovation. La diversité ne se projette pas sur des différences d'activité ou de milieux mais se retrouve au sein même de chaque organisation. Aucune organisation, aussi industrielle soit-elle, ne peut survivre si elle ne tolère pas des situations d'une autre nature. C'est précisément la pluralité des dispositifs relevant des différents mondes qui rend compte des tensions par lesquelles ces organisations sont travaillées. La même approche conduit à porter attention non seulement aux critiques mais aussi aux dispositifs de compromis qui permettent de maintenir en présence des êtres dont la justification supposerait la remontée en généralité dans des mondes différents. L'un des avantages de cette méthode est de rendre possible une comparaison entre ces différents dispositifs de compromis que présentent différentes organisations et donc de respecter la singularité des configurations locales tout en enrichissant le cadre général.

Le fil de l'argument

L'argument se développe de la façon suivante. Le premier chapitre est consacré à l'examen de quelques-unes des réponses classiques apportées par les sciences sociales à la question de l'accord. A partir de la controverse entre la sociologie durkheimienne et l'économie libérale, nous montrons comment, par-delà leurs différences, ces deux conceptions opposées fondent l'accord sur la relation entre des personnes particulières et une forme de généralité que nous nommons principe supérieur commun. Cette construction à deux niveaux est l'armature d'une métaphysique politique. Ce constat n'est pas critique car une telle armature permet aux sciences humaines d'être adéquates à leur objet, des personnes dont l'accord suppose de se référer à un principe qui les dépasse et de procéder à des généralisations légitimes. Le chapitre II est consacré à un premier examen de cette métaphysique politique dans la philosophie politique marchande.

Le chapitre III traite des contraintes qui pèsent sur la constitution des formes d'accord visant la généralité. Ces analyses s'appuient sur des ouvrages classiques de la philosophie politique utilisés en tant qu'œuvres de grammairiens du lien politique, et mènent à la construction d'un modèle de l'ordre légitime dans la cité. Le modèle de cité rend explicites les exigences auxquelles doit satisfaire un principe supérieur commun pour soutenir des justifications. Il permet de clarifier la distinction entre des formes du bien commun légitimes, que nous appelons des *grandeurs*, et d'autres valeurs illégitimes (comme la valeur eugénique). Le modèle de cité est traité comme un modèle de compétence auquel pourront être confrontées les capacités pratiques mises en œuvre par les personnes, lorsqu'elles ont à justifier leurs jugements en réponse à la critique. Le chapitre IV est consacré à l'analyse des philosophies politiques choisies parce que les expressions du bien commun sur lesquelles elles reposent sont présentes aujourd'hui, dans notre société.

Dans le chapitre V, nous analysons l'engagement des principes d'ordre, dégagés précédemment, dans des épreuves permettant d'asseoir un accord sur la distribution des états de grandeur entre les personnes. Dans le modèle de cité, les états de grandeur ne peuvent être attachés de manière fixe aux personnes. L'entente doit donc se faire en acte, dans des épreuves de réalité engageant des objets avec lesquels les personnes se mesurent et déterminent leurs grandeurs relatives. Chacun des ensembles d'objets associés aux différents ordres constitue un monde cohérent. La description de ces mondes est esquissée, dans le chapitre VI, à partir de l'analyse de manuels et de guides visant à enseigner la façon de se conduire avec discernement, dans des situations régies par chacune des formes de bien commun que nous avons retenues.

Le chapitre VII traite de la relation entre les différents mondes, examinée à travers l'étude de situations critiques dans lesquelles des êtres relevant de plusieurs natures sont simultanément mis en valeur. Nous analysons le sentiment d'injustice qui tient à la corruption de l'épreuve par le transport de grandeur, et la critique dans laquelle le désaccord porte non seulement sur le résultat de l'épreuve mais aussi sur le principe qui doit en régler la réalisation. Le différend peut être dénoué en revenant à une épreuve, soit dans le monde d'origine soit, par un retournement de situation, dans le monde rendu présent par un dévoilement. Le chapitre VIII est consacré au développement des critiques relevées dans les manuels déjà utilisés pour présenter les différents mondes servant à la preuve.

Dans le chapitre IX, nous examinons des situations composites, comportant des êtres relevant de plusieurs mondes, dans lesquelles le différend est écarté par un compromis évitant de recourir à une épreuve. Nous montrons comment le compromis doit, pour être acceptable, s'appuyer sur la visée d'un bien commun de niveau supérieur aux biens communs qu'il rapproche. Mais ce bien commun demeure non spécifié tant qu'il n'a pas été explicité et fondé dans une cité, ce qui rend le compromis fragile. On peut toujours, au nom d'un des principes en composition, dénoncer le compromis comme compromission. Les compromis sont moins fragiles quand ils sont frayés par leur implantation dans des dispositifs. L'analyse de la façon dont un compromis est frayé donne un aperçu de la façon dont peuvent s'élaborer de nouvelles cités. Dans le chapitre X, nous développons, comme cela a été fait précédemment pour les critiques, les figures de compromis relevées dans le même corpus. Dans le dernier chapitre, nous examinons d'autres façons d'apporter un dénouement à une dispute en suspendant la contrainte de justification. Ainsi, dans la relativisation, les personnes peuvent se soustraire à l'épreuve et échapper au différend sur ce qui importe en réalité en convenant de ce que rien n'importe. Cette figure nous conduit à examiner la façon dont les sciences sociales opèrent le passage de la relativisation, qui présente un caractère nécessairement instable, au relativisme qui, recourant à des explications par les rapports de forces, traite la force comme un équivalent général sans référence au bien commun. Ce faisant, les sciences sociales privilégient une façon parmi d'autres de représenter le lien social. Nous sommes au contraire soucieux d'explorer la pluralité des façons d'être avec les autres, dont la justification constitue l'un des régimes. C'est le déploiement de ce régime qui fait l'objet du présent ouvrage.

Ce programme n'aurait pu aboutir sans l'intervention de nombreuses personnes. L'œuvre de Bruno Latour (1983, 1988, 1989) ainsi que les travaux de Michel Callon (Callon et Latour, 1981 ; Callon et Law, 1989) nous ont apporté, de longue date, une aide d'autant plus efficace qu'elle allait de pair avec une lecture pointue de notre propre travail. D'une audace stimulante, ces recherches ont eu le grand mérite d'une part de montrer le rapport entre le tissage des liens sociaux et la confection des objets, et d'autre part de frayer un gué entre les sciences sociales modernes et la philosophie politique. Nous songeons, notamment, à l'utilisation faite de la politique de Hobbes pour prolonger et réélaborer certains apports de l'ethnométhodologie.

La lecture de *The Passions and the Interests* de Albert Hirschman (1977), ainsi que ses remarques et critiques sur nos premiers travaux consacrés à l'identification sociale, nous a encouragés personnellement, alors même que son œuvre constituait pour nous un exemple exceptionnel de questionnement érudit sur les rapports entre la philosophie politique et morale et les sciences sociales, particulièrement l'économie.

La fréquentation des écrits de Louis Dumont (1966, 1977, 1983) a également marqué profondément notre travail. Nous y avons trouvé une réflexion sur la subordination à la totalité qui nous a beaucoup éclairés, ainsi qu'une remise sur le métier de la notion d'idéologie, dont l'œuvre de Paul Ricœur (1969, 1979) a également grandement contribué à renouveler l'analyse, en la rapprochant de la raison pratique. Nous avons tiré grand profit des travaux de François Furet sur la Révolution française et sur son historiographie (1978) et nous avons cherché à rapprocher des constructions politiques sur lesquelles il a contribué à ramener l'attention des sciences sociales les conduites ordinaires des personnes qui constituent l'objet propre de l'analyse sociologique.

La construction du cadre d'analyse présenté ici est allée de pair avec la mise en place d'un programme de recherches empiriques réalisé par un réseau de chercheurs réunis autour des séminaires que nous donnons à l'EHESS, et liés au Groupe de sociologie politique et morale (EHESS – CNRS), et au Centre d'études de l'emploi qui a aidé le développement d'un programme Protée ainsi qu'une première publication du cadre des économies de la grandeur destinée à servir d'outil de travail pour les recherches en chantier. Ce réseau doit beaucoup à François Eymard-Duvernay, Jean-Louis Derouet et Alain Desrosières. Leurs travaux en économie de l'entreprise, en sociologie de l'éducation et en histoire de la statistique nous ont été très précieux, et nous leur sommes redevables d'avoir eu la patience de suivre pas à pas notre travail et de nous avoir accordé leur confiance dans des temps difficiles où l'apparente incongruité de certaines de nos pistes de recherche pouvait décourager certains. Notre reconnaissance s'adresse tout particulièrement à Alain Desrosières, pour sa générosité, sa bienveillance, ses remarques toujours pertinentes et constructives et son art de rapprocher les gens. Sans lui, ce travail n'aurait tout simplement pas vu le jour.

La possibilité de présenter et de soumettre à la discussion les différents stades d'élaboration de ce travail a constitué un inestimable avantage. Des progrès ont été accomplis à la suite d'objections faites par les étudiants et les chercheurs, ou lors de l'examen des problèmes qu'ils avaient rencontrés dans les travaux qu'ils réalisaient eux-mêmes, notamment dans le cadre de leur DEA ou de leur thèse. Notre recherche a ainsi pu bénéficier des apports de Pierre Boisard, Agnès Camus, Francis Chateauraynaud dont les remarques acérées ont animé les discussions et stimulé notre réflexion, Philippe Corcuff et son souci de synthèse, Vinoli Delamourd, Nicolas Dodier qui a allié un intérêt compétent à une grande disponibilité, Francis Kramarz, Claudette Lafaye dont les questions issues de son expérience de terrain réclamaient des éclaircissements, Marie-Thérèse Letablier, André Wissler qui a procédé à un examen attentif des hypothèses et à leur test empirique. Le secrétariat assuré par Danièle Burre et Annette Dubret a permis la bonne marche de cette entreprise de longue haleine.

Nous remercions aussi, pour leur lecture pertinente à diverses étapes de notre travail et pour les éclairages qu'ils nous ont apportés depuis leurs disciplines, Monique Djokic, Olivier Favereau, Pierre Livet, Patrick Fridenson, Steven Kaplan, Serge Moscovici, Jacques Revel, David Stark, Heinz Wisman. Enfin nous avons échappé aux moments souvent pénibles précédant la publication grâce à la compréhension d'Éric Vigne qui a su concilier l'efficacité d'un homme de métier et la passion d'un éditeur inspiré.

Nos pensées vont à Joëlle Affichard et Elisabeth Claverie qui, tout au long de la confection de ce livre, nous ont fait bénéficier de leurs remarques pertinentes et de leur soutien affectif, nous faisant ainsi éprouver leur grandeur dans différents mondes.

PREMIÈRE PARTIE

L'impératif de justification

I

LES SCIENCES SOCIALES ET LA LÉGITIMITÉ DE L'ACCORD

Cet ouvrage porte sur la relation entre accord et discorde. Il a pour objectif principal de construire un cadre permettant d'analyser avec les mêmes instruments théoriques et en mettant en œuvre les mêmes méthodes, les opérations critiques auxquelles se livrent les acteurs lorsqu'ils veulent manifester leur désaccord sans recourir à la violence, et les opérations au moyen desquelles ils parviennent à construire, à manifester et à sceller des accords plus ou moins durables.

La question de l'accord constitue l'une des questions fondamentales dont les sciences sociales ont hérité de la philosophie politique et qu'elles se sont appropriées dans différents langages comme, par exemple, celui de l'ordre, de l'équilibre, de la norme ou de la culture (Habermas, 1987). Mais l'étude de cette question ne devrait pas être dissociée de l'examen des moments de rupture d'ordre, rendue manifeste par la crise, le déséquilibre, la critique, la dispute, ou la remise en cause. Il n'est pas souhaitable d'entretenir, par exemple, une opposition radicale entre des sociologies du consensus et des sociologies du conflit, en dépit des divergences dans les traditions dont elles héritent. Nous nous attacherons, à l'inverse, à traiter l'accord et la critique comme des moments étroitement liés d'un même cours d'action.

Il est d'usage courant de chercher à réduire la diversité des constructions, dans les sciences sociales, en les inscrivant dans une opposition fondamentale. Dans une première tradition, la mise en ordre est obtenue par le recours à la notion de collectif qui oriente, par exemple, la sociologie d'inspiration durkheimienne. Dans une seconde, toute espèce d'ordre ou d'équilibre est le résultat inintentionnel de choix individuels comme on le voit dans les courants qui empruntent à l'économie une approche en termes de choix rationnels. Nous proposerons quant à nous une perspective différente de celle offerte par cette opposition, en cherchant à plonger les différentes constructions dans un modèle plus général et en montrant comment chacune d'entre elles intègre à sa façon la relation entre les moments d'accord et les moments de remise en cause critique.

L'opposition entre le collectif et l'individuel est durcie par l'existence de critiques croisées, nombreuses et anciennes, qui mettent souvent face à face des sociologues et des économistes. Ainsi, le sociologue A. Pizzorno souligne que les présupposés utilitaristes ne peuvent rendre raison de la confiance des électeurs qui suppose l'ajout d'un facteur explicatif spécifique, en l'occurrence l'identification à un parti qui est une notion dépourvue de toute pertinence selon ces présupposés (Pizzorno, 1986, p. 34). L'opposition entre les explications par le collectif et les explications par l'individuel, qui ne recouvre pas seulement la frontière entre ces disciplines mais qui peut se manifester à l'intérieur de chacune d'elles, paraît si radicale que le choix méthodologique fondamental de la part du chercheur se définit aujourd'hui le plus souvent selon cette alternative.

On peut, certes, s'accommoder de cet antagonisme et conjuguer des arguments fondés sur la réalité des faits sociaux (déterminations collectives) avec des raisonnements s'appuyant sur un calcul considéré comme individuel (stratégies personnelles), comme lorsqu'on parle de stratégies collectives. Les explications relevant de la science politique, en particulier, incitent à de pareils accommodements : c'est le cas des analyses en termes de « négociation » (relation interpersonnelle définie par référence à un mode marchand) d'intérêts de nature « collective » (supposant donc la constitution d'un intérêt général). Mais les rappels à l'ordre de l'opposition précédente menacent de rupture ces assemblages explicatifs en en faisant ressortir des contradictions internes.

Tout développement dans les sciences sociales doit-il nécessairement s'inscrire dans cette alternative? Comment doit-on traiter des matériaux empiriques et des résultats recueillis par des disciplines qui en appellent respectivement à l'un ou à l'autre de ces modes d'explication? Comment peut-on envisager de les rapprocher et s'arranger des contradictions autrement que par la juxtaposition insatisfaisante de références conjointes à l'économique et au social, à l'intérêt individuel et à la force du collectif ?

La critique de l'irréalisme de la sociologie

Les tenants d'une explication des conduites humaines reposant sur le choix individuel mettent en cause la première orientation en faisant valoir que son « holisme » est insoutenable et qu'il reste trop empreint de métaphysique pour satisfaire aux exigences de la science. Une explication ne saurait s'appuyer sur la réalité de prétendus faits collectifs, dont il s'agirait de montrer, à l'inverse, comment ils peuvent résulter des comportements des seuls êtres pertinents pour l'analyse que sont les individus intéressés. Le traitement conceptuel des personnes en tant qu'individus serait plus approprié que celui qui en fait des agents, car il poserait des individus délivrés de tout carcan normatif et capables de se conduire au gré de leurs appétits particuliers. Cette argumentation, cristallisée dans l'opposition entre des disciplines du collectif et des disciplines de l'individuel, laisse entendre que la sociologie ne connaîtrait comme sujets empiriques que des personnes en groupe, au lieu que l'économie, plus réaliste, ne s'attacherait qu'aux personnes en particulier.

L'ouvrage d'Hayek, *Scientisme et sciences sociales* propose une formulation particulièrement tranchée de ces critiques. L'auteur oppose à l' « individualisme méthodologique » une « optique scientiste [...] traitant comme des faits des agrégats qui ne sont rien de plus que des généralisations populaires » ou encore, écrit-il plus loin, « de vagues théories populaires » (Hayek, 1953, pp. 52, 83). Pour démonter le « préjugé totaliste (collectiviste) », il reprend les termes de la critique adressée à la sociologie par C. Langlois et C. Seignobos : « Pour l'imagination comme pour l'observation directe, ils (les actes collectifs) se ramènent toujours à une somme d'actes individuels. Le " fait social " tel que le reconnaissent certains sociologues, est une construction philosophique, non un fait historique » (Langlois et Seignobos, 1898, p. 187).

L'individualisme : une autre métaphysique sociale

Notre démarche vise à faire voir des éléments de similitude sous l'apparente irréductibilité de l'opposition méthodologique précédente (particulièrement contrastée lorsqu'elle est exprimée dans l'antinomie « individuel »/« collectif »). Pour ce faire, il nous faudra insister plus que de coutume sur les parties de chacun des deux modes d'explication qui sont laissées dans l'ombre lorsque l'éclairage apporté sur leur rapport vise à le projeter sur l'antinomie précédente.

Remarquons tout d'abord que l'explication par le social peut reconnaître aussi des particuliers, et que c'est précisément cette double contrainte qui explique la place accordée à l'intériorisation de la détermination collective, sous la forme d'un quasi-inconscient, au cœur de la personne particulière. Symétriquement, les individus de l'économiste qui entrent en relation sur un marché ne sont pas dans un état de particulier, contrairement à ce que l'usage du terme « individu » laisse généralement entendre aussi bien sous la plume d'économistes qui revendiquent cet « individualisme » que sous celle de sociologues qui le critiquent, en dénonçant le caractère anomique du commerce hasardeux des personnes en concurrence (Durkheim, 1960a, pp. II-VII). Nous chercherons, à l'inverse, à montrer que la construction de l'individu dont les économistes ont besoin fait peser sur l'acteur des exigences qui en font un être moral. Nous n'entendons pas ici « moral » dans le sens limité d'une disposition bienveillante qui viendrait compenser un égoïsme intéressé, comme dans certaines approches du libéralisme. Nous chercherons à montrer qu'une capacité morale est au cœur de la construction d'un ordre d'échanges marchands entre des personnes qui doivent se montrer capables de s'abstraire de leurs particularités pour s'entendre sur des biens extérieurs dont la liste et la définition sont générales. Le fait que les biens soient privatifs empêche souvent de distinguer l'hypothèse de savoir commun qu'implique l'universalité de leur définition. C'est cette convention qui permet aux désirs d'appropriation de concourir et de s'ajuster mais elle reste généralement implicite (naturelle) dans la théorie économique. Nous la rapprocherons des efforts entrepris par Adam Smith, à partir des notions de « sympathie » et de « spectateur impartial » élaborées dans la

Théorie des sentiments moraux, pour définir des personnes faisant montre de cette capacité morale.

Dès lors qu'on exhibe les personnes qui agissent « sous » le collectif, ou la convention marchande qui pèse « sur » les individus, l'opposition va en s'estompant, suggérant ainsi qu'elle n'est pas appropriée pour rendre compte des différences entre ces deux modèles. Ils ne peuvent traiter leur objet commun, le commerce des hommes, sans faire une double référence à un état particulier de ces hommes, d'une part, et, d'autre part, à une possibilité de dépasser les particularités des personnes et de constituer les fondements d'un accord dans ce que nous appellerons un *principe supérieur commun.* Ce principe connaît des spécifications très diverses selon qu'il s'exprime par une volonté collective ou par l'universalité de biens marchands. La tension entre le recours à des formes générales et la référence à des personnes particulières n'est donc pas le résultat de la confrontation entre deux systèmes d'explication, elle est au cœur de chacun d'eux. La construction à deux niveaux, celui des personnes particulières et le niveau de généralité supérieure, forme une armature théorique commune à ces systèmes qui les constitue en métaphysiques politiques.

La réduction des métaphysiques politiques en sciences sociales

Notre démarche vise à faire voir des éléments de similitude, sous l'apparente irréductibilité de l'opposition méthodologique entre des explications de conduites « individuelles » et des explications de comportements « collectifs ». Cette mise au jour d'éléments communs dans des constructions scientifiques si couramment opposées nous aidera à dessiner les contours d'un nouvel objet pour les sciences sociales, propre à relier les exigences de l'accord aux conditions de la discorde.

Pour ce faire, il faut porter une plus grande attention que de coutume à la structure de chacune des constructions méthodologiques, dont l'antinomie propose une réduction sommaire et que les critiques croisées laissent dans l'ombre. Afin de simplifier cependant l'exercice et de mieux faire comprendre notre démarche, nous nous limiterons à deux des élaborations théoriques des sciences sociales, sans prétendre ni couvrir toutes les disciplines qu'elles comprennent, ni même tout ce que peuvent désigner couramment les termes de sociologie ou d'économie. Le choix de la sociologie des faits collectifs et de l'économie de marché s'explique par la cohérence des schèmes d'explication qui sont au cœur de ces constructions théoriques, et par la variété des combinaisons dans lesquelles ces schèmes peuvent être intégrés.

Devant établir des lois selon lesquelles les êtres humains entrent en relation, qu'ils s'accordent dans une volonté collective ou qu'ils négocient leurs désirs d'appropriation sur un marché, chacune de ces disciplines prend appui sur une règle d'accord (l'identité collective ou le bien marchand), sur la référence à une forme universelle dépassant les particularités des personnes. Cependant, la mise au jour de métaphysiques politiques sous-jacentes est rendue plus difficile en raison de la rupture avec la philosophie par laquelle l'économie et la sociologie se sont toutes deux constituées en tant que disciplines scientifiques. Nous voudrions toutefois suggérer qu'elles ont été toutes deux engendrées à partir de philosophies politiques qui leur ont servi de matrices, et dans lesquelles les métaphysiques sont exposées.

L'examen de ces engendrements et des ruptures qui les accompagnent fait apparaître une transformation identique d'un principe supérieur commun normatif en une loi scientifique positive. C'est au prix de cette opération de rabattement qui caractérise le naturalisme des sciences sociales, qu'elles se rapprochent des sciences de la nature, d'une physique politique. Mais ce rabattement modifie profondément le sens de la règle et du rapport des personnes particulières à cette règle. Dans une philosophie politique, la règle est une convention, un point d'appui propre à assurer l'accord de volontés de personnes connaissant cette convention. Nous verrons plus loin de quelle façon l'élaboration complète d'une philosophie politique entreprend de justifier cette convention. Dans la physique politique que contribuent à édifier les sciences sociales, la règle est une loi scientifique qui s'applique aux personnes comme aux choses. L'accord des volontés sur une forme de généralité n'a plus lieu d'être. Les deux niveaux des métaphysiques politiques sont projetés sur un même plan, dans lequel les êtres ne se distinguent plus que par la plus ou moins grande conformité de leurs comportements à une régularité, selon qu'ils suivent plus ou moins rigoureusement la loi.

Ainsi, dans la sociologie de Durkheim, l'être collectif n'est pas seulement un être moral (il l'est lorsque Durkheim n'est pas sociologue mais philosophe politique), mais un objet aussi réel qu'une personne particulière et même plus « objectif ». Le rabattement des deux niveaux, celui de l'être moral collectif et celui des personnes particulières, qu'implique le réalisme sociologique des faits collectifs, s'accompagne d'une métamorphose d'un principe d'accord (la volonté générale) en une loi qui s'applique aux personnes. Les difficultés théoriques qui en résultent sont écartées dans une explication qui suppose une intériorisation (plus ou moins consciente) chez les personnes, sous forme de force ou de détermination, de ce qui était dans la philosophie politique un principe permettant la relation aux autres et l'accord des volontés.

L'économiste se fait fort de dévoiler la métaphysique qui soutient la construction du sociologue, et de mettre en question ses prétentions scientifiques. Il doute de la réalité des faits collectifs qui sont, pour lui, des constructions humaines. Elles doivent, comme toutes les institutions, être expliquées par les intérêts des personnes, la seule réalité qu'il reconnaîtrait. C'est cette argumentation qui est cristallisée dans l'opposition entre discipline du collectif et discipline de l'individuel, comme si la sociologie ne connaissait comme sujets empiriques que des personnes en groupe, au lieu que l'économie, plus réaliste, ne s'attacherait qu'aux personnes en particulier.

Cependant l'économiste n'est à l'aise pour dénoncer la métaphysique sociale du sociologue que parce qu'il ignore le principe supérieur commun qui est également enfermé dans les lois positives que met au jour sa discipline. Ce principe pourrait être recherché à partir de la propriété partagée par les acteurs économiques d'être mus par un intérêt ou des besoins. Nous verrons qu'il est sans doute plus clair de le dégager à partir du bien marchand qui joue, dans la loi économique, un rôle exactement identique à celui de l'être collectif durkheimien. Les individus de l'économiste qui entrent en relation sur un marché ne sont pas des personnes particulières mais des êtres moraux capables de dépasser ces particularités et de s'entendre sur des biens communément identifiés vers lesquels leurs désirs d'appropriation concourent et s'accordent. Le bien marchand communément évalué par un prix est l'armature de la métaphysique politique enfermée dans l'économie.

Soulignons une différence importante dans la façon dont la réduction des deux niveaux de la métaphysique est réalisée par l'une ou l'autre des explications évoquées, différence qui peut expliquer la pérennité de l'opposition collectif/individuel pour traiter de leur rapport. Comme nous l'avons indiqué, le réalisme sociologique passe par une intériorisation de la réalité collective qui lui donne les caractéristiques d'un inconscient. En économie, la réduction se réalise par une différenciation entre les biens et les personnes. Le fait que les biens soient privatifs masque le bien commun qu'est l'universalité de leur définition. Cette universalité est la condition d'un accord par la concurrence et ouvre la possibilité aux personnes de dépasser leurs particularités. Cependant le rabattement de ce bien commun et sa transformation en loi positive n'est pas sans laisser des traces sur la construction qui est proposée de l'entendement humain ou de la psychologie des personnes elles-mêmes. Si elles ne sont pas clivées par une tension entre l'intériorisation des représentations collectives et leurs motifs personnels, elles portent néanmoins en elles la trace du bien commun marchand, sous la forme de l'intérêt, c'est-à-dire d'une capacité à reconnaître ces biens privatifs universels au-delà de toute autre espèce de mobile particulier.

La question de l'accord

Au cœur de l'argumentation de deux sciences sociales qui sont censées s'opposer en tous points, nous pouvons donc reconnaître une même structure originelle (supérieur commun/particulier), un même naturalisme qui, s'agissant d'une explication par les faits sociaux ou par l'individualisme marchand, repose sur une même opération fondamentale de transformation (d'un supérieur commun en loi positive). Cette mise en évidence conduit à remettre en cause l'opposition précédente et à tirer deux conclusions de cette infiltration d'une construction métaphysique dans des disciplines conçues par rupture avec une démarche philosophique.

La première conclusion est positive. Elle résulte du constat que chacune de ces explications scientifiques démontre la réalité d'une forme d'accord possible entre les personnes (par le collectif, par le marché). Certes, ces sciences sociales traitent de cet accord comme d'une loi positive qui, indépendamment de la volonté des gens, régit universellement leur commerce. Mais il se trouve que cette forme d'accord correspond à un principe général ayant été proposé auparavant dans une philosophie politique, pour asseoir le bien commun et assurer la concorde en accordant les volontés. Les faits positifs apportés par chacune de ces disciplines – et qu'il n'est pas question de rejeter – fournissent donc des preuves de l'efficacité de ces principes, et suggèrent de les prendre au sérieux lorsqu'ils sont invoqués pour des justifications.

La seconde conclusion est négative et vient compliquer le programme suggéré par la première. Les principes d'accord sont au moins au nombre de deux et, par conséquent, aucune des deux disciplines qui les transforment en lois positives ne peut traiter du rapport entre ces deux formes de lois. Cette incapacité est particulièrement gênante dans le traitement d'objets limitrophes, comme, par exemple, les organisations. De tels objets ne doivent d'apparaître qu'à des concessions de bon voisinage accordées par les tenants de l'une ou l'autre orientation : d'un côté des acteurs économiques échangeant sur un marché concurrentiel, de l'autre des acteurs sociaux soumis à des normes. Fragiles, ces concessions peuvent être dénoncées, dès lors que l'un des protagonistes rompt le pacte en faisant valoir l'universalité de son système explicatif des conduites humaines.

Notre démarche s'inspire de ces conclusions. Comment est-il possible que l'économie, aussi bien que la sociologie, traduisent en loi positive un principe métaphysique, alors qu'elles sont attachées à une définition de la réalité s'opposant aussi radicalement à une métaphysique? Nous répondrons qu'elles ne peuvent traiter du commerce des hommes en société, ce qui est leur projet, sans prendre en compte les formes d'accord que les hommes ont façonnées. Cependant, chacune des disciplines dont nous sommes partis traite cet accord comme une loi naturelle, de sorte que sa construction devient, du même coup, insaisissable. Cette construction est l'objet dont nous nous proposons l'étude, une étude qui suppose de prendre au sérieux les exigences d'accord et de règlement en général des différends. Nous laissons donc provisoirement de côté les conduites qui ne sont pas soumises à ces exigences, et sur lesquelles nous reviendrons en fin de parcours.

Le rapprochement et les formes de généralité

Notre approche de la coordination des conduites humaines nous conduit à porter attention à la capacité cognitive à faire des rapprochements sur ce qui importe, à identifier des êtres détachés des circonstances, à s'accorder sur des formes de généralité. Le rapprochement repose sur une relation, pouvant être explicitée ne serait-ce que par un mot, à quelque chose de plus général, commun aux objets rapprochés. Il se distingue par là de la simple contiguïté spatiale ou temporelle, même si le voisinage peut soutenir une forme de similitude (Foucault, 1966, p. 33). Il reste que les personnes ne sont pas toujours tenues d'expliciter leurs rapprochements et qu'elles ne se trouvent pas non plus, *a fortiori*, dans l'obligation de fonder la généralité de chacun de leurs rapprochements, et nous devons ménager la possibilité de rapprochements non fondés.

Nous n'étudierons pas pour elle-même la capacité des personnes à faire des rapprochements et nous n'explorerons pas l'univers, d'ailleurs illimité, comprenant l'ensemble des systèmes de classement, taxinomies, nomenclatures, etc. déjà mis en œuvre ou encore à faire. Parmi l'infinité des rapprochements possibles, nous ne nous intéresserons qu'à ceux qui sont non seulement communs et donc communicables, mais qui soutiennent des *justifications*.

L'exigence pour une personne de procéder à des rapprochements communs ne s'impose pas toujours avec la même force. Même dans les situations orientées vers un horizon de justification, les personnes peuvent contourner cette exigence et l'on montrera que l'une des façons de l'éviter consiste à retourner aux circonstances – ce que nous appellerons *relativiser*. Cependant, faute de rester toujours repliées dans la relativisation, les personnes doivent disposer de moyens pour s'accorder sur leurs rapprochements.

Elles peuvent éventuellement s'arranger en dépit d'un différend sur les rapprochements et transiger, c'est-à-dire s'arranger de gré à gré, localement, momentanément, en sorte que le différend soit dénoué sans être pour autant réglé par référence à un rapprochement commun. On dira par exemple d'un arrangement de ce type qu'il n'est pas complètement défendable « en bonne logique ».

Si les parties ne transigent pas, les rapprochements ne peuvent rester à la discrétion des personnes présentes. Le ton monte, et monte également le niveau auquel l'accord est recherché et pour lequel les différends sont mis en forme. Ce n'est plus de différence entre la couleur brune et la verte qu'il s'agit, non plus que d'une concession sur un brun verdâtre. Les protagonistes réclament de s'entendre sur la classification dont les couleurs en question ne sont que des classes particulières. Pour fonder ces rapprochements, il faut alors pouvoir disposer d'un principe qui détermine des relations d'équivalence. Cette remontée des niveaux d'accord qui, dans la forme classificatoire, est une remontée de niveaux logiques, pourrait se poursuivre à l'infini dans la quête d'un principe d'accord toujours supérieur.

Cependant, plutôt qu'une telle régression interminable, on observera que la dispute s'arrête le plus souvent dans la convergence sur un principe supérieur commun, ou dans l'affrontement de plusieurs de ces principes. Très vite, en effet, viendra une interrogation du genre : « Au nom de quoi s'agit-il d'attribuer la couleur ? » De la réponse à cette question qui manifeste le passage d'un simple rapprochement à un jugement visant la généralité, découlera l'expression du principe justifiant les rapprochements, et de la nature de l'épreuve qui permettra de s'entendre sur l'adéquation de ce rapprochement aux choses particulières sur lequel il porte. Pour désigner couramment ces formes de rapprochement, on parlera d'une définition technique impliquant une mesure standard instrumentée par des appareils scientifiques, d'une croyance subjective influencée par l'opinion commune sur le sujet, d'un usage qui prévaut en perpétuant une tradition enracinée, d'un sentiment esthétique ineffable, voire d'une exigence éthique ou politique s'il se trouve, par exemple, que la couleur à apprécier sert d'emblème.

Chercher à confronter des principes de jugement aussi divers ne manquera pas de paraître incongru, tant ils semblent incommensurables et incompatibles, ce que rend manifeste la pluralité des oppositions qui les traversent : du matériel au symbolique, du positif au normatif, de la réalité aux valeurs, du subjectif à l'objectif, du singulier au collectif, etc. C'est pourtant bien à traiter dans un même cadre d'analyse ces différentes modalités d'identification (« contrainte technique », « argument d'ordre esthétique » ou « point de vue moral ») qu'aspire notre entreprise. Nous intéressant aux rapprochements capables de faire l'accord et de s'intégrer dans des jugements, nous avancerons que les modalités précédentes renvoient à des principes de *justice* (ou de *justesse*, terme moins incongru lorsqu'il s'agit d'une forme technique de justification) convoquant les autres. Nous ferons ainsi de la propriété de la justice d'arrêter la dispute (Lévy-Bruhl, 1964) une propriété caractéristique. Dans cette perspective, nous chercherons à rapporter à des exigences communes les rapprochements qui sont d'ordinaire distingués, selon qu'ils prennent racine dans les singularités psychiques de la personne traitées par la psychologie, qu'ils engagent des intérêts collectifs étudiés par la sociologie, qu'ils trouvent leur pertinence dans un ordre économique ou politique, ou encore qu'ils relèvent d'un jugement technique fondé sur une science de la nature. Les désaccords examinés seront donc aussi bien des discordes entre des gens appréhendés dans leurs relations singulières, des disputes personnelles sous l'empire des passions, que des conflits collectifs et des luttes politiques, ou encore des suboptimalités économiques ou des dysfonctionnements techniques.

La perspective que nous visons est, à bien des égards, troublante. On pourra s'étonner d'un raccourci qui rabat une opération cognitive de rapprochement sur la fondation d'une justice. N'y a-t-il pas une coupure primordiale entre l'exercice d'identification des objets auquel se livrent des personnes, et l'établissement de lois qui pèsent sur elles en réglant leur entente? Le renoncement à cette coupure n'amène-t-il pas avec lui une régression vers un état pré-scientifique de la connaissance, dans lequel valeurs et faits viendraient à se confondre au sein d'une juste nature? Et cette confusion providentielle ne conduira-t-elle pas nécessairement au cela-va-de-soi d'un ordre pérenne qui exclut la question de l'accord, et contredit les remarques précédentes sur la pluralité des formes d'agrément?

Au moment de nous engager plus avant dans l'examen de ces questions, notons que dans nombre d'occasions les rapprochements ne sont pas soumis à un impératif de justification mais considérés comme fortuits. Nous dirons qu'il s'agit là de circonstances *contingentes* comprenant, dans une relation de contiguïté, des choses et des gens qui n'importent pas. Plongés dans les circonstances, on s'abandonne au particulier sans chercher à faire équivalence ni, par conséquent, à préciser l'importance des personnes et des choses. Un passant contre lequel on se heurte peut être n'importe qui, un magistrat, un homme célèbre; si la rencontre s'arrête là, peu importe. Les circonstances sont sans importance parce que les êtres peuvent s'y côtoyer sans que leur vraie nature soit en cause. Des êtres pouvant être qualifiés selon des modalités incompatibles se croisent et se heurtent sans se reconnaître. Ainsi, dans une forêt, par un après-midi d'automne, des personnes qui s'ignorent habitent un même sous-bois : promeneurs, amoureux, chasseurs, mycologues, bûcherons, scouts, etc. Leur présence dans un même espace relève des circonstances et ne fait pas une situation qu'ils doivent traiter en commun. Réunir ces êtres étrangers dans le champ d'un regard objectivant, les placer sur une même scène, les rendre présents dans un même espace, chacun poursuivant son activité selon sa nature propre, c'est là l'un des ressorts principaux du comique et, particulièrement, du comique de vaudeville. Mais, dans la vie où, à la différence du théâtre, le cadre n'est pas là pour circonscrire la scène et l'offrir au regard du spectateur, la coexistence ne fait pas toujours une situation. Les êtres qui se croisent ne participent pas d'un même engagement. S'il se produit, par exemple à l'occasion d'un accident, il fera surgir la question de la justification : la forêt appartient-elle aux promeneurs ou à ceux qui travaillent utilement à l'exploiter?

Si l'examen de ce genre de circonstances ne relève pas de notre travail, dans la mesure où aucune contrainte d'accord ne pèserait sur elles, il reste que la tentative faite pour s'y ramener, alors même que s'est élevé un différend sur la pertinence d'un rapprochement, ne peut être comprise que par rapport à un impératif de justification que cette tentative vise à suspendre. Nous reviendrons, à la fin de ce travail, sur cette opération de *relativisation* par laquelle on cherche à demeurer dans les circonstances en écartant ou en ignorant les êtres qui, par leur importance, tirent la situation vers une situation naturelle.

L'ordre du général et du particulier

Une fois admise la capacité ou la propension au rapprochement qui sert aux personnes à coordonner leurs conduites, la généralité des formes de rapprochement ne va pas de soi. Pour imaginer un monde dans lequel cette généralité serait acquise, songeons à des situations – que nous dirons *naturelles* – où l'accord sur les rapprochements s'établit parfaitement. Un cadre d'entreprise fait visiter, à des industriels étrangers, l'atelier le plus moderne de l'usine dans laquelle il occupe un poste de responsabilité : tout marche pour le mieux, et chaque être qu'il désigne au visiteur vaut en toute généralité. Les regards glissent sur des objets dépourvus de toute aspérité : aucune particularité ne vient retenir l'attention. Les mots du commentaire réfléchissent, comme le carter des machines neuves, la série infinie des choses semblables qu'ils réunissent sous le même terme technique. Il n'est pas jusqu'aux ouvriers et employés occupés à leurs tâches qui ne soient qualifiés selon une même forme de généralité. L'entente des visiteurs et du guide sur la compréhension de ce qu'ils ont sous les yeux, c'est-à-dire sur le fonctionnement efficace de l'atelier, est assurée. Leur serait-il demandé, à l'issue de la visite, des rapports, ceux-ci ne se confondraient pas nécessairement, mais de leur confrontation ne résulterait aucune contradiction troublante : ils se compléteraient harmonieusement.

Chacun reconnaîtra l'enveloppement sacré d'un monde édénique où de telles scènes se succéderaient, dans le déroulement d'une longue cérémonie qui suivrait, à la lettre, une étiquette solidement établie. Bien malin celui capable de faire alors la différence entre la lettre et l'objet, entre le rapport et ce qui s'est passé. Dans les sociétés que nous étudions, les situations naturelles où tout se tient, sans être exceptionnelles, ne sauraient cependant persister durablement. De quelle façon sera ébranlé l'agencement harmonieux de ces choses et personnes à l'état général? Le plus simplement, par la panne. Voilà le regard d'un visiteur attiré par une machine immobilisée devant laquelle s'amoncelle une pile de pièces en attente, ou par un poste de travail vacant, ou par un amas de rebuts au fond d'une caisse. Intrigué, le visiteur pose des questions sur ces choses gênantes qui mettent en cause le bon fonctionnement de l'atelier. Soulignons dès à présent la façon dont il prend appui sur elles pour étayer son doute. Le désaccord qui menace ne peut s'exprimer dans un pur débat d'idées, et doit faire appel au concours des choses. Pour apaiser le trouble suscité par les questions, le cadre de l'entreprise doit « entrer dans les détails » et en rabattre sur l'exigence de généralité qui portait haut son commentaire et emportait l'adhésion. La machine, explique-t-il, souffre d'une malfaçon résultant de telle particularité de sa fabrication, l'ouvrier est absent pour tel motif personnel, les pièces sont déficientes en raison de telle impureté dans la matière première. Le brouhaha des particularités qui envahissent la situation, au risque d'en troubler l'harmonie, fait ressortir, *a contrario*, les aménagements nécessaires pour arracher aux circonstances les choses et les personnes que les rapprochements ont associées, et pour les engager dans une situation qui se tienne.

De cette évocation il ressort que l'opération de rapprochement entraîne à sa suite, dès la chute hors de l'éden qu'illustre la défaillance précédente, la constitution d'un ordre qui range, du plus au moins général, les classes d'êtres rapprochés auxquelles sont ainsi attribuées des valeurs relatives. Une machine qui fonctionne normalement est plus générale qu'une machine défectueuse qui sera dotée d'une moindre capacité que la précédente à faire équivalence sur l'avenir, à assurer une production régulière, qui sera moins « fiable », dira-t-on. Même dans le cas limite où l'échelle du plus au moins général est réduite à l'extrême, il reste au moins deux états, celui défini par le rapprochement, et celui de particulier qui lui échappe. Or ces états, au lieu d'être entre eux dans le rapport d'un ensemble à ses éléments, tel que l'appréhende la logique ensembliste, sont liés par un ordre qui traite le général comme supérieur au particulier. L'ordre ainsi constitué conduit à une qualification des personnes de la même façon qu'il détermine, à partir de leur rapprochement, une qualification des objets.

L'exigence d'un accord général et la légitimité de l'ordre

A quelles conditions une forme d'équivalence peut-elle être commune, c'est-à-dire permettre une qualification de personnes et d'objets pouvant encadrer un accord ou servir d'appui dans une discorde ? Nous nous proposons, en répondant à cette question, de prendre au sérieux l'impératif de justification sur lequel repose la possibilité de coordination des conduites humaines, et d'examiner les contraintes de l'accord sur un bien commun. Nous ne nous satisfaisons pas, par exemple, de l'usage de la notion de « légitimation » qui, dans la suite de l'œuvre de Max Weber, tend à confondre justification et tromperie en repoussant les contraintes de la coordination pour se replier dans un relativisme des valeurs. C'est à des actes justifiables que nous nous intéresserons, en tirant toutes les conséquences du fait que les personnes sont confrontées à la nécessité d'avoir à justifier leurs actions, c'est-à-dire non pas à inventer, après coup, de fausses raisons pour maquiller des motifs secrets, comme on se trouve un alibi, mais à les accomplir de façon à ce qu'elles puissent se soumettre à une épreuve de justification.

Comment une science de la société peut-elle espérer aboutir en ignorant délibérément une propriété fondamentale de son objet, et en négligeant que les gens sont confrontés à l'exigence d'avoir à répondre de leurs conduites, preuves à l'appui, auprès d'autres personnes avec qui elles agissent? Il suffit d'être attentif, comme nous allons tâcher de l'être dans les pages qui suivent, aux justifications que développent les personnes, en paroles et en actes, pour voir qu'il n'en est rien et que le cours ordinaire de la vie réclame un travail presque incessant pour faire se tenir ou rattraper des situations qui échappent, en les mettant en ordre. Les gens, dans la vie quotidienne, ne font jamais complètement taire leurs inquiétudes et, comme des savants, ne cessent de suspecter, de s'interroger, de soumettre le monde à des épreuves.

Mais les situations où ces inquiétudes ne peuvent accéder à la manifestation et engager un procès de critiques et de justifications sortent du cadre de cette étude. C'est précisément la difficulté de faire entendre la critique dans des situations asymétriques au point que l'un des partenaires de l'interaction puisse se conduire à son gré, sans s'encombrer d'explications, qui ouvre sur la violence. Nous laisserons donc ces situations en dehors du champ de notre recherche sans, évidemment, nier leur possibilité ni le rôle qu'elles peuvent jouer dans les affaires humaines.

Certaines situations de discorde peuvent bien se trouver momentanément suspendues entre la justification et la violence : sur cette ligne de partage des eaux où elles peuvent encore s'orienter vers la recherche d'un arrangement de gré à gré ou bien, au contraire, basculer dans la violence. Mais à l'instant où elles basculent dans la violence, elles nous échappent et nous les abandonnerons. En revanche, nous nous refuserons à dire que le tract distribué par des grévistes pour dénoncer l'injustice des bas salaires ou que la déclaration du patron pour réclamer la reprise du travail sont des formes de violence (qualifiée alors de symbolique), ni qu'il s'agit de faux-semblants dissimulant une violence sous-jacente, ni encore qu'ils tireraient toute leur force et leur réalité de la violence qui les a précédés ou qui menace de leur succéder.

Nous nous demanderons donc à quelles conditions un principe d'accord est tenu pour légitime. Nous extrairons des remarques précédentes ce qui nous apparaît comme deux difficultés majeures dans la construction de la légitimité. La première a trait à l'ordre. Nous avons suggéré la façon dont l'exigence d'accord conduisait à la constitution d'un ordre. La dispute réclame un ordre pour s'arrêter, lorsque, par exemple, deux personnes se « mesurent » et s'interrogent sur l'inégale importance de deux faits mis en comparaison. Mais les inégalités qui vont en résulter n'entrent-elles pas en tension avec ce qui pourrait apparaître comme un principe régissant l'ensemble des formes légitimes de justification que nous avons pris pour objet, et que nous appellerons *principe de commune humanité*? Au regard de ce principe, est-ce que tout ordre sur l'humanité ne pourra être tenu pour une « domination » injustifiable qui ne servirait que l' « intérêt personnel » de ceux qui s'en trouveraient avantagés?

Remarquons que la théorie de la sublimation (à laquelle Freud n'a pas donné de forme systématique) est un des efforts les plus poussés pour traiter cette question, et proposer une explicitation théorique de la conception que notre société a de la grandeur et des arguments mis en œuvre, de façon éparse, pour justifier l'existence des grands. Cette théorie rend compte de la possibilité des grands hommes (et par là de la possibilité d'une inégalité de taille acceptable). En ce sens, c'est une théorie de la légitimité d'un ordre social. Elle suggère une économie interne de l'individu (l'économie de la libido et du déplacement des investissements psychologiques), une économie de la relation entre les individus dans la société et des inégalités dans la répartition de la grandeur (entre les sexes, entre les classes, etc.) et une économie de la relation entre cultures. D'autre part Freud entend également par la sublimation une forme de généralisation. La libido, cette énergie mystérieuse qui unifie les façons, si disparates en apparence, qu'ont les individus de s'attirer et de s'associer, permet des déplacements sur l'axe qui va du particulier au général. Ainsi, prendre à cœur les « intérêts généraux de l'humanité », s'en inquiéter, parler en leur nom, c'est transformer un désir singulier associé à un attachement corporel (pour un membre de sa famille) en une relation générique désincarnée qui ne peut plus faire l'objet d'une satisfaction individualisée et corporelle. Cependant, la construction analytique et son appareil méthodique sont traversés de tensions très vives. Selon une première tendance, il s'agit de prendre au sérieux ce processus de grandissement et de montrer sa place dans le fondement d'une société. Mais une autre tendance s'exprime dans un dévoilement critique qui, sous le discours du sujet s'exprimant au nom des « intérêts généraux de l'humanité », de la « science » ou de l' « art », met au jour les intérêts, les pulsions et les passions d'une personne particulière. L'interprétation du soupçon, comme dit Ricœur (1969, pp. 101-159), va alors du général au particulier et, plus spécialement, de l'intérêt général aux intérêts particuliers des gens. La personne est dotée d'une identité biologique et d'une libido qui réclame son dû, conformément, certes, à un instinct générique, mais pour le bénéfice d'un corps propre. C'est cette tension entre la constitution d'un ordre, et l'opération critique de mise en cause, que nous avons placée au cœur de notre examen.

La seconde difficulté majeure tient à l'observation que nous avons faite de l'apparente pluralité des formes d'accord. Comment cette pluralité est-elle possible alors qu'une condition nécessaire de la légitimité, souvent mise en avant, semble être l'universalité? Comment des personnes peuvent-elles agir et s'accorder alors même que les modalités d'accord paraissent multiples?

Nous avons considéré que la résolution de chacune de ces difficultés ne pouvait être entreprise indépendamment, et que c'est de l'analyse du lien entre ces deux questions que l'on pouvait espérer une compréhension de la notion de légitimité. La deuxième partie de notre essai est donc consacrée à cette analyse et à l'élaboration d'un modèle commun de *cité* auquel nous rapporterons les formes légitimes d'accord qui servent de recours ultime pour l'éclaircissement et le dénouement des démêlés. Nous chercherons à repérer la façon dont ces formes d'accord sont construites en examinant le traitement auquel les soumet la philosophie politique. Conçue comme une entreprise grammaticale d'explicitation et de fixation de ces formes, elle nous servira à expliciter les contraintes que doit satisfaire un principe supérieur commun pour être acceptable et, par là, pour pouvoir être mis en œuvre dans des justifications.

Un premier examen de la philosophie politique marchande nous permettra de dégager des contraintes qui seront ensuite systématisées dans un modèle de grammaire politique mis à l'épreuve sur d'autres exemples de philosophies politiques. Cette grammaire est évidemment dépendante de la définition de l'ensemble sur lequel elle est valide. Nous ne prétendons pas que cet ensemble couvre la totalité des ordres de société qui ont pu être construits, et nous laisserons provisoirement de côté la question de l'étendue de cet ensemble. Au vu de l'éventail des philosophies politiques retenues pour illustrer l'application du modèle et extraire des formes premières du bien commun, le lecteur pourra déjà juger de cette étendue. Ces formes premières ne sont d'ailleurs pas les seules compatibles avec la grammaire, et nous aurons l'occasion d'évoquer la façon dont de nouvelles formulations du bien commun peuvent se constituer.

Dès lors que le modèle est posé comme un système de contraintes auxquelles doit satisfaire la constitution d'un ordre légitime (c'est-à-dire propre à encadrer la discorde), il peut lui être associé une compétence dont doivent être dotées les personnes pour être capables de justifier leurs jugements en réponse à la critique, ou d'agencer des situations de façon à prévenir cette critique.

L'épreuve de réalité et le jugement prudent

La possibilité de recourir à plusieurs principes d'accord, que suggère la confrontation des faits établis par les approches économiques et sociologiques des actions humaines, ouvre sur des difficultés qui s'ajoutent à celle de s'accorder sur un rapprochement. C'est en cela que nous pouvons parler de société *complexe*, et que la référence à une culture, qui rendrait compte de la communauté des rapprochements en terme de symbolisme partagé, ne permet pas de résoudre la question de l'accord. La reconnaissance d'une pluralité de cultures ou de systèmes de valeurs, partagés par des communautés ou groupes de personnes, ne lève pas pour autant la difficulté résultant de leur confrontation problématique. L'absence de discorde, en dépit de ces contradictions, demande alors, pour être expliquée, l'échappée vers l'hypothèse d'une tromperie systématique occultant une domination des uns sur les autres.

Nous considérerons que l'engagement de choses dans la réalisation d'*épreuves* est nécessaire pour gérer les désaccords. Afin de réaliser de telles épreuves, la disposition de principes d'équivalence est insuffisante. Leur mise en œuvre suppose qu'à ces principes soient associés des objets avec lesquels les personnes puissent se mesurer. C'est en effet de leur plus ou moins grande capacité à *mettre en valeur* ces objets que résulte un ordre justifié. Chacun des ensembles d'objets associés aux différents principes supérieurs communs forme un monde cohérent et autosuffisant, une *nature* dont la troisième partie de cet ouvrage proposera des figurations.

L'épreuve conduit les personnes à s'accorder sur l'importance relative des êtres qui se trouvent engagés dans la situation, aussi bien sur l'utilité relative de deux machines ou de deux investissements que sur les mérites respectifs de deux élèves, sur la compétence de deux cadres ou encore sur les marques de respect que se doivent l'un à l'autre deux notables locaux, etc. Des êtres très divers, par exemple des personnes, des institutions, des outils, des machines, des dispositions réglementaires, des moyens de paiement, des sigles et des noms, etc. se trouvent liés et disposés les uns par rapport aux autres dans des assemblages suffisamment cohérents pour que leur engagement soit jugé effectif, pour que les processus attendus puissent s'accomplir et pour que les situations puissent se dérouler de manière correcte (par opposition aux situations perturbées qui sont qualifiées, selon la discipline de référence, de pathologiques, dysfonctionnelles, conflictuelles, etc.). Pour que la situation soit justiciable d'un principe supérieur commun, il faut que chaque être (personne ou chose) lui soit ajusté. C'est lorsque ces conditions sont remplies que l'on dira de la situation qu'elle se tient. Une situation de ce type, qui se tient de façon cohérente sans objets équivoques, est *naturelle*. La façon la plus simple de composer une situation appropriée à une conduite naturelle est d'y engager des êtres d'une même nature et d'en écarter ceux qui relèvent d'une autre nature. Si certains des êtres disposés dans la situation ont une portée générale alors que d'autres restent contingents ou relèvent d'une généralité différente, la situation ne se tient pas.

Une hypothèse originale de cette démarche, y compris par rapport à celles qui ménagent la possibilité de plusieurs formes de « légitimité » ou de « rationalité », est de traiter la justesse scientifique et technique de la même façon que d'autres formes de justifications distinguées couramment de la précédente en raison de leur caractère éthique, sans pour autant réduire toutes ces formes de généralité à un seul équivalent (croyance ou force, par exemple). La qualification d'objet n'est pas, dans notre construction, réservée à la nature du savant et du technicien qui aurait le privilège de la réalité et de l'objectivité. Chaque nature a ses objets, qui servent également à l'épreuve.

Ainsi sommes-nous conduits à traverser la distinction entre les deux définitions de l'*ajusté* orientées l'une vers la *justice*, l'autre vers la *justesse*, et à traiter avec les mêmes instruments conceptuels des situations dans lesquelles un désajustement sera qualifié dans le registre de l'injustice ou encore, par exemple, dans celui du dysfonctionnement. Le désajustement peut ainsi résulter de la défaillance des personnes, par exemple lorsque la dispute a pour enjeu, comme dans les crises d'honneur, la juste distribution de la considération qu'elles se portent les unes aux autres; ou bien de la défaillance des personnes et des objets comme lorsque le désaccord porte sur la distribution entre des personnes de biens, tels que revenus, postes de travail, objets matériels, diplômes, etc. Mais le désajustement peut aussi tenir à l'agencement même des objets entre eux comme lorsqu'il faut, par exemple, relier les caractéristiques techniques d'une machine, les modalités de son financement et les dispositions qui réglementent son utilisation.

L'exigence d'épreuve modifie l'optique de notre examen qui, de l'étude des constructions de la philosophie politique, passe à celle de la raison pratique ou, pour remonter plus avant dans la tradition, à celle de la prudence. De même que nous chercherons à comprendre la structure du modèle de la cité par l'exigence de réduction de la pluralité des principes d'accord, de même nous réexaminerons les tensions entre raison et pratique, entre généralité et contingence, ou entre justice et équité, à partir des contraintes (et des degrés de liberté) qu'implique, pour le jugement, un univers à plusieurs natures. La dernière partie sera ainsi consacrée à l'étude des procédures qui permettent de mettre fin à des disputes.

II

LE FONDEMENT DE L'ACCORD DANS LA PHILOSOPHIE POLITIQUE : L'EXEMPLE DE LA CITÉ MARCHANDE

En raison du développement ultérieur de la science économique qui a contribué à distinguer la question de l'équilibre de celle du bien-être, on a quelque peu oublié le fait que l'économie politique s'est proposé de traiter la question de la paix sociale. Elle se donne des personnes dans un état de désordre originel, à la mesure des passions qui les meuvent et qui les conduisent à l'affrontement. Elle présente une possibilité d'accord général en montrant comment la référence à un principe unique peut transformer l'ardeur furieuse de ces affrontements en un bien-être général garant de la paix sociale. L'intérêt des particuliers est ainsi mis en rapport avec l'intérêt de tous. Le règlement des discordes s'inscrit dans une coordination qui repose sur deux piliers : une identification commune des biens marchands, dont l'échange définit le cours d'action, et une commune évaluation de ces objets par des prix qui permettent d'ajuster des actions diverses. Les conduites des personnes peuvent être ainsi tenues pour raisonnables, cohérentes, et *justifiables* selon un principe connu et admis de tous, à la différence de motivations inconscientes, d'intérêts cachés ou inavouables. D'autre part, cette possibilité d'accord est liée, comme dans d'autres philosophies politiques, à une nature humaine qui s'y prête et qui offre une fondation solide à l'édifice. Ainsi la philosophie politique d'Adam Smith comprend une *Théorie des sentiments moraux* dont nous chercherons à montrer qu'elle nous décrit les rouages d'un entendement humain ajusté aux exigences d'un principe de concurrence. Cette spécification de la nature humaine est plus développée dans l'œuvre de Smith que dans les traités ultérieurs de science économique, où elle se trouve généralement confondue avec la rationalité optimisatrice.

Notre projet de compréhension des principes selon lesquels des actions sont soumises à justification suppose de réexaminer la façon dont l'économie politique se conforme aux exigences précédentes pour résoudre la question de l'ordre. Nous chercherons donc à extraire de l'œuvre de Smith – en évoquant les constructions antérieures sur lesquelles elle s'appuie – une définition d'un principe d'accord, et une analyse de la nature de l'homme destinée à expliquer la façon dont toute personne peut s'ajuster à ce principe. Notre propos n'est donc pas d'ajouter une nouvelle exégèse à la liste volumineuse des commentaires de cette œuvre, et notre analyse restera délibérément sélective. L'analyse suivante vise donc à montrer comment un principe supérieur commun marchand peut permettre de fonder un ordre qui est, à ce titre, aussi « holiste » que d'autres. Elle permettra de revenir sur les diverses expressions de l'opposition entre individualisme et holisme, ou entre individu et collectif, ou encore entre privé et public, pour les rapporter, à l'inverse de la démarche courante, à un modèle commun. Ce modèle conduit à discerner clairement la différence entre une personne singulière et un « individu » dans un état marchand, être aussi métaphysique que les êtres collectifs de la sociologie et aussi « collectif » à sa façon, puisqu'il participe d'un bien commun.

Un lien social fondé sur un penchant à l'échange pour son propre intérêt

On peut extraire de l'œuvre d'Adam Smith les éléments assurant le fondement d'une *cité* qui repose sur l'établissement d'un lien marchand. Le lien marchand unit les personnes par l'intermédiaire de biens rares soumis aux appétits de tous, et la concurrence des convoitises subordonne le prix attaché à la possession d'un bien aux désirs des autres. Nombre des éléments de cette grammaire (Smith lui-même utilise ce terme lorsqu'il avance que « les règles de justice sont semblables aux règles de grammaire », *Théorie des sentiments moraux*, p. 201) ont été élaborés bien antérieurement. Ainsi, les développements concernant la valeur des biens reposent sur une longue tradition de dissertations roulant sur le juste prix. L'importance, dans les textes scolastiques, de cette glose qui prolonge les écrits d'Aristote, tient à ce qu'elle participe de la construction de systèmes généraux d'équité.

Le traité sur le *Droit de la nature et des gens* de Pufendorf, dont Smith possédait un exemplaire dans sa bibliothèque, offre une formulation particulièrement rigoureuse de cette question, dans laquelle la valeur des choses et la valeur des gens sont embrassées dans la même espèce d'« être moral », dénommée « quantité morale » et entendue comme un « mode moral d'estimation ». « Cette Quantité Morale – écrit Pufendorf – se trouve, ou dans les Choses, et alors on l'appelle Prix, ou Valeur; ou dans les Personnes, et à cet égard on la nomme Estime, Considération, etc., ou enfin dans les Actions, et en ce dernier sens elle n'a point de nom particulier ». Barbeyrac souligne que « l'auteur remarquait ici que la première et la seconde sorte de Quantité Morale s'expriment par le terme de Valor » (Pufendorf, 1771, Liv. 1, chap. 1, § 22, t. 1, p. 21). Pufendorf met nettement en évidence (plus nettement que Smith, à certains égards) la place jouée par la rareté du bien dans la grandeur marchande : « Ce qui contribue donc le plus à augmenter le prix des choses, c'est leur Rareté » (*id.*, Liv. 5, § 6, t. 2, p. 3). Il construit d'ailleurs le prix comme une forme d'expression du désir des autres, ce que nous analysons comme une façon de les comprendre : « La raison pourquoi les choses rares sont mises à un plus haut prix que les autres, c'est que la vanité des Hommes leur fait estimer souverainement ce qu'ils ont qui ne leur est commun qu'avec un petit nombre de gens, et tenir au contraire pour très vil ce que l'on voit chez tout le monde » *(id.)*. Mais cette construction s'accompagne d'une mise en cause critique signalée par un « au fond » tout à fait caractéristique : « C'est sans contredit un effet de la corruption et de la malignité de l'Esprit Humain, que de juger de la solidité d'un Bien par le nombre de ceux qui le possèdent également. Car la possession d'un bien n'est pas *au fond* plus ou moins estimable, selon que les autres en sont privés ou en jouissent comme nous » (*id.*, ital. de nous).

C'est parce que le dessein d'Adam Smith s'inscrit explicitement dans une perspective semblable à celle des jurisconsultes, et qu'il vise à proposer un fondement à des principes d'accord devant gouverner les relations entre les gens, qu'il contient les éléments, agencés de manière systématique, d'une grammaire politique marchande. Il diffère en cela des textes économiques ultérieurs, dans lesquels les auteurs auront à cœur de dégager une instrumentation spécifique à leur discipline, d'une gangue originelle jugée abusivement morale.

Le projet initial de Smith, tel qu'il le présente à la fin de la *Théorie des sentiments moraux* (Smith, 1860 : TSM), est en effet de construire une théorie de la justice et d' « établir [...] les principes généraux des lois et du gouvernement », sans s'en tenir à l'énoncé de « lois de " police " » comme l'avaient fait selon lui Cicéron et Platon, mais en suivant l'exemple de Grotius lorsqu'il a entrepris de « former une espèce de système des principes qui doivent se trouver dans les lois de toutes les nations et leur servir de fondement » (*id.*, pp. 404-405). Après la publication des *Recherches sur la nature et les causes de la richesse des nations* (Smith, 1982 : *WN*; en français, Smith, 1976 : *RN*), l'auteur considérait que cette promesse avait été exécutée « relativement à ce qui concerne la police, les finances et les armées ». Il s'en expliqua trente ans après la première édition de la *Théorie des sentiments moraux*, dans une sixième édition considérablement revue et étendue (1860, p. XIX), en ne déplorant plus que le non-aboutissement de son projet de *Théorie de la jurisprudence*.

L'usage privilégié des *Recherches...*, pour sceller les fondations d'une science économique, a contribué à détacher l'un de l'autre ces deux ouvrages compris initialement par leur auteur dans un même projet et entre lesquels Smith plaçait plus haut sa *Théorie...* (selon Samuel Romilly, cité dans Raphael, 1975, p. 85). Pour notre propos il convient, à l'inverse, de les rapprocher si l'on entend considérer le dessein de Smith, non par rapport à la postérité des économistes, mais comme une entreprise succédant à d'autres dans la visée de fonder une nouvelle espèce de lien social capable de connecter des personnes à un bien commun. Ce lien est réalisé par le dispositif d'un marché où des individus en sympathie, mais soumis à leurs intérêts personnels, entrent en concurrence pour l'appropriation de biens rares, de sorte que leur richesse leur confère une grandeur puisqu'elle est l'expression des désirs inassouvis des autres.

C'est en raison du caractère délibérément systématique du projet [1] *, que ces ouvrages de Smith sont appropriés pour décrire les éléments d'une philosophie politique, même si, comme nous aurons l'occasion de le rappeler, on peut relever de nombreuses ébauches antérieures d'une construction d'un ordre

* Les notes sont regroupées en fin d'ouvrage, p. 441.

reposant sur un lien marchand, et si les textes de Smith enferment des éléments discordants par rapport à cette construction, lorsqu'il est fait référence, à l'occasion, à d'autres définitions de la grandeur, utilisées parfois par l'auteur lui-même pour servir à la dénonciation du type de lien social qu'il a contribué à fonder.

Dans la perspective où nous nous plaçons ici, il ne s'agit nullement de rendre compte de l'ensemble de l'œuvre de Smith. De la *Recherche...* nous n'évoquerons principalement qu'une petite partie, l'exposé des premiers chapitres sur le fonctionnement du marché, partie qui peut être jugée la moins originale d'un point de vue d'économiste, mais qu'il importe de rattacher aux considérations sur la sympathie et le spectateur impartial développées dans la *Théorie...*, si l'on veut comprendre l'édification de cette grammaire politique. Les considérations sur la division du travail, sur ce qui relèvera d'une théorie de la valeur travail, ou sur l'investissement, que nous ne reprendrons pas ici, sont plutôt à rapprocher de l'élaboration de ce que nous désignerons plus loin, à partir des textes de Saint-Simon, du nom de grandeur *industrielle.* On aura donc tendance à privilégier ici le dispositif marchand et les états moraux que Smith lui associe, alors même qu'on peut à l'inverse insister sur les passages des *Recherches...* qui suggèrent un autre principe de valeur, comme l'ont fait les économistes soucieux de montrer le retard de la théorie économique qui pouvait être imputé à la place accordée par Smith au coût du travail, aux dépens d'une valeur résultant de la concurrence sur le marché (Kauder, 1953), ou, dans un autre esprit, les historiens désireux de démontrer l'originalité de Smith par rapport à la tradition aristotélicienne du juste prix qui lui venait par Pufendorf, Carmichael et son maître Hutcheson (Robertson et Taylor, 1957).

Malgré la place qu'il a accordée dans son œuvre à la division du travail, et qui tient sans doute à l'influence de Mandeville (Mandeville, 1974, p. 11), Smith n'en a pas fait le principe de l' « opulence générale », à la différence des auteurs qui ont cherché à fonder la grandeur sur le travail et son utilité. Cette division du travail n'est pas à l'origine d'une réciprocité marchande, comme chez Hume (Deleule, 1979, p. 51). « La division du travail, dont découlent tant de bienfaits, n'est pas à l'origine une conséquence de la sagesse humaine » (*WN*, p. 117). La division du travail n'est que le produit d'un « penchant naturel à tous les hommes, qui ne se proposent pas des vues d'utilité aussi étendues : c'est le penchant qui les porte à trafiquer, à faire des trocs et des échanges d'une chose pour une autre » (*RN*, p. 47). Ce penchant suppose chez les parties une certaine faculté de s'entendre sur un marché, de contracter de manière conventionnelle. « Il est commun à tous les hommes, et on ne l'aperçoit dans aucune autre espèce d'animaux, pour lesquels ce genre de contrat est aussi inconnu que tous les autres. Deux lévriers qui courent le même lièvre ont quelquefois l'air d'agir de concert. [...] Ce n'est toutefois l'effet d'aucune convention entre ces animaux, mais seulement du concours accidentel de leurs passions vers un même objet. On n'a jamais vu de chien faire de propos délibéré l'échange d'un os avec un autre chien. On n'a jamais vu d'animal chercher à faire entendre à un autre par sa voix ou ses gestes : ceci est à moi, cela est à toi; je te donnerai l'un pour l'autre » (*RN*, p. 47).

Comme nous l'observerons systématiquement dans la deuxième partie, l'élaboration d'un principe supérieur commun à partir d'une nouvelle forme de lien social va toujours de pair avec la critique de liens construits conformément à d'autres principes. Smith dénonce ainsi les liens de dépendance personnelle, dans le même mouvement où il expose les bénéfices attendus du lien marchand qu'il présente comme un instrument d'affranchissement des servitudes et de la longue chaîne de subordination reliant les différents êtres, dont nous verrons la grandeur possible dans l'examen de la cité *domestique*. « Le commerce et les manufactures ont peu à peu introduit de l'ordre et un bon gouvernement, et avec eux la liberté et la sécurité des individus, parmi les habitants d'un pays qui n'avaient jusqu'alors vécu que dans un état de guerre presque permanent, et dans une dépendance servile à l'égard de personnes plus haut placées » (*WN*, p. 508). Les échanges marchands, en étendant le réseau des personnes qu'ils mettent en relation, ôtent tout caractère de dépendance personnelle à ces relations. Ils amènent à dénoncer notamment les liens domestiques du maître à l'ouvrier que viseront particulièrement les *Édits de Turgot* (Turgot, 1976). « Chaque marchand et chaque artisan tire sa subsistance non pas d'un mais d'une centaine ou d'un millier de clients différents. Bien qu'à certains égards il soit leur obligé, à tous, il n'est sous l'absolue dépendance d'aucun d'entre eux » (*WN*, p. 513). On remarquera que dans la figuration initiale qu'en donne Smith, cette chaîne des liens domestiques rompue par les relations marchandes se prolonge jusqu'aux animaux domestiques. « Un épagneul cherche de mille manières à attirer l'attention de son maître qui est à table, quand il doit en tirer quelque nourriture. L'homme parfois en use de même avec ses semblables, et quand il ne dispose pas d'autres moyens de les résoudre à agir suivant ses propres inclinations, il s'efforce d'obtenir leurs grâces par un souci servil et flagorneur de se faire remarquer » (*WN*, p. 118). Quant aux dons charitables qui, comme nous le verrons, expriment la grandeur *domestique*, l'homme qui a besoin de secours ne doit pas trop y compter. Plutôt que de faire appel à la « bienveillance [*benevolence*] » d'une « personne charitable », il « sera bien plus sûr de réussir, s'il s'adresse à leur intérêt personnel [*self-love*] et s'il leur persuade que leur propre avantage leur commande de faire ce qu'il souhaite d'eux » (*RN*, p. 48). Les « bons offices mutuels » se trouvent ainsi acquis « par traité, par troc ou par achat » (*id.*, p. 48).

Cette confrontation du lien marchand au lien *domestique* suit au plus près le rapprochement dessiné dans les écrits de Pascal et des jansénistes Domat et Nicole, entre les bienfaits comparés de la « cupidité » et de la « charité ». Ainsi Pascal, dans les *Pensées*, fait mention de la « grandeur de l'homme dans sa concupiscence même, d'en avoir su tirer un règlement admirable, et d'en avoir fait un tableau de la charité » (pensée n° 402 de l'édition Brunschvicg, Pascal, 1954, p. 1160). « Il n'y a donc personne qui n'ait de très grandes obligations à l'ordre politique; et pour les comprendre mieux », observe Nicole dans les *Essais de morale* (« De la grandeur »), « il faut considérer que les hommes étant vides de charité par le dérèglement du péché, demeurent néanmoins pleins de besoins, et sont dépendants les uns des autres dans une infinité de choses. La cupidité a donc pris la place de la charité pour remplir ces besoins, et elle le fait d'une manière que l'on n'admire pas assez; et où la charité commune ne peut atteindre. [...] Quelle charité serait-ce que de bâtir une maison tout entière pour un autre, de la meubler, de la tapisser, de la lui rendre clef à la main? La cupidité le fera gaiement » (Nicole, 1733, vol. 2, pp. 170-171). « On peut conclure de tout ce que l'on a dit, que pour réformer entièrement le monde, c'est-à-dire pour en bannir tous les vices, et tous les désordres grossiers, et pour rendre les hommes heureux dès cette vie même, il ne faudrait au défaut de la charité, que leur donner à tous un amour-propre éclairé, qui sût discerner ses vrais intérêts, et y tendre par les voies que la droite raison lui découvrirait. [... Bien que la société fût] entièrement vide de charité, on ne verrait partout que la forme et les caractères de la charité » (*id.*, vol. 3, Second traité, chap. XI, pp. 176-177).

Le concert des individus dans la convoitise des biens

L'établissement du lien marchand, outre qu'il suppose que les individus soient soumis de concert à un même penchant pour l'échange, est soutenu par l'identification commune de biens extérieurs. Objets de convoitise parfaitement aliénables dans un échange, ils servent de support à la relation entre les personnes. La contrainte de rareté, pesant sur le partage de ces biens, est à l'origine de la concurrence des désirs qui se réalise sur le marché, et fait de la possession des biens désirés une forme d'expression des autres.

Le concert des convoitises n'est nullement une invention de Smith, même s'il en a fait la pièce maîtresse d'une philosophie politique. Chez les scolastiques, la justice commutative aristotélicienne règle les échanges de biens et services entre individus, et les théories du « juste prix » supposent au moins le concours de la communauté pour son estimation (*« communis aestimatio »*), sinon précisément la concurrence sur un marché, construction qui apparaît avec plus d'explicite chez les scolastiques tardifs (de Roover, 1955, 1971). La tradition janséniste déjà mentionnée montre l'homme mettant à la place d'un « unique bien » des « biens apparents » dont la « division » va néanmoins contribuer à « unir les hommes de mille manières » (Domat, *Traité des lois*, 1828, p. 25, cité dans Faccarello, 1984).

Ainsi que l'a montré G. Faccarello (1984, 1986), Boisguilbert, tout en reprenant les éléments précédemment décrits de la construction janséniste, complète cette construction en remplaçant le soutien d'un art politique (Nicole, 1733, vol. 2, p. 172) par la référence à la « balance », l' « équilibre », la « justice » de la « concurrence ». Le « désir de profit » suffit comme « âme de tous les marchés » permettant un « équilibre », une « balance » entre acheteur et vendeur (Faccarello, 1984, p. 52) et l' « intérêt de tout acheteur est qu'il y ait quantité de marchands, ainsi que beaucoup de marchandises, afin que la concurrence leur fasse réciproquement donner la denrée au rabais, pour avoir la préférence du débit » (*id.*)

On doit à A. Hirschman (1977) d'avoir reconstitué, à travers l'analyse d'une succession d'élaborations intellectuelles des idées de désir, de gloire, d'amour-propre, de vanité, d'appétit, de vertu, etc. l'histoire du traitement des notions de passion et d'intérêt précédant la construction du système de Smith et, plus généralement, les argumentations développées à propos du libéralisme (1977, 1982). Pour s'en tenir aux formulations les plus explicites d'une balance des passions servant de principe à la confection d'un ordre qui dépasse la confusion des intérêts particuliers, rappelons, après Hirschman, les formulations proposées par Vico, Montesquieu et Steuart.

Dans ses *Principi di una scienza nuova* publiés en 1725, Vico décrit une balance reposant, non sur la seule avarice, mais sur trois vices. « De trois vices, l'orgueil féroce, l'avarice, l'ambition, qui égarent tout le genre humain, [la législation] tire le métier de la guerre, le commerce, la politique [*la corte*], dans lesquels se forment le courage, l'opulence, la sagesse de l'homme d'État. Trois vices capables de détruire la race humaine produisent la félicité publique. » Grâce à la Providence divine, véritable « intelligence législatrice du monde », « les passions des hommes livrés tout entier à l'intérêt privé, qui les feraient vivre en bêtes féroces dans les solitudes, ces passions mêmes ont formé la hiérarchie civile, qui maintient la société humaine » (Vico, 1963, Liv. I, chap. II, § 7, p. 36). Et si « les hommes ont fait eux-mêmes le monde social », Vico attribue à cette intelligence législatrice la possibilité de dépasser des « fins particulières » pour des « fins plus nobles, qui assurent le salut de la race humaine sur cette terre » (*id.*, Liv. V, chap. IV, pp. 369-370).

Montesquieu, dans l'*Esprit des lois*, met également en question les pouvoirs de la raison pour régler les conduites des hommes, et considère que l'échauffement des passions concourt plus sûrement à cet équilibre. « Cette nation, toujours échauffée, pourrait plus aisément être conduite par ses passions que par la raison, qui ne produit jamais de grands effets sur l'esprit des hommes » (Montesquieu, 1979, Liv. XIX, chap. 27, t. 1, p. 480). Le commerce et la concurrence qui « met un prix juste » (*id.*, chap. 9, p. 15) assurent la paix : « C'est presque une règle générale que, partout où il y a des mœurs douces, il y a du commerce; et que, partout où il y a du commerce, il y a des mœurs douces » (*id.*, Liv. XX, chap. 1, t. 2, p. 9). La figure du commerce bridant les passions, dont Hirschman a suivi les avatars, est ramassée dans la formule suivante : « Et il est heureux pour les hommes d'être dans une situation, où, pendant que leurs passions leur inspirent la pensée d'être méchants, ils ont pourtant intérêt de ne pas l'être » (*id.*, Liv. XXI, chap. 20, p. 65).

Steuart propose quant à lui, dans son *Inquiry into the Principles of Political Oeconomy* de 1767, le schéma d'une « économie politique » dans laquelle le pouvoir despotique est bridé par le jeu complexe des mécanismes du commerce et de l'industrie, qu'il compare à ceux d'une horloge. « Lorsque l'état commence à se nourrir des produits de l'industrie, moindre est le danger à redouter du pouvoir du souverain. Les rouages de son administration deviennent plus compliqués et [...] il se trouve à ce point lié par les lois de son économie politique que toute transgression lui cause de nouvelles difficultés » (Steuart, *Inquiry into the Principles of Political Oeconomy*, 1767, vol. I, pp. 215-217, cité dans Hirschman, 1982, p. 83).

Arrêtons-nous plus longtemps sur la construction de Hume, du fait de son influence sur l'élaboration du système de Smith. On sait que, dans son *Traité de la nature humaine* de 1739, Hume refuse de faire de la raison le moyen d'équilibrer les passions. Selon Hume, la raison est propice au « jugement sur les causes et les effets » en arithmétique ou en mécanique, mais « elle n'influence jamais aucune de nos actions » que dans ces limites. On notera que Hume illustre ce propos avec l'exemple du calcul marchand, qu'il distingue de la passion qui pousse à l'action : « Un raisonnement abstrait ou démonstratif n'influence donc jamais aucune de nos actions, sinon en tant qu'il dirige notre jugement au sujet des causes et des effets » (Hume, 1983, p. 523). La raison ne peut faire office que d' « esclave des passions » (*id.*, p. 524), et « il n'est pas de disposition de l'esprit humain qui ait à la fois la force suffisante et l'orientation voulue pour contrebalancer l'amour du gain [...]. La bienveillance pour les étrangers est trop faible pour arriver à cette fin » (*id.*, p. 609). La balance nécessaire pour ordonner la société ne peut être obtenue qu'en faisant jouer cette passion contre elle-même, de sorte qu' « elle se restreint elle-même ».

Hume met en relief le rôle que jouent, dans l'instrumentation de cette balance, les biens détachés de nos personnes, troisième type de biens distingués de « la satisfaction intérieure de l'esprit » dont nous « sommes parfaitement sûrs de jouir », et « des avantages extérieurs du corps » qui peuvent nous être ravis mais « sans aucun avantage à qui nous en prive ». Dans cette gradation de propriétés depuis la qualité de la personne, jusqu'aux biens détachés et appropriables, seuls les derniers « sont à la fois exposés à la violence d'autrui et peuvent se transférer sans souffrir de perte ni d'altération ; et en même temps, il n'y en a pas une quantité suffisante pour répondre aux désirs et aux nécessités de chacun » (*id.*, p. 605). Les conventions portant sur la propriété des biens et les conditions de leur aliénation complètent cette instrumentation du lien marchand et contribuent à « conférer de la stabilité à la possession des biens extérieurs » et « c'est par ce moyen que nous conservons la société » (*id.*, pp. 606, 607). Hume cherche à rendre d'ailleurs compte, de manière endogène, de l'établissement des conventions, qu'elles soient de propriété, de langage ou de monnaie d'échange, qui naissent « graduellement », « par la répétition de l'expérience des inconvénients qu'il y a à la transgresser », « sans aucune promesse » (*id.*, p. 608).

L'ordonnance des différents éléments qui participent à la construction d'une forme d'accord général reposant sur des liens marchands est clairement mise en évidence dans le passage où Hume en démonte les rouages, et analyse la rencontre entre certaines dispositions d'esprit des gens, et la situation dans laquelle se présentent des biens extérieurs, rares et transmissibles, qui sont les objets communs de leurs désirs. « La justice naît de conventions humaines et celles-ci ont pour but de remédier à des inconvénients issus du concours de certaines *qualités* de l'esprit humain et de la *situation* des objets extérieurs. Les qualités de l'esprit sont l'*égoïsme* et la *générosité restreinte* : la situation des objets extérieurs est la *facilité de les échanger* jointe à leur *rareté* en comparaison des besoins et des désirs des hommes » (*id.*, p. 612, ital. de l'auteur). Le dispositif d'échange suppose que toutes les personnes soient dans le même état d'*individu* affranchi de toute dépendance personnelle : « C'est pour contenir cet égoïsme que les hommes ont été obligés de se dégager de la communauté et de distinguer leurs biens personnels de ceux des autres. » Une fois placés dans cet état qui leur donne accès au marché, les individus détournent leur vanité sur les biens, et la contrainte de rareté qui pèse sur la répartition de ces biens est au principe d'une nouvelle espèce de grandeur. La possession des biens les plus précieux est une forme d'expression du désir des autres, et détermine donc une formule de subordination originale.

Anticipant l'examen ultérieur de la *critique* ouverte par la pluralité des principes supérieurs communs, notons que Hume, et Smith lui-même, tout en œuvrant au fondement d'une cité marchande, rappellent dans le même temps la critique de ce lien au nom de la vaine gloire. Ce rappel s'inscrit dans une longue tradition de critique de cette espèce de grandeur qui remonte aux propos des stoïciens sur la vanité de la possession des richesses et le détachement du sage à leur égard. A l'inverse de ce qu'entreprendront Hume ou Smith, Sénèque refusait, dans le départ entre les biens et les autres qualités de la personne, que les biens exprimassent les autres en aucune façon et servissent ainsi à justifier une quelconque espèce de grandeur. Dans le *De Vita Beata*, Sénèque met ainsi en cause la relation entre les personnes et les biens : « Tu paraîtras abandonné de toi-même si les richesses se retirent de ta personne [...] les richesses m'appartiennent et toi tu leur appartiens. [...] Suppose-moi dans une demeure très luxueuse, suppose que je fasse un usage habituel d'or et d'argent : je ne tirerai pas vanité de pareilles choses qui sont sans doute auprès de moi, mais cependant en dehors de moi » (Sénèque, 1962, pp. 744, 747).

L'entreprise de Hume, ainsi que celle de Smith, contribuent à construire une cité cohérente avec une nature humaine supposant certaines dispositions affectives à l'égard des autres et des choses mais ne reposant pas sur une capacité au calcul rationnel. On trouve là une différence fondamentale avec les formulations ultérieures qui stabiliseront, avec l'autonomie d'une science économique, l'opposition du « subjectif » à l' « objectif » ainsi que la décrit Schumpeter. « L'évaluation subjective crée la valeur objective – nous savons que ceci a été enseigné par les docteurs scolastiques, dans le cas des biens de consommation – et non l'inverse : une chose est belle parce qu'elle plaît, elle ne plaît pas parce qu'elle est objectivement belle » (Schumpeter, 1983, p. 183). Pour que le lien marchand puisse servir à construire une forme d'accord, il faut que les personnes soient soumises à une passion principale qui les tourne vers la possession de biens, qu'elles soient donc proches de leur intérêt particulier à la différence de ce qui caractérise la forme de généralité *civique*. Mais il faut en même temps qu'elles soient suffisamment détachées d'elles-mêmes et des subordinations *domestiques* pour s'entendre avec tous les autres individus sur un marché qui fait office de principe supérieur commun, et pour s'accorder sur les biens échangés qui expriment leurs désirs. C'est cette disposition à l'égard des biens que Barbeyrac décrit dans son commentaire de Pufendorf, en se référant à la distinction de Thomasius entre une « chose en espèce », et une « chose susceptible de remplacement » à laquelle peut être substitué un « équivalent » (*Jurisprudentia Divina*, Lib. 2, Cap. 11, § 13). « Car il n'y a que les premières sortes de choses que l'on puisse mettre à un aussi haut prix qu'on veut. Pour les autres, si dans un Prêt ou dans un Échange, par exemple, l'on prétendait estimer davantage son Grain ou son Vin, quoiqu'il fût au fond de même qualité et de même bonté que celui de l'autre Contractant; on pécherait, dit Mr Thomasius, contre l'Égalité Naturelle des Hommes, qui ne permet pas de peser le bien d'autrui et le nôtre dans une balance inégale, et de juger différemment d'eux ou de ce qui leur appartient, sans de justes causes. Ajoutons que la nature du Commerce, pour lequel le Prix est établi, demande l'égalité » (Pufendorf, 1771, Liv. 5, chap. 1, § 8., t. 2, p. 9). C'est parce qu'elle propose une élaboration de cet état des gens adéquat au lien marchand, par « ce changement idéal de situation qui [...] met en harmonie les sentiments et les affections des hommes » (*TSM*, p. 15), état construit à partir d'une disposition « sympathique » et d'un être moral dénommé « spectateur impartial », que la *Théorie des sentiments moraux* est un complément nécessaire pour appréhender la construction d'une cité marchande.

La disposition sympathique et la position de spectateur impartial

Hume met déjà en avant une disposition sympathique commune dans laquelle se trouvent les uns à l'égard des autres, disposition qui permet de faire reposer le lien social sur un sentiment quasi physiologique partagé de tous, sans nécessité de recours à la raison, ni à la bienveillance, dont nous avons vu que Hume la considérait comme une passion trop faible pour réfréner l'appât du gain. Les esprits de tous les hommes sont assez semblables pour que « aucun d'eux ne (puisse) ressentir une affection dont tous les autres seraient incapables » et « quand je perçois les effets de la passion dans la voix et les gestes d'une personne, mon esprit passe immédiatement de ces effets à leurs causes, et il forme, de la passion, une idée tellement vive qu'elle se convertit dans l'instant en la passion elle-même ». Tout objet qui procure du plaisir à celui qui se l'est approprié « plaît sûrement au spectateur par une subtile sympathie avec le possesseur » (Hume 1983, pp. 701, 702).

Smith abonde dans ce sens et considère que c'est en épousant les goûts et les passions des autres, et non directement par l'idée de l'utilité des conduites, que se forme le jugement : « L'idée de l'utilité de toutes les qualités de ce genre est une arrière-pensée, et jamais le premier motif de notre approbation » (*TSM*, p. 16). Reprenant les développements antérieurs de Hume (« l'utilité d'un objet charme celui qui le possède, en lui rappelant continuellement le plaisir ou la commodité qu'il peut en retirer » : *id.*, p. 205), il entend pousser plus loin l'argumentation en remarquant que le plaisir peut n'être même pas en rapport avec l'utilité. Il présente, en illustration de cette remarque, une série d'exemples qui sont autant de critiques dénonçant l'illusoire d'une référence aux besoins et à l'utilité, et mettant donc en cause ce que nous désignerons plus loin comme la grandeur *industrielle*. Le premier de ces exemples montre un homme plus tourmenté par l'idée de ranger scrupuleusement son logement que de s'y installer à son aise : « Pour atteindre ce but [laisser le plancher vide et libre] il se donne certainement plus de peine que le désordre de sa chambre ne lui en eût causé [...]. Ce qui le choquait donc était moins le manque de commodité que l'absence de l'ordre qui l'assure : et cependant, c'est la commodité qui était le but de cet ordre, et qui lui donne de la convenance et du charme » (*id.*, p. 206). Le deuxième exemple met en scène une personne tenaillée par l'obsession de se procurer, à n'importe quel prix, une montre absolument exacte. « Mais la personne la plus attachée à avoir une montre qui ne retarde ou qui n'avance pas d'une minute, n'en est pas plus exacte qu'une autre, ni plus occupée de savoir précisément l'heure qu'il est. Elle s'intéresse donc beaucoup moins au but de la montre, qu'à la perfection de l'objet destiné à atteindre ce but » (*id.*, pp. 206-207). Dans l'un et l'autre cas Smith dévoile la folie, ou tout le moins la déraison, de conduites orientées vers l'ordre et la précision. Chacune de ces conduites pourrait être aujourd'hui désignée comme « compulsionnelle », dans le langage de la psychiatrie, manifestant des symptômes qui s'ordonnent dans le tableau de la névrose obsessionnelle. L'économie libidinale construite par Freud exhibe justement des forces ou des entités comme l'inconscient propres à rendre compte de l'équilibre de telles situations qui manquent d'aplomb. L'exemple choisi par Smith pour mettre en cause l'importance d'un principe d'efficacité est intéressant pour introduire l'idée, développée dans la suite de notre ouvrage, suivant laquelle les principes doivent être ajustés aux situations et que, à défaut, la fixation sur l'un d'eux sans égard pour la situation sera considérée comme un signe d'anormalité voire de folie. De fait, les agissements précédemment décrits n'auraient aucun caractère d'étrangeté si la pièce à ranger était un atelier de grande industrie et si la montre devait servir à mesurer le temps dans des activités techniques coordonnées. C'est parce que les situations envisagées sont plutôt *domestiques* et s'accommodent mal d'une ordonnance pointilleuse que la justification des sacrifices consentis est douteuse. Ainsi la méticulosité est d'autant plus aisément dévoilée par le médecin psychiatre, comme une conduite maniaque obsessionnelle, qu'elle se manifeste dans des activités non professionnelles.

Les exemples suivants sont choisis par Smith pour dénoncer la vanité de ceux qui recherchent des biens plus coûteux qu'utiles, des « babioles », des « bagatelles ». « Les richesses et les grandeurs ne sont que des illusions et des frivolités » (*id.*, p. 208). Fustigeant « le goût naturel de l'homme pour tout ce qui le distingue des autres » (*id.*, p. 209), Smith met en balance le précieux et le nécessaire : « lequel serait plus utile et plus agréable à un homme qui vit dans une île déserte, d'un palais, ou de la collection de petits meubles, contenue dans ce qu'on appelle un nécessaire » *(id.)*. La vanité, le désir d'approbation des autres, qui, comme nous le verrons, peuvent fonder une autre forme d'accord par l'*opinion*, s'expriment, dans la construction de Smith, par le détour des biens. La grandeur n'est plus mesurée par l'estime mais par l'intermédiaire de la richesse. « C'est la vanité qui est notre but, et non le bien-être, ou le plaisir; et notre vanité est toujours fondée sur la certitude que nous avons d'être l'objet de l'attention et de l'approbation des autres. L'homme riche s'applaudit de ses richesses, parce qu'il sent qu'elles attirent sur lui le regard des hommes... » (*id.*, p. 54). La vanité est ainsi « le véhicule de la passion commune à toutes les vies humaines, qui est d'améliorer sans cesse la situation où l'on se trouve [*Bettering our condition*] » (*id.*, p. 54). Bien que cette équivalence entre grandeur et richesse soit dénoncée comme illusoire, elle n'en fonde pas moins la formule d'expression des autres de la cité marchande. « Les jouissances de la grandeur et de la richesse, quand nous les considérons ainsi d'une manière complète, frappent l'imagination comme quelque chose de noble, de grand et de beau, qui mérite tous les travaux et toutes les peines nécessaires pour l'obtenir. Il est heureux que la nature même nous en impose, pour ainsi dire, à cet égard; l'illusion qu'elle nous donne excite l'industrieuse activité des hommes, et les tient dans un mouvement continuel » (*id.*, pp. 210-211).

Smith place le sentiment sympathique au cœur de son dispositif, pour soutenir le lien entre nous et un autre qui fait que « nous nous substituons, pour ainsi dire, à lui-même [l'homme souffrant], nous ne faisons plus qu'un avec lui » (*TSM*, p. 2). Il en fait le mode d'approbation soutenant un accord qu'il refuse de faire reposer sur le seul amour de soi ou intérêt personnel, ni sur la raison et le calcul des utilités : « la sympathie ne peut, dans aucun cas, être regardée comme un effet de l'amour de soi [2] », et « ce n'est point le souvenir de ce que nous avons gagné ou souffert qui détermine nos applaudissements ou notre mépris » (*id.*, p. 372). D'ailleurs, n'est-il pas vrai « qu'un homme peut sympathiser avec une femme qui est en travail d'enfant, sans se mettre pour cela à sa place » (*id.*, p. 373). Cette inclinaison sympathique est donc intermédiaire, en quelque sorte, entre l'entier abandon des personnes à leur intérêt particulier et l'accès aux « objets généraux des sciences et des arts » « que nous considérons sans aucun rapport particulier » (*id.*, p. 15). « Tous les objets généraux des sciences et des arts sont considérés par les hommes comme n'ayant aucun rapport direct entre eux. Chacun de nous les regarde du même œil; et ils ne sont l'occasion d'aucun mouvement de sympathie, ni de ce changement idéal de situation qui la produit et qui met en harmonie les sentiments et les affections des hommes » *(id.)*. Smith décrit le résultat de cette « mutuelle sympathie » en termes de partage des peines qui rappellent le partage des avantages liant les individus par la concurrence. « Combien les malheureux ne sont-ils pas soulagés lorsqu'ils trouvent quelqu'un à qui ils puissent confier leurs chagrins! Il semble qu'on leur enlève une partie de leurs maux; et on ne s'exprime pas improprement en disant qu'on les partage : non seulement on éprouve une peine analogue à la leur, mais le poids de ce qu'ils sentent se trouve allégé, comme si on en eût pris soi-même une partie » (*id.*, p. 9). Critiquant Hutcheson pour la référence qu'il fait à une puissance de perception spécifique, à un

« sens moral », Smith considère qu'il faut suivre la nature qui « agit avec la plus sévère économie » (*id.*, p. 378) en faisant supporter la multitude des sens de réflexion par une même cause, la sympathie, faculté appartenant à tous les hommes *(id.)*. La sympathie est donc un élément fondamental de la construction de Smith puisqu'elle contribue, comme la définition de l'état de spectateur impartial que nous examinerons plus loin, à faire de personnes soumises à des passions des individus pouvant s'identifier les uns aux autres et donc s'entendre sur un marché de biens extérieurs.

Il faut ici évoquer la façon dont Cabanis traite de la sympathie, parce qu'elle permet de comprendre le passage entre l'usage qui est fait de cette disposition pour construire les individus dans la philosophie politique marchande, et le rôle de la détermination physiologique de cet instinct dans la constitution organiciste de la société proposée dans la *cité industrielle* et retravaillée par Durkheim. Cabanis, dans ses mémoires sur les *Rapports du physique et du moral de l'homme* publiés en 1802 (Cabanis, 1843), cherche à inscrire dans le corps la disposition sympathique, en tant qu'instinct fondamental (*id.*, p. 469), dans son entreprise visant à faire entrer les sciences morales dans le domaine de la physique (*id.*, p. 48) et à constituer une seule et même science, la « science humaine de l'homme », ce que les Allemands appellent anthropologie (*id.*, p. 59). Il en a proposé, contre la métaphysique, une théorie physiologiquement fondée qui influencera, comme nous le verrons dans la deuxième partie, le positivisme de Saint-Simon. « La sympathie morale offre encore des effets bien dignes de remarque. Par la seule puissance de leurs signes, les impressions peuvent se communiquer d'un être sensible, ou considéré comme tel, à d'autres êtres qui, pour les partager, semblent alors s'identifier avec lui. On voit les individus s'attirer ou se repousser : leurs idées et leurs sentiments, tantôt se répondent par un langage secret, aussi rapide que les impressions elles-mêmes se mettent dans une parfaite harmonie » *(id.)*. Et Cabanis rappelle que « ces effets [de la sympathie morale], et beaucoup d'autres qui s'y rapportent, ont été l'objet d'une analyse très fine : la philosophie écossaise les considère comme le principe de toutes les relations morales » *(id.)*. Chez Cabanis, cette sympathie contribue clairement à ce que l'homme se grandisse. « On reconnaît bientôt que le seul côté par lequel ses jouissances puissent être indéfiniment étendues, est celui du rapport avec ses semblables; que son existence s'agrandit à mesure qu'il s'associe à leurs affections et leur fait partager celles dont il est animé » (*id.*, p. 51). Les signes pantomimiques « sont les premiers de tous, les seuls communs à toute la race humaine : c'est la véritable langue universelle; et, antérieurement à la connaissance de toute langue parlée, ils font courir l'enfant vers l'enfant; ils le font sourire à ceux qui lui sourient; [...] d'autres langues se forment; et bientôt nous n'existons guère moins dans les autres que dans nous-même. [... C'est cette faculté] que plusieurs philosophes ont crue dépendante d'un sixième sens. Ils l'ont désignée sous le nom de sympathie » (*id.*, p. 89). Selon Cabanis, la sympathie morale repose sur les tendances organiques les plus profondes. « Dans tout système organique, la ressemblance ou l'analogie des matières les fait tendre particulièrement les unes vers les autres » (*id.*, p. 467), comme on l'observe dans le cas des cicatrices ou des greffes (*id.*, p. 468).

La référence à un état de « spectateur » est déjà présente chez Hutcheson, dont Smith reçut directement l'enseignement, et Hume, qui l'influença grandement. Pour Hutcheson elle sert, comme la mise en scène de la réaction d' « observateurs », à en appeler au jugement des autres pour justifier, par le renfort de l'opinion publique, une conduite inspirée par la bienveillance (*benevolence*) dont Hutcheson cherche à établir le bien-fondé. « Virtue is then called amiable or lovely, from its raising good-will or love in *spectators* toward the agent » (Hutcheson, *Inquiry concerning Virtue*, I, VIII, cité dans Raphael 1975, p. 86).

Hume fait également référence à un état de spectateur dans lequel les personnes accèdent à un point de vue commun. « Puisque le plaisir et l'intérêt de chaque personne particulière sont différents, il est impossible que les hommes puissent jamais s'accorder dans leurs sentiments et leurs jugements, sauf s'ils choisissent un point de vue commun, d'où ils puissent examiner leur objet et qui permette à celui-ci d'apparaître le même à tous les hommes » (Hume, 1983, p. 717). Le spectateur est tantôt qualifié de judicieux (*« judicious »*, *id.*, p. 706), tantôt de quelconque (*« every spectator »*, *id.*, p. 718), pour justifier l'accès à un point de vue commun avec les autres et s'affranchir de l'influence que des liens domestiques peuvent exercer sur la sympathie, en favorisant des « proches » et des « connaissances » aux dépens d' « étrangers » (*id.*, p. 706).

Smith fait pour la première fois mention du « spectateur

impartial » alors qu'il loue l'empire sur soi – vertu d'inspiration stoïcienne et chrétienne – de celui qui ne s'abandonne pas à la colère et à la rage, mais « borne au contraire sa vengeance à ce que pourrait dicter l'indignation d'un spectateur impartial. [...] La première maxime du christianisme est d'aimer les autres comme nous-mêmes ; et le grand précepte de la nature est de ne nous aimer que comme nous aimons nos semblables, ou, ce qui revient au même, comme nos semblables sont capables de nous aimer » (Smith, 1860, p. 21). Cet appel à un spectateur peut être considéré comme une mise en scène du point de vue des autres, et l'image du miroir, nécessaire pour nous regarder, confirme cette impression. Une créature humaine sans aucune communication avec son espèce « n'aurait pas plus d'idée de la convenance ou de l'inconvenance de ses sentiments et de sa conduite, de la perfection ou de l'imperfection de son esprit, que de la beauté ou de la difformité de son visage. Elle ne pourrait voir ces diverses qualités, parce que naturellement elle n'aurait aucun moyen pour les discerner, et qu'elle manquerait, pour ainsi dire, du miroir qui peut les réfléchir à sa vue. Placez cette personne dans la société, et elle aura le miroir qui lui manquait » (*id.*, pp. 126-127).

Cependant Smith souhaitait prendre ses distances à l'égard d'une mesure de l'accord fondée sur l'approbation des autres, sur l'opinion, telle que nous l'analyserons dans la partie suivante. Il a, dans une deuxième édition, modifié certains passages du texte et s'en explique dans une réponse à une lettre de Gilbert Elliot qui devait porter sur ce point (Raphael, pp. 90-91) : les modifications devaient « à la fois confirmer ma doctrine suivant laquelle les jugements que nous portons sur notre propre conduite se réfèrent toujours aux sentiments de quelque autre être humain et, d'autre part, montrer que, néanmoins, la vraie magnanimité et la vertu consciente peuvent résister à la désapprobation de l'humanité entière » (lettre n° 40 d'octobre 1759). La méfiance de Smith à l'égard de l'opinion est d'ailleurs à rapprocher de l'affaire Calas et du plaidoyer de Voltaire en faveur de son innocence, qui l'avaient ému et dont il fait mention dans la *Théorie...* (*TSM*, p. 139), d'autant que Smith avait séjourné à Toulouse deux ans plus tard, durant les années 1764 et 1765 (Raphael, 1975, p. 92).

Le « jugement des autres » (*sentiment of others*) est retravaillé dans le sens d'une juridiction intérieure et d'une division intérieure de la personne qui n'est pas sans rappeler la construction du souverain chez Rousseau. « Lorsque j'examine ma propre conduite et que je cherche à la condamner ou l'approuver, il est évident que je me divise en quelque sorte en deux personnes, et que le moi appréciateur et juge [*examiner and judge*] remplit un rôle différent que cet autre moi dont il apprécie et juge la conduite » (*TSM*, pp. 129-130). Cette élaboration est poursuivie dans la sixième édition et conduit à une distinction entre l' « amour de la louange » (*love of praise*) qui entraîne les gens à se soumettre à l'« empire du jugement des autres », à s'abandonner aux flatteries et aux mensonges, à s'envisager « non comme les autres devraient les voir, mais sous le jour dans lequel ils se sont placés pour être vus » (*id.*, p. 133), et le « désir d'être digne de louange » (*praiseworthiness*) (*id.*, p. 131), fondé sur sa propre approbation qui, loin du retentissement des applaudissements, « n'a pas besoin alors d'être confirmée par celle des autres » (*id.*, p. 135), « de s'appuyer sur un suffrage plus général » (*id.*, p. 151). Le spectateur impartial apparaît alors comme une instance d'appel interne à la personne (et c'est en cela qu'il rappelle la construction de Rousseau) que l'on peut convoquer pour casser le suffrage de l'opinion. « Mais, quoique l'homme ait été établi, en quelque sorte, le juge immédiat de l'homme, il n'a été, pour ainsi dire, établi son juge qu'en première instance. Il appelle de la sentence prononcée contre lui, par son semblable, à un tribunal supérieur, à celui de sa conscience, à celui d'un spectateur que l'on suppose impartial et éclairé, à celui que tout homme trouve au fond de son cœur, et qui est l'arbitre et le juge suprême de toutes les actions » (*id.*, p. 147).

La métaphore spatiale de la perspective illustre parfaitement la relation entre le dispositif du spectateur et la mesure d'une « grandeur réelle ». « Ce n'est qu'en consultant le juge intérieur que nous portons au-dedans de nous, qu'il nous est possible de voir les choses qui ont rapport à nous, telles qu'elles sont en effet, et de comparer véritablement nos intérêts à ceux des autres. Comme les objets extérieurs paraissent plus ou moins grands aux yeux de notre corps, non pas selon leur *grandeur réelle*, mais plutôt selon la distance à laquelle nous sommes d'eux; il en est de même de ce que nous discernons par les regards de notre intelligence : et nous remédions, pour ainsi dire par les mêmes moyens, aux vices des organes du corps et à ceux des facultés de notre âme. [...] Le seul moyen que j'ai pour comparer les objets qui sont autour de ma personne et ces grands objets éloignés, est de me transporter, en imagination, à différentes places du paysage, d'où je pourrai les voir situés à une égale distance et des uns et des autres, afin d'en *vérifier les véritables proportions* (*TSM*, pp. 151-152).

Comme nous aurons l'occasion de le constater ultérieurement, lorsque nous examinerons l'ouverture critique qui résulte de la pluralité des principes supérieurs communs, la grandeur *marchande*, bien que fréquemment en cause dans la vie quotidienne, est souvent critiquée au nom d'une autre grandeur. C'est sur le mode critique que Veblen s'est livré à une peinture détaillée des ressorts de la grandeur marchande dans la société américaine, dénonciation au nom de la grandeur *industrielle* que nous analyserons plus loin (1943). Notons que cette référence constante à la grandeur industrielle n'empêchait pas Veblen de la mettre en question dans sa propre existence, en rejetant les équipements de cette grandeur, qu'ils soient techniques (téléphone) ou conventionnels (notations uniformes des étudiants). Veblen brosse donc un tableau de situations construites suivant la cité marchande qui doit à sa façon d'anthropologue d'être aussi précis dans le rendu des êtres pouvant servir au calcul de la grandeur marchande (jusqu'aux animaux domestiques non « productifs », *id.* p. 102). Et il est amené à faire le départ entre des situations conformes aux principes de la grandeur industrielle (ce qu'il désigne par *industrial efficiency*) et les liens fondés sur l'appropriation de biens marchands, qui viennent troubler l'application de ces principes. La distinction ainsi élaborée tout au long de son ouvrage l'amène à dénoncer nombre de *compromis* entre ces deux principes de grandeurs, comme ceux par lesquels s'accordent l'ingénieur et l'homme d'affaires au sein des nouvelles grandes « corporations ». Et comme que le note C. Wright Mills dans son introduction, « Veblen consacra sa vie entière à clarifier la différence » entre « l'efficacité de l'honnête ingénieur » et « l'appât fanatique du gain de l'homme d'affaires » (*id.*, pp. X-XI). Veblen associe le caractère « ostentatoire » de l'accumulation de biens à un détachement de la dépendance personnelle (*id.*, p. 72), en insistant ainsi sur des traits caractéristiques du lien marchand entendu, de manière explicite, comme une façon de comprendre les autres : « L'appropriation trouve alors sa valeur non pas tant dans une razzia réussie que dans la préséance acquise par celui qui possède ces biens sur les membres de la communauté » (*id.*, p. 36). La référence, dans la littérature économique contemporaine, à la « consommation ostentatoire », considérée comme une forme dégradée de l'expression des désirs des consommateurs qui ne se dirigent pas vers les biens utiles, est une trace très effacée de la tension fondamentale entre les deux grandeurs *marchande* et *industrielle* qui se trouvent au cœur de la théorie économique.

De même qu'on retrouve des éléments relevant des grandeurs *civique* et *industrielle* dans la définition que propose Durkheim d'une sociologie organiciste, et que la grandeur de *l'opinion* est utilisée comme ressort critique en sociologie des sciences, de même la construction du lien marchand, et particulièrement l'élaboration de la position de spectateur, marquent non seulement la sociologie d'inspiration directement économique, mais, moins explicitement, la construction de Mead et, par conséquent, la sociologie qui place les interactions inter-individuelles au centre de sa problématique.

Mead en effet, dans *L'Esprit, le soi, et la société*, réélabore les notions de sympathie et de spectateur dont nous avons vu la place centrale qu'elles occupaient dans la forme de l'accord marchand, ce qui, d'ailleurs, le soumet à la critique d' « individualisme » de la part de Gurvitch dans la préface qui précède la publication en français de l'ouvrage de Mead. Dans un chapitre intitulé « Nature de la sympathie », Mead considère que « la sympathie naît chez l'homme, lorsqu'il provoque en lui l'attitude de celui qu'il aide, lorsqu'il prend l'attitude de l'autre en venant à son secours » (Mead, 1963, p. 253). Par le jeu (et l'on sait la postérité des analyses en terme de rôle, de jeu ou de mise en scène), « jeu libre » de l'enfant qui joue tous les rôles, ou « jeu réglementé », l'individu apprend à « être un autre pour soi-même » (*id.*, p. 128). « L'individu s'éprouve lui-même comme tel, non pas directement mais indirectement en se plaçant aux divers *points de vue* des autres membres du même groupe social, ou au point de vue généralisé de tout le groupe social auquel il appartient [ce que Mead nomme l' « autrui-généralisé »]. Il entre dans sa propre expérience comme un soi ou comme un individu, non directement ou immédiatement, non en devenant sujet pour lui-même, mais seulement dans la mesure où il devient d'abord un objet pour lui, de la même manière que les autres sont des objets pour lui » (*id.*, p. 118). « Une fois le soi constitué, nous pouvons imaginer un homme isolé pendant le reste de sa vie : il se possède toujours lui-même comme compagnon » (*id.*, p. 119). La relation entre cette construction des états des gens et les échanges proprement marchands est explicite dans l'ouvrage de Mead qui, comme dans les écrits auxquels nous avons fait référence précédemment, souligne l'importance d'un accord sur l'extériorité et la nature des bien échangés. « Si l'individu se réalise, devient conscient de soi, par son identification à autrui, alors nous pouvons dire que, dans le processus économique, l'individu s'identifie aux clients possibles avec lesquels il pratique l'échange [comme le « représentant », ajoute l'auteur plus loin] et qu'il cherche sans arrêt à établir avec eux les moyens de communication qui feraient réussir ce processus » (*id.*, p. 252). « Le représentant prend l'attitude d'autrui pour le duper. » Mead rend compte du commerce par le caractère des biens échangés et par la capacité des individus de les mettre à distance. « L'objet [de l'échange marchand] est universel parce qu'il n'est pas directement utilisé par l'individu lui-même. [...] La création de moyens d'échange est donc quelque chose de très abstrait. Elle dépend du pouvoir qu'a l'individu de se mettre à la place d'autrui pour voir quels biens, inutiles à lui-même, font défaut à autrui. Tout le processus dépend de l'identification d'un soi à un autrui » (*id.*, p. 255). Mead est ainsi amené à tracer le dessin suivant de la société idéale : « L'idéal de la société humaine est un idéal qui rapproche les personnes si intimement, qui développe le système nécessaire de communication si complètement, que tous les individus qui remplissent leurs fonctions particulières peuvent prendre l'attitude de ceux qu'ils affectent » (*id.*, p. 275).

DEUXIÈME PARTIE

Les cités

III

ORDRES POLITIQUES ET MODÈLE DE JUSTICE

Dans le chapitre précédent, nous avons cherché à dégager les grandes lignes de la construction d'un ordre marchand et nous voudrions le rapprocher, dans cette deuxième partie, d'ordres différents présentés dans d'autres œuvres de philosophie politique, en suggérant qu'ils relèvent tous d'un modèle commun dont ils proposent des spécifications diverses, selon que l'ordre de grandeur est assis sur la richesse, l'estime, la volonté générale, la compétence, etc. Pourquoi ce détour nous est-il nécessaire? Dès lors que l'on s'intéresse aux contraintes qui pèsent sur les discordes et sur les efforts de coordination, les modalités suivant lesquelles les gens se mesurent en établissant des équivalences et des ordres entre eux occupent une place centrale. C'est la façon dont ces mises en ordre s'exécutent effectivement qu'il nous importe de comprendre, dont les gens prennent par exemple appui sur une réputation ou la remettent en cause. Ce projet n'est donc pas celui de la philosophie politique, délimité par l'interrogation sur les principes d'accord. Cependant, nous voudrions explorer les rapports qu'entretiennent les efforts de coordination déployés dans des situations ordinaires avec les constructions d'un principe d'ordre et d'un bien commun. Nous voudrions montrer que les contraintes qui pèsent sur les constructions d'ordre entre des êtres humains concernent tout autant les philosophes politiques que les gens qui cherchent à s'accorder en pratique, et que les solutions proposées de manière abstraite et systématique par les premiers correspondent à celles mises en œuvre par les seconds.

Il ne s'agit pas pour autant de revenir au projet dont ces constructions sont issues et de montrer que les hommes s'accordent parce que leur raison les conduit à adopter à coup sûr l'un ou l'autre de ces principes. La seule reconnaissance de leur pluralité soulève déjà une question à laquelle aucun d'entre eux ne peut offrir une réponse satisfaisante. Mais cette difficulté n'est pas la seule qui nous éloigne du projet dont ils sont issus. En passant de la discussion des principes à l'examen des situations de discorde ou d'entente, ce n'est pas simplement à un test empirique que l'on doit se préparer, à une confrontation entre un modèle et son application. Le moment incertain de la coordination en situation ouvre sur des problèmes pragmatiques nouveaux et fait venir des questions ignorées dans le projet de la philosophie politique. Quelle est la nature de l'épreuve à laquelle est soumise la justification ? Comment les choses engagées dans l'action servent de preuve ? Comment s'arrête le jugement et quelle est la dynamique de sa remise en cause ?

Pour répondre à ces questions notre attention se déplacera, dans la troisième partie, de l'ordre entre des personnes dûment qualifiées et ordonnées selon des principes, vers la situation circonstancielle et le moment d'engagement incertain des gens et des choses. Nous nous tournerons alors vers un corpus *a priori* fort dissemblable de celui qui nous retient ici. Nous nous intéresserons à des manuels pratiques qui proposent de justes façons d'agir et décrivent les instruments appropriés à ces actions.

Dans cette deuxième partie, nous cherchons donc, au-delà des spécifications du principe marchand et d'une nature humaine compatible qui peuvent être extraites de l'œuvre de Smith, à dégager un modèle commun à des philosophies politiques très diverses. Nous traitons les œuvres retenues comme des entreprises grammaticales d'explicitation et de fixation des règles de l'accord, c'est-à-dire, indissociablement, comme des corps de règles prescriptives permettant de bâtir une cité harmonieuse, et comme des modèles de la *compétence* commune exigée des personnes pour que cet accord soit possible. Nous nous appuyons sur ces œuvres pour élaborer un modèle d'ordre légitime, désigné comme modèle de *cité*, qui rend explicites les exigences que doit satisfaire un *principe supérieur commun* afin de soutenir des *justifications*. Après avoir rappelé la tradition dans laquelle se situent les œuvres retenues et les raisons pour lesquelles nous les avons choisies, nous analyserons les différentes hypothèses qui soutiennent le modèle formel des cités en le confrontant à d'autres modèles de communautés. Puis nous montrerons que la cité marchande trouve sa légitimité dans ce modèle dont elle propose une spécification. Ce chapitre s'achèvera sur l'illustration d'une construction politique ne satisfaisant pas les hypothèses du modèle de cité, la tentative pour élaborer une « valeur sociale » eugénique.

Des philosophies politiques du bien commun

Nous avons choisi des œuvres classiques de philosophie politique proposant des expressions systématiques des formes de bien commun auxquelles il est fait couramment référence aujourd'hui, dans notre société. Ces systèmes, que l'on peut donc tenir pour des grammaires du lien politique, servent à justifier des appréciations sur le caractère juste ou injuste d'une situation lorsque, les parties ne pouvant plus transiger, la concorde ne reste plus à la discrétion des personnes présentes. L'accord doit alors être établi à un niveau supérieur pour que l'équivalence soit générale. Un argument « acceptable », comme le dit Ricœur (1979), est celui qui arrête cette remontée « en épuisant la série des " parce que ", du moins dans la situation d'interrogation et d'interlocution où ces questions sont posées ». La nécessité se fait donc sentir de se référer à des règles générales permettant de passer de la juxtaposition amorphe de personnes incommensurables à une unité organisée et d'établir, pour reprendre une cxpression de Louis Dumont (1966), la « référence des parties au tout ». Cette référence rend possible l'évaluation des grandeurs relatives des gens amenant les personnes à s'accorder ou à se juger lésées, à protester, à réclamer justice.

Le fondement même de ces principes n'est qu'exceptionnellement explicité dans des conduites ordinaires. C'est pour cette raison que nous avons pris appui sur des constructions philosophiques qui ont contribué à déplier et à formaliser chacun des systèmes de grandeur que l'on peut aujourd'hui repérer dans des différends. Nous avons extrait ces constructions de textes canoniques qui en ont fait des lieux communs de la théorie politique. Nous avons donc cherché à repérer les formes d'équivalence sur lesquelles se fonde l'accord légitime en utilisant des traités politiques classiques qui présentent chacun, dans l'équilibre d'une justice, un principe universel destiné à régir la cité.

Si chacun de ces textes canoniques constitue la systématisation d'une forme d'accord couramment mise en œuvre dans des situations ordinaires, réciproquement une tentative d'éclaircissement de l'accord ne permet pas de remonter à une justice si celle-ci n'a pas fait l'objet d'une construction systématique dans la tradition politique. A défaut d'une telle construction, l'ébauche d'accord reste de l'ordre du simple *rapprochement* que l'on peut disqualifier en le désignant comme fortuit.

LA TRADITION TOPIQUE. On pourrait dire que notre entreprise renoue, d'une certaine façon, avec la tradition d'étude des « topiques », comprise dans un enseignement de rhétorique qui constituait lui-même l'essentiel des humanités classiques. Aussi nous arrêterons-nous un instant sur cette tradition. Il faut, pour cela, revenir en deçà de la critique cartésienne de la rhétorique, aujourd'hui tout à fait intégrée dans l'usage péjoratif du terme, et exprimée notamment par la célèbre formule du *Discours de la méthode* : « Ceux qui ont le raisonnement le plus fort, et qui digèrent le mieux leurs pensées, afin de les rendre claires et intelligibles, peuvent toujours le mieux persuader ce qu'ils proposent encore qu'ils ne parlassent que bas-breton, et qu'ils n'eussent jamais appris de rhétorique » (Descartes, 1953, pp. 129-130). Il faut donc se souvenir de la place accordée par les anciens à la rhétorique, dans la fondation de l'ordre politique, place que résume ainsi Cicéron dans le *De oratore* : « Quelle autre force [que l'éloquence] a pu réunir en un même lieu les hommes dispersés, les tirer de leur vie grossière et sauvage, pour les amener à notre degré actuel de civilisation, fonder les sociétés, y faire régner les lois, les tribunaux, le droit? » (Cicéron, *De oratore*, Liv. I, VIII, § 34, p. 18).

La rhétorique comprend-elle la politique ou n'est-elle qu'une technique pouvant la servir? La critique qu'adresse Platon à la rhétorique, particulièrement à travers le personnage du rhéteur Gorgias, porte précisément sur les rapports qu'elle entretient avec le vrai et avec le juste. De Tisias et Gorgias, Socrate dit, dans le *Phèdre*, qu'ils « ont vu que les vraisemblances méritent plus de considération que la vérité, eux qui, par la force de leur parole, font apparaître grandes les choses qui sont, au contraire, petites, et petites, celles qui sont grandes » (Platon, *Phèdre*, 267 a-b). Dans le *Gorgias*, Socrate entreprend de montrer au même Gorgias la contradiction qui pèse sur la relation entre la rhétorique, qui « produit la conviction » (Platon, *Gorgias*, 453 a) et la justice. Si l'orateur ne parle pas sans connaître (459 b), et s'« il n'y a rien dont l'orateur ne puisse parler, en public, avec une plus grande force de persuasion que celle de n'importe quel spécialiste » (456 c), il doit connaître le juste et il faut donc qu'il soit un homme juste (460 c). Comment expliquer alors qu'il puisse se servir de son art pour faire du mal (457 c, 460 d)?

Cette *techné* qui, pour Platon, était à la justice ce que la cuisine est à la médecine, « la contrefaçon d'une partie de la politique » (465 b-d), s'affranchit chez Aristote de la tutelle où la tenait la Morale, selon la formule de M. Dufour (Aristote, *Rhétorique*, intr., pp. 7, 13) : « Il faut être apte à persuader le contraire de sa thèse », car la rhétorique s'applique pareillement aux thèses contraires (1355 a). Cependant la fonction de la rhétorique n'est plus simplement de persuader, comme dans la définition qu'en donne Platon, mais plutôt de « voir les moyens de persuader que comporte chaque sujet » (1355 b). Autre différence avec Platon, « le vrai et ce qui lui ressemble » sont considérés comme relevant de la même faculté et extraits « de ce que chaque sujet comporte de persuasif » (1356 a). C'est au deuxième terme, le vraisemblable, qu'est consacrée la rhétorique, pour permettre la « discussion avec le premier venu », objectif placé en début des *Topiques* (Aristote, *Topiques*, I, 2, 101 a). Aristote y examine « les sources où il faut puiser les lieux de l'argumentation » (*id.*, VII, 1, 155 b) : « Si nous arrivions à appréhender, d'une part, le nombre et la nature des choses auxquelles s'appliquent les raisonnements dialectiques, ainsi que les éléments dont ils partent et, d'autre part, la façon dont nous pouvons nous en procurer en abondance, nous aurions suffisamment rempli la fin que nous nous sommes proposée » (Aristote, *Topiques*, I, 4, 101 b).

Cicéron reprend abondamment la métaphore des « lieux » où l'orateur vient « fouiller » (Cicéron, *De oratore*, t. 2, § 146) et puiser ses arguments après les y avoir placés méthodiquement « en réserve », convenablement indiqués, comme de l'« or enfoui » (§ 174). Il va même jusqu'à montrer les arguments coulant de ces « sources de preuves » et se présentant « d'eux-mêmes pour la cause à traiter, comme les lettres pour le mot à écrire » (§ 130) : « Un objet bien dissimulé, lorsque le lieu où il est caché est indiqué et repéré, est facile à découvrir; de même, lorsque nous voulons dépister des arguments, nous devons savoir les lieux où on les trouve; c'est ainsi en effet qu'Aristote appelle comme qui dirait les magasins [*quasi sedes*] où l'on cherche les arguments » (Cicéron, *Topiques*, § 7).

Cicéron met en cause ceux qui, portés à juger de la vérité par la dialectique, négligent l'invention oratoire qui prend appui sur ces lieux et porte sur le vraisemblable : « L'art de trouver [les arguments] nommé topique, préférable dans la pratique et, dans l'ordre naturel, assurément le premier, ils l'ont complètement laissé de côté » (§ 6). Cette opposition est formulée de façon similaire dans le *De oratore*, où Cicéron porte ses critiques sur Diogène qui « prétendait enseigner l'art de bien raisonner et de distinguer le vrai du faux, ce qu'il appelait d'un mot grec la dialectique. Cet art, si c'en est un, ne donne pas de préceptes pour *découvrir le vrai*, mais seulement des règles pour le *juger* » (Cicéron, *De oratore*, t. 2, § 157). Dans la *Logique* d'Arnauld et Nicole, le chapitre intitulé « Des lieux, ou De la méthode de trouver des arguments. Combien cette méthode est de peu d'usage » (Arnauld et Nicole, 1981, Liv. III, XVII, p. 233) cite la critique précédente de Cicéron pour la retourner conformément à la critique cartésienne : « Il est donc assez inutile de se mettre en peine en quel ordre on doit traiter des Lieux, puisque c'est une chose à peu près indifférente. Mais il serait peut-être plus utile d'examiner s'il ne serait point plus à propos de n'en point traiter du tout ».

Le *De nostri temporis studiorum ratione* de Vico est largement consacré à cette même opposition, à nouveau inversée, Vico prônant l'*ars topica* aux dépens de la posture critique de Descartes, ou d'Arnauld et Nicole, orientée exclusivement vers la distinction du vrai et du faux (Vico, *Méthode...*, 1981, p. 228). Du même coup, il retrouve une formulation très proche de celle de Cicéron, Descartes étant visé au lieu de Diogène : « L'enseignement de la topique doit précéder celui de la critique, de la même façon que la découverte des arguments précède par nature le jugement sur leur vérité » (*id.*, pp. 226-227; voir aussi *Principes...*, II, III, 1963, p. 160). « La topique, écrit-il, est l'art qui conduit l'esprit dans sa première opération, qui lui enseigne les aspects divers [les lieux, *topoï*] que nous devons épuiser, en les observant successivement, pour connaître dans son entier l'objet que nous examinons » (*Principes...*, II, III, 1963, p. 160). Vico magnifie la classe des « esprits inventifs [*ingegnosi*] et profonds qui tirent profit de ces lieux pour inventer : leur génie [*ingegno*] leur permet de saisir les finesses [*acutezze*] à la vitesse de l'éclair » (Vico, *Vie...*, p. 49 ; sur les rapports entre l'*ingenium, l'ingenio, l'acumen* et l'*agudeza*, voir la note d'A. Pons, p. 131).

La description de cette « invention » topique qui prend appui sur les « lieux » recoupe bien la forte cohérence et les multiples redondances que l'on perçoit à la lecture des ouvrages que nous avons utilisés pour extraire les *cités*, ainsi que ceux, examinés dans la partie suivante, dont ont été tirés les échantillons des *mondes* qui leur correspondent. « L'esprit humain aime naturellement l'uniforme, écrit Vico dans les *Principi di una Scienza nuova*. Qu'un homme soit fameux en bien ou en mal, le vulgaire ne manque pas de le placer en telle ou telle circonstance, et d'inventer sur son compte des fables en harmonie avec son caractère ; mensonges de fait, sans doute mais vérités d'idées, puisque le public n'imagine que ce qui est analogue à la réalité » (Vico, *Principes...*, Liv. I, II, § 47, 1963, p. 50).

Une autre opposition qui parcourt les *Principes...*, et que l'on peut rapprocher de la précédente, nous concerne parce qu'elle porte sur le rapport entre la loi et la jurisprudence, ou, en d'autres termes employés par Vico, entre le « certain » et le « vrai ». La « certitude de la loi » s'appuie sur l'autorité pour soutenir une application inflexible du droit (*id.*, § 111). Le vrai, en revanche, est éclairé par la « raison naturelle ». L'« équité naturelle de la jurisprudence humaine » qui tient à cette raison est « une pratique, une application de la sagesse aux choses de l'utilité ; car la sagesse, en prenant le mot dans le sens le plus étendu, n'est que la science de faire des choses l'usage qu'elles ont dans la nature » (*id.*, § 114, p. 77). Ce rapport du « certain » (dont Croce souligne cependant la variété d'utilisation par Vico : Croce, 1913, p. 99) au « vrai » doit d'ailleurs être envisagé en relation avec l'influence de Grotius, que Vico hisse au rang de « jurisconsulte de l'humanité » (tout en critiquant notamment son anhistoricité). G. Fasso a vu dans cette distinction certain/vrai la marque de Grotius (Fasso, 1972, p. 47). D. Faucci, quant à lui, souligne que « Grotius n'a pas réussi à illustrer la relation entre raison et autorité, qui est l'un des aspects de la relation entre certitude et vérité » (Faucci, 1969, p. 67).

Notons, pour clore ce détour par une tradition qui offre un

riche éventail de catégories conceptuelles adaptées à la question qui nous occupe, que le délicat équilibre recherché par Vico ne s'est pas toujours maintenu chez ses commentateurs. Alors que Schumpeter tient cet auteur pour l'un des trois plus grands sociologues de tous les temps, avec Galton et Marx (Schumpeter, 1983, t. 3, p. 64), on a pu aussi en faire, dans la direction ouverte par Croce (1913), une lecture tout à fait idéaliste (Grassi, 1969, p. 50).

Notre démarche s'éloigne cependant de cette tradition, par le souci de traiter de la justification dans un cadre unique, que soit en cause une action technique de production ou une conduite morale. Ce choix trouve un appui certain dans la possibilité de construire une *cité industrielle* sur le même modèle que les autres cités. Observons que la rhétorique, en tant que *techné* relative à la production, est, en revanche, tout à fait distincte chez Aristote de la prudence, sagesse pratique ayant rapport avec la conduite.

Nous avons donc recherché des expressions du *bien commun* autant dans les différends ou désaccords surgis au cours d'interactions personnelles (et ordinairement qualifiés dans le langage de la politesse, de la civilité ou du caractère), que dans les tensions entre ce que l'on appelle couramment le public et le privé (qui ont trait au rapport à l'État), dans les conflits de travail (depuis l'altercation jusqu'au conflit géré collectivement), ou plus généralement dans les dysfonctionnements de relations économiques (qui peuvent s'exprimer au cours d'un échange marchand ou à propos d'un investissement technique).

Nous avons pu ainsi observer la mise en œuvre de six *principes supérieurs communs* auxquels les individus ont, aujourd'hui en France, le plus souvent recours pour asseoir un accord ou soutenir un litige. On peut dire que ces principes constituent, à ce titre, un équipement politique fondamental pour confectionner un lien social. La liste de ces *principes* n'est d'ailleurs pas fermée, et on peut observer l'ébauche de constructions d'autres *cités* conformes au modèle proposé.

Les critères de choix des textes canoniques. Examinons maintenant les règles qui nous ont guidés dans le choix des textes politiques utilisés pour mettre au jour les fondations de ces principes supérieurs communs.

a) Nous avons d'abord cherché à utiliser le premier ou l'un des premiers textes dans lesquels la cité est présentée sous une forme systématique. Ces textes, avons-nous dit, peuvent être comparés à des œuvres de grammairiens : ils proposent une formulation générale, valant pour tous et dans toutes les situations, validant des jeux d'usages, des procédures, des arrangements ou des règles mis en œuvre localement. Il existait ainsi, avant Adam Smith, des marchés, des marchands et des arguments fondés sur le profit. Mais c'est chez Adam Smith que les relations marchandes permettent, pour la première fois, d'établir un principe universel de justification et de construire une cité fondée sur ce principe. Nous n'avons donc pas cherché à distinguer un principe de marché théorique de sa réalisation effective qui s'en éloignerait et pourrait lui préexister, non plus qu'un individu atomique d'un être social, comme dans l'opposition *formal/substantive* proposée par Polanyi. Nous avons traité l'œuvre de Smith comme celle d'un philosophe politique. La construction de cette grammaire politique donne une portée générale, une légitimité (dans le sens précis que nous avons donné à ce terme) à des êtres et des relations engagés dans des liens marchands.

Pour notre propos, la question de la genèse historique des textes utilisés n'est pas déterminante et on ne la traitera pas systématiquement, ce qui exigerait un travail et des analyses qu'il est impossible de faire dans le cadre de cet ouvrage. Il n'en reste pas moins que les cités sont constituées au cours de l'histoire. Leur nombre ne peut être défini *a priori*. Les grandeurs mises en œuvre pour agencer aujourd'hui des situations justes ont été stabilisées à des époques très différentes. Elles sont d'autre part très inégalement composées dans ce qu'on appelle l'État. Ainsi, ce que l'on nommera la *grandeur civique* présente aujourd'hui un caractère constitutionnel qui l'associe à la définition même de l'État, tandis que la topique domestique, dans laquelle la généralité est construite sur la base des liens de dépendance entre personnes n'est plus, de nos jours, directement liée à la définition de l'État français, comme c'était le cas dans la monarchie absolue.

Cette composition, en référence à différentes grandeurs, d'un État qui ne se confond jamais avec une *cité* unique, suppose notamment des dispositifs de *compromis* entre différentes grandeurs. C'est des modulations possibles dans la composition des différentes grandeurs que résulte l'évidente disparité des États.

Nous faisons, en revanche, l'hypothèse que la constitution des cités a une portée beaucoup plus générale et qu'elle vaut, non pour toutes les sociétés, mais pour toutes celles marquées par la philosophie politique moderne.

b) Le texte doit contenir le principe supérieur commun dans une construction de la grandeur montrant un équilibre entre une forme de *sacrifice* et une forme de *bien commun* possédant une validité universelle. Ne conviennent pas les textes dans lesquels des arguments relevant d'une cité apparaissent en ordre dispersé, de façon allusive, incidente ou non systématique (il s'agit souvent de textes qui ont précédé la fondation d'une cité). De même, nous avons écarté des textes où se trouvaient étroitement mêlées plusieurs grandeurs [1]. Ne conviennent pas non plus les présentations *critiques* d'une grandeur. Ainsi, on verra que la grandeur construite sur le principe de la reconnaissance dans l'opinion des autres est présente dans les textes des moralistes français du XVIIe siècle, mais sous une forme dénonciatoire, ce qui n'est pas le cas dans le texte de Hobbes utilisé pour extraire la *cité de l'opinion.* Il faut que le texte ne se limite pas à la critique, mais qu'il dise comment est le monde et comment il doit être, comment doivent être agencés les êtres conformément à l'ordre naturel. A la différence des discours critiques qui se donnent pour but de déconstruire un ordre politique en dénonçant les fausses grandeurs sur lesquelles il repose, les constructions topiques (Ansart, 1969) sur lesquelles on s'appuiera pour établir les grammaires politiques en usage dans la vie quotidienne fondent les grandeurs qu'elles établissent sur un principe d'économie qui met en balance l'accès à l'état de grand et le sacrifice pour le bien commun.

c) Exposant un ordre harmonieux et l'économie de la grandeur sur laquelle il repose, ces textes se présentent explicitement comme politiques : ils énoncent les principes de justice régissant la cité. C'est, par exemple, une des raisons pour lesquelles, s'agissant de construire la *grandeur de l'inspiration*, nous avons pris appui sur saint Augustin. Théoricien de la grâce, sur laquelle il construit une conception indissociablement politique et mystique de la cité et de l'Histoire, il se distingue par là de saint Jean de la Croix ou de sainte Thérèse d'Avila, chez lesquels l'expérience de l'inspiration s'exprime sous une forme plus frappante et plus pure, mais sans être liée à l'édification d'une cité (bien que ces deux auteurs aient encore été des bâtisseurs d'institutions religieuses). Le cas le plus exemplaire serait celui d'un mystique qui n'aurait pas ou peu écrit mais dont l'expérience de l'inspiration aurait été la plus complète.

De même, la *grandeur domestique*, établie sur la dépendance personnelle et sur la hiérarchie, doit être dégagée de traités politiques qui voient dans la maison un supérieur commun de validité universelle et non, par exemple, un principe valable seulement dans les relations familiales. Ces ouvrages qui font de la communauté domestique le principe même de l'État se distinguent de ceux qui, à la façon d'Aristote, la tiennent pour une partie de la cité puisque « la cité est par nature antérieure à la famille et à chacun de nous pris individuellement : le tout, en effet, est nécessairement antérieur à la partie » (Aristote, *Pol.*, I, 2, 1253 a, p. 30).

d) Dans la mesure où ils ont pour objet de fonder un ordre naturel pour instaurer des situations qui se tiennent au regard d'un principe supérieur commun, les textes utilisés doivent avoir une visée pratique. Ils ne doivent pas dessiner une utopie, une « république en idée » comme dit Bodin en parlant des constructions de Platon et Thomas More (Bodin, *Rep.*, 1987). Ce sont des guides pour l'action, écrits à l'usage de ceux qui dirigent.

Une origine commune de ces ouvrages peut être cherchée dans la tradition rhétorique dont nous avons brièvement rappelé les assises. Q. Skinner, dans son examen des fondements de la pensée politique moderne, a mis en évidence la rencontre de deux approches différentes de la rhétorique, en amont de la Renaissance. Il a montré d'une part la continuité, dans les cités italiennes des XIIe et XIIIe siècles, entre des traités de rhétorique purement techniques dont la visée est exclusivement pratique, des *ars dictaminis* destinés à aider à la rédaction de documents officiels, et des ouvrages réunissant des recommandations pour la bonne direction d'affaires juridiques ou politiques, ou encore des recueils de conseils directement destinés au *podesta*, genre auquel peut encore être rattaché *Le Prince* (Q. Skinner, 1978, t. 1, pp. 28-35). D'autre part, à partir de la seconde moitié du XIIIe siècle, l'influence d'un enseignement français de rhétorique s'appuyant davantage sur les auteurs classiques, notamment Cicéron, conduit à donner plus d'importance aux questions abordées par ces auteurs. Skinner cite l'exemple de l'ouvrage de Latini du milieu du XIIIe siècle, à la fois guide pratique par les modèles de lettres et de discours qu'il inclut, et traité de rhétorique et de philosophie politique et morale, par les références abondantes qu'il consacre à Aristote et Cicéron, l'auteur insistant sur le fait que la principale science de gouvernement des cités est la rhétorique (*id.*, p. 40). Ces ouvrages comportent donc un questionnement systématique sur la constitution du bien commun et sur le dépassement des intérêts particuliers qui menacent la survie des républiques, questionnement caractéristique des textes canoniques où nous avons cherché des spécifications de cités; mais, par ailleurs, ils ressemblent aussi aux guides pratiques que nous examinerons dans la partie suivante.

e) Enfin, nous avons donné la préférence à des ouvrages ayant connu une grande diffusion et, plus précisément, à des textes qui ont été mis à contribution pour confectionner des technologies politiques, c'est-à-dire pour construire des instruments de mise en équivalence de validité très générale, ou pour les justifier (c'est le cas, par exemple, du *Contrat social* qui, sous la Révolution française, est utilisé pour justifier les constructions juridiques). Cette contrainte est nécessaire pour rendre intelligible la relation entre les textes canoniques, dans lesquels la grandeur se trouve établie en toute généralité, et les dispositifs ou arguments dans lesquels sont engagés les gens lorsqu'ils se situent par rapport à l'une ou l'autre grandeur.

Le modèle de la cité

Dans cette section, nous chercherons à expliciter progressivement le jeu d'hypothèses qui permettent de définir le modèle commun de cité. Construit sur un ordre de grandeur, il soutient diverses constructions de philosophie politique et oriente le sens ordinaire du juste. Ce cheminement progressif nous permettra d'évoquer au passage des modèles plus faibles de communautés politiques.

Le premier axiome (a1) est le principe de *commune humanité* des membres de la *cité*. Le modèle suppose en effet une identification de l'ensemble des personnes susceptibles de s'accorder, les *membres* de la cité, et il pose une forme d'équivalence fondamentale entre ces membres qui appartiennent tous au même titre à l'humanité. De plus, les métaphysiques politiques que nous étudierons ont en commun d'admettre une même définition de l'humanité, de sorte qu'elles s'accordent toutes sur la délimitation de l'ensemble des êtres humains et sur le principe suivant lequel, à l'intérieur de cet ensemble, tous les êtres humains sont aussi humains les uns que les autres. Ce *principe de commune humanité* exclut les constructions politiques qui connaissent des esclaves ou des sous-hommes. Il n'est donc pas satisfait par toutes les métaphysiques politiques et limite le champ des constructions dont nous nous proposons de rendre compte.

Cette seule contrainte, en l'absence de toute différenciation, ne détermine qu'une métaphysique politique triviale, à un seul niveau logique, que nous désignerons par le terme d'*éden* (H1). L'ensemble de ses membres peut être confondu dans une même classe d'équivalence et la commune humanité ne connaît plus alors qu'un Homme unique, un Adam. Ces constructions définissent des mondes pérennes où règne un accord perpétuel de tous avec tous (comme dans certaines utopies). Bien que trivial, ce modèle est utile à garder en mémoire comme limite de la cité.

Les constructions que nous examinerons supposent des contraintes supplémentaires. Le deuxième axiome du modèle, désigné par *principe de dissemblance* (a2), est destiné à exclure les *éden*, en supposant au moins deux *états* possibles pour les membres de la cité. A supposer que des conduites puissent être ajustées à ces états – selon des modalités que nous laisserons pour l'instant de côté – leur différenciation permettra déjà des formes de *justification* des actions et des *épreuves* pour attribuer les états.

S'il est seul, ce deuxième principe permet d'engendrer une autre construction politique triviale dans laquelle les singularités personnelles sont à ce point préservées qu'il y a autant d'états que de personnes. Le principe de commune humanité ne peut plus être respecté sous cette hypothèse qui interdit toute possibilité de rapprochement des êtres humains dans des états. Bien que triviale, cette construction est également intéressante car elle marque une autre limite au modèle de cité, vers laquelle fait tendre la mise en cause de toute qualification, de toute représentation, au nom des singularités personnelles.

La construction du modèle de cité impose une détermination des conditions d'accès des membres de la cité aux *états*, et la première contrainte de commune humanité pèse sur cette détermination. Ainsi, le cas où les états seraient attribués de manière permanente aux personnes est exclu par le premier principe. Une métaphysique politique que l'on pourrait dire de *castes* (ou qui reposerait, par exemple, sur des différenciations sexuelles) est incompatible avec la commune humanité[2]. Pour rester dans des modèles d'*humanité* et permettre la compatibilité des deux contraintes précédentes, le modèle doit donc supposer, pour tous ses membres, une *puissance* identique d'accès à tous les états que nous désignerons par leur commune *dignité* (a3). Le modèle d'*humanité à plusieurs états* ainsi défini (H2) ouvre donc la possibilité d'accords non triviaux, aussi bien que de désaccords qui restent limités à des *litiges* sur l'attribution d'un état à une personne, sans entraîner immédiatement un *différend* plus profond sur la définition de ces états. De tels accords sont produits expérimentalement dans des situations d'observation aménagées par les psychologues sociaux qui cherchent à montrer les conditions minimales de constitution d'une identité de groupe permettant notamment aux acteurs d'expliquer des comportements. Nous dirons que ces justifications sont faibles pour autant qu'elles ne reposent que sur un tel modèle d'humanité à plusieurs états. Elles s'opposent aux justifications fortes que nous avons prises pour objet de notre recherche, et qui sont, elles, cohérentes avec le modèle complet de *cité* qui comporte des hypothèses complémentaires.

Bien des accords supposent non seulement l'explication de conduites, ou leur anticipation (ce que permet le modèle H2), mais aussi leur ordination, comme chaque fois qu'il s'agit de ranger ou de distribuer. Les disputes ne peuvent être alors arrêtées que pour autant que les états sont *ordonnés* (a4). Cet ordre entre les états, nécessaire pour coordonner des actions et justifier des distributions, s'exprime par une *échelle de valeur* des biens ou des bonheurs attachés à ces états en créant une tension avec l'axiome de *commune humanité* (a1). Ainsi, lorsque la puissance d'accès à tous les états (a3) n'est pas assurée, l'ordre constitué risque de dégénérer en un fractionnenement d'humanités, sans possibilité de rapport entre elles.

Les philosophies politiques que nous examinerons proposent des constructions qui recèlent toutes la tension qui résulte de cette double contrainte (entre a1 et a4), et comprennent des personnes qui ont en commun d'être humaines tout en étant ordonnées selon un principe de grandeur. Elles rendent compte d'une humanité confrontée à d'inégales grandeurs et évitant néanmoins la guerre civile.

Sachant qu'en raison de leur commune humanité (a1) qui les identifie comme êtres humains, tous les hommes ont une égale puissance d'accès (a3) aux états *supérieurs* (auxquels sont attachés les plus grands bonheurs), on ne comprend pas, sans le recours à d'autres hypothèses, pourquoi tous les membres de la cité ne sont pas dans l'état suprême (formant ainsi un *éden*). Pour expliquer qu'il n'en soit pas ainsi, il est nécessaire de faire référence à une *formule d'investissement* (a5) qui lie les bienfaits d'un état *supérieur* à un *coût* ou un *sacrifice* exigés pour y accéder. La formule de sacrifice ou d'économie est le régulateur qui supprime la tension entre la commune humanité et l'ordre sur les états.

Le modèle d'*humanité ordonnée* (H3) permet de justifier une gamme plus large d'accords que le précédent. Cependant, l'éventualité d'un accord largement admissible est encore mal assurée parce que les personnes à l'*état inférieur*, nécessairement désireuses de profiter des bienfaits attachés à l'*état supérieur* (nous raisonnons ici sur un modèle simple à deux états, mais cette propriété n'est nullement nécessaire), seront enclines, plutôt qu'à supporter le coût qu'implique l'accès à l'état supérieur (a5), à remettre en cause ce coût. Cette formule qui fait office de clé de voûte dans la construction et qui doit pouvoir supporter tout le poids de la double contrainte de la *cité*, risque donc de manquer de solidité si elle n'est pas étayée par le renfort d'une hypothèse supplémentaire.

Cet axiome supplémentaire joue un rôle central dans le modèle de la cité (H4) en liant entre eux les états par une hypothèse sur les *biens* ou *bonheurs* attachés aux différents états. Il pose que le bonheur, d'autant plus grand que l'on va vers les *états supérieurs*, profite à toute la cité, que c'est un *bien commun* (a6). C'est seulement sous cette condition supplémentaire, s'ajoutant à l'ordre sur les états (a4), que nous parlerons d'un *ordre de grandeur*. Le *bien commun* s'oppose à la jouissance égoïste qui doit être sacrifiée pour accéder à un état de *grandeur* supérieur.

On retrouve, dans cet axiome, l'acception courante du terme cité qui implique la référence à un bien commun dans une société en ordre. La *commune dignité* (a3) devient, dans le modèle complet de cité, une égale capacité à agir selon le bien commun. Les ordres de la philosophie politique sont ainsi des métaphysiques dans la mesure où ils définissent des humanités liées par un bien commun dépassant le bonheur particulier de chaque personne.

Les ordres ainsi fondés sont très fortement marqués par ce dernier axiome. L'état de grand ne se différencie pas seulement de l'état de petit en ce qu'il dispense plus de bien-être à ceux qui y accèdent, mais encore en ce qu'il rejaillit sur le bien-être des petits. A leur jouissance égoïste, viennent s'ajouter les bienfaits de la grandeur des grands. On comprend mieux la structure de cette construction si, au lieu de l'immerger immédiatement dans des spécifications morales (ce qui sera d'ailleurs la tâche des philosophes politiques), on reste au plus près de l'axiomatique en assimilant *bien commun* et forme de généralité. Ainsi que le suggérait l'illustration de la visite d'usine présentée plus haut, l'accord légitime, s'il n'est édénique, repose sur la constitution d'un *ordre de généralité*. Importe le plus ce qui est le plus général, et la généralité des grands contribue non seulement à leur bien-être (qui se caractérise ainsi par une manière d'extension de leur être) mais à celui des petits. Cette contribution s'exprime, dans chaque spécification de cité, par la modalité suivant laquelle les grands *comprennent* les petits. L'état de grand donne la mesure de la cité et on ne peut attribuer une grandeur, c'est-à-dire constituer des classes d'états et les ordonner, qu'à partir de la connaissance de l'état de grand. La cité s'identifie par l'état de grand et accéder à l'état de grand c'est être identifié avec la cité. Dans un tel modèle de *cité* (H4) se trouvent confondues les notions de grandeur (a4) et de bien commun (a6), réunies dans le *principe supérieur commun*. Le principe supérieur commun permet de contenir des désaccords dans l'admissible en évitant qu'ils ne dégénèrent en mettant en cause le principe d'accord, c'est-à-dire la définition des états de grandeur et donc les fondements de la cité. Les désaccords portant sur l'attribution d'un état à une personne sont d'un niveau logique inférieur à la convention sur ces états et sur les bienfaits qui leur sont attachés.

Après avoir explicité les éléments constitutifs du modèle de la cité (le *principe de commune humanité* (a1), le *principe de dissemblance* (a2), la *commune dignité* (a3), l'*ordre de grandeur* (a4), la *formule d'investissement* (a5) et le *bien commun* (a6)), éclairons sa structure formelle en nous interrogeant sur les problèmes qu'il doit résoudre. Cet éclairage suppose un recul par rapport aux travaux des philosophes politiques examinés, de façon à appréhender leur tâche comme une tentative d'intégration de deux exigences dont la compatibilité est problématique. La structure du modèle supporte deux exigences fondamentales fortement antagoniques : 1) une exigence de commune humanité qui suppose une forme d'identité partagée par toutes les personnes; 2) une exigence d'ordre sur cette humanité. La définition du *bien commun* est la clé de voûte de la construction qui doit assurer la compatibilité entre ces deux exigences.

Une seconde perspective exige un recul plus important puisqu'elle suppose d'embrasser la pluralité des principes d'accord, au lieu de rester dans le cadre de l'un d'entre eux dont il s'agirait de fonder l'unicité. Anticipant sur les développements ultérieurs consacrés à la coexistence de plusieurs cités, nous suggérerons que le modèle de cité est une réponse au problème posé par la pluralité des principes d'accord disponibles, qui exclut d'emblée l'utopie d'un éden. Le modèle de la cité doit permettre, par la construction d'un ordre autour d'un bien commun, la réduction des autres principes. Bien que le modèle de cité ne fasse référence qu'à un seul principe de justification, il est une réponse à la multiplicité des principes sans laquelle le monde serait un éden, et il laisse ouverte la possibilité de cette multiplicité tout en assurant la primauté d'un seul. La réduction de la pluralité des biens communs s'opère par la construction d'un ordre entre eux, l'inférieur étant traité de bien particulier. Le *principe de dissemblance* (a2) et l'*ordre de grandeur* (a4) soutiennent un ordre, suivant lequel l'une des formes de généralité est dotée de la légitimité du *bien commun* de la cité, alors que toutes les autres sont réduites à des biens particuliers auxquels ne sont attachées que des jouissances égoïstes. Les autres biens communs ne sont pas complètement évacués, on en trouve la trace dans la description du bonheur des petits. Ils sont réduits à des jouissances singulières, à des autosatisfactions. Cette réduction d'un bien commun en bien particulier, qui gouverne les rapports entre cités, sera examinée en détail dans la quatrième partie consacrée à la critique. La puissance réductrice du modèle de cité et la figure critique qui l'exprime sont absentes d'un *éden* dans lequel le bien particulier n'a pas lieu d'être, tout étant traité en général, comme dans le genre rhétorique « épidictique » : « L'amplification est la mieux appropriée au genre épidictique; car il a pour matière des actions sur lesquelles tout le monde est d'accord; il ne reste donc plus qu'à leur attribuer importance et beauté » (Aristote, *Rhét.*, 1368a 26). La réduction de la pluralité des formes de généralité qu'opère le modèle de cité éclaire également la *formule d'investissement* : le sacrifice exigé pour accéder à un état de grandeur apparaît alors lié à la tenue à l'écart des autres cités. Le bonheur particulier des petits, sacrifié dans l'état de grand, est ainsi la trace des autres biens communs qui ne peuvent être reconnus comme tels dans la cité.

Le cas de la cité marchande. En reprenant des éléments issus de l'analyse de la philosophie politique marchande proposée dans le chapitre précédent, nous allons chercher à tester l'application du modèle de cité. Proposer de se servir de l'économie politique pour illustrer le modèle de cité que nous venons de présenter peut sembler hasardeux à plus d'un titre. Le marché a en effet constamment servi à mettre en cause la possibilité d'un accord général intentionnel. D'autre part la sociologie s'est constituée à partir d'une analyse des effets destructeurs des liens marchands sur la construction d'une société. La notion même d'individualisme attachée à ce mode de relation s'oppose à ce point aux notions de culture, de communauté, de collectivité ou de société, qu'il est aujourd'hui difficile à comprendre qu'une cité puisse être construite sur le lien marchand de la même façon qu'elle le serait par référence à un intérêt général collectif. Pourtant la mise en évidence de cette similitude, difficile à rétablir à la lecture des textes contemporains d'économistes ou de sociologues, est possible avec l'aide du modèle précédent, soit en revenant, comme nous venons de le faire, à l'œuvre de philosophe politique de Smith, soit en examinant – comme dans le chapitre VI – des textes contemporains présentant la grandeur du marché.

La première exigence de *commune humanité* (a1), qui permet d'identifier les êtres humains, est fondamentale dans l'économie politique puisqu'elle sert à distinguer les personnes des biens extérieurs qu'elles concourent à s'approprier : dans la cité marchande, les personnes ne peuvent pas être échangées comme des biens. Les distinctions d'*état* (a2) sont définies par des différences de richesse et ces états sont clairement *ordonnés* (a4).

L'hypothèse suivant laquelle la possibilité de s'enrichir est ouverte à tous les hommes (a3) est fréquemment exposée pour soutenir que le principe marchand peut fonder une justice. Le *coût* attaché à cette forme de grandeur (a5) est le coût de l'opportunisme qui suppose d'être toujours en affaire, à l'affût d'une occasion, sans jamais se reposer sur des traditions, des attachements personnels, des règles, des projets, etc. La dernière exigence, celle d'un *bien commun* (a6), est celle dont l'établissement est le plus délicat et dont la formulation la plus accomplie, qui se trouve dans l'œuvre de Smith, justifie qu'on y cherche l'expression de la philosophie politique marchande. Avancer que la richesse des riches profite à tous passe par une mise en évidence de l'harmonie d'une distribution pourtant inégale des états de grandeur, qui résulte de la concurrence des appétits réglée par l'accès aux biens rares (la main invisible). Comme dans toutes les spécifications de cités, ce sont les grands qui, par leur grandeur, soutiennent la possibilité d'une référence au *supérieur commun.* Ce sont les riches qui, par les affaires qu'ils réalisent, entretiennent la concurrence sur un marché. C'est en ce sens que le luxe profite à tous, et non pas par l'industrie qu'il ferait vivre. A la différence de patrimoines, les richesses qui entretiennent les échanges marchands profitent à la cité.

L'économie politique fonde ainsi une cité en montrant comment des personnes, pour éviter une discorde perpétuelle, peuvent faire appel, dans leurs conduites et les argumentations les justifiant, à un principe de cohérence. Dans la cité marchande, tout désaccord peut devenir litige et se régler dans une épreuve marchande à laquelle les personnes acceptent de se soumettre. La rencontre violente des appétits antagonistes est ainsi pacifiée sur un marché auquel les personnes peuvent se référer, en tant que principe supérieur commun, dans la recherche d'un accord.

Un ordre illégitime : l'eugénique

Nous avons mentionné, au cours de l'exposé du modèle de la cité, la construction possible d'échelles de valeur qui permettent d'asseoir un ordre ne satisfaisant pas à la totalité des contraintes de constitution d'une cité, et ne permettant donc pas de fonder des justifications légitimes. Il est des modes d'évaluation, de qualification des gens dans une hiérarchie d'états, qui, à la différence des grandeurs, ne sont pas compatibles avec une exigence de *commune dignité*. Une conséquence majeure de l'absence de commune dignité est la mise en question de la distinction entre les êtres humains et les êtres non humains. Un ordre supporté par une *valeur illégitime* n'est donc pas fondé en toute généralité, tant que sa compatibilité avec le principe de commune humanité n'a pas été établie. C'est précisément à cette tâche que s'est vouée la philosophie politique, lorsqu'elle s'est employée à distinguer, de l'ensemble des valeurs qui ont cours et qui sont relatives aux personnes et à leurs goûts, les grandeurs justifiées sur lesquelles peuvent converger les jugements dans la cité.

A titre d'exemple de *valeur illégitime*, nous nous arrêterons un moment sur les hiérarchies reposant sur des inégalités raciales et, plus généralement, biologiques. Le développement de l'eugénisme a donné lieu à l'élaboration d'une telle « valeur sociale » (*civic worth* selon les propres termes de Galton) destinée à évaluer l'état de « citoyen capable » (*serviceable citizen*). L'axiome de commune humanité n'est pas vérifié puisque les dotations des personnes sont irrémédiablement inégales au moment de la naissance. La valeur eugénique doit être distinguée de grandeurs qui, sous un rapport ou sous un autre, peuvent être considérées comme adjacentes (Thévenot, 1990 b). Comme chez les philosophes contribuant à fonder une grandeur, on trouve, chez les eugénistes, des mises en cause d'autres qualifications possibles des gens. Galton, dans la deuxième édition de *Hereditary Genius* (Galton, 1972, pp. 25-26), met en garde le lecteur sur la confusion possible entre la valeur qu'il s'emploie à constituer et le génie, au « sens technique » de Lombroso. Celui-ci, en rapprochant fous et hommes d'exception, est amené à mettre en équivalence des personnes dont la valeur eugénique est la plus haute, avec d'autres qui seraient classées à un niveau très bas selon cette échelle, si l'on se rapporte à la projection que Galton fait (MacKenzie, 1981, p. 18) des niveaux de « valeur sociale » sur les catégories sociales de l'enquête de Booth (Booth, 1886). Galton, tout en reconnaissant qu' « il ne manque pas de preuves pour mettre en évidence une relation terriblement étroite [*painfully close*] entre les deux [génie et aliénation] », se livre à une mise en cause très claire de ce que nous analyserons plus loin sous le terme de ***grandeur de l'inspiration*** et qui justifierait une telle équivalence par référence à l'esprit habitant la personne inspirée : « Si le génie signifie un sens de l'inspiration, ou bien un afflux à l'esprit d'idées d'origine apparemment surnaturelle, ou un désir immodéré et brûlant d'accomplir un dessein quelconque, il s'agit de quelque chose de dangereusement proche des voix entendues par l'aliéné » (Galton 1972, p. 27). Cette mise en cause repose sur la référence à l' « homme sain » que l'on retrouve dans toutes les tentatives de construction d'une valeur biologique.

La valeur eugénique, tout en se rapprochant des équivalences par la génération, ne se confond pas non plus avec ce que nous nommerons la *grandeur domestique* et qui repose sur un rapprochement par l' « engendrement ». L'hérédité des hommes éminents n'est pas la prospérité d'une grande « maison » et Pearson met directement en cause la transmission de la qualité de lord, qu'il juge eugéniquement inadéquate et propre à entretenir de « vulgaires ploutocrates », « des hommes n'ayant pas pris la peine de créer et de préserver une bonne " souche " ». Notons que la référence à la « souche », pour asseoir un rapprochement, est cependant propice aux glissements entre la grandeur *domestique*, les valeurs biologiques et aussi la grandeur *industrielle* avec son capital productif (Sahlins, 1980, pp. 179-180). L'ordre eugénique peut en effet être envisagé comme un ordre industriel dégénéré dans la mesure où la production d'hommes et la productivité associée y sont jugées dans les mêmes termes que celle des objets manufacturés[3].

On retrouve, dans les divers avatars de la valeur eugénique, des tentatives de constitution d'une espèce de bien commun ainsi que d'une forme de sacrifice. A. Carrel parle de construction d'une « Cité nouvelle » et met en avant les « besoins du public » opposés à l' « intérêt personnel » (Carrel, 1935, pp. 353-354). « Il n'existe pas d'avantages financiers et sociaux assez grands, d'honneurs assez hauts – écrit-il – pour récompenser convenablement ceux qui, grâce à la sagesse de leur mariage, engendreraient des génies » (*id.*, p. 367). Cependant ce sacrifice, qui se juge à la façon dont une personne donne ou non naissance à une progéniture, suppose un calcul sur un univers à plusieurs générations[4]. Ce rapprochement de plusieurs générations empêche, en raison de l'asymétrie temporelle qu'il implique, de maintenir une réciprocité dans les rapports entre personnes.

Dans sa théorie de la justice, Rawls exclut cette forme de bien commun profitant aux générations futures, en soulignant l'asymétrie temporelle qui en résulte : « Les générations à venir n'ont aucun moyen d'améliorer le sort des moins chanceux parmi les premières générations » (Rawls, 1973, § 44, p. 291). Mais surtout, le fait que la délimitation même de cette humanité devienne une variable endogène, le sacrifice étant alors, en quelque sorte, celui de personnes qui manqueraient à exister, est tout à fait incompatible avec les contraintes constitutives d'une cité.

Soulignons, pour conclure sur cette valeur illégitime, que les nazis qui sont allés au plus loin dans la suspension de la contrainte de commune humanité, en en excluant les juifs ou les tziganes, notamment, n'ont pu cependant maintenir cette suspension en toute situation, ce qui aurait supposé de constituer deux classes d'hommes : une classe de personnes et une classe de non-personnes. La hiérarchisation de ceux qu'ils considéraient comme des non-personnes ne pouvait que contribuer à mettre en cause ce partage : comment faire jouer du violon à certaines non-personnes tout en admettant que jouer du violon est l'apanage des personnes?

Les rapprochements impliqués dans des jugements de *valeur illégitime* sont d'autant moins acceptables que l'on va vers une situation dans laquelle un différend doit être épuré par référence à une justice, l'exigence de généralité des principes invoqués étant elle-même d'autant plus élevée que le différend est plus grave. Les prétoires, lorsque l'on y juge de grandes affaires et, particulièrement, des crimes de sang, sont par là des situations dans lesquelles la distinction des arguments justifiés et des rapprochements injustifiables est particulièrement manifeste. Les premiers peuvent être utilisés pour faire valoir des « circonstances atténuantes », ce qui n'est pas le cas des seconds. Au cours de l'épreuve que constitue un procès en justice, les arguments mis en œuvre pour apporter une justification ne peuvent consister en de simples rapprochements. Ils doivent, pour convaincre, être développés en faisant clairement apparaître le principe de grandeur, le sacrifice ou la dignité propres à la cité dont ils relèvent. L'épreuve est par là l'occasion de déployer la grandeur et d'en rendre manifeste l'armature et l'équilibre.

IV

LES FORMES POLITIQUES DE LA GRANDEUR

La cité inspirée

Saint Augustin, dans la *Cité de Dieu*, évoque la possibilité d'une cité dont les membres fonderaient leur accord sur une acceptation totale de la grâce à laquelle ils n'opposeraient aucune résistance. On peut objecter que le terme de cité est pris ici dans un sens métaphorique. Non seulement la cité de Dieu n'est pas de ce monde, mais elle s'oppose radicalement à la cité du monde. La cité de Dieu peut être rattachée par là à la littérature eschatologique qui annonce la venue du Royaume comme accomplissement de l'histoire du salut. En ce sens, la construction de saint Augustin relève bien d'une théologie et non d'une philosophie politique. Mais l'histoire du salut est aussi une histoire politique parce que, dans le Nouveau Testament comme dans l'Ancien, l'histoire de la relation des hommes avec Dieu se lit dans l'histoire de la relation que les hommes entretiennent les uns avec les autres. Qui plus est, dans le Nouveau Testament, le Royaume ne désigne plus seulement cet horizon qui marque le stade ultime de l'histoire du salut. S'il ne doit être pleinement accompli qu'avec la parousie, il est pourtant déjà présent dans le cœur de ceux qui, touchés par la grâce, ont la foi, c'est-à-dire acceptent, sans s'y opposer, le travail de la grâce en eux. En ce sens, le Royaume est déjà dans le monde des hommes, même s'il n'est pas, loin s'en faut, la totalité de ce monde. La *Cité de Dieu*, ouvrage historique, comme le sont la plupart des livres de l'Ancien Testament et dont on a pu dire, à juste titre, qu'il constitue une des premières grandes constructions d'une philosophie de l'histoire, est consacré à retracer l'histoire du combat qui se joue, depuis la venue du Messie, entre deux mondes possibles : l'un habité par la grâce; l'autre privé de la grâce. C'est dire que les deux cités sont bien, pour saint Augustin, des *modèles* dont aucun n'est, dans le siècle, pleinenement réalisé. De ce monde, la grâce de Dieu n'est pas totalement absente parce que tous ne la rejettent pas avec la même force. Mais la grâce de Dieu n'habite pas totalement ce monde parce que la plupart des hommes la refusent. Les « nations », les « républiques » ou les « peuples » de ce « monde » présentent ainsi des « mélanges temporaires » dans lesquels l'une et l'autre de ces deux cités, dont le jugement dernier fera la séparation, sont, selon les cas, plus ou moins présentes. C'est à faire voir cette tension entre deux mondes et à la déployer dans une histoire que sert l'usage du terme de cité et la métaphore des deux cités. La mise en parallèle du Royaume et du monde que permet leur réduction à deux cités comparables, au moins sous certains rapports, permet de lier l'histoire du salut et l'histoire politique dans une philosophie de l'histoire. Transposé dans le registre théologique, le concept de cité, tel que l'emploie saint Augustin, conserve en effet certaines des propriétés qui sont les siennes dans le registre politique. L'opposition des deux cités n'est pas par là complètement réductible à une opposition tranchée entre le Royaume et le monde, le bien et le mal.

Ces deux cités sont hiérarchisées selon le degré auquel elles réalisent le « bien commun » et assurent le bonheur et la concorde entre les êtres. Ces êtres ne se limitent pas aux hommes, chacune des deux cités étant « commune aux anges et aux hommes », car les anges, comme les hommes, peuvent être « bons ou méchants » (*CD* *, 35, 149). Le peuple chez qui domine la cité terrestre est bien « une multitude d'êtres raisonnables associés pour la participation dans la concorde aux biens qu'ils aiment » (*CD*, 37, 163). En effet, « la cité de la terre [...] aspire elle aussi à la paix terrestre et elle fait consister la

* Saint Augustin 1959, *La Cité de Dieu,* Œuvres de saint Augustin, Bibliothèque Augustinienne, publiée sous la direction des Études Augustiniennes, Paris, Desclée de Brouwer, vol. 33 à 37. Les autres œuvres de saint Augustin, auxquelles nous ferons référence dans ce chapitre, seront citées dans la même collection. Nous utiliserons les abréviations suivantes : *CD* pour la *Cité de Dieu*; *GL* pour la *Genèse au sens littéral*; *CP* pour la *Crise pélagienne*; *CO* pour les *Confessions.* Dans les citations (par exemple : *CD*, 35, 149) nous indiquons les initiales de l'œuvre, le volume de la Bibliothèque Augustinienne et la page.

concorde de ses citoyens dans le commandement et l'obéissance en ceci : qu'il règne parmi eux une certaine entente des volontés humaines au sujet des affaires qui sont en rapport avec la vie mortelle » (*CD*, 37, 129). Mais le degré de perfection de cette concorde dépend de la valeur de ce qui est aimé et elle est « d'autant meilleure » que le peuple s'accorde sur des choses « meilleures » (*id.*). L'ordre entre les cités dépend donc de l'ordre entre les biens communs qu'elles connaissent. La cité terrestre, qui trouve ici-bas « son bien dont le partage lui procure de la joie autant qu'en peuvent donner de telles choses », est « le plus souvent divisée contre elle-même par ses querelles, ses guerres, ses luttes, ses victoires sources de morts et elles-mêmes mortelles » (*CD*, 36, 45). Les « biens infimes » qu'elle désire, « ce sont là des biens et assurément des dons de Dieu. Mais si, au mépris des biens meilleurs qui appartiennent à la cité d'en haut où la victoire s'affermira dans une paix éternelle, souveraine et sûre, on convoite ces biens jusqu'à les considérer comme les seuls véritables, ou qu'on les préfère aux biens réputés meilleurs, il est fatal que la misère s'ensuive, aggravant celle que l'on avait déjà » (*id.*).

Seule la cité de Dieu mérite le nom de *cité* au sens où nous l'entendons ici, car elle est seule capable d'amener les êtres à dépasser leur singularité dans la poursuite d'un bien commun. Cette cité, par vocation « universelle », « c'est-à-dire accordée à toutes les nations » (*CD*, 34, 551), est fondée, comme l'écrit saint Augustin dans un passage de la *Genèse au sens littéral* qui précède et annonce la *Cité de Dieu*, sur la « charité [1] », amour « qui ne cherche pas ce qui lui appartient en propre, c'est-à-dire qui ne se complaît pas en sa propre excellence », par opposition à l' « amour de soi » : « L'un est soucieux du bien de tous en vue de la société céleste, l'autre va jusqu'à subordonner le bien commun à son propre pouvoir en vue d'une domination arrogante; l'un est soumis à Dieu, l'autre rival de Dieu; [...] l'un veut pour autrui ce qu'il veut pour lui-même, l'autre veut se soumettre autrui; l'un, en gouvernant autrui, cherche l'intérêt d'autrui, l'autre son propre intérêt » (*GL*, 49, 261). Ces deux cités connaissent des formes inverses de grandeur et de misère. Tandis que la cité terrestre est habitée par l' « orgueil » (responsable de la chute et du péché), la cité de Dieu est fondée sur l' « humilité » qui est la vraie grandeur. En effet, sont « orgueilleux » ceux qui sont habités par l' « amour de soi » et qui « se complaisent en eux-mêmes ». Ils sont petits parce ce que leurs désirs sont tournés vers l'autosatisfaction qui les réduit à la solitude. Au contraire, les « humbles » sont « soumis à ce qui est au-dessus de nous », ce qui les ouvre à la grandeur. Ainsi, « l'humilité a la vertu d'élever le cœur d'une manière admirable, l'orgueil de l'abaisser [...] l'élévation est en bas et l'abaissement en haut » (*CD*, 35, 413). Et tandis que la cité terrestre, née de Caïn, repose sur un crime fratricide, « archétype » dit saint Augustin, citant Lucain (« les premiers murs ruisselèrent d'un sang fraternel »), qui préside à la fondation de toutes les nations de ce monde, et particulièrement de Rome (*CD*, 36, 47), la cité de Dieu repose sur le sacrifice et sur l'oubli de soi.

La possibilité pour la cité de Dieu de faire « pèlerinage en ce siècle », dans lequel elle est « en exil » (*CD*, 36, 135), dépend tout entière de la grâce (*CD*, 37, 269). Les hommes s'abandonneraient totalement à la cité terrestre sans le rachat de la grâce et c'est donc du bienfait de la grâce que dépend toute grandeur réelle en ce monde. C'est, par exemple, d'une « grâce surabondante » que dépend la « vision intérieure » des « prophètes » (*CD*, 37, 693). Or cette grâce n' « est pas due » (*CD*, 36, 137). Elle est pure libéralité : de celui qui l'accorde, on ne peut « acheter ses faveurs » (*CD*, 36, 57). L'accès à l'état de grâce n'est pas le résultat des manifestations de vertu que donnent les hommes car la « grâce miséricordieuse », qui dans son principe, « appartient à tous » (*CD*, 36, 277) mais dont seulement « quelques-uns » bénéficient, est « imméritée » (*CD*, 37, 435). « En cette vie, ce n'est pas notre vertu qui en opère la purification [du péché], mais la miséricorde de Dieu » (*CD*, 34, 503). La grâce est ainsi le vrai fondement de la cité de Dieu qui seule soustrait les hommes à l' « éternelle misère » de la cité terrestre. La grâce va plus souvent aux humbles. Ainsi, même le cœur des sages dans la cité terrestre s'est obscurci parce que « s'étant flattés d'être sages (c'est-à-dire s'exaltant dans leur sagesse sous l'empire de l'orgueil) ils sont devenus fous » (*CD*, 35, 467). La référence à la folie doit être prise ici au sens littéral. Dans chacun des mondes que nous analysons, la croyance dans sa propre grandeur est traitée comme folie lorqu'elle repose sur un principe différent de celui qui fonde la grandeur de la cité, comme nous le verrons plus loin à propos de la cité domestique, dans laquelle la folie consiste à « se méconnaître », ou encore de la cité de l'opinion qui reconnaît la folie au fait de « se croire inspiré ».

La conception augustinienne de la grâce est précisée dans les écrits consacrés à la polémique avec Pélage. Pélage, originaire de Grande-Bretagne, exerce, dans les années 410-420, une grande influence sur le nouveau mouvement d'ascétisme qui se développe particulièrement parmi les laïques chrétiens cultivés de Rome. Il enseigne la possibilité d'atteindre la perfection et considère que la nature humaine a été créée précisément pour réaliser cette perfection : « Chaque fois que je dois donner des règles de conduite et tracer la voie d'une vie sainte, je mets toujours en premier lieu l'accent sur la puissance et la valeur de la nature humaine et sur ce qu'elle est capable de réaliser [...] de peur qu'il ne serve à rien d'exhorter les gens à entreprendre une tâche qui leur apparaîtrait impossible à accomplir » (Brown, 1971, p. 406). Afin de réfuter Pélage qui dote les hommes d'une grâce inhérente à leur nature et toujours suffisante, saint Augustin insiste sur la différence, sous le rapport de la grâce, entre l'humanité avant et après la chute. Après la chute, le libre arbitre est insuffisant au salut, bien que la volonté ne soit pas aliénée par la grâce, puisque celui qui implore la grâce de Dieu manifeste son libre arbitre (*CP*, 21, 49). Mais cette imploration est insuffisante et la grâce possède la « gratuité » du don (*CP*, 21, 251). Attribuer à la vertu, comme le fait Pélage, ce qui est le fait de la grâce, revient ainsi à perpétuer le péché d'orgueil responsable de la chute.

Le principe de la grâce est ce qui permet de détacher la grandeur inspirée des autres formes de grandeurs qui sont dénoncées comme intérêts terrestres dont la recherche conduit à la folie et à la discorde, et de hiérarchiser ainsi les différentes sortes de biens dont l'amour peut lier les hommes. Le bien qui se trouve le plus souvent dénoncé et dont la misère est la plus affirmée, parce qu'il est le plus directement attaché à l'orgueil, est la « vaine gloire ». L'excellence est « indifférente à la gloire humaine » et la vertu elle-même est sans grandeur lorsqu'elle est « trop avide des louanges humaines » (*CD*, 33, 283). La grâce en se portant vers les humbles discrédite également l'« avarice », de même nature que l'orgueil, et l'« amour des richesses », car « nul ici ne possède s'il refuse de posséder en commun » (*CD*, 36, 39). Enfin, c'est encore l'intervention de la grâce qui accomplit la nouvelle naissance dans la cité de Dieu, la « régénération » par opposition à la « génération » comme principe d'engendrement domestique. Ainsi Isaac, « le fils de la promesse », est le « symbole de la grâce et non de la nature, parce qu'il est le fils promis à naître d'un vieillard et d'une femme âgée et stérile ». Dans cette naissance miraculeuse, la « grâce se manifeste d'autant plus clairement » qu'il y a « défaillance de la nature » en agissant « non par génération mais par régénération [...]. On change ainsi les noms des parents, tout résonne de nouveauté et dans l'alliance ancienne paraît l'ombre de la nouvelle » (*CD*, 36, 277). L'abandon à la grâce conduit au détachement par rapport aux grandeurs domestiques : ainsi Abraham, un Chaldéen, reçoit l'ordre de « quitter son pays, sa famille et la maison de son père » pour suivre « la voie universelle du salut [2] » (*CD*, 34, 551).

Le modèle de grandeur inspirée promise aux humbles indifférents aux biens de la cité terrestre est mis en pratique par les saints de l'antiquité tardive, étudiés par Peter Brown (1983, pp. 33-40) qui, par le détachement et l'ascèse, cherchent à établir un « lien personnel avec le surnaturel ». Ce « lien tangible entre le ciel et la terre » est atteint dans une « tension soigneusement maintenue entre distance et proximité » qui garantit la « présence physique du sacré » (Brown, 1984, p. 115). Cette expérience de la grandeur incompatible avec l'état des « appareils pour mesurer ce que l'on pouvait attendre d'êtres humains », et le « sentiment d'être à part » qui l'accompagne, conduisent à se désengager des autres liens sociaux comme dans l'anachorèse par laquelle « les ascètes se trouvaient arrachés aux supports normaux de l'identité » (Brown, 1983, pp. 46, 93, 173). C'est précisément par le détachement des liens domestiques fondés sur la parenté, le voisinage ou sur la communauté linguistique que se manifeste l'appel de la grâce : cette présence angélique « me nourrit, me forme, me conduit par la main. Et surtout, en plus de tout le reste, elle a fait en sorte de m'attacher à cet homme – et c'est bien là le plus important de tout – à cet homme qui n'avait avec moi aucun rapport humain de sang ni de race, dont la maison n'était pas proche de la mienne, qui n'était pas au nombre de mes voisins, qui n'appartenait absolument pas au même peuple que moi » (Grégoire le Thaumaturge, « Remerciement à Origène », cité par Peter Brown, 1983, p. 141). La chair doit être vaincue parce qu'elle est ce par quoi les grandeurs relevant d'autres cités, traitées ici comme misères, s'établissent de la façon la plus irrévocable en se fixant dans les habitudes et dans le corps de la personne : « La femme représentait, dans la vie de l'homme, ce qui l'enveloppait le plus et qui avait le plus de stabilité. » Quand un homme rêve de sa femme, écrivait Artémidore, il pense ordinairement à son travail : « La femme représente le métier du rêveur ou ses obligations professionnelles » (Artémidore, « Clef des songes », I, 78, p. 85, cité par Brown, 1983, p. 171). L'épouse, remarque Michel Foucault dans son commentaire du même texte, est « en relation naturelle avec le métier et la profession » (Foucault, 1984, p. 31). Ainsi le renoncement aux « affaires du siècle », à la vanité des « honneurs et des charges », au « commerce de la parole », à la tentation de « se faire valoir auprès des personnages haut placés selon ce siècle » (*CO*, 14, 35) a pour condition le renoncement charnel parce que le « désir de l'union charnelle » est la « chaîne » qui soumet à l' « esclavage des affaires du siècle » (*CO*, 14, 35).

Rompre ceux des liens du corps qui, par la concupiscence charnelle, rattachent au monde, est aussi le préalable à l'utilisation du corps comme instrument d'accès aux vérités supérieures et, par là, comme instrument fondamental de la grandeur. La grandeur inspirée est en effet indissociable de la personne, attachée à son corps propre dont les manifestations inspirées sont le mode privilégié d'expression et dont le sacrifice constitue la forme de réalisation la plus accomplie [3]. L'inspiration se perd lorsqu'elle rencontre ce qui pourrait l'objectiver et la détacher du corps propre, l'inscription qui fixe et transporte ou même la parole intérieure qui suppose déjà la référence à un tiers : « Nous invoquons Dieu lui-même non pas avec des paroles mais par une aspiration de notre âme à prier : c'est cette façon qui est toujours en notre pouvoir, de prier Seul avec le Seul » (Plotin, *Ennéades*, cité par Brown, 1971, p. 194).

Bien que la sainteté ne soit peut-être plus aujourd'hui une façon typique, et par là particulièrement recherchée par un grand nombre d'individus, de se réaliser, la référence à cette cité demeure indispensable chaque fois que les personnes accèdent à la grandeur en se passant de la reconnaissance des autres et sans se préoccuper de l'opinion des gens. C'est en effet l'une des caractéristiques principales de la grandeur inspirée, que de valoriser le renoncement à soi pour les autres (les solitaires du désert « prient et font pénitence pour tous » [Chiavaro, 1987]) sans accorder pourtant aucun crédit à la reconnaissance des autres. « Aucun prophète – écrit Max Weber – n'a regardé sa qualité comme dépendant de l'opinion de la foule à son égard » (Weber, 1971, p. 249). C'est le cas, par exemple, des artistes qui, sans nécessairement refuser l'estime du public ni l'argent (acceptés dans un compromis toujours difficile à réaliser avec la grandeur du renom et la grandeur marchande), n'en font pas le principe même de la valeur de leur œuvre et de leur grandeur ; ou, sous d'autres rapports, de ceux qui, dans ce qu'il est convenu d'appeler les « avant-gardes politiques », mènent, souvent jusqu'au martyre, une action qui n'a pas besoin pour se justifier d'être soutenue par une organisation ni même d'être comprise de ceux pour le salut de qui elle est accomplie ; ou encore de ceux dont les gestes inspirés les font passer pour des innovateurs, des originaux, des désespérés ou des vandales (Boltanski, 1984).

Nous avons vu que la recherche de l'inspiration s'exprime indirectement par la critique des autres façons de faire la grandeur, qu'il s'agisse de la dépendance personnelle à l'égard de grands de ce monde ou encore de la recherche de la renommée et de la gloire. Mais cette position enferme une ambiguïté fondamentale qui, de saint Augustin au Rousseau des *Confessions* (cf. *infra*), a été souvent remarquée et commentée. En effet, si un projet orienté vers la gloire, ou simplement vers les autres en tant que leur reconnaissance fonde la grandeur de la personne, suffit à abolir la grâce (qui ne survient ni à la conviction de la posséder ni, moins encore, à la manifestation ostensible de la croyance dans sa possession), pourquoi abandonner la contemplation pour l'expression, le « discours du silence » (*CO*, 14, 117) pour le discours, la passivité de l'esprit dans l'expérience de la vérité pour la « théorisation » de cette expérience ?

Saint Augustin ne s'expose ni à Dieu « aux yeux de qui est à nu l'abîme de la connaissance humaine » (*CO*, 14, 143), ni aux hommes, « race curieuse de connaître la vie d'autrui, paresseuse à corriger la sienne ! » ; il cherche Dieu dans la profondeur de son « espace intérieur » et le loue « aux oreilles des croyants » pour unir aux siennes leurs actions de grâce ; non pour se donner en exemple, affronter leur jugement, rechercher leur blâme ou leur louange. La confession publique des péchés est suspecte parce que la dénonciation de la « vaine gloire » peut être encore un moyen détourné d'attirer sur soi la considération des autres : « La parole qui sort de la bouche et les actes qui arrivent à la connaissance des hommes contiennent l'une des plus dangereuses tentations; elle vient de cet amour de la louange qui, pour une certaine excellence personnelle, amasse des suffrages mendiés. Cet amour me tente, même lorsque moi je le dénonce en moi, par le fait justement que je le dénonce. Et souvent, il tire du mépris même de la vaine gloire un titre de gloire plus vain; dès lors, ce n'est plus du mépris même de la gloire qu'il tire gloire, car il ne la méprise plus lorsqu'il se glorifie » (*CO*, 14, 257). La cité inspirée, dont l'établissement exige, comme nous venons de le voir chez saint Augustin, le renoncement à la gloire, est le lieu d'une tension permanente avec la grandeur d'opinion. En effet la rupture avec le monde, nécessaire pour donner ses chances à l'inspiration, passe par l'utilisation de procédés ascétiques dont la mise en œuvre peut être plus ou moins radicale. Mais lorsque l'ascète accomplit des exploits hors du commun, il attire les foules à lui et doit fuir pour échapper à sa renommée. Ainsi, les Pères du désert à qui l'on doit certains des procédés de coupure les plus rigoureux, qui se voulaient seuls avec Dieu et qui, tels le père Arsène et le père Théodore de Phermè, « par-dessus tout haïssaient l'estime des hommes » (Guy, 1976, p. 28), fuient sans cesse la renommée que suscitent chez les autres leurs exploits ascétiques – ils sont comparés par leurs contemporains à des « athlètes » (Palladius, 1981, p. 30) – et aussi l'excès qu'ils mettent à les ignorer. Le père Arsène renvoie la « vierge de rang sénatorial » venue de Rome pour le voir (« comment as-tu osé faire une telle navigation? [...] est-ce pour, de retour à Rome, dire à d'autres femmes : j'ai vu Arsène? et alors elles feront de la mer une route de femmes venant chez moi » – *id.*, p. 27). Le père Théodore refuse l'office de diacre et s'enfuit (*id.*, p. 67). Le père Poemen se soustrait aux regards de sa mère, pleurant devant sa porte (*id.*, p. 133). Le père Longin dissimule son identité à la femme qui, attirée par sa renommée, réclame de le voir pour être guérie : « Le rencontrant elle lui dit, ignorant que c'était lui : " Abba, où demeure abba Longin, le serviteur de Dieu? " Il dit : " Pourquoi cherches-tu cet imposteur? " » (*id.*, p. 91). Le père Moïse s'enfuit dans le marais en apprenant que le chef de la région, qui a entendu parler de lui, vient pour le voir; là, il rencontre ceux qui le recherchent et qui lui demandent : « " Dis-nous, vieillard, où est la cellule d'abba Moïse. " Il leur dit : " Que voulez-vous de lui? C'est un homme simple d'esprit. " » Apprenant plus tard qu'il a rencontré abba Moïse, « très édifié, le chef de la région se retira [4] » (*id.*, p. 106).

La cité domestique

Dans les constructions classiques de la *cité domestique*, la grandeur des gens dépend de leur position hiérarchique dans une chaîne de dépendances personnelles à l'intérieur d' « un univers ordonné et hiérarchisé par la pensée de Dieu avec des rangs et des degrés » (Mousnier, 1974, v. 1, p. 15). La personne individuelle ne peut, dans ce modèle, être dissociée de son appartenance à un corps, conçu lui-même comme une personne caractérisée par son rang. Elle est de même définie par son appartenance à une lignée, dotée d'une identité propre, supérieure à celle des individus qui la réalisent dans le temps, en sorte que le testateur et l'héritier peuvent être considérés de droit comme ne formant qu'une seule personne (Kantorowicz, 1957, p. 330). La personne individuelle est un maillon dans la « grande chaîne des êtres » et chacun se trouve pris entre un supérieur dont il reçoit, par l'intermédiaire d'une relation personnelle, une puissance d'accès à la grandeur, et des inférieurs qu'il englobe et qu'il incarne. Dans cette cité domestique, le lien entre les êtres est conçu comme une génération du lien familial : chacun est un père pour ses subordonnés et entretient des relations filiales avec l'autorité. Mais l'analogie familiale fait moins référence ici aux liens du sang qu'à l'appartenance à une même maison, comme territoire dans lequel s'inscrit la relation de dépendance domestique. Ainsi, dans les descriptions de la société paysanne traditionnelle conformes à ce modèle (ici, en Margeride aux XVIIIe et XIXe siècles),« chacun se déplace avec ce halo autour de lui, qu'est l'histoire de son rang, de sa famille, de sa lignée patrimoniale, l'espace, le temps et la mémoire occupés dans le village par son ousta. Sa maison lui colle à la peau, et même si l'occasion lui est donnée de prouver sa force individuelle, il reste en dernière instance ce qu'est son rang ou son statut familial. Sans sa famille il n'est rien » (Claverie, Lamaison, 1982, p. 84). Les êtres se distribuent selon la relation qu'ils entretiennent à une maison (comme le montre, par exemple, la distinction, très pertinente dans cette cité entre animaux domestiques et animaux sauvages) et, à l'intérieur de la maison, selon la part qu'ils prennent à la reproduction de la lignée. Ce mode de distribution neutralise la division des âges, les enfants se distinguant moins des adultes (ignorance de la particularité enfantine) qu'ils ne s'opposent les uns aux autres, à l'intérieur d'une même unité domestique, selon qu'ils sont en position d'aîné (biologique ou désigné par le père : « faire un aîné ») ou de cadets, condamnés à chercher fortune loin de la maison (Claverie, Lamaison, 1983, p. 60). Comme le suggère cet exemple, dans une formule de subordination établie sur un modèle domestique, la grandeur est un état qui, pour être évalué à sa juste mesure, doit être rapporté aux relations de dépendance d'où les personnes tirent l'autorité qu'elles peuvent à leur tour exercer sur d'autres. Connaître son rang c'est connaître sa grandeur et se connaître : « l' « honnête homme », dit ainsi Auerbach (1968, pp. 366-376), est apprécié pour son aptitude à ne pas se « méconnaître » (ce qui, dans la logique de cette cité, est la marque de la folie) c'est-à-dire pour l'exactitude avec laquelle il sait apprécier sa grandeur en la rapportant à la place qu'il occupe dans la chaîne des liens de dépendance personnelle. Il n'est jusqu'aux domestiques qui participent encore, dans l'état misérable qui est le leur, de la grandeur de leur maître et de ses biens.

Ce thème est amplement développé chez La Bruyère : « Le suisse, le valet de chambre, l'homme de livrée, s'ils n'ont plus d'esprit que ne porte leur condition, ne jugent plus d'eux-mêmes par leur première bassesse, mais par l'élévation et la fortune des gens qu'ils servent, et mettent tous ceux qui entrent par leur porte, et montent leur escalier, indifféremment au-dessous d'eux et de leurs maîtres : tant il est vrai qu'on est destiné à souffrir des grands et de ce qui leur appartient » (La Bruyère, 1965, chap. « Des grands », n° 33, p. 233). La même idée est reprise, un siècle et demi plus tard, par Tocqueville dans le chapitre de *De la démocratie en Amérique* consacré aux liens de domesticité (Tocqueville, 1981, vol. 2, pp. 221-230). Mais elle est exposée ici depuis une nouvelle position qui, prenant appui sur le comparatisme, rend possible la mise à distance, le relativisme tout moderne du « regard anthropologique » que Tocqueville porte sur la modernité (Furet, *Introduction à Tocqueville*, 1981, p. 41) : « Chez les peuples aristocratiques, le maître en vient donc à envisager ses serviteurs comme une partie inférieure et secondaire de lui-même, et il s'intéresse souvent à leur sort, par un dernier effort de l'égoïsme. De leur côté, les serviteurs ne sont pas éloignés de se considérer sous le même point de vue, et ils s'identifient quelquefois à la personne du maître, de telle sorte qu'ils en deviennent enfin l'accessoire, à leurs propres yeux comme aux siens. [...] Dans cette extrémité, le serviteur finit par se désintéresser de lui-même; il s'en détache; il se déserte en quelque sorte, ou plutôt il se transporte tout entier dans son maître; c'est là qu'il se crée une personnalité imaginaire. Il se pare avec complaisance des richesses de ceux qui lui commandent; il se glorifie de leur gloire, se rehausse de leur noblesse, et se repaît sans cesse d'une grandeur empruntée, à laquelle il met souvent plus de prix que ceux qui en ont la possession pleine et véritable » (Tocqueville, 1981, p. 224).

C'est une des démonstrations possibles du modèle de la cité domestique qui est développée par Bossuet à l'intention du Dauphin (Bossuet, 1967). La *Politique tirée des propres paroles de l'écriture sainte* vise, comme la *Cité de Dieu*, à dériver les formes du lien légitime entre les êtres d'une exégèse des textes sacrés. Mais tandis que saint Augustin développe son interprétation de façon à mettre en valeur ce qui peut fonder le caractère inspiré de la cité de Dieu, au détriment des grandeurs domestiques, le plus souvent ignorées quand elles ne sont pas dénoncées, Bossuet s'emploie à asseoir la légitimité du royaume de France sur les formes de relations domestiques dont les Écritures (et, particulièrement, l'Ancien Testament) donnent de si nombreux exemples. Il reprend l'idée ancienne selon laquelle le roi occupe dans le royaume la même position que Dieu dans l'univers, en l'exprimant dans le langage moderne de l'absolutisme et en empruntant aux traductions du *De Cive* de Hobbes la formule selon laquelle « Tout l'État est compris dans la personne du roi » (Keohane, 1980, p. 252). Bossuet n'est pas le premier à avoir généralisé dans une politique le principe de la parenté et l'on peut trouver dans la littérature historique (par exemple dans l'ouvrage de A. Lewis *Le Sang royal* qui analyse l'évolution des formes dynastiques du xᵉ au xivᵉ siècle [Lewis, 1986] de nombreux exemples de constructions qui concourent à fonder l'État comme une extension de la famille royale). Mais c'est précisément son caractère tardif (il est pratiquement sans postérité) qui confère à l'ouvrage de Bossuet un intérêt exceptionnel. Instruit par les constructions de la philosophie politique de son temps (qu'il réfute implicitement), il se présente comme une axiomatique tirant les conséquences d'une série de théorèmes afin d'en déduire une prudence à l'usage du Dauphin, et possède un caractère systématique qui le rend particulièrement propre à servir notre démonstration. En effet, le modèle domestique est dans la *Politique* de Bosset appliqué à la construction d'une cité nettement détachée de la famille au sens restreint, ce qui n'est pas le cas, par exemple, dans les textes antérieurs visant à asseoir la légitimité dynastique des capétiens. Ainsi, le principe de l'héritage du sang, qui soutient la particularité de la personne royale et qui est ici sous-jacent à la démonstration, ne joue pourtant pas un rôle important dans l'argumentation orientée par l'intention de fonder l'autorité royale sur une économie de la relation entre le Prince, l'État et les sujets. C'est notamment par là que cet éloge du Souverain absolu, qui servira de repoussoir à Rousseau (cf. le chapitre II du Livre I du *Contrat social* consacré à la critique des théories généalogiques de l'autorité des Princes), présente bien le modèle d'une cité, au sens où nous l'entendons ici. Et nous essaierons de montrer plus loin comment l'originalité de la cité qui peut être construite sur la base du Contrat social, la *cité des hommes civiques*, se démarque de la variante absolutiste du modèle de la cité tel qu'on le trouve chez Bossuet, par l'intention de construire avec les mêmes êtres humains les trois instances du Souverain, de l'État et des particuliers, en faisant ainsi l'économie de la délégation de l'autorité divine à la personne du Prince et de l'incarnation de l'État dans le corps du roi. Mais c'est dire aussi que la démonstration apportée par Bossuet contribue à frayer le chemin qui conduira à la désincarnation du souverain dans la cité civique, permettant ainsi d'échapper aux difficultés que pose le travail de « transsubstantiation d'un individu en monarque » (Marin, 1981), au prix, il est vrai, de la construction d'une métaphysique non moins paradoxale, nécessaire pour rendre compte de la transsubstantiation du peuple en Souverain. En effet, chez Bossuet, le roi n'est pas seulement « saint » ni même « vertueux » comme dans les conceptions généalogiques de l'ancienne France (Lewis, 1986, pp. 165-175). Il est avant tout solitaire et responsable, et n'existe que pour l'État avec lequel il se confond. Sa grandeur est à la mesure de son sacrifice. Dans cette conception sacrificielle de la grandeur du Prince, la célébration de ses vertus consiste à faire voir, dans toutes ses dimensions, l'ampleur du sacrifice auquel il consent pour le bonheur commun, auquel il subordonne la totalité de ses satisfactions personnelles.

Les topiques de la cité domestique et, particulièrement, le

thème de la solitude et du fardeau royal, sont amplement développés par La Bruyère dont les *Caractères* présentent l'intérêt, pour la sociologie, de rassembler et d'organiser autour d'une typologie sociale les principaux lieux communs de son temps. On lit ainsi, dans le chapitre intitulé « Du souverain ou de la République », que « nommer un roi père du peuple est moins faire son éloge que l'appeler par son nom, ou faire sa définition » (La Bruyère, 1965, n° 27, p. 253). La Bruyère insiste sur le sacrifice du prince et sur l'économie de la relation qu'il entretient avec ses sujets : « Il y a un commerce ou un retour de devoirs du souverain à ses sujets, et de ceux-ci au souverain : quels sont les plus assujettissants et les plus pénibles, je ne le déciderai pas. Il s'agit de juger, d'un côté, entre les étroits engagements du respect, des secours, des services, de l'obéissance, de la dépendance; et d'un autre, les obligations indispensables de bonté, de justice, de soins, de défense, de protection » (*id.*, n° 28, p. 253). « Quelle condition vous paraît la plus délicieuse et la plus libre – ajoute La Bruyère – ou du berger ou des brebis? Le troupeau est-il fait pour le berger, ou le berger pour le troupeau? Image naïve des peuples et du prince qui les gouverne, s'il est bon prince » (*id.*, n° 29, p. 253). La Bruyère revient de façon insistante sur le fardeau de la royauté : « Si c'est trop de se trouver chargé d'une seule famille, si c'est assez d'avoir à répondre de soi seul, quel poids, quel accablement, que celui de tout un royaume » (*id.*, n° 34, p. 255).

Dans un corps politique dont la cohésion repose sur l'observance des lois divines, la « religion du serment » est le fondement du lien entre les êtres. Les hommes ne peuvent se soustraire à la discorde que par un engagement les uns envers les autres. Mais cette promesse ne sera tenue que si cet engagement est passé devant un être supérieur qui en garantit le respect. Il n'y a donc « point d'autres moyens d'affermir les choses » que de jurer « par plus grand que soi », en sorte que « les peuples où il n'y a point de religion sont en même temps sans police, sans véritable subordination et entièrement sauvages » car « les hommes n'étant point tenus par la conscience ne peuvent s'assurer les uns les autres » (Bossuet, 1967, p. 216). Si les hommes ne peuvent atteindre une forme, même inférieure, de concorde sans faire le détour par la référence à un principe transcendant, toute soumission à une divinité, même illusoire, a au moins pour vertu d' « affermir les lois » : « Il n'est pas absolument nécessaire qu'on jure par le Dieu véritable : et il suffit que chacun jure par le Dieu qu'il reconnaît » (*id.*, p. 215). Pourtant, seule la « véritable religion », qui est « fondée sur des principes certains », peut rendre la « constitution des États plus stable et plus solide » (*id.*, p. 217). En effet, l'écriture sainte, qui contient la véritable généalogie de l'humanité, permet seule d'asseoir le lien politique et d'en affermir la légitimité en le fondant sur le principe de la génération : « En quelque temps donné que ce puisse être, en remontant de proche en proche, on vient à Adam et au commencement de l'univers par un enchaînement manifeste » (*id.*, p. 220). La rupture du lien politique consiste par là à interrompre la chaîne des générations qui réunit et ordonne les êtres selon la tradition, en sorte que l' « innovation » est intrinsèquement source de discorde : elle porte la « tache ineffaçable » du « schisme » et de l' « hérésie », de la révolte qui « sépare » les familles et « rompt » les attachements communautaires (*id.*, pp. 224-225).

Dans cette conception hiérarchique et politique du cosmos, le Souverain est le « ministre » de Dieu, désigné par le terme de « Roi des rois » dans l'adresse au Dauphin. Il est, en tant que tel, le dépositaire du « serment » et le garant de la « subordination », qui dans cette cité, fait le lien entre tous les êtres ordonnés dans l'État à la façon dont, dans la lignée, les descendants sont subordonnés aux ascendants, les enfants au père, les cadets aux aînés. Sa prééminence est celle du père et l'appellation de « Père commun » désigne ici, selon le contexte, tantôt Dieu, tantôt le roi. A ce titre, le jugement lui appartient : « quand le prince a jugé, il n'y a point d'autre jugement » (*id.*, p. 93). L'amour du Père fait l'union entre les sujets unis, dans la subordination, comme le sont des frères : « Nous nous devons donc aimer les uns les autres, parce que nous devons aimer tous ensemble le même Dieu, qui est notre père commun, et son unité est notre lien » (*id.*, p. 6). Le roi est uni au sol de la nation, comme le père l'est à la mère et l'amour de « la terre où l'on habite ensemble » qui, avec la communauté de langue, fait « l'unité des nations », est similaire à l'amour d'une « mère » ou d'une « nourrice commune ». Aussi les « peuples » peuvent-ils être considérés comme « plusieurs familles particulières, qui ont chacune leurs droits » et qui constituent la « société civile » ou l' « État » (*id.*, p. 43). L'autorité de l'État est en effet un prolongement de l'autorité paternelle. On a « fait les rois sur le modèle des pères » et le « nom de roi est un nom de père » (*id.*, p. 71). Leur « puissance venant d'en haut » (*id.*, p. 70) leur est « appliquée par le dehors » (*id.*, p. 180). Ils sont les « ministres » de Dieu qui a « mis dans les princes quelque chose de divin » (*id.*, p. 68). Les princes, garants de la cité, tiennent donc « la place de Dieu, qui est le vrai père du genre humain » (*id.*, p. 71). De même, « les hommes naissent tous sujets » et « l'empire paternel, qui les accoutume à obéir, les accoutume en même temps à n'avoir qu'un chef » (*id.*, p. 53). L'exercice de cette autorité naturelle ne réclamerait pas de dispositif particulier sans l'intervention des passions, qui divisent et qui nécessitent la transformation de l'amour paternel en un art politique. Devenus « intraitables par la violence de leurs passions et incompatibles par leurs humeurs différentes, ils [les hommes] ne pouvaient être unis à moins de se soumettre tous ensemble à un même gouvernement qui les réglât tous » (*id.*, p. 17). La soumission au Prince fait de la « multitude » « un seul homme » lorsque « chacun renonçant à sa volonté la transporte et la réunit à celle du prince et du magistrat » (*id.*, pp. 18-19). Elle constitue le fondement de la justice et du lien social parce que la « subordination des puissances » met un frein à l'expression sans limite des désirs égoïstes. C'est la raison pour laquelle l'on « doit toujours respecter, toujours servir » les rois, « qu'ils soient bons ou méchants » (*id.*, p. 196). Dans cette formule, la « subordination » se répartit par degrés selon la proximité hiérarchique à dieu et au prince qui en est le ministre : « L'obéissance est due à chacun selon son degré, et il ne faut point obéir au gouverneur au préjudice des ordres du prince » (*id.*, p. 194).

Mais les grands ne trouvent une justification de leur existence que dans leur volonté de « protéger les petits » (*id.*, p. 72). Par le « gouvernement », chaque sujet devient plus fort parce qu'il trouve « en la personne du Prince » qui a « en sa main toutes les forces de la nation » un « défenseur invincible ». Bossuet insiste à maintes reprises sur la relation entre grandeur et protection des faibles : « Toute la force est transportée au magistrat souverain, chacun l'affermit au préjudice de la sienne [...]. On y gagne; car on retrouve en la personne de ce suprême magistrat plus de force qu'on en a quitté pour l'autoriser, puisqu'on y retrouve toute la force de la nation réunie ensemble pour nous secourir » (*id.*, p. 20). Le Prince père est le protecteur des faibles : « Toute l'écriture le charge de faire justice au pauvre, au faible, à la veuve, à l'orphelin et au pupille » (*id.*, p. 21). Dans cette cité, où les échanges prennent la forme d'une « ample circulation de générosités nécessaires » (Duby, 1973, p. 63), la division des tâches est conçue sur le mode de l'entraide au sein de l'unité domestique. Le Prince, « héros nourricier » (Kaplan, 1986, p. 22) et principe d'ordonnancement des échanges, doit « pourvoir aux besoins du peuple » et « l'obligation d'avoir soin du peuple est le fondement de tous les droits que les souverains ont sur leurs sujets » (Bossuet, pp. 74-75) : « Les peuples affamés demandent du pain à leur roi comme à leur pasteur, ou plutôt comme à leur père » (*id.*, p. 75).

Le Prince n'assoit pas seulement sa légitimité sur la protection qu'il accorde à ceux qui se trouvent dans sa dépendance. Il la fait reposer aussi, indissociablement, sur l'oubli de soi et le renoncement aux satisfactions égoïstes. La dignité du prince se manifeste dans l'empire qu'il a sur lui-même et dans la « fermeté » avec laquelle il commande à ses « passions » et se rend maître de ses « désirs » (*id.*, p. 111). Il ne succombe pas à la « tentation » sans égale de la « puissance » (*id.*, p. 435). Il compense ses privilèges par le sacrifice qu'il fait aux autres de sa personne : « Il n'est pas né pour lui-même » et « s'oublie lui-même » (*id.*, p. 73). Il est un « bien public » donné « également à tous » (*id.*, p. 89). C'est par là, précisément, qu'il se distingue du « tyran » dont le « vrai caractère [...] est de ne songer qu'à lui-même » (*id.*, p. 77). Tous lui doivent, en retour, la « gratitude » (*id.*, p. 79) et l'amour qui « rend l'obéissance agréable » (*id.*, p. 88). Bien public réunissant les autres en sa personne, il pense en général : « Taisez-vous, pensées vulgaires : cédez aux pensées royales. Les pensées royales sont celles qui regardent le bien général » (*id.*, p. 181). Le Prince « doit penser de grandes choses » (*id.*, p. 180). Il est « par sa grandeur au-dessus des petits intérêts » (*id.*, p. 96), « des petites vues et des pensées particulières » (*id.*, p. 181), au-dessus du particulier, des propos mesquins, de la « médisance » (*id.*, p. 91), « au-dessus du ressentiment et des injures ! » (*id.*, p. 182), des « cabales » et de la « chicane » (*id.*, p. 315) et ne s'abaisse que lorsque la justice exige qu'il « descende » pour « voir ce qui se passe » parmi le peuple : « Il faut qu'ils descendent de ce haut fait de grandeur, d'où rien n'approche qu'en tremblant; et qu'ils se mêlent en quelque façon parmi le peuple, pour reconnaître les choses de près, et recueillir deçà et delà les traces dispersées de la vérité » (*id.*, p. 307). La « magnificence », qui pourrait être interprétée comme une manifestation égoïste d'attachement aux biens terrestres et au pouvoir n'en relève pas moins également du sacrifice et du don de soi. Le Prince joint en effet « les grandes dépenses aux grands desseins » (*id.*, p. 183). Il exprime sa grandeur par des « dons magnifiques » (*id.*, p. 184). Aux « dépenses de nécessité » s'ajoutent les dépenses « de splendeur et de dignité » qui « ne sont pas moins nécessaires pour le soutien de la majesté » (*id.*, p. 379).

Incarnant le bien général, le Prince est le « premier juge » (*id.*, p. 299). Le Prince écoute les appels des particuliers qui lui sont adressés en personne et chacun peut porter « avec respect ses justes plaintes par les voies permises » (*id.*, p. 201). Il associe la « clémence » à la « fermeté » (*id.*, p. 303) et à la « violence des princes », les sujets peuvent « opposer [...] des remontrances respectueuses » (*id.*, p. 201). Parmi ces suppliques, les accusations qui concernent les débauches privées ne se distinguent pas de la dénonciation des scandales publics. Dans une cité domestique la « personnalisation de la relation entre le roi et son peuple » ne permet pas de distinguer les « affaires de familles » des « affaires d'État », le « conflit conjugal » et la « chose publique » (Farge, Foucault, 1982). Dans une formule de subordination où le corps politique est incorporé dans la « personne du prince », et où l' « inégalité est radicalement personnelle par nature » (Walzer, 1974, p. 27), l' « activité politique » ne peut s'exercer que dans la « proximité physique du prince » qui, en temps ordinaires, « ne mobilise pas ses membres » au-delà de la cour, parce que la mobilisation requiert la présence personnelle du roi (*id.*, p. 28). Détachés en théorie, les deux corps du roi (Kantorowicz, 1957) tendent toujours à se contaminer parce que le « corps de l'État » est dans le « corps naturel ». La « personne royale » étant aussi « un homme particulier », la vie « privée » du roi et la vie « publique » du royaume ne peuvent, sans difficulté, être distinguées (Walzer, 1974, pp. 21-25). De même, dans le cas du roi et, plus généralement, des grands, le « murmure privé » ne se distingue pas de la « parole publique », la parole singulière du discours général, le récit « anecdotique » de l' « analyse politique » ou le « ragot » du « rapport ». « Murmurer et rapporter des on-dit – écrit Walzer – sont aux cours royales, ce que le discours public est aux assemblées démocratiques » et, ajoute Walzer, c'est cet état de confusion permanente du personnel et du politique, du « privé » et du « public », qui sera interprété sous la Révolution, c'est-à-dire précisément lorsque ces catégories seront devenues nettement distinctes, dans le langage de la « conspiration » : la cour sera alors considérée comme le lieu monstrueux des « intrigues privées aux effets publics » (*id.*, pp. 26-28).

La cité domestique, dont nous venons de rappeler brièvement les propriétés pertinentes pour notre objet, fera l'objet d'une nouvelle entreprise de fondation par les légitimistes de la première moitié du XIXe siècle et, particulièrement, par de Bonald. Mais le caractère réactionnaire de cette entreprise lui confère une place à part dans la philosophie politique. Il s'agit en effet, pour les légitimistes, de restaurer une cité dont la Révolution française et le développement du libéralisme ont entamé la légitimité et qui tend, avec l'extension prise par l'opposition du « public » et du « privé », à être rejetée du domaine public pour être cantonnée au domaine des relations personnelles. Pour lutter contre l'exclusion de la cité domestique hors du camp des constructions politiques, de Bonald entreprend de démontrer, avec une rigueur scientifique (il se compare lui-même à un géomètre), la possibilité logique de reconstruire la société et l'État sur le principe du pouvoir paternel. Il fonde l'ordre politique sur la distinction entre trois êtres : le père, la mère et l'enfant. Il prend soin de remarquer que ces trois êtres sont « semblables, puisqu'ils appartiennent tous à l'humanité, mais non égaux, puisqu'ils ont des fonctions différentes » (de Bonald, 1985, p. 449). La tension qu'il relève ainsi entre un principe de commune humanité et un principe d'ordre inscrit sans ambiguïté sa problématique dans le cadre de l'axiomatique de la cité dont relève l'ensemble des métaphysiques politiques analysées dans notre ouvrage. De Bonald entreprend de détacher ces trois personnes du cadre de la famille restreinte, fondée sur les liens du sang, pour les construire en toute généralité, c'est-à-dire comme êtres moraux figurant les acteurs d'un drame politique : « Aux dénominations physiques et particulières de père, de mère, d'enfant, communes aux familles mêmes d'animaux, substituons les expressions morales et générales de pouvoir, ministre, sujet, qui désignent l'être intelligent, conviennent à la société et même à toute société et ne peuvent convenir qu'à elle. [...] Nous pouvons donc à présent opérer avec ces expressions générales, qui représentent toutes les personnes dans toutes les sociétés, et résoudre tous les problèmes qu'elles présentent » (*id.*, pp. 450-451).

La littérature anthropologique pourrait sans doute également être mise à contribution pour fournir d'autres variantes de ce travail de généralisation du lien domestique qui semble accompagner, dans les quelques exemples dont nous disposons, la recherche d'un principe de cohésion capable de soutenir des ensembles politiques trop vastes et trop hétérogènes culturellement pour être directement fondés sur une généalogie mythique commune. Nous pensons, particulièrement, à l'ouvrage de Maurice Bloch consacré à l'histoire du rituel de circoncision dans le royaume Merina de Madagascar, qui, sous le règne de la reine Andrianampoinimerina, à la fin du XVIIIe siècle, passe du statut de rituel strictement familial, accompli de façon irrégulière selon le rythme des naissances dans chaque famille, à celui de rituel d'État, accompli par tous durant la même période, une fois tous les sept ans, de façon à ce que la circoncision de tous les sujets soit coordonnée avec les cérémonies de circoncision dans la famille royale (Bloch, 1987). L'ensemble du royaume devient, durant la période de festivités qui accompagne la circoncision royale, une extension de l'espace domestique du souverain. L'analyse que fait Maurice Bloch des rites de circoncision, qui sont l'occasion de manifester l'union de tous, « supérieurs et inférieurs » (p. 169) rassemblés dans la participation à la totalité d'un monde ordonné, suggère que le rituel pourrait jouer ici le rôle imparti à la philosophie politique dans les exemples sur lesquels s'appuient nos analyses.

La cité de l'opinion

Alors que dans la cité domestique la grandeur s'inscrit dans une chaîne hiérarchique et est définie comme la capacité de « renfermer » dans « sa personne » la « volonté » des subordonnés, dans une formule de subordination fondée sur le renom, la grandeur ne dépend plus que de l'opinion des autres. Pour faire une première approche de cette cité, nous utiliserons les passages de l'œuvre de Hobbes consacrés à la définition de l'honneur. La conception hobbienne de l'honneur peut sembler périphérique par rapport au cœur de sa construction politique. Elle procède pourtant des mêmes concepts et repose notamment sur une même théorie des signes conventionnels. Dans la cité de l'opinion, la construction de la grandeur est liée à la constitution de signes conventionnels qui, condensant et manifestant la force engendrée par l'estime que les gens se portent, permettent de faire équivalence entre les personnes et de calculer leur valeur. « Les signes par lesquels nous connaissons notre propre puissance sont les actes qui en procèdent; et les signes par quoi les autres la connaissent sont les actes, les gestes, le comportement et les paroles que de tels pouvoirs produisent communément; et honorer un homme (de façon intérieure, dans l'esprit), c'est connaître ou reconnaître que cet homme détient ce surplus ou excédent de puissance par rapport à celui qui se mesure ou se compare avec lui. [...] Selon les signes d'honneur et de déshonneur, nous estimons et déterminons le prix ou la valeur d'un homme » (Hobbes, 1977, p. 164). La définition nominaliste de l'arbitraire des signes, développée dans *The Elements of Law,* est indissociable du mode de constitution du Souverain, déjà esquissé dans cet ouvrage à partir de l' « union » d'une « multitude de personnes naturelles » ou « compréhension de plusieurs volontés en un seul » (*id.*, p. 193), mais surtout développé dans le *Léviathan* avec les formulations en termes de personnification, de personne artificielle et d'auteur, mettant l'accent sur l'arbitraire de l'acteur qui ne tient sa force que de l'autorisation des contractants.

Hobbes a très fréquemment recours à un vocabulaire emprunté au commerce des marchandises pour traiter de la valeur civile des personnes. Comme souvent sous sa plume, le travail sur la langue tend à déplacer les significations des termes employés par rapport à leur usage ordinaire (cf., *infra*, la notion de personnification). Certains auteurs, s'appuyant notamment sur cette mention répétée du « prix » des personnes, voient dans Hobbes un fondateur de la philosophie politique marchande (Macpherson, 1964). En analysant successivement la cité marchande et la cité de l'opinion nous avons cherché, au contraire, à faire ressortir des différences entre les deux formes de grandeur sur lesquelles elles reposent. Dans la cité de l'opinion, il n'est pas de biens extérieurs aux personnes qui, soumis à une contrainte de rareté, règlent le concours des désirs. La reconnaissance de la réputation se porte directement sur les personnes, et leurs attributs, arbitraires dans leur définition, sont les signes de leur renommée [5].

La théorie de la personne fait le lien entre la construction de la grandeur des « personnes naturelles », en tant qu'elle procède de l'attribution de signes d'honneur, et la construction de la « personne fictive » du souverain. La construction de la personne chez Hobbes suppose un dispositif dans lequel les « signes » (paroles ou actes) joués par un « acteur » sont « rapportés » ou « attribués » à un « auteur » comme on rapporte des effets à une cause. Ce dispositif qui, dans la théorie de l'honneur, va permettre de construire la grandeur relative des personnes les unes par rapport aux autres (les plus grandes étant celles auxquelles le plus grand nombre attribue des signes d'honneur), est aussi central dans la construction de la « personne fictive » du souverain. En effet, dans la théorie de la personne fictive, la représentation du peuple par le souverain, ou de l'auteur par l'acteur, est aussi indissociablement une projection de l'auteur dans l'acteur. Le souverain, « personne fictive », est l' « acteur » qui « personnifie » (personne, au sens étymologique de masque) et « représente » la multitude des sujets qui est l'auteur de son jeu. On peut considérer que cette représentation de la personne fictive suppose un tiers qui juge et attribue des signes. Ce tiers ne se distingue pas de l'auteur qui, par ce mécanisme d'attribution, s'identifie lui-même au souverain (Jaume, 1983).

Dans la *cité de l'opinion*, la grandeur ne dépendant que du nombre des personnes qui accordent leur crédit est, par la vertu de cette formule d'équivalence, abstraite de toute dépendance personnelle. En effet, si bénéficier de l'estime des grands vaut plus que recevoir l'estime des petits, c'est seulement dans la mesure où les grands concentrent déjà eux-mêmes sur leur personne la reconnaissance des autres : être « honorable », c'est être « honoré, aimé ou craint d'un grand nombre » (Hobbes, 1977, p. 87). Hobbes réduit ainsi « tous les fondements de l'honneur, ou de l'estime de distinction, à un seul terme, la puissance » (Goldschmidt, 1974, p. 723), dont le niveau dépend du nombre par lesquels on a été reconnu et qui, par la reconnaissance qu'ils vous accordent, vous octroient un pouvoir : « Le plus grand des pouvoirs humains est celui qui est composé des pouvoirs du plus grand nombre possible d'hommes, unis par le consentement en une seule personne naturelle ou civile [...] Avoir des serviteurs est donc un pouvoir; avoir des amis est un pouvoir : ce sont en effet des forces réunies » (Hobbes, 1971, pp. 81-82). Le pouvoir

« de sa nature » est « semblable à la renommée » en ce qu'il « s'accroît à mesure qu'il avance » (*id.*, p. 81). C'est de la renommée, de l'opinion des autres, que dépend la valeur ou la grandeur d'une personne : ainsi, « la réputation de posséder un pouvoir est un pouvoir » et le « succès est un pouvoir parce qu'il vous procure une réputation » (*id.*, p. 82).

La grandeur d'une personne étant établie par l'opinion des autres, elle est indépendante de l'estime que la personne a d'elle-même : « Un homme peut bien (et c'est le cas de la plupart) s'attribuer la plus haute valeur possible : sa vraie valeur, cependant, n'excède pas l'estime que les autres en font » (*id.*, p. 83). La grandeur d'une personne ou, comme dit Hobbes, son « importance », dépend uniquement de l'opinion des autres : « La valeur ou l'importance d'un homme, c'est comme pour tout autre objet, son prix, c'est-à-dire ce qu'on donnerait pour disposer de son pouvoir : aussi n'est-ce pas une grandeur absolue mais quelque chose qui dépend du besoin et du jugement d'autrui » (*id.*). Ainsi, « un habile général est d'un grand prix quand la guerre est là ou qu'elle menace; mais il n'en est pas de même en temps de paix. Un juge érudit et incorruptible est chose très importante en temps de paix, mais pas autant en guerre » (*id.*). De même, la grandeur des hommes dont l'éminence n'est reconnue que par un petit nombre de personnes, comme c'est le cas des savants, est faible et ils détiennent peu de pouvoir : « Les sciences constituent un faible pouvoir, parce qu'elles n'existent pas chez n'importe qui à un degré éminent, et qu'en conséquence, elles ne sont pas reconnues (elles sont même entièrement inexistantes, sauf chez un petit nombre, et chez ceux-ci à propos d'un petit nombre de choses). En effet, la science est d'une nature telle, que nul ne peut se rendre compte qu'elle existe, s'il ne l'a lui-même acquise dans une large mesure » (*id.*, p. 83). Produit de la reconnaissance, la grandeur se mesure au degré auquel on est exposé au regard d'autrui, à la visibilité : « Être un homme en vue, c'est-à-dire être connu à cause de sa fortune, de sa fonction, de ses grandes actions, ou de quelque avantage éminent, est honorable [...]. L'obscurité, au contraire, est peu honorable » (*id.*, p. 88). L'honneur est donc réductible à la renommée. Ce que Hobbes nomme « honneur civil » (*id.*, p. 86) dépend bien de la considération du souverain mais seulement en tant que le souverain reçoit la reconnaissance du plus grand nombre, ce qui lui confère le pouvoir d'incarner et de constituer l'opinion : « Manifester la valeur que nous nous donnons les uns aux autres, c'est ce qu'on appelle communément honorer autrui ou attenter à son honneur. Estimer un homme à un haut prix c'est l'honorer; à un bas prix c'est attenter à son honneur » (*id.*, pp. 83-84). Ainsi, manifester pour quelqu'un de l' « amour » ou de la « crainte » c'est, dans l'un et l'autre cas, lui « faire honneur », « car qu'on aime ou qu'on craigne une personne, dans les deux cas on lui attribue de la valeur » (*id.*, p. 85). Il est donc vain de chercher à faire la distinction entre un honneur qui serait véritable et un « signe d'honneur », puisque « faire à quelqu'un ce qu'il considère comme un signe d'honneur ou ce qui est établi comme tel par la loi ou la coutume, c'est l'honorer. En effet, en approuvant l'honneur rendu par d'autres, on reconnaît le pouvoir que ceux-ci reconnaissent » (*id.*, p. 85). De même, les qualités qui manifestent la grandeur, comme la « grandeur d'âme », la « libéralité » ou le « courage », ne sont honorables que dans la mesure où elles « procèdent [...] de la conscience d'un pouvoir » (*id.*, p. 87). C'est enfin la médiocre opinion qu'ils ont d'eux-mêmes, suscitée par le peu de cas que les autres font d'eux, qui est à l'origine de la bassesse des petits, de « la petitesse d'esprit, la parcimonie, la crainte, la timidité » (*id.*, p. 87).

La construction de Hobbes, qui ramène l'honneur au crédit, met en valeur une composante des phénomènes qui se présentent à l'histoire et à l'anthropologie dans les termes de l'honneur. Ainsi, l'honneur dans les sociétés méditerranéennes apparaît, dans les travaux des anthropologues, comme un compromis instable entre la grandeur domestique (assurer les positions les plus avantageuses à une lignée) (Favret, 1968), la grandeur de renom (le tribunal de l'opinion publique) (Bourdieu, 1972), la grandeur inspirée (manifeste, par exemple, dans l'opposition entre l'honneur irresponsable et fougueux des jeunes et l'honneur assagi et prudent des anciens) (Jamous, 1977) et des valeurs marchandes : bien qu'il n'existe pas dans les sociétés méditerranéennes traditionnelles de grandeur marchande fondée en toute légitimité, la plupart des autres insistent sur la présence d' « intérêts » sous-jacents (cet aspect n'étant explicitement développé, dans une théorie du « capital symbolique », que dans *Le Sens pratique* de P. Bourdieu [Bourdieu, 1980, pp. 200-206]). On trouve dans d'autres travaux une définition de l'honneur comme étant la qualité qui, assurant « la fidélité à la parole donnée, se trouvait être le fondement même de la foi jurée, c'est-à-dire du contrat » (Farès, *L'Honneur chez les Arabes avant l'Islam,* cité in M.P. di Bella, 1981). Hobbes définit lui-même l'injustice par la rupture absurde d'un contrat : « Ainsi le *tort* ou *injustice* est, dans les disputes du monde, quelque chose d'assez semblable à ce qui est appelé absurdité dans les discussions des hommes d'études. Car de même que dans ces discussions on appelle absurdité le fait de contredire ce qu'on soutenait au début, de même dans le monde appelle-t-on injustice et tort l'acte de défaire volontairement ce que dès le début on a volontairement fait » (Hobbes, 1971, p. 131). Cependant, dans la construction hobbienne, l'honneur est indifférent à la « justice » au sens défini plus haut : « Et cela ne change pas le cas, en ce qui concerne l'honneur, qu'une action (pourvu qu'elle soit grande et difficile, et, par conséquent, signe d'un grand pouvoir) soit juste ou injuste : car l'honneur repose seulement sur l'opinion selon laquelle il y a pouvoir » (*id.,* p. 89). Ainsi la *balance* propre à la cité du renom s'éloigne-t-elle de l'engagement sous forme de contrat. Pour fonder cette cité, il faut que rien, dans le dispositif de l'épreuve, ne fasse obstacle aux modifications de la grandeur selon les variations de l'état de l'opinion. Cette fluidité n'est pas assurée si la grandeur des personnes dépend de contrats ou de la fidélité à des engagements passés.

Dans la cité de l'opinion, des litiges surgissent lorsque l'écart se creuse entre l'estime que l'individu a de lui-même et l'estime que les autres lui portent, qui est la réalité. On peut bien ainsi honorer autrui ou attenter à son honneur, l'élever ou l'abaisser, mais ces marques d'estime ou de mépris sont toujours relatives puisque « haut et bas, dans ce cas, doivent se comprendre par comparaison avec le prix que chacun attache à sa propre personne » (*id.,* p. 84). La « vraie valeur » de la personne ne dépendant que de l'estime des autres, les protestations d'une personne outragée, désireuse d'obtenir réparation, reposent nécessairement sur une erreur d'appréciation, sur-estimation de soi ou prétention. Les litiges ne sont donc pas l'occasion d'un conflit entre l'opinion et la conscience, définie, comme dans la condamnation inspirée des gloires terrestres, par la connaissance infuse, dans le « for intérieur », d'une grandeur supérieure, parce que, dans ce modèle de subordination, où les « consciences privées » sont assimilées à des « opinions privées » (*id.*, p. 345), « la conscience n'est rien d'autre qu'une conviction subjective, l'opinion d'un particulier » (Koselleck, 1979, p. 23). « Il a été couramment enseigné – écrit Hobbes – que la foi et la sainteté ne sauraient être atteintes par l'étude et la raison, mais par une inspiration, une grâce infuse, d'ordre surnaturel. Si l'on accorde cela, je ne vois pas pourquoi qui que ce soit aurait à rendre raison de sa foi, ni pourquoi tout Chrétien ne serait pas en même temps prophète, ni enfin pourquoi chacun prendrait la loi de son pays comme règle de ses actions, plutôt que sa propre inspiration » (Hobbes, 1971, p. 345). C'est la manifestation publique d'une conduite dictée par le for intérieur et par la croyance, aveugle à l'opinion des autres, dans une vérité inspirée contenue en soi seul, qui est la marque de la folie, assimilable à un trouble de la grandeur dont les limites ne sont plus connues : « Un autre défaut de l'esprit, défaut majeur, est ce que les hommes appellent Folie ; il apparaît que ce n'est pas autre chose que quelque imagination qui prédomine sur toutes les autres, que nous n'avons de passion que d'elle. Cette conception n'est autre qu'excessive vaine gloire ou excessif vain découragement [...]. D'abord, nous avons eu l'exemple d'un homme qui prêchait à Cheapside, du haut d'une charrette, en guise de chaire, qu'il était lui-même le Christ, et qui était orgueil spirituel ou folie. [...] de même y a-t-il aussi de trop nombreux exemples des degrés, qu'on peut bien par conséquent compter comme des folies. Et c'est un degré du premier, qu'un homme, sans évidence certaine, se croit inspiré, ou croit avoir en lui quelque autre effet de l'esprit saint de Dieu que celui qu'en ont les autres hommes pieux » (Hobbes, 1977, pp. 181-182). La folie qui se dissimule sous la prétention à l'inspiration éclate au grand jour dans la foule : « Quand l'idée qu'ils sont inspirés s'est emparée des gens, encore que l'effet de cette déraison ne se manifeste pas toujours, chez un individu isolé, par quelque action fort fantasque issue de cette passion, cependant, quand beaucoup d'entre eux s'associent, la rage de la foule entière est assez manifeste. Quelle marque de folie plus éclatante peut-il en effet y avoir, que de poursuivre ses meilleurs amis avec des vociférations, des coups et des pierres ? [...] Et s'il n'y avait rien d'autre pour trahir leur folie, du moins le fait même de s'arroger une telle inspiration en est un gage suffisant » (Hobbes, 1971, p. 71).

C'est précisément le refus de reconnaître la dimension politique de l'inspiration, rejetée dans l'arbitraire du subjectif, et l'intention de dévoiler, sous l'invocation des certitudes de for intérieur, la puissance des passions et des appétits partisans qui permet d'établir l'équivalence de la grandeur et de la renommée sans que la révélation des pouvoirs de l'opinion prenne une forme critique, comme c'est le cas chez les moralistes français du XVIIe siècle et, plus tard, chez Rousseau (la « considération [6] »). Les moralistes d'inspiration janséniste (La Rochefoucauld, Nicole, Pascal) développent des analyses de l'honneur dans lesquelles la grandeur des gens et, plus particulièrement, la grandeur des grands, est présentée comme n'étant que le produit de l'opinion des autres, mais cette réduction y prend toujours la forme d'un dévoilement critique : « L'homme n'est pas grand. Le désir qu'il a de se grandir ne le grandit pas » (Bénichou, 1948, p. 172). A l'honneur de cour, aux fausses grandeurs s'oppose ainsi l' « honneur de for intérieur », comme dit encore Koselleck (1979). Cette distinction, qui reprend en la radicalisant la dénonciation des gloires terrestres telle qu'elle est pratiquée dans la tradition stoïcienne et dans le christianisme, dévoile la vérité cachée de la grandeur mondaine, suspendue au regard d'autrui, pour mieux faire ressortir les traits auxquels se reconnaît la vraie grandeur : celle qui ne s'embarrasse pas de l'opinion du monde pour ne considérer que les signes de l'élection divine. Cette thématique, développée par saint Augustin dans les *Confessions* et aussi dans les parties de la *Cité de Dieu* consacrées à réfuter les conceptions classiques de la gloire pratiquée aux fins terrestres d'accroître la grandeur de la cité (Lida de Malkiel, 1968, pp. 89-92), est utilisée par les juristes, dans les luttes qui opposent l'Église aux sociétés politiques, pour repousser les prétentions, et particulièrement les prétentions spirituelles, des pouvoirs laïcs (de Lagarde, 1956). Et c'est de même contre la conception chrétienne de la misère humaine que la Renaissance italienne développe le concept cicéronien de « virtus ». La *vir virtutis,* qui appartient à l'idéal du gentilhomme de la Renaissance, suppose la possibilité d'accéder dans ce monde à une forme d'excellence dramatique et héroïque qui s'oppose à la représentation de la « misère de l'homme » et à la condamnation de la gloire et des hauts faits au nom de la providence et de la grâce (Skinner, 1978, vol. 1, pp. 90-101). Chez les moralistes français du XVIIe siècle, comme chez Hobbes, les actions héroïques qui engagent la force sont rattachées à l'intérêt et à l'amour de soi (Hirschman, 1977, p. 11). Mais elles ne font pas l'objet, dans les deux cas, d'un même traitement moral. Hobbes s'incline devant la réalité de leur grandeur quand elles sont reconnues par les autres comme grandes sans chercher à les réduire au nom d'un autre principe de justice. La stratégie des moralistes est différente. Ils n'attaquent pas de front les grandeurs établies qui sont reconnues à la cour. Mais ils les relativisent en les plongeant dans un monde comportant une pluralité de grandeurs hiérarchisées ou mêmes traitées, comme dans le texte que Pascal consacre à la tyrannie, comme incommensurables.

« La tyrannie consiste au désir de domination, universel et hors de son ordre. Diverses chambres de forts, de beaux, de bons esprits, de pieux, dont chacun règne chez soi, non ailleurs; et quelquefois ils se rencontrent, et le fort et le beau se battent, sottement, à qui sera le maître l'un de l'autre; car leur maîtrise est de divers genres. Ils ne s'entendent pas et leur faute est de vouloir régner partout. Rien ne le peut, non pas même la force : elle ne fait rien au royaume des savants; elle n'est maîtresse que des actions extérieures. Ainsi ces discours sont faux et tyranniques : “ Je suis beau, donc on doit me craindre. Je suis fort, donc on doit m'aimer. Je suis... ” La tyrannie est de vouloir avoir par une voie ce qu'on ne peut avoir que par une autre. On rend différents devoirs aux différents mérites : devoir d'amour à l'agrément; devoir de crainte à la force; devoir de créance à la science. On doit rendre ces devoirs-là, on est injuste de les refuser et injuste d'en demander d'autres. Et c'est de même être faux et tyrannique de dire : “ Il n'est pas fort, donc je ne l'estimerai pas; il n'est pas habile, donc je ne le craindrai pas ” » (Pascal, 1912, n° 332, p. 483). (Michael Walzer s'appuie sur cette pensée pour développer sa construction des sphères de justice autonomes [Walzer, 1983, pp. 17-20].)

On trouve dans la littérature d'inspiration janséniste d'autres façons de considérer la pluralité des grandeurs, traitées non plus cette fois comme attachées à des personnes différentes occupant des places (des « chambres ») différentes, mais comme assemblées en une même personne qui peut être ainsi qualifiée de façon différente selon le rapport sous lequel elle est constituée dans la relation. Soit, par exemple, le paradigme du roi malgré lui, destiné à l'instruction d'un « enfant de grande condition » que Nicole, dans les *Essais de morale*, attribue à

Pascal (Pascal, 1912, pp. 233-238) : « Un homme est jeté par la tempête dans une île inconnue dont les habitants étaient en peine de trouver leur roi, qui s'était perdu ; et, ayant beaucoup de ressemblance de corps et de visage avec ce roi, il est pris pour lui, et reconnu en cette qualité par tout ce peuple. D'abord il ne savait pas quel parti prendre ; mais il se résolut afin de se prêter à sa bonne fortune. Il reçut tous les respects qu'on lui voulut rendre, et il se laissa traiter de roi. Mais, comme il ne pouvait oublier sa condition naturelle, il songeait, en même temps qu'il recevait ces respects, qu'il n'était pas ce roi que ce peuple cherchait, et que ce royaume ne lui appartenait pas. Ainsi, il avait une double pensée : l'une par laquelle il agissait en roi, l'autre par laquelle il reconnaissait son état véritable, et que ce n'était que le hasard qui l'avait mis en la place où il était. Il cachait cette dernière pensée, et découvrait l'autre. C'était par la première qu'il traitait avec le peuple, et par la dernière qu'il traitait avec soi-même. »

Il y a ainsi, lit-on dans la suite de ce discours, « dans le monde deux sortes de grandeurs » : des « grandeurs d'établissement » et des « grandeurs naturelles ». Les premières dépendent « de la volonté des hommes » ; elles réclament des « respects d'établissement » et des « cérémonies extérieures », non l'estime. A l'inverse, « les grandeurs naturelles sont celles qui sont indépendantes de la fantaisie des hommes parce qu'elles consistent dans les qualités réelles et effectives de l'âme ou du corps » : elles demandent « une préférence d'estime ». L'enfant de grande naissance est ainsi comparable au naufragé fait roi : « Ce qui vous est entièrement commun avec lui, c'est que ce droit que vous y avez n'est point fondé, non plus que le sien, sur quelque qualité et sur quelque mérite qui soient en vous et qui vous en rendent digne. Votre âme et votre corps sont d'eux-mêmes indifférents à l'état de batelier ou à celui du duc ; et il n'y a nul lien naturel qui les attache à une condition plutôt qu'à une autre. »

Une fois les grandeurs distribuées en espèces différentes, inégalement naturelles (ou réelles), l'individu peut, par la « double pensée », se détacher de lui-même et se considérer : « Que s'ensuit-il de là ? que vous devez avoir, comme cet homme dont nous avons parlé, une double pensée ; et que si vous agissez extérieurement avec les hommes selon votre rang, vous devez reconnaître, par une pensée plus cachée mais plus véritable, que vous n'avez rien naturellement au-dessus d'eux. Si la pensée publique vous élève au-dessus du commun des hommes, que l'autre vous abaisse et vous tienne dans une parfaite égalité avec tous les hommes : car c'est votre état naturel. » L'individu peut alors rentrer en soi-même ou se mettre hors de lui et cette possibilité lui donne accès à la critique, comme lorsqu'il dénonce la vanité du monde au nom des vérités de for intérieur ou, ouvrant son cœur, dévoile publiquement ce qui en lui demeure asservi à l'opinion des autres.

La construction d'un marché de l'estime et d'une grandeur d'opinion qui ne s'accompagne pas de la renonciation à l'espérance chrétienne d'une grandeur en soi ouvre ainsi un espace dans lequel les jeux sur les différents sens de la *considération*, de soi vers soi, des autres vers soi, de soi vers les autres guettant le regard des autres sur soi pourront, comme chez Rousseau, se donner libre cours. Une tradition peut s'établir (dont on trouve la trace, aujourd'hui, dans certains courants de la psychologie sociale) dans laquelle le lien politique est primordialement une affaire de regard. On assiste en même temps à l'élaboration d'une rhétorique du pamphlet et d'une casuistique du soupçon pour identifier, sous les artifices de la double pensée, l'état de grandeur où les autres se trouvent et pour démasquer les prétentions à posséder une grandeur naturelle de ceux dont la stature repose sur une grandeur d'établissement ou encore (comme aujourd'hui dans le cas du détenteur d'un titre scolaire soucieux de faire reconnaître sa valeur propre) pour fonder dans l'intériorité de la personne la réalité d'une grandeur dans laquelle les autres ne veulent voir que le résultat d'une intervention extérieure. Le soupçon, qui guette en chacun ce qu'il recèle de mesquin pour dévoiler les petitesses de l'âme sous les fausses apparences d'une grandeur superficielle, se développe, comme on le voit bien dans les textes de La Bruyère sur la grandeur des gens, dans la tension entre la grandeur du souverain et la bassesse de la cour. Du souverain, La Bruyère parle comme Bossuet. Mais, à la responsabilité du roi il oppose la mesquinerie du courtisan, petit parce qu'affranchi des liens qui font la grandeur domestique : « Le favori n'a point de suite; il est sans engagements et sans liaisons; il peut être entouré de parents et de créatures, mais il n'y tient pas; il est détaché de tout, et comme isolé » (*id.*, p. 250). Ce détachement est la condition de l'accès à une grandeur d'opinion (comme il le serait à une grandeur marchande) et l'homme de la cour, où « l'opinion des autres [...] fonde l'existence », comme dit Elias (Elias, 1974, p. 85), n'existe que par le regard qui est porté sur lui : « Se dérober à la cour un seul moment, c'est y renoncer : le courtisan qui l'a vue le matin la voit le soir pour la reconnaître le lendemain, ou afin que lui-même y soit connu » (La Bruyère, 1965, p. 202). Mais il ne peut en être que diminué parce que la grandeur d'opinion est dénoncée comme illusoire : « On est petit à la cour et quelque vanité que l'on ait, on s'y trouve tel ; mais le mal est commun, et les grands même y sont petits » (*id.*, p. 202). La position des grands se trouve par là remplie d'ambiguïté et d'incertitudes. On ne peut ignorer ce par quoi ils se rattachent à l'univers des grandeurs domestiques, et leur stature occupe tout l'espace dans lequel se déploie la critique. Mais en tant que courtisans, objets de faveurs et de défaveurs, ils sont mis en équivalence avec ceux qui les servent. Alors leur grandeur ne va plus de soi : « Il y en a de tels, que s'ils pouvaient connaître leurs subalternes et se connaître eux-mêmes, ils auraient honte de primer » (*id.*, p. 230). La tension de la grandeur domestique et de la grandeur de l'opinion, méconnue comme telle, habite la dénonciation morale de la cour, ébranle l'ordre des personnes et libère un espace dans lequel d'autres grandeurs, grandeur de civisme et grandeur d'industrie, peuvent se déployer : « Pendant que les grands négligent de rien connaître [...] et qu'ils se louent eux-mêmes de cette ignorance [...] des citoyens s'instruisent du dedans et du dehors d'un royaume, étudient le gouvernement, deviennent fins et politiques, savent le fort et le faible de tout un État, songent à se mieux placer, se placent, s'élèvent, deviennent puissants, soulagent le prince d'une partie des soins publics » (*id.*, p. 231). Ainsi, en détachant la grandeur des grands de la grandeur du souverain, la société de cour crée une incertitude et soulève une question qui peut trouver son dénouement dans le retour à l'authenticité inspirée du for intérieur ou, comme chez Hobbes, dans la construction d'une grandeur fondée sur l'arbitraire des signes.

La cité civique

Pour désigner la formule de subordination dont le *Contrat social* fait la démonstration, dans laquelle l'accès à la grandeur ne dépend ni d'une inspiration conçue sur le mode de la grâce, ni de la position occupée dans une chaîne de dépendances hiérarchiques, ni enfin de l'opinion des autres, nous utiliserons le pléonasme de *cité civique*. Comme la cité domestique selon Bossuet, la cité civique fait reposer la paix civile et le bien commun sur l'autorité d'un Souverain majestueux et impartial placé au-dessus des intérêts particuliers. Mais ce Souverain est désormais désincarné. Son corps politique peut accéder à l'être sans passer par l'incarnation dans le corps charnel d'un Prince de sang, légitimé par son appartenance à une lignée. Le Souverain de la cité civique est réalisé par la convergence des volontés humaines quand les citoyens renoncent à leur singularité et se détachent de leurs intérêts particuliers pour ne regarder que le bien commun.

La formule de subordination exposée dans le *Contrat social* fonde la souveraineté en dépassant les problèmes que pose dans la cité domestique l'incarnation du bien commun dans une personne. En désincarnant la souveraineté qui est transférée du corps du roi dans la volonté générale et en faisant du roi un citoyen comme les autres hommes, capable comme eux de vertus et de vices, de grandeurs et de petitesses, elle relâche les tensions engendrées par l'incarnation du corps politique dans un corps naturel. On le voit, par exemple, dans le cas, analysé par Michael Walzer (1974), du « régicide public » (par opposition à l'assassinat en secret par un prétendant au trône), qui manifeste de façon particulièrement problématique la tension du domestique et du civique dans le corps du roi. Le roi, en tant que corps politique, est inviolable et ne peut être jugé puisqu'il n'existe pas, dans la société civile, d'être qui lui soit supérieur. Mais les crimes que le roi accomplit en particulier n'en ont pas moins le pouvoir de détruire l'État. Ainsi, lors de son procès, Marie Stuart est traduite devant ses juges « en aucun cas pour des questions touchant au gouvernement [...] mais seulement en tant que parricide » (George Buchanan, cité par Walzer, p. 50), comme si, ajoute Walzer, le parricide n'était pas, dans une monarchie héréditaire, le « crime politique par excellence ». Les propriétés politiques de la souveraineté royale expliquent la difficulté du régicide et le justifient. C'est parce que le corps du roi et le corps politique se confondent, que l'on peut tuer l'ancien régime, « en la personne du roi ». Mais, pour les mêmes raisons, le jugement public et l'exécution du roi, en tant que roi, constituent des actes sans précédents qui ne peuvent se reposer sur aucune règle légale ou morale existante. « Le roi est mis en jugement en violation des lois de l'ancien régime, les seules lois qu'il reconnaisse; il est jugé au nom de principes politiques et légaux auxquels il n'a jamais consenti et par une cour dont il ne reconnaît pas l'autorité » (*id.*, p. 70).

L'établissement d'une grandeur civique susceptible de constituer un principe d'ordre légitime dans la cité peut être posé ainsi comme une alternative raisonnable, d'une part, à la reconnaissance de l'autorité charismatique d'un chef inspiré, d'autre part à la fidélité aux dépendances personnelles inscrites dans des hiérarchies traitées comme naturelles, enfin à la soumission aux verdicts d'un marché d'estime. En effet, pour Rousseau, il ne sufit pas de libérer les hommes des liens de dépendance qui les asservissent à la personne d'un supérieur, pour que soit dévoilée leur vraie grandeur et, par conséquent, pour assurer les conditions d'un jugement authentique. Car, détachés des relations hiérarchiques, les hommes peuvent encore tomber sous le pouvoir de l'opinion. La recherche de la « considération » et l' « amour-propre », qui est un de leurs penchants, les placent sous une forme de dépendance qui, sans faire peser une entrave directe sur les corps, comme c'est le cas dans les formes de dépendance personnelle que connaît l'ancien régime, n'en est pas moins tyrannique puisqu'elle soumet chacun à l'opinion des autres et donne ainsi un « prix » à « l'estime publique » (Rousseau, 1964, *SD* *, p. 170). L'amour-propre n'a pas chez Rousseau les vertus paradoxales de cet « honneur faux » dont parle Montesquieu (Montesquieu, 1979, vol. 1, pp. 149-150), passion qui, tout égoïste et illusoire qu'elle puisse être, détourne au service du « bien public » (Pappas, 1982) des actions primitivement orientées vers la satisfaction d'un intérêt particulier, selon un mécanisme dont Albert Hirschman (Hirschman, 1977) a montré l'importance dans la pensée politique et morale du XVIIIe siècle [7]. Chez Rousseau, au contraire, la vaine gloire ne sert jamais le « bien commun » et

* Les œuvres politiques de Rousseau sont citées dans la collection de la Pléiade, vol. III : *Du contrat social. Écrits politiques*. Nous utiliserons les abréviations suivantes : *CS* pour *Du contrat social*; *PD* pour le *Discours sur les sciences et les arts* (« Premier discours »); *SD* pour le *Discours sur l'origine et les fondements de l'inégalité* (« Second discours »); *CO* pour les *Confessions* (cité dans la collection de la Pléiade, vol. I); *EM* pour *Émile ou De l'éducation; NH* pour *Julie ou La Nouvelle Héloïse*.

l'« honneur du monde » s'oppose, comme chez les moralistes français du XVIIe siècle, à l'« honneur véritable » comme l'extériorité inauthentique du paraître s'oppose à l'authenticité intérieure de la conscience (par exemple, Rousseau, *NH*, 1967, p. 50 : « laissons la multitude et regardons en nous-mêmes »). Ainsi, libérés de la dépendance personnelle les hommes ne sont pas pour autant libres parce qu'ils demeurent esclaves de l'opinion qui n'a pas pour référence la réalité, mais les rapports de force entre factions, entre coteries et les conflits d'intérêt qui opposent des hommes provisoirement ligués pour des buts égoïstes.

Dans le *Contrat social* les relations politiques légitimes ne peuvent pas s'établir directement sur la base des interactions concrètes entre des personnes qualifiées par des appartenances et des intérêts. En effet, aucune négociation, aucun arbitrage ne sont possibles à ce niveau entièrement soumis au règne de la force. Pour que des rapports justes puissent s'instaurer entre les personnes il faut que leurs interactions soient médiatisées par la relation à une totalité de second niveau. Ce détour et les sacrifices qu'il exige sont les conditions qui rendent seule possible une paix civile sans domination d'un parti sur un autre, c'est-à-dire juste. L'objet principal du *Contrat social* est de fonder en raison cette totalité de second niveau. Elle ne peut s'appuyer sur une transcendance surnaturelle, à la façon dont Bossuet se donne la facilité d'une volonté divine pour fonder, en dernière instance, l'autorité paternelle ou, ce qui revient au même, l'autorité royale. Mais elle ne peut pas non plus s'identifier complètement avec la sommation statistique des sujets empiriques qualifiés par l'ensemble de leurs appartenances et de leurs intérêts ou encore, de façon dynamique, avec la composition de l'ensemble de leurs interactions. On sait que la solution, qui servira de modèle à la plupart des constructions de la Société établies au XIXe siècle et, particulièrement, à la construction durkheimienne – en sorte qu'elle constitue aussi l'un des fondements de la sociologie comme discipline scientifique – consiste à fonder la possibilité d'une transcendance naturelle en définissant deux états possibles des personnes et, par là, deux façons possibles de concevoir l'ensemble formé de leur réunion. La réunion des personnes qualifiées selon un premier état est une sommation de particuliers définis par des appartenances et des intérêts multiples, et plongés dans des rapports antagonistes.

Mais les personnes sont dotées de la capacité d'échapper à cet état égoïste et misérable pour accéder à un second état dans lequel elles regardent non leur intérêt propre mais l'intérêt de tous, et c'est de la mise en œuvre de cette capacité, qu'elles sont libres de cultiver ou de laisser dormir, dont dépend la possibilité d'instaurer une paix civile juste. L'ensemble de second niveau est en effet celui où se forme la volonté générale. Il comprend les mêmes êtres humains que l'instance de premier niveau, mais dans cet autre état dans lequel chaque homme, laissant de côté les soucis et les intérêts qui sont les siens en tant que particulier, se tourne vers le bien commun. Ce mode de construction de la totalité est, dans une large mesure, dérivé, comme l'a montré P. Riley, de la théologie janséniste [8] (Riley, 1986, pp. 184-189) dont Rousseau, tout en écartant la théorie de la prédestination traitée comme une forme de « favoritisme » inacceptable, reprend la référence au « général » non pour désigner l'ensemble des hommes ou seulement des citoyens, mais l'*état* auquel accède chacun lorsque, se dépouillant de sa singularité et faisant le sacrifice de son intérêt particulier, il parvient à connaître ce qui est bien en général et à désirer le bien commun. L'idée de volonté générale ne s'oppose pas, dans cette acception, à l'individualisme : chaque individu peut accéder à l'état général et reconnaître la volonté générale qui se manifeste d'abord dans son for intérieur, quand il renonce à écouter sa volonté particulière (Riley, 1986, p. 249). C'est en ce sens que Rousseau peut opposer radicalement la « volonté générale » et la « volonté de tous » : la « volonté de tous » est oppressive parce qu'elle exprime l'opinion des autres saisis à l'état de « particuliers » : « Elle regarde à l'intérêt privé, et n'est qu'une somme de volontés particulières » (Rousseau, 1964, *CS*, p. 371). La volonté générale qui « ne regarde qu'à l'intérêt commun » est, au contraire, celle des mêmes individus mais à l'état général, c'est-à-dire en tant que Citoyens [9].

Dans le *Contrat social*, la volonté générale n'est pas réductible à une addition de volontés particulières. Les particuliers ne s'engagent ni par un pacte de soumission envers ceux qu'ils choisissent pour chef ni par une série de pactes mutuels comme chez Hobbes, mais par « un engagement réciproque du public avec les particuliers ». Les « mêmes hommes » constituent ainsi, comme le souligne Robert Derathe, « les deux parties contractantes, mais envisagés sous différents rapports : comme membres du souverain et comme particuliers », en sorte que « tout se passe comme si chacun contractait avec lui-même » (Derathe, 1970, pp. 222-226). C'est l'intelligence de cette construction à deux niveaux qui permet à Halbwachs de réinterpréter, sans la trahir, la construction rousseauiste en termes durkheimiens. Il écrit ainsi, dans le commentaire qui accompagne son édition du *Contrat social*, publiée en 1943, peu avant sa mort : « la volonté générale » [...] « n'est pas une somme de volontés individuelles » mais « une réalité d'un autre ordre sans aucune mesure avec elles »; le corps politique « est plus que la somme de ces unités. Il est d'une autre nature » (Halbwachs, 1943, p. 95). La loi est l'expression de la volonté de ce souverain désincarné. Elle est soustraite à l'influence des intérêts particuliers quand elle est établie par des hommes qui sont capables de se détacher du cas particulier et de s'élever au-dessus de leur existence singulière pour embrasser les choses en général. « La loi – écrit Rousseau – considère les sujets en corps et les actions comme abstraites, jamais un homme comme individu ni une action particulière. Ainsi la loi peut bien statuer qu'il y aura des privilèges, mais elle n'en peut donner nommément à personne; la loi peut faire plusieurs Classes de Citoyens, assigner même les qualités qui donneront droit à ces classes, mais elle ne peut nommer tels ou tels pour y être admis » (Rousseau, 1964, *CS*, p. 379). Comme le souligne Robert Derathe dans son édition du *Contrat social*, cette assise naturelle donnée aux lois politiques garantit la liberté individuelle conçue comme un affranchissement de la dépendance personnelle à l'égard des autres (Rousseau, 1966, p. 1449).

Le corps politique instauré par le *Contrat* doit sa stabilité au principe d'économie qui équilibre les pertes et les gains de l'association. Le pacte fondamental exerce en effet sur les individus deux actions qui non seulement sont présentées comme contraires, mais sont reliées l'une à l'autre de façon inverse par ce que Rousseau désigne sous le nom de « balance » ou de « compensations » (Rousseau, 1964, *CCS*, p. 364), c'est-à-dire par un sacrifice qui, favorable à tous, fonde et justifie la grandeur. L'« âme tout entière s'élève » mais au prix d'un renoncement à la satisfaction immédiate des intérêts singuliers, à l'abandon aux désirs et aux premiers mouvements du corps : « La voix du devoir succédant à l'impulsion physique et le droit à l'appétit, l'homme, qui jusque-là n'avait regardé que lui-même, se voit forcé d'agir sur d'autres principes, et de consulter sa raison avant d'écouter ses penchants » (*id.*, p. 364). La vertu constitue par là le principe d'équilibre du corps politique en ce qu'elle permet seule d'assurer la réciprocité des pratiques ou, dans le langage du *Contrat*, la « mutualité ». Les Citoyens ne sont pas grands par la « distinction des talents » (Rousseau, 1964, *PD*, p. 26) mais par la vertu c'est-à-dire, au contraire, par le zèle avec lequel ils font le sacrifice de ce qui les distingue sous le rapport des autres grandeurs qualifiées de personnelles. A la différence des distinctions liées au rang et marquées par des titres ou encore des profits de distinction que procure la renommée conférée par la reconnaissance des autres, les distinctions acquises par le mérite civique s'attachent aux personnes en tant qu'elles servent des causes qui les dépassent. Les rapports entre les gens sont méritoires lorsqu'ils se mettent en place dans des dispositifs qui les dé-singularisent.

Caractérisée, au moyen d'une analogie mathématique, comme étant le résultat de la « somme » d'un « grand nombre de petites différences » (*id.*, p. 371), la volonté générale, qui peut s'exprimer dans l'exercice du suffrage, exige pourtant, pour se faire entendre, des conditions d'interrogation bien particulières : les personnes doivent, pour que leur volonté générale puisse se manifester dans l'action de voter, être libérées des chaînes hiérarchiques et des liens de dépendance qui les assujettissaient, être détachées les unes des autres, c'est-à-dire constituées comme individus (Dumont, 1983) sans « aucune communication entre eux » (Rousseau, 1964, *CS*, p. 371) de façon à ce que « chaque Citoyen n'opine que d'après lui » (*id.*, p. 372). On sait, par exemple, que, sous la Révolution, ce principe d'indépendance sera très concrètement mis en application pour exclure les domestiques du suffrage : dépendant de leur maître, ils n'ont pas l'autonomie nécessaire pour accéder à l'état dans lequel ils pourraient viser le bien général. Et le même principe rend compte, au moins pour une part, des réticences à comprendre dans le corps électoral les femmes qui, en tant que filles, qu'épouses et que mères sont longtemps considérées comme ayant, par une sorte de destination naturelle, trop fortement partie liée avec la cité domestique pour accéder à l'indépendance du jugement. La logique de cette construction conduit, par une nécessité interne, à faire peser le soupçon de conspiration sur l'univers des relations personnelles dans son ensemble. Toute relation de personne à personne qui n'est pas médiatisée par la relation à la totalité du corps politique fait obstacle à l'expression de la volonté générale, la dégrade, la tire vers le particulier et constitue, à ce titre, un complot qu'il faut dénoncer : « quand il se fait des brigues, des associations partielles aux dépens de la grande, la volonté de chacune de ces associations devient générale par rapport à ses membres, et particulière par rapport à l'État ; on peut dire alors qu'il n'y a plus autant de votants que d'hommes, mais seulement autant que d'associations. Les différences deviennent moins nombreuses et donnent un résultat moins général » (*id.*, pp. 371-372).

Chaque individu est ainsi, sous le rapport de sa participation au corps politique, un être multiple, une personne composite qui peut exister dans différents états. Les hommes concrets, ceux que l'on croise dans le monde ordinaire où ils sont identifiés par l'unicité et la permanence de leur enveloppe charnelle, sont d'abord, nous l'avons vu, susceptibles d'agir tantôt en tant que particuliers, tantôt en tant que citoyens : « Chaque individu peut comme homme avoir une volonté particulière contraire ou dissemblable à la volonté générale qu'il a comme Citoyen » (*id.*, p. 396). Mais les hommes en tant qu'êtres politiques, membres d'une cité, peuvent aussi exister dans un troisième état, celui de magistrat. Car la cité doit être gouvernée. A ce troisième état, celui de magistrat ou de gouvernant qui, dans la cité rousseauiste, est ouvert à tous les citoyens, correspond une forme différente de volonté. Le « corps du Gouvernement » possède en effet, en tant que personne morale, une identité spécifique, « un moi particulier », et ses membres se trouvent unis par une « sensibilité commune » nécessaire pour qu'ils « puissent agir de concert » : « Pour que le corps du Gouvernement ait une existence, une vie réelle qui le distingue du corps de l'État, pour que tous ses membres puissent agir de concert et répondre à la fin pour laquelle il est institué, il lui faut un *moi* particulier, une sensibilité commune à tous ses membres, une force, une volonté propre, qui tende à sa conservation » (*id.*, p. 399). Mais cette « sensibilité commune », fondée sur les affinités, est aussi la puissance maléfique qui peut détourner les magistrats de la volonté générale, celle du « corps de l'État », et les amener à conspirer contre le bien commun. Chacun des membres de la cité possède donc « trois volontés essentiellement différentes » : « la volonté propre de l'individu, qui ne tend qu'à son avantage particulier; la volonté commune des magistrats, qui se rapporte uniquement à l'avantage du prince » et, enfin, « la volonté souveraine » (*id.*, p. 400). A la différence de la « volonté souveraine » qui est « générale tant par rapport à l'État considéré comme le tout, que par rapport au Gouvernement considéré comme partie du tout » (*id.*, p. 401), la « volonté commune des magistrats » est « générale par rapport au Gouvernement, et particulière par rapport à l'État, dont le Gouvernement fait partie » (*id.*, p. 401). Elle constitue par là une « volonté de corps » tout à fait similaire, par sa structure, aux « brigues » définies comme étant des « associations partielles aux dépens de la grande », en sorte que « la volonté de chacune de ces associations devient générale par rapport à ses membres et particulière par rapport à l'État » (*id.*, p. 371). Le Gouvernement enferme par là, dans son essence, une loi d'airain, décrite tantôt en termes de loi historique, tantôt à la façon d'une loi biologique, qui l'entraîne vers la dégénérescence : « Dans le Gouvernement chaque membre est premièrement soi-même, et puis Magistrat, et puis Citoyen. Gradation directement opposée à celle qu'exige l'ordre social » (*id.*, p. 401). Il s'ensuit que « comme la volonté particulière agit sans cesse contre la volonté générale, ainsi le Gouvernement fait un effort continuel contre la souveraineté [...]. C'est là le vice inhérent et inévitable qui dès la naissance du corps politique tend sans relâche à le détruire, de même que la vieillesse et la mort détruisent le corps de l'homme » (*id.*, p. 421). Cette « pente à dégénérer » (*id.*, p. 421) peut être freinée, mais il est impossible d'en abolir totalement les effets parce que les différentes espèces de volonté sont affectées de forces différentes. La force de la volonté est dans chaque corps, individuel ou collectif, d'autant plus grande qu'elle est moins générale. C'est la prise en compte de cette loi malheureuse qui conduit Rousseau à condamner « l'idée de représentation » (Furet, 1978, p. 253).

La faculté donnée à chaque personne de prendre trois états différents constitue le problème fondamental que pose la conclusion des épreuves de grandeur au cours desquelles elles se mesurent. En effet, dans cette cité, les personnes sont grandes ou petites selon qu'on les considère en tant que particuliers ou en tant que Citoyens membres du souverain, c'est-à-dire selon que la volonté qui les fait agir est singulière ou, au contraire, tournée vers l'intérêt général. Il s'ensuit que, au même titre, sinon au même degré, que dans la cité inspirée, la grandeur se présente ici d'abord sous la forme d'une qualité de la conscience, d'une authenticité de for intérieur, faiblement objectivée et qui, ne se livrant pas immédiatement au jugement des autres par des signes extérieurs facilement identifiables, peut faire l'objet d'une tromperie. Comment savoir, particulièrement lorsqu'il faut apprécier des décisions qui engagent l'avenir et qui sont donc soumises à une épreuve de validité renvoyée dans l'horizon du futur, comme c'est souvent le cas en politique, si ceux qui prétendent n'écouter que leur volonté générale ne sont pas, en réalité, asservis à leurs désirs particuliers, esclaves de leurs passions au lieu d'être mus par la vertu ? Les personnes ayant la possibilié de dissimuler, aux yeux des autres et même parfois à leurs propres yeux, leurs desseins véritables et l'état, particulier ou général, dans lequel elles se trouvent au moment d'agir, l'association peut n'être qu'un marché de dupes, un stratagème par lequel les fourbes s'assurent la coopération des hommes vertueux et naïfs. Les relations entre les gens se trouvent par là facilement entachées de soupçon. Car, avant d'accorder son assentiment à ce que les autres réclament de vous et, particulièrement, à ce que les gouvernants exigent des citoyens probes, il faut mettre à l'épreuve, non tant leurs actes, dans leur factualité apparente, car ils peuvent avoir une orientation stratégique et être destinés à tromper, que leurs intentions, c'est-à-dire précisément ce qu'ils cachent dans l'intériorité de leur conscience, voire, dans les replis obscurs de leur fausse conscience. La recherche de la vérité ne peut trouver appui, dans ces conditions, que sur des indices détournés, suffisamment ténus et involontaires, pour avoir échappé au contrôle des stratèges. Cette vigilance, à l'encontre de la spontanéité et de la chaleur qui devrait présider aux relations entre les hommes, est nécessaire pour démasquer, sous les beaux discours altruistes, la toute-puissance des intérêts égoïstes. Elle est justifiée par les risques que fait courir à l'État le penchant des individus à nouer directement des liens personnels pour la poursuite d'intérêts partisans, au lieu de consentir au détour par la participation au corps politique dans sa totalité. L'action politique réclame par là de ceux qui l'exercent non seulement la vertu mais aussi la clairvoyance. Ils doivent posséder les capacités cognitives nécessaires, c'est-à-dire, plus précisément, les capacités critiques, pour interpréter les signes d'égoïsme ou de corruption et pour dévoiler les appétits particuliers qui se dissimulent sous les apparences de la vertu : lorsque « le lien social est rompu dans tous les cœurs, que le plus vil intérêt se pare effrontément du nom sacré de bien public; alors la volonté générale devient muette, tous guidés par des motifs secrets n'opinent pas plus comme Citoyens que si l'État n'eût jamais existé, et l'on fait passer faussement sous le nom de lois des décrets iniques qui n'ont pour but que l'intérêt particulier » (*id.*, p. 438). Les « principes nouveaux » issus du *Contrat social*, peu lu du vivant de Rousseau, mais qui connaîtra le succès auprès d'un large public sous la Révolution, permettent de retraduire dans la logique de la conspiration ces « intrigues privées à effets publics », comme dit Michaël Walzer (Walzer, 1974, p. 28), qui caractérisaient la politique de cour. Mais ils ont aussi pour effet de généraliser à l'ensemble des personnes qui composent le corps politique la duplicité qui constituait le privilège et le fardeau des Princes, traités tantôt comme hommes, tantôt comme État incarné. Désormais chacun étant doté de la capacité à participer du Souverain ou à n'être que soi-même peut avoir à justifier publiquement du caractère particulier ou général, égoïste ou altruiste de ses intentions et de ses actes.

C'est dire aussi que le *Contrat social* contient une anthropologie ou même une psychologie tout autant qu'une politique. Les deux sont indissociables et sans doute faut-il attribuer à la spécialisation inhérente à la séparation des disciplines universitaire la division du travail qui a eu tendance à s'opérer parmi les rousseauistes entre commentateurs de l'œuvre politique et commentateurs des écrits intimes. Car dans les écrits intimes et, particulièrement, dans les *Confessions*, le problème de la dépendance personnelle occupe la même place que dans le *Contrat*, bien qu'il y soit soumis à un traitement différent. A l'exposé des souffrances intimes suscitées par l'impossibilité d'accéder à des relations authentiquement humaines sous le régime de la dépendance personnelle ou sous celui de la tyrannie de l'opinion, répond la solution construite en toute généralité, c'est-à-dire sous la forme d'une philosophie politique, qu'apporte le *Contrat*. Ainsi, les conflits entre grandeurs et, particulièrement, les tensions inhérentes à la prééminence d'une grandeur domestique qui sont traités, dans le *Contrat social*, avec les ressources de la philosophie politique, occupent de nombreux passages des *Confessions* où ils sont développés dans le langage des sentiments et des émotions. C'est dans la relation de l'écrivain aux Grands que le trouble né d'une incertitude concernant les grandeurs en présence est le plus manifeste, par exemple, dans le Livre X, la relation avec le Maréchal et avec Madame de Luxembourg (Berman, 1970, pp. 89-102), qui offre différentes variantes d'une séquence typique : humilité, défi, séduction, familiarité, abolition des distances, soupçon, dévoilement, dénonciation. Le compliment alambiqué trahit la complexité d'une émotion qui doit son ambivalence au conflit des grandeurs dans lequel elle s'inscrit : « Ah, M. le Maréchal, je haïssais les Grands avant que de vous connaître, et je les hais davantage encore, depuis que vous me faites si bien sentir combien il leur serait aisé de se faire adorer » (Rousseau, 1959, *CO*, p. 527). La tension entre la grandeur inspirée du génie, la grandeur de renommée, dont peut se prévaloir l'écrivain célèbre (qui, en tant que génie, n'en ignore pourtant pas le caractère factice), et la grandeur liée au rang est provisoirement dénouée par l'instauration d'un dispositif propre à faire surgir au premier plan l'authenticité des relations inspirées : la communion dans l'amour du beau et la singularisation d'une relation sans équivalent (sur le mode de la relation amoureuse) suspend le différend sur les grandeurs relatives de l'écrivain célèbre et du noble et riche mécène. Dans la relation inspirée, telle qu'elle est décrite dans les *Confessions*, chacun s'élève au-dessus des attributs qui sont les siens dans ce monde et qui sont rejetés dans la contingence. Restent alors face à face deux êtres humains *en général*, au sens, défini plus haut, où la grâce divine s'adresse à des hommes détachés de leurs particularités terrestres, qui s'éprouvent indissociablement dans ce qu'ils ont de plus singulier et de plus universel. Soit, par exemple, la visite du Prince de Conti à Montmorency : « il n'y avait là que moi qui le traitasse en homme, et j'ai tout lieu de croire qu'il m'en a vraiment su bon gré » (*id.*, p. 543). Le Prince de Conti, qui est Prince, rend hommage au talent de Rousseau, sans titre et sans fortune, et à sa renommée, en venant le visiter chez lui dans son « appartement si petit ». Mais c'est bien lui qui se déplace et Rousseau, comme à son habitude, introduit du jeu dans les équivalences en faisant à celui qui l'honore de sa présence l'honneur de le traiter comme s'il ne réclamait pas les honneurs : il lui refuse la grandeur d'établissement pour mieux mettre en valeur sa grandeur naturelle. Alors ils se mesurent aux échecs.

Rousseau l'emporte et, selon le même schéma, rend les honneurs dus au prince qu'il désigne par son titre en se retranchant derrière la vérité de l'épreuve, indifférente au rang, à laquelle ils se sont soumis : « J'honore trop votre Altesse Sérénissime pour ne la pas gagner toujours aux échecs » (*id.*, p. 543). Mais, en l'absence d'une grandeur civique solidement établie sur les institutions de l'État, la bonne volonté des personnes, leur vertu, la confiance qu'ils s'accordent et l'amour qu'ils se portent ne permettent pas de surmonter les relations de servitudes inhérentes aux formes de dépendance personnelle, qui finissent toujours par réapparaître et par l'emporter. Hors la cité civique qui, pour Rousseau, n'est présente dans son temps que sous la forme d'une possibilité théorique, non d'une réalisation concrète, puisque la République des lettres, cette cité idéale fondée en raison, n'est elle-même, en réalité, qu'une conspiration de fourbes, la dépendance est indépassable. Elle submerge tout autre forme d'équivalence et de mesure, serait-elle obtenue par ce dispositif de justice indifférent au rang que constitue le jeu d'échec. Celui qui, en particulier, est votre bienfaiteur est votre ennemi en tant qu'ennemi du genre humain (Berman, 1970, p. 96). La séquence est à peu près chaque fois identique : le Grand (la grande dame) encourage, par ses marques d'affection, la familiarité et, surtout, la confidence. Mais à l'épanchement répond la politesse. L'un se livre et l'autre se réserve ; l'un s'abandonne et l'autre se garde. L'injustice se présente d'abord sous la forme d'un abandon de soi trahi par la retenue du partenaire qui, tout en encourageant l'intimité d'un commerce que l'on dirait entre égaux, garde ses distances. La dépendance hiérarchique se trouve ainsi redoublée par une dépendance affective sans contrepartie : « Je n'ai jamais su garder un milieu dans mes attachements et remplir simplement des devoirs de société. J'ai toujours été tout ou rien ; bientôt je fus tout, et me voyant fêté, gâté, par des personnes de cette considération, je passai les bornes et me pris pour eux d'une amitié qu'il n'est permis d'avoir que pour ses égaux. J'en mis toute la familiarité dans mes manières, tandis qu'ils ne se relâchèrent jamais dans les leurs de la politesse à laquelle ils m'avaient accoutumé » (Rousseau, 1959, *CO*, p. 522). Sous l'apparence trouble d'une égalité civique ou d'une communion inspirée, encore mal dégagées l'une de l'autre, se dissimule la vérité d'une relation domestique. La relation aux grands est toujours celle d'un serviteur à ses maîtres. Ainsi, un exemple parmi d'autres, la relation avec Madame de Vercellis (analysée par M. Berman, 1970, pp. 102-104) est inauthentique parce qu'elle repose sur une injustice de communication qui est un des traits affectivement douloureux de la subordination domestique : « Je me rappelle fort bien qu'elle avait marqué quelque curiosité à me connaître. Elle m'interrogeait quelquefois; elle était bien aise que je lui montrasse les lettres que j'écrivais à Madame de Warens, que je lui rendisse compte de mes sentiments. Mais elle ne s'y prenait assurément pas bien pour les connaître en ne me montrant jamais les siens. Mon cœur aimait à s'épancher pourvu qu'il sentît que c'était dans un autre [...]. Enfin c'est toujours un mauvais moyen de lire dans le cœur des autres que d'affecter de cacher le sien » (Rousseau, 1959, *CO*, pp. 81-82). La réalisation de la cité civique, dont la possibilité théorique est démontrée dans le *Contrat social*, doit apporter aux personnes une ressource leur permettant d'interrompre ces allées et venues misérables entre la grandeur inspirée, la grandeur domestique et la grandeur de renommée et leur fournir un terrain solide pour surmonter l'incertitude inquiète concernant la grandeur et l'identité, qui imprègne tant de pages des *Confessions*. Elle doit faire pour les hommes pris dans leur totalité, en corps politique, ce que l'amour ne permet jamais ou rarement d'accomplir dans l'ordre des relations singulières.

La cité industrielle

Dans la grandeur civique, le rapport de grandeur entre l'état de souverain et l'état de particulier, entre la volonté générale et l'émiettement du corps politique dans la multitude des volontés particulières, est présent en chaque individu, puisque chaque individu peut être en particulier ou en général. Si Rousseau inaugure bien le temps du soupçon (ou, au moins, d'une forme laïcisée et politique du soupçon), l'espace de dévoilement reste intérieur à l'individu lui-même qui peut être authentique ou inauthentique et qui peut dissimuler, sous le discours de l'intérêt général, des motifs égoïstes. Dans le dispositif présenté par Rousseau, c'est la localisation dans les mêmes individus du particulier et du général qui limite la portée de la représentation organiciste du corps politique. Dans la grandeur marchande, l'identification de biens extérieurs demande un détachement vis-à-vis des gens et de soi-même pour que ces objets puissent servir de support aux transactions. La sympathie à l'égard des autres et la position de spectateur impartial participent également de cette tension entre une passion intime et une distance nécessaire à la coordination.

Chez Saint-Simon, l'espace de dévoilement est tout à fait détaché de l'individu : on ne sonde plus les cœurs, on pénètre la réalité et on interroge la Société. C'est Saint-Simon qui établit, comme le montre P. Ansart, l'opposition entre « du réel et du non réel, du fondamental et de l'apparent [...] un niveau du réel, lieu des déterminants, et un niveau du secondaire ou de l'inessentiel » (1969, p. 2), opposition par laquelle sont rendues possibles les politiques du dévoilement fondées sur l' « observation empirique et la science positive », telles que les développeront Marx [10], mais aussi, sous d'autres rapports, Durkheim.

La construction de la cité industrielle s'élabore chez Saint-Simon par l'intermédiaire d'une critique permanente – quoique souvent implicite – de Rousseau, qui prend la forme d'une mise en cause des « métaphysiciens et des légistes » parfois traités d' « intellectuels » et constamment opposés aux « industriels et aux savants » (Saint-Simon, 1869, *Syst.*, t. I, p. 189). Dans *Du système industriel*, l'auteur fustige les « faiseurs de phrases » qui ont, certes, été les premiers à mettre en évidence les « vices de la féodalité » et à former « contre la noblesse et le clergé un rempart à l'abri duquel les industriels, ainsi que les savants adonnés à l'étude des sciences d'observations, ont pu travailler en sûreté », mais qui n'ont élaboré eux-mêmes qu'une « demi-science », une « doctrine bâtarde et amphigourique »; la « théorie des droits de l'homme » n'est autre chose qu' « une application de la haute métaphysique à la haute jurisprudence » (*id.*, t. I, pp. 37, 62, 83; t. II, p. 92).

La science sociale véritable, dont les résultats ne dépendent « aucunement de notre volonté, ni de nos habitudes, ni de nos croyances », s'oppose ainsi à ces demi-sciences que sont la métaphysique et le droit, comme il en est du « passage du conjectural au positif, du métaphysique au physique » (*id.*, t. I, pp. 6, 137). Comme le rappelle H. Gouhier (1970), cette opposition, élaborée ultérieurement sous la forme de la loi des trois états dans la philosophie de l'histoire de Comte, avait déjà reçu une expression systématique sous la plume de Turgot. Ainsi, dans son *Plan du second discours sur le progrès de l'esprit humain*, il brossait l'évolution de cet esprit depuis l'état où « tout ce qui arrivait » avait « son dieu », à celui où l'explication se fonde sur l' « action mécanique des corps », en passant par l'état précédant « les vraies lumières sur l'histoire naturelle », dans lequel les philosophes ont multiplié les « facultés pour rendre raison de chaque effet » (1970, p. 13). Cependant Saint-Simon propose une élaboration du positif qui tire bénéfice des travaux d'anatomie (de Vicq-d'Azir) et de physiologie (de Cabanis et Bichat) pour fonder une « physiologie sociale » des « corps organisés », et remédier aux manquements des philosophes du XVIIIe siècle. Dans l'*Introduction aux travaux scientifiques du XIXe siècle*, il déplore que « Condillac et Condorcet [n'aient] étudié ni l'anatomie, ni la physiologie. Leur ignorance sur ces parties essentielles de la physique des corps organisés a été cause des erreurs capitales qu'ils ont commises l'un et l'autre » (1965, p. 49). Son premier projet de société de 1803 est justifié en ces termes : « Mes amis, nous sommes des corps organisés; c'est en considérant comme phénomènes physiologiques nos relations sociales que j'ai conçu le projet que je vous présente » (*Lettres d'un habitant de Genève à ses contemporains, id.*, p. 45).

Une dizaine d'années plus tard, dans *De la physiologie sociale*, il propose une description de la société sous les traits d'une « machine organisée » dont les parties sont des « organes » répondant à des « fonctions » différentes. Organes et fonctions s'opposent à une définition de la société reposant sur l' « arbitraire des volontés individuelles » et participent à la constitution d'un « véritable être dont l'existence est plus ou moins vigoureuse ou chancelante, suivant que ses organes s'acquittent plus ou moins régulièrement des fonctions qui leur sont confiées » (*id.*, p. 57). Comme les autres organismes vivants, la société est susceptible d'être traitée pour des pathologies et la nouvelle science de la société est aussi thérapeutique : « L'économie politique, la législation, la morale publique et tout ce qui constitue l'administration des intérêts généraux de la société, ne sont qu'une collection de *règles hygiéniques* » (*id.*). Le garant d'une « constitution solide et durable », entendue comme la bonne constitution d'un être vivant, se trouve dans « la marche naturelle des choses » (*Syst.*, t. I, p. 68). La cité industrielle est ainsi fondée dans l'objectivité de choses qui se forment naturellement : « On ne crée point un système d'organisation sociale, on aperçoit le nouvel enchaînement d'idées et d'intérêts qui s'est formé, et on le montre, voilà tout. Un système social est un fait, ou il n'est rien » (*L'Organisateur,* pp. 179-180).

C'est cette position qui vaudra à Saint-Simon d'être considéré par Durkheim comme le précurseur de Comte dans l'histoire de la sociologie, pour son invention de la « physiologie sociale ». Dans son article de 1915 faisant partie de l'ouvrage sur la *Science française* et dénommé « La Sociologie », Durkheim dit de Saint-Simon que « le premier, il déclara que les sociétés humaines sont des réalités, originales assurément et différentes de celles que l'on trouve dans le reste de la nature, mais soumises au déterminisme. Les organismes sociaux doivent donc être l'objet d'une science comparable à celle qui traite des organismes individuels et, pour cette raison, il proposa de l'appeler *physiologie sociale.* [...] En un sens, toutes les idées fondamentales de la sociologie comtiste se trouvaient déjà chez Saint-Simon, et Comte les a empruntées à son maître » (Durkheim, 1975, p. 110).

Dans l'*Industrie*... (1869, vol. 2-4; ici : *Ind.*, 3 tomes), Saint-Simon confond l'origine de la morale avec celle de la société et enjoint de passer de la morale céleste à la morale terrestre (*Ind.*, t. II, pp. 32, 37). La morale est conçue comme un système de règles fonctionnelles assurant des rapports harmonieux entre deux types d'êtres, l'individu et la société, « pour que l'un et l'autre soient le plus heureux qu'il est possible » (*id.*, p. 30). Les lois politiques s'opposent aux véritables forces de la société comme la forme s'oppose au fond et « les légistes et les métaphysiciens sont sujets à prendre la forme pour le fond, et les mots pour les choses » (*Syst.*, t. I, p. 13). La question de la propriété, par exemple, renvoie directement au régime de la production et la propriété doit être « constituée d'une manière telle que le possesseur soit stimulé à la rendre productive le plus qu'il est possible » (*Ind.*, t. II, p. 43). C'est le « fond » que dissimulent les « arguties » sur « la division des pouvoirs » et sur « la forme du gouvernement » : « Certainement, la forme du gouvernement parlementaire est très préférable à toutes les autres; mais ce n'est qu'une *forme*, et la constitution de la propriété est le *fond*; donc c'est cette Constitution qui sert véritablement de base à l'édifice social » (*Ind.*, t. II, p. 83). Plus n'est besoin désormais de « chercher le but vers lequel la société doit se diriger »; les légistes devront s'occuper « tout bonnement de faire les lois qui pourront assurer le mieux la prospérité de la culture, du commerce et de la fabrication » (*Syst.*, t. I, p. 145). Prolongeant la morale, la politique gère les forces de la société : « le gouvernement » est « le chargé d'affaire de la société », garantissant « les travailleurs de l'action improductive des fainéants » (*Ind.*, t. II, p. 36). « Les affaires de l'État » doivent être traitées « absolument de la même manière que celles de l'intérêt d'un particulier » et l'on doit « considérer une association nationale comme une entreprise industrielle qui a pour objet de procurer à chaque membre de la société, en proportion de sa mise, le plus d'aisance et de bien-être possible. On ne peut qu'admirer la sagacité que les savants économistes ont déployée dans ce travail » (*Ind.*, t. II, p. 153). « La matière du gouvernement c'est l'oisiveté », la lutte contre les « parasites », les « fainéants », les « voleurs » (*Ind.*, t. I; 1965, p. 72), c'est-à-dire qu'elle doit être strictement limitée à la gestion du travail et de la production; « dès que son action s'exerce hors de là, elle devient arbitraire, usurpatrice, et par conséquent tyrannique et ennemie de l'industrie » (*id.*).

Tandis que le terme « utilité » signifie pour Rousseau la conformité aux intérêts de l'État et qu'il est par là synonyme de vertu, sans référence privilégiée au travail ni à la production des biens matériels, il est, dans la cité industrielle, associé à la satisfaction des besoins, et constitue à ce titre le supérieur commun. Alors que Rousseau, dans le *Discours sur les sciences et les arts*, déplore « la préférence des talents agréables sur les talents utiles » et blâme une société dans laquelle « nous avons des Physiciens, des Géomètres, des Chimistes, des Astronomes, des Poëtes, des Musiciens, des Peintres [mais où] nous n'avons plus de citoyens » (1964, p. 26), Saint-Simon, dans *Du système industriel*, proclame que les « seuls véritables organes du sens commun ou de l'intérêt commun sont les industriels », « les physiciens, les chimistes et les physiologistes qui font corps avec eux » (*Syst.*, t. I, pp. 63, 46). Il s'insurge contre le fait qu'ils sont « subalternisés par les princes et par les autres gouvernants » (*L'Organisateur*, 1869, p. 24) et supplantés par les « légistes et métaphysiciens » [...] « faiseurs de phrases » plus préoccupés « des principes que des faits » (*Syst.*, t. I, pp. 35-37). Ce ne sont pas ces principes mais « la force des choses » qui contraint « les cultivateurs, les négociants, ainsi que les fabricants, à mener de front la combinaison de l'intérêt général avec les calculs relatifs à leurs intérêts particuliers » (*id.*, p. 63). Ces sujets « supérieurs sous le rapport de l'intelligence acquise », qui ont « fait les meilleures études en administration », ne peuvent « s'organiser dans leur intérêt » sans servir « l'intérêt de la majorité » car « dans l'état présent de civilisation, la première capacité politique est la capacité en administration » (*id.*, pp. 46-48).

La grandeur des gens, dans cette cité comme dans les autres, correspond à la généralité de leur état. L'homme petit est « le moins pourvu d'intelligence, un homme dont les idées ne s'étendent pas au-delà des affaires domestiques... » (*Industrie*, t. I; 1965, p. 73). Les grands « travaillent à découvrir et à coordonner les faits généraux propres à servir de base à toutes les combinaisons de culture, de commerce et de la fabrication » (*Syst.*, t. I, p. 46). « Les travaux auxquels se livrent les industriels ont différents degrés de généralité, et il résulte de cette disposition fondamentale une sorte de hiérarchie entre les différentes classes qui composent cette masse énorme de citoyens actifs pour la production. » Les cultivateurs et les artisans sont « liés entre eux par la classe des commerçants » ayant eux-mêmes les banquiers pour « agents communs », de sorte que ces derniers doivent être considérés comme « les agents généraux de l'industrie » (*id.*, pp. 36-47).

Le gouvernement, comme toute gestion de biens, peut faire l'objet d'un calcul des coûts et, « dans l'état actuel des lumières, ce n'est pas d'être gouvernée dont la nation a besoin, c'est d'être administrée le meilleur marché possible; or il n'y a que dans l'industrie qu'on puisse apprendre à administrer à bon marché » (*Syst.*, t. I, p. 151). Saint-Simon évalue aussi le coût des « trois ou quatre cent mille légistes, apprentis légistes, ou servants de légistes, qu'il y a en France, [qui] sont autant d'hommes qui ne produisent rien, et sont par conséquent à charge à l'industrie, qui les nourrit, les loge, les vêt gratuitement... » (*Ind.*, t. II, pp. 115-116).

La loi fondamentale de l'État est, dans la cité industrielle, la règle comptable du budget « car l'argent est au corps politique ce que le sang est au corps humain. [...] Ainsi la loi de finances est la loi générale, elle est celle dont toutes les autres dérivent ou doivent dériver » (*Ind.*, t. II, p. 93). Dans les « mesures à prendre pour terminer la révolution », Saint-Simon propose la création, pour voter le budget, d'un « conseil d'industriels qui portera le titre de chambre de l'industrie, [chambre] composée d'abord des quatre cultivateurs dont les cultures sont les plus importantes; des deux négociants faisant le plus d'affaires; des deux fabricants employant le plus d'ouvriers; et des quatre banquiers jouissant du plus grand crédit » (*Syst.*, t. I, p. 107). Dans *L'Organisateur* (1869, vol. 4), Saint-Simon propose la convocation d'une « Chambre d'invention » ayant la composition suivante : « La première section sera composée de deux cents ingénieurs civils; la seconde de cinquante poètes ou autres inventeurs en littérature, et la troisième de vingt-cinq peintres, de quinze sculpteurs ou architectes et de dix musiciens » (*id.*, p. 51). Cette chambre présentera « un projet de travaux publics à entreprendre pour accroître les richesses de la France et pour améliorer le sort de ses habitants, sous tous les rapports d'utilité et d'agréments; elle donnera, ensuite, tous les ans, son avis sur les additions à faire à son plan primitif et sur les améliorations dont il lui paraîtra susceptible » (*id.*). Ce sont les industriels qui « sont les seuls capables de répartir entre les membres de la société la considération et les récompenses nationales, de la manière convenable, pour que justice soit rendue à chacun suivant son mérite » (*Syst.*, t. I, p. 133) car « la France est devenue une grande manufacture, et la Nation française un grand atelier. Cette manufacture générale doit être dirigée de la même manière que les fabriques particulières » (*Syst.*, t. III, p. 91).

Saint-Simon prévoit également expressément, dans les attributions de ces chambres, de veiller à l'expression du principe supérieur commun, grâce à la réalisation de musées et de fêtes publiques. Des terrains seront « choisis parmi les sites les plus pittoresques [pour contenir] un musée des produits naturels, ainsi que des produits industriels des contrées environnantes; ils renfermeront aussi des habitations pour les artistes qui voudront s'y arrêter, et il y sera toujours entretenu un certain nombre de musiciens, destinés à enflammer les habitants du canton de la passion dont les circonstances exigeront le développement pour le plus grand bien de la nation. La totalité du sol français doit devenir un superbe parc à l'anglaise, embelli par tout ce que les beaux-arts peuvent ajouter aux beautés de la nature » (*L'Organisateur,* p. 52). Les « fêtes d'espérance » seront des cérémonies à la gloire des projets d'investissements prévus : « Les orateurs exposeront au peuple les projets de travaux qui auront été arrêtés par le Parlement, et ils stimuleront les citoyens à travailler avec ardeur, en leur faisant sentir combien leur sort se trouvera amélioré quand ils auront exécuté ces projets » (*id.*, p. 53).

Les juges de la grandeur industrielle sont les experts ; la politique est « science de la production » et doit trancher contre les « idées dominantes » et l' « opinion » (*Lettre à un Américain*, 1965, pp. 78-79). L'assemblée représentative des industriels établit les étalons de grandeur dans un système où la justice repose tout entière sur la répartition des récompenses entre « producteurs » et « consommateurs ». Cette juridiction repose sur la « capacité scientifique positive » qui est l'apanage des savants. Saint-Simon, s'insurgeant contre la thèse d'une « science politique innée » (c'est-à-dire, implicitement, contre l'influence rousseauiste), observe que « lorsque la politique sera montée au rang des sciences d'observation, ce qui ne saurait être aujourd'hui très retardé, les conditions de capacité deviendront nettes et déterminées, et la culture de la politique sera exclusivement confiée à une classe spéciale de savants qui imposera silence au parlage » (*Syst.*, t. I, p. 17).

On pourrait rapprocher les sarcasmes de Saint-Simon adressés à la croyance dans le caractère inné de la science politique et dans l'universalité de la capacité à gouverner, de la critique qu'adresse Sieyès à la « démocratie brute ainsi nommée par analogie avec les matières que la nature offre partout à l'homme mais que partout l'homme a mis son industrie à modifier ». Sieyès lui oppose en effet une représentation politique qui n'est pas sans lien avec une division du travail, considérant que « le propre des hommes dans l'état social est de s'exprimer réciproquement, comme certaines grandeurs mathématiques expriment d'autres grandeurs, en vertu d'une sorte de plan général qui préside à la vie collective » (Bastid, 1970, pp. 369-370).

L'ordre des capacités politiques dessine une hiérarchie d'états de grandeur, définis par des degrés inégaux d'utilité sociale, qui permettent ainsi d'opposer « les nobles, les tonsurés, les légistes et les propriétaires oisifs » et « les fabricants, les cultivateurs, les négociants, les savants » et les « intellectuels positifs » (*Syst.*, t. I, pp. 140-141, 190).

TROISIÈME PARTIE

Les mondes communs

V
LE JUGEMENT MIS À L'ÉPREUVE

Le jugement en situation

Précédemment nous avons isolé, parmi les pièces constitutives de la justification, tout ce qui touchait à l'évaluation des personnes impliquées. L'impératif de justification exige en effet une qualification légitime des gens. Sur notre chemin, nous avons donc rencontré la préoccupation classique de la philosophie politique d'établir des classes d'équivalence et un ordre sur les membres d'une société. Nous avons examiné une catégorie de constructions politiques d'ordres légitimes qui servent aux gens à se mesurer dans des actions quotidiennes. Le recours possible à une pluralité de ces façons de faire équivalence ouvre la question, qui ne sera abordée directement que dans les parties suivantes, de leurs rapports et de la possibilité de s'accommoder d'une telle complexité. Nous avons cependant déjà suggéré que l'ordre de chaque cité permettait de réduire la complexité en ramenant au particulier les autres formes de généralité.

Le choix de s'intéresser de prime abord à la mesure des personnes, et à la possibilité d'un ordre d'états dans lesquels elles se distribuent, correspond à la tradition dans laquelle nous nous situons. Depuis la philosophie politique jusqu'aux sciences sociales, cette lignée porte la trace d'une rupture avec des cosmologies antérieures qui comprenaient encore une physique et un monde d'objets ordonnés. Il contribue cependant à déformer notre sujet, tel que nous souhaiterions le constituer aujourd'hui, en suggérant qu'un ordre général, ordre théologique plus ou moins sécularisé, s'impose à tous et régit les actions qui se trouvent ainsi harmonieusement coordonnées. Avec cette troisième partie, nous allons modifier sensiblement notre trajectoire. Nous nous intéresserons à la mise à l'épreuve du jugement et des justifications, épreuve qui va faire entrer en scène des objets engagés avec les personnes dans les situations jugées.

Les philosophies politiques en restent au niveau des principes et ne nous disent rien des conditions de réalisation d'un accord effectif. Ainsi que nous l'avons vu précédemment, le modèle de la cité s'appuie sur une différenciation d'états de grandeur dont il fait voir la légitimité. Il ne renseigne pas sur les modes d'attribution de ces états à des personnes particulières. C'est donc la question de la mesure des états de grandeur qui nous occupera maintenant, nous amenant à examiner les conditions d'application des principes de justice après en avoir étudié les contraintes d'établissement. Comment, en effet, passer d'argumentations légitimes à des actions effectivement coordonnées dont les sciences de la société font le constat? Comment rendre compte de la mise en pratique de ces principes à des circonstances particulières? Ce passage supposerait une extension de l'objet des prudences classiques, qui comprendrait aussi bien la mise en œuvre de principes communément qualifiés de moraux, que de principes dits techniques ou esthétiques. Ce passage est-il voué à l'échec, comme le suggère une tradition de pensée qui oppose la justification, au sens d'une argumentation formelle détachée des contraintes de l'action (rationalisant *a posteriori* l'action), à l'irréductibilité des circonstances de cette action?

Ainsi Durkheim oppose-t-il l' « abstraction métaphysique et idéaliste » de la théorie économique aux circonstances, à la réalité, à la nature, dont il s'agit d'établir les lois sociologiques : « Cet homme en général, cet égoïste systématique dont elle nous parle n'est qu'un être de raison. L'homme réel, que nous connaissons et que nous sommes, est autrement complexe : il est d'un temps et d'un pays » (Durkheim, leçon d'ouverture, p. 29). Dans le cas de Durkheim, il est clair que les « circonstances » servent à établir des lois réelles et à dénoncer la construction abstraite de l'économie, dans un mouvement que nous avons examiné dans le chapitre I, et dont on peut trouver une expression symétrique sous la plume d'économistes. Il reste que l'irruption, dans l'explication des sciences sociales, de « la pratique » réaménage la place occupée antérieurement par la prudence, et ne contribue souvent qu'à renoncer à l'analyse pour privilégier les circonstances. Pour répondre à ces objections, nous chercherons à défaire l'opposition précédente et à élaborer une théorie de l'accord et du désaccord qui ne soit pas simplement une théorie des arguments confrontés à des principes, mais qui rende compte de l'affrontement avec des circonstances, avec une réalité, c'est-à-dire de l'engagement, dans une action, d'êtres humains et d'objets.

Nous laisserons donc de côté les moments que l'accumulation des désaccords maintient aux limites du chaos, aussi bien que ceux qui donnent lieu à un *arrangement*. La concession qui est faite dans l'arrangement consiste précisément à ne pas remonter jusqu'à un principe de justice. On va s'arranger entre soi (c'est-à-dire localement) pour arrêter le différend sans l'épuiser, sans vider la querelle. Nous nous occuperons donc des cas où la recherche d'un accord conduit les personnes à s'élever au-dessus des contingences, tout en prenant en compte les circonstances, et à faire apparaître la pertinence des êtres en présence par rapport à un même principe général d'équivalence. La question du juste, de la justice ou de la justesse de la situation, peut alors être posée. Certains rapprochements pourront être justifiés tandis que d'autres seront jugés injustifiables.

Ainsi, par exemple, des jeunes chahutent dans un café en se lançant des morceaux de pain à la figure. Les circonstances sont à la rigolade et rien n'importe. Mais voilà qu'un vieil homme intervient pour rappeler que le pain n'est pas un jouet et que dans cette ville, pendant la guerre, les gens ont eu faim. Le vieil homme, qui était jusque-là à côté, sans se manifester, muré dans son journal, s'engage par son intervention dans une situation justiciable de la question de savoir si elle est ou non équitable. Il dit ce qui importe.

Le mouvement par lequel on s'élève au-dessus des circonstances, en reconnaissant ce qui importe et qui devra être engagé dans l'action, peut être illustré par le projet de Clausewitz. Partant de la tension entre la « guerre absolue » et la « guerre réelle », entre le principe philosophique de la guerre et le chaos du champ de bataille, lieu de la contingence et de l'incertitude, il entend traiter avec méthode de l'épreuve par les armes, de l'*engagement*, qui est le mode de réalisation de la guerre (Clausewitz, *De la guerre*, p. 672). Il veut faire voir l' « enchaînement logique interne » qui sous-tend l' « art » de « viser juste » dans l'urgence du combat, « c'est-à-dire l'habileté à extraire d'une multitude infinie d'objets et de circonstances, par un jugement instinctif, le plus important et le plus décisif » (pp. 44, 678-679). L'exposé de cette *prudence* pour le champ de bataille réclame un examen des circonstances qui est largement développé dans l'ouvrage. Le principe « de la victoire ou de la défaite » établit par-dessus les circonstances une équivalence qui permet la mesure et qui réduit « l'incertitude au sujet des justes mesures à prendre » (p. 679). Cet examen ne consiste donc pas à considérer toutes les circonstances possibles dans leur singularité contingente, ce qui serait une tâche sans fin, mais à les spécifier en les intégrant dans l'épreuve de l'engagement qui les absorbe et les détermine. Ainsi, la pertinence d'un rocher s'y donne par sa capacité à servir d'abri ou de point d'appui, de même que le rocher de Sartre lui « apparaît à la lumière d'une escalade projetée » (*L'Être et le Néant*, p. 545). Mais Sartre, à la différence de Clausewitz, refuse la référence à tout principe de justification qui permettrait de qualifier les êtres. La naturalité d'une situation est tout entière le produit du regard qu'un autre regard abolirait au profit d'une autre nature. Ainsi définit-il la situation par la relation entre mon projet qui constitue le rocher comme devant être escaladé et la façon dont cet « étant brut » se prête à l'escalade, alors que, pour un autre regard et un autre projet, le rocher serait entièrement justiciable de la question de savoir s'il est beau ou non.

La cité étendue à un monde commun

Le recours à la réalité trouve sa place dans le prolongement du cadre que nous avons commencé à élaborer. En effet, la *qualification* des personnes selon une grandeur ne va pas de soi, puisqu'un état de grandeur ne peut être attribué durablement à partir de caractéristiques personnelles, en raison de l'exigence de commune dignité (a3) qui interdit l'attachement permanent d'un état à une personne. La propriété fondamentale du modèle de cité d'assurer à tous les membres de la cité une puissance identique d'accès à tous les états fait peser une charge d'incertitude sur la mesure des grandeurs qui devient ainsi le point litigieux lorsque la dispute s'inscrit dans une cité. L'octroi d'un état peut toujours être remis en jeu, et la réalisation de la cité repose sur des *épreuves de grandeur* qui permettent d'attribuer ces états.

L'attribution d'un état – qui suppose une équivalence générale – à une personne particulière est une opération soumise au paradoxe du codage. Le code ou la catégorie étant une forme d'équivalence dépassant, par définition, les particularités d'un être, comment peut-on relier cette forme à ces particularités, ce que suppose l'opération même de codage? Si l'on déclare coder à partir d'un ou de plusieurs critères, ainsi qu'y invitent les présentations formelles des classements, la question n'est pas résolue pour autant mais reportée plus avant sur la façon dont les critères résultent eux-mêmes d'un codage préalable. Ainsi, la preuve de grandeur d'une personne ne peut reposer simplement sur une propriété intrinsèque, ce qui supposerait déjà en amont une forme d'équivalence suivant cette propriété. Elle doit prendre appui sur des objets extérieurs aux personnes, qui serviront en quelque sorte d'instruments ou d'appareils de la grandeur. Comme dans l'administration judiciaire de la preuve, c'est la cohérence d'un dispositif constitué d'êtres qui se tiennent qui est probante, et l'épreuve exige que les choses servant d'appui soient pertinentes, qualifiées pour se présenter comme pièces à conviction. La référence à des choses *qualifiées* entraîne donc une extension du cadre de cohérence par laquelle les *cités* se déploient dans des *mondes communs*. L'accord des personnes, dont nous avons montré comment il était soutenu par une qualification des gens selon des états de grandeur, suppose, pour se réaliser, une détermination de la qualité des choses cohérente avec ces principes de grandeur. Les métaphysiques de la grandeur nous amènent maintenant à une interrogation sur les conditions de cohérence d'assemblages comprenant des personnes et des choses. De la justice, la question de l'accord mène ainsi à l'ajustement.

La cohérence sur laquelle repose le jugement ne réside pas dans la langue seule. La pertinence ne se réduit pas à une affaire de figures de style, comme le voudrait une compréhension réductrice de la rhétorique. Ainsi deux personnes peuvent s'affronter, avec une égale détermination, en s'opposant les deux arguments contradictoires suivants : « Il doit en être ainsi parce que j'en ai l'intime conviction » et « Il me semble que cela ne se fait pas ». Ni l'examen de l'argumentation, ni son contexte immédiat, ne permettent de comprendre des oppositions de jugement aussi complètes qui risquent de faire conclure à un arbitraire, à une absolue subjectivité des points de vue. Ces déterminations sont inébranlables parce que chacun des énoncés peut prendre appui sur un *monde* différent pour faire preuve, le premier sur le monde de l'inspiration où la conviction surgit du for intérieur, le second sur le monde domestique où le jugement personnel s'efface derrière les bonnes manières.

Pour régler la dispute, lever l'incertitude sur les états de grandeur et les rendre prouvables, il est donc nécessaire que le modèle de la cité puisse s'étendre à des êtres qui ne sont pas des personnes. Les personnes et les choses s'apportant les unes aux autres leur soutien. En se tenant, elles font la preuve de l'existence d'une justice des accords entre les hommes conforme à une justesse des accords avec des choses. Avec le concours des *objets*, que nous définirons par leur appartenance à une nature, les gens peuvent établir des états de grandeur. L'épreuve de grandeur ne se réduit pas à un débat d'idées, elle engage des personnes, avec leur corporéité, dans un monde de choses qui servent à l'appui, en l'absence desquelles la dispute ne trouverait pas matière à s'arrêter dans une épreuve.

Les principes communs n'orientent pas simplement l'argumentation ou l'action à la manière de « systèmes de valeurs » (au sens, par exemple, où Raymond Aron, commentant Max Weber, parle d'orientation « par rapport aux valeurs » [Aron, 1967, p. 567]), mais, plus essentiellement, prennent appui sur des mondes communs différents. Ce qui, relevant de l'un, s'y trouve exister, est dans un autre, inconnu : le monde de l'inspiration connaît, par exemple, des démons ou des monstres, alors que le monde domestique comprend des animaux domestiques qui sont inconnus dans le monde civique où les enfants ou les personnes âgées sont également ignorés, etc. Des objets qui, dans une nature, constituent des instruments rendant la grandeur des gens manifeste ne sont pas pris en compte dans un monde différent.

L'engagement des objets oblige les êtres humains à être à la hauteur, à s'objectiver eux-mêmes en actionnant les objets, en les *mettant en valeur*. En faisant appel à ces objets, la situation singulière dans laquelle ils se trouvent placés peut être rapprochée d'autres, le recours au principe supérieur commun peut être instrumenté. L'objet étaye la grandeur, mais en même temps resserre l'épreuve en appelant la mise en valeur. A défaut, on dira : « Il l'a, mais il ne sait rien en faire. » Ce n'est pas une épreuve dans le regard, ni un rituel ou une cérémonie que l'on pourrait dire, à juste titre, symboliques parce qu'ils reposeraient sur des objets ou relations détournés, factices. C'est le soutien que les êtres en présence se donnent les uns aux autres qui consolide une réalité et apporte la preuve. Cette complétude est particulièrement manifeste dans les moments où la nature se déploie dans sa plus grande pureté, grâce à la mise à l'écart des êtres sur lesquels pourrait s'appuyer la référence à d'autres mondes. Ainsi peuvent s'agencer des situations d'évidence, dont la plénitude tient au fait que chaque être s'y trouve à sa place.

L'objectivité suppose la définition des liaisons attestables et des formes acceptables de l'évidence qui sont donc relatives à un monde et aux équipements de la grandeur qui lui sont attachés. Aux différentes façons de faire la grandeur correspondent différentes façons de construire des épreuves de réalité. On peut, selon le monde considéré, donner des épreuves en se réclamant du témoignage d'un grand dont le jugement fait foi, en montrant la crédibilité dont on bénéficie auprès du plus grand nombre, en invoquant la volonté générale, en payant le prix, ou encore en s'appuyant sur une expertise compétente. Les formes de connaissance sont adaptées à l'évaluation des grandeurs. Alors que la grandeur industrielle s'atteste par la mesure, la grandeur domestique appelle le raisonnement par anecdote dans lequel la généralité est toujours incarnée, comme la personne du roi, tout à la fois présente, concrètement, et, au-delà de sa corporéité, plus générale (Turner, 1967). Pour évaluer une grandeur domestique, on ne se réfère pas, comme dans le monde industriel, à des codes et à des critères mais aux hauts faits des grands, à la vie des hommes illustres. On assimile de proche en proche, les proximités exprimant des relations personnelles et se réalisant dans un espace domestique fait de maisons, de domaines, de voisinages. Ces formes d'identification créent des associations sans frontières, organisées autour d'un cœur, comme les formes de caractérisation archétypales observées en psychologie de la catégorisation (Rosch, 1978).

La grandeur est la façon dont on exprime les autres, dont on les incarne, dont on les comprend ou encore dont on les représente (autant de modalités qui dépendent du monde considéré). Elle est donc associée à une capacité à l'expression générale. La relation entre la grandeur des gens et leur maîtrise des formes générales est posée dans chaque monde, notamment leur capacité à formuler des énoncés qui sont dits généraux, authentiques, vrais, etc. Ainsi que l'a formulé Bossuet, « les grands ont de grandes pensées » et sont seuls à manifester pleinement cette capacité cognitive à la généralisation. La transgression de ces règles induit des conduites jugées anormales comme, par exemple, lorsqu'un simple meunier entend avoir des discussions théologiques (Ginzburg, 1980).

Soulignons qu'en dehors d'une orientation vers la justification, la question de l'existence des choses dans l'univers ne nous concerne pas. Le problème ontologique de l'existence des êtres et des modalités de leur présence au monde ne nous occupera que dans la mesure où ces êtres peuvent se trouver *engagés* par les *actes justifiables* dans lesquels les personnes sont impliquées. C'est sous ce rapport que nous envisagerons leur cohérence, dans des mondes qui déterminent et les êtres naturels et les relations d'engagement naturel entre eux, et qui servent de référence dans les jugements de grandeur. La description de ces mondes ne peut s'effectuer en dehors de la référence à des rapports qu'en font des personnes. Elles n'en sont pas pour autant insaisissables et brouillées dans une cacophonie qui tiendrait à la variété des subjectivités. Notre propos est de mettre en évidence les contraintes qui empêchent ce relativisme en pesant sur les descriptions inscrites dans le cadre d'un même monde, et de les relier aux contraintes qui pèsent sur la qualification des personnes dans le cadre d'une même cité.

L'épreuve

L'absence d'un attachement des états de grandeur aux personnes est donc propice à ce que nous appellerons un *litige*, c'est-à-dire un désaccord sur les grandeurs des personnes, et donc sur le caractère plus ou moins juste de leur distribution dans la situation. La contestation de cette distribution est instruite dans un procès qui porte sur la factualité des éléments qui ont été engagés pour établir les grandeurs. Une situation qui se tient, où se trouvent agencés des êtres d'un même monde dans des relations naturelles compatibles avec leurs états de grandeur, fait naturellement la démonstration de sa justesse. La grandeur relative des êtres qui s'y trouve déployée possède un caractère d'évidence. Aussi serait-il préférable, si la langue mettait ce mot à notre disposition, de parler de monstration pour faire valoir le caractère actif de la situation qui se tient, et réserver le terme de dé-monstration pour signifier la réaction qui conduit au débat et qui suppose la visée d'un interlocuteur qu'il faut convaincre. Un litige va donc consister à contester que la situation soit bien ordonnée, et à réclamer un réajustement des grandeurs. Ainsi la situation n'est pas harmonieuse, dans laquelle la façon de faire d'un opérateur qualifié n'est pas adaptée aux potentialités de sa machine. Elle réclame un réajustement du dispositif.

Notons que ce litige sur les grandeurs se distingue d'un désaccord plus fondamental portant sur la nature des êtres qui importent, *différend* que nous étudierons dans les parties suivantes. Le fait pour les êtres d'importer ne doit en effet pas être confondu avec leur grandeur. Dans une grandeur dont les états sont finement hiérarchisés, on voit bien comment on peut importer sans être grand. Ainsi, dans une situation domestique, les petits importent au même titre que les grands (par exemple, les valets et les maîtres dans la subordination domestique : Tocqueville, 1981) tandis qu'une *collectivité publique* (monde civique) ou qu'un *technicien* (monde industriel) n'y sont pas identifiés. Mais la grandeur des êtres et leur importance ne peuvent malgré tout être complètement dissociées et nous verrons que l'engagement des êtres dans la situation est d'autant moins assuré qu'ils sont plus petits. Les petits, éloignés du bien commun, sont moins identifiés que les grands dans la nature de la situation dont ils peuvent plus facilement se détacher pour glisser dans une autre nature. C'est en effet de l'importance du sacrifice que dépend, nous l'avons vu, l'installation dans une nature, où les êtres se trouvent campés d'autant plus sûrement qu'ils sont plus nettement justifiés par le sacrifice de l'autosatisfaction.

Un premier mouvement de contestation consistera à mettre en évidence des dysharmonies entre les grandeurs des personnes et des objets engagés, traduites en termes de *défaillance*. La scène de litige se noue alors autour de la mise en évidence d'un défaut de grandeur, et donc d'une injustice ou d'un manque de justesse dans un agencement. De ce défaut résulte une discordance qui peut être une panne ou un rebut, dans le monde industriel, comme une querelle, dans le monde domestique, ou un conflit social, dans le monde civique. Les objets peuvent faire défaut et ne pas tenir la place qui leur incombe dans la situation. La défaillance des personnes se manifeste lorsqu'elles ne sont pas à la hauteur, qu'elles ne mettent pas en valeur les objets au mieux de leurs grandeurs et qu'elles n'ont donc pas effectué le sacrifice supposé par leur état de grandeur apparent : la mère qui ne peut plus faire face aux demandes de ses enfants et qui pique une crise de larmes pendant le repas, l'ouvrier qui perd la cadence, le professeur qui, au milieu d'un cours, ne trouve plus ses mots, etc. Dans l'exemple cité plus haut, la défaillance, lorsqu'elle est attribuée à l'opérateur, met en cause sa grandeur, en l'occurrence sa qualification industrielle, qui s'en trouvera modifiée, et il devra être formé ou remplacé par un opérateur plus compétent.

Mais la défaillance peut aussi être imputée à la machine qui s'avère ne pas avoir toutes les spécifications du cahier des charges ou du mode d'emploi, et qui doit être perfectionnée ou remplacée. En effet, le constat d'un désordre ou d'une incohérence dans la disposition des êtres engagés occasionnera généralement, au cours du procès, une mise en question des choses dont on pourra contester non seulement la grandeur, mais aussi l'objectivité qu'elles peuvent perdre en s'abîmant dans la confusion bruyante du chaos. Le procès comprendra donc un second mouvement d'argumentation qui ressemble à une controverse scientifique, à ceci près qu'elle peut se dérouler dans tous les mondes examinés et qu'elle y revêt des formes très différentes. La controverse porte sur le départ entre les faits qui peuvent légitimement concourir à la preuve et les circonstances contingentes qui sont, elles, dépourvues de pertinence. Dans l'exemple précédent, la controverse portera sur les contingences qui pourraient avoir circonstantiellement perturbé l'épreuve et interféré avec l'efficacité de l'opérateur (maladie) ou de la machine (intempéries). La controverse apparaît pour décider si les êtres défaillants doivent sortir diminués du constat de défaillance ou si, ce constat n'étant pas jugé probant, une nouvelle chance doit leur être donnée de faire leur preuve.

Un troisième mouvement de l'argumentation pourra amener à une contestation du caractère accidentel de ces contingences, et à des tentatives pour les réduire, en puisant dans les circonstances de nouveaux objets. Il conduit à une épreuve qui absorbe la contingence et la fait entrer dans la nature. Le désordre des circonstances est apaisé par une épreuve plus pure que la situation défectueuse. L'accident devient une défaillance. D'un engagement naturel à un autre, la distribution des êtres entre les états de grandeur peut se modifier, mais toujours conformément au même principe, la trace des autres natures étant réduite au bruit des circonstances contingentes.

Soulignons qu'aucune situation, aussi pure soit-elle, ne peut éliminer à jamais la diversité des contingences dont le bruissement se maintient aux confins de ce qui est en ordre. La permanence de ce tohu-bohu fait peser une incertitude sur les grandeurs. La situation risque toujours d'échapper et d'amener à reconduire l'épreuve, comme le jet du dé ou le tirage d'une carte relancent la partie. En l'absence de bruit extérieur, prévaudrait un jugement dernier justifiant une distribution harmonieuse des états qu'aucun élément nouveau ne remettrait en cause. Ainsi le bruit du monde, que l'épreuve fait provisoirement taire, est ce qui le meut. Chacun des mondes dans lesquels se réalise le modèle d'une cité et qui, pris en lui-même, possède un caractère de complétude et d'autosuffisance, porte la trace, par ce tohu-bohu, de la possibilité d'autres mondes. Un univers réduit à un monde commun serait un univers de grandeurs certaines dans lequel l'épreuve, toujours concluante (ce qui la rendrait inutile), aurait la capacité de résorber le tohu-bohu et de le faire taire. Les conditions de maintien d'un tel univers édénique où « rien n'arrive jamais par hasard » sont déployées dans la sorcellerie qui épuise les contingences. C'est un univers aussi déterminé que cherche, contre vents et marées, à reconstituer le paranoïaque en multipliant et en recoupant les rapprochements sans égard à leurs natures. Ces démarches font apparaître, *a contrario*, la relation entre les contingences et la pluralité des mondes communs. La brèche dans l'Éden par où s'engouffre le tohu-bohu est la tentation du particulier et la chute qui ouvrent la possibilité d'un univers à plusieurs mondes communs. Nous verrons d'ailleurs, dans la partie suivante, comment l'opération de dénonciation conduit, en prenant appui sur les êtres misérables proches du contingent, à mettre en valeur une grandeur d'un autre monde.

Notre description de l'extension d'une cité à un monde ne résulte donc pas d'un choix conventionnel dans l'ordre d'exposition de notre cadre d'analyse. Elle suit le mouvement de création, par lequel le répertoire des objets d'un monde est étendu au fur et à mesure des épreuves. Cette création continuelle ne se limite pas à un effet du regard. Même dans le monde inspiré dont les objets sont particulièrement peu objectifs dans le sens courant du mot, la création se perpétue au fil des épreuves de la grâce invitant à lire dans la forme d'un caillou la main de Dieu. Dans le monde industriel, cette création est le procès de production, au sens habituel du terme. Notre mouvement est inverse de celui des philosophes politiques qui trouvent dans la nature le principe de la cité. Il diffère aussi de l'opération critique par laquelle, en se situant dans un autre monde, on a les yeux dessillés et l'on voit le premier comme artificiel et comme le produit d'une illusion, d'une « naturalisation ». Notre démarche de description, de l'intérieur de chaque monde, exige donc du lecteur qu'il suspende la critique qui découle, comme on le verra, de la connaissance de plusieurs mondes, pour se plonger dans chacun d'eux comme il le ferait s'il était pris dans une situation où la sincérité de son adhésion aux principes serait une condition de la justification de son action.

Le litige et le procès qui l'exprime conduisent ainsi à une épreuve dont on attend qu'elle close le désaccord en établissant une nouvelle disposition juste de personnes et d'objets mis en valeur. L'épreuve, d'une issue toujours incertaine, se distingue de la démonstration qui se fait lorsque les grandeurs se déploient dans une situation qui se tient. Ces scènes sonnent justes, sont bonnes à vivre et on n'en peut rien dire, comme si rien ne s'y était passé, l'accord y régnant entre tous. La plénitude d'une situation qui se tient ne doit donc pas être confondue avec le cela-va-de-soi tacite qui prévaut dans les circonstances. En effet, une situation qui se tient est préparée pour le jugement, tandis que, dans les circonstances, le cela-va-de-soi ne se maintient, à l'inverse, qu'à la condition de suspendre la question de la justification. Une situation qui se tient est donc parée pour l'épreuve. Sont écartés, ou simplement désactivés, les êtres étrangers dont la présence dérange, afin de prévenir le litige, dans l'horizon d'une épreuve que personne n'a réclamée et que personne ne conteste. C'est une situation en ordre pour la preuve, qui offre des ressources pour traiter des désajustements ou des injustices.

Ainsi, faire un cours est, pour le professeur, une démonstration de son savoir qui peut échouer et qui est chaque fois, en ce sens, une épreuve. Mais l'intention du cours n'est pas d'éprouver le savoir du professeur, c'est de le transmettre. La leçon d'agrégation est un genre de cours dont le dispositif est, à la différence du précédent, expressément agencé de façon à éprouver le savoir du futur professeur et évaluer sa grandeur relativement à celle des autres postulants. Le contrôle de la pureté de l'épreuve y est très strict, ainsi que les procédures de recours ou d'appel. Dans une épreuve civique – formalité administrative ou examen universitaire, par exemple – les êtres marchands ou signes extérieurs de richesse se trouvent désactivés. Ils ne sont pas appropriés à la situation et si, par leur profusion, ils rappellent leur présence avec insistance, c'est la situation qui risque, on le verra dans la partie suivante, de s'en trouver retournée. Ces situations, et particulièrement les examens, réclament une présentation sobre pour des raisons de justice. Il ne faut pas introduire des grandeurs autres qui viendraient la troubler, comme c'est le cas lorsqu'une candidate porte des bijoux trop coûteux ou lorsqu'un garçon est trop pauvrement habillé. Ces circonstances dérangent un dispositif qui est destiné à faire l'accord sur des principes de justice sans « acception de la personne », comme dit saint Thomas d'Aquin (Thomas d'Aquin, 1947), parce qu'elles peuvent induire l'examinateur dans la tentation de mesurer l'examiné, et de se mesurer à lui, selon des grandeurs étrangères au dispositif cérémoniel.

Ce sont souvent des situations troubles qui conduisent à des incertitudes de grandeur et exigent, pour être résolues, un recours à l'épreuve. La situation est alors épurée, c'est-à-dire qu'il n'est fait appel, pour régler le litige, qu'aux seules ressources d'un même monde : le témoignage d'un fidèle domestique permet de démasquer l'usurpateur, cadet qui a pris la place de l'aîné héritier légitime, à la faveur de la confusion causée par un naufrage (monde domestique); une expertise rigoureuse permet de tester l'efficacité d'un procédé (monde industriel) dont l'adoption sans expérimentation ne tenait qu'au crédit dont bénéficiait son inventeur (monde de l'opinion); la réunion du congrès ou la convocation de l'assemblée met fin aux bruits circulant et aux menaces de scission que faisaient peser des factions (monde civique). Dans la véritable épreuve, la tromperie est dévoilée : le petit pois sous le matelas révèle la vraie princesse. Les masques tombent, chacun y retrouve sa place. Par la mise en ordre qu'il suppose, le grand moment distribue les êtres en présence et chacun d'entre eux y fait l'épreuve de sa vraie grandeur. Le bonheur des grands s'y confond avec le bien commun et ils sont, dans ces moments-là, particulièrement à leur affaire. Leur grandeur s'y trouve par là confirmée.

Lorsqu'un litige fait appel à une épreuve, la situation est aménagée de façon à lever une incertitude et à régler un désaccord en faisant appel au supérieur commun pour établir les grandeurs relatives des gens. Ces moments de vérité supposent des situations clarifiées de toutes les équivoques qui pourraient laisser s'introduire des grandeurs alternatives. La situation n'accède à la pureté que si des dispositions ont été adoptées et des dispositifs mis en place pour l'établir dans un monde commun. Les êtres et les objets cohérents sont acheminés, activés, disposés ; les personnes sont préparées pour entrer dans l'état convenant. Pour relever les êtres qui importent et écarter les êtres sans importance, il faut s'élever au-dessus des circonstances particulières et viser un principe de caractère général permettant de justifier des rapprochements et de rejeter les êtres sans importance dans l'ordre de la contingence. C'est ce que l'on fait, par exemple, lorsque l'on clarifie une situation pour écarter les malentendus et prévenir un désaccord. La généralité du principe de rapprochement donne la certitude qu'un accord peut être atteint. L'épreuve exige de savoir rester dans la nature, être naturel, éviter à tout prix ce qui pourrait distraire et ne pas prêter attention à ce qui détourne. Les risques de distraction sont très abaissés par la limitation de l'espace et du temps qui déterminent le cadre de l'épreuve.

Le rapport sur la situation

La comparaison entre l'*épreuve*, dans le sens où nous l'avons définie, et l'épreuve sportive ou l'épreuve judiciaire peut aider à comprendre la façon dont un principe supérieur commun doit, pour être mis en œuvre, épouser la forme d'êtres qui ne sont pas seulement les personnes dans leur état de grandeur, mais qui comprennent aussi des objets.

Le sport nous fournit en quelque sorte une réduction de cité réalisée qui n'en diffère que par les limites dans lesquelles l'exercice du sport est circonscrit. Le sport ne pourrait se déployer dans une cité qu'à la condition de lever les restrictions imposées, dans son exercice, sur les situations et les personnes impliquées. On se rapprocherait alors des ébauches, souvent remises en chantier mais jamais abouties, d'une cité hygiénique. Tel qu'il est, circonscrit à une sphère d'activité et à certaines personnes, le sport permet cependant de construire une valeur qui peut être considérée comme vérifiant les axiomes du modèle de la cité : la *commune humanité* (a1) (les hommes sont tous égaux devant l'épreuve et ils ne courent pas avec des chiens); la distinction d'*états* (a2) de grandeur *ordonnés* (a4) potentiellement *accessibles à tous* (a3). La troisième hypothèse ne s'impose toutefois pas à l'évidence dans le cas de la valeur sportive dont l'accès n'apparaît pas clairement ouvert à tous si l'on fait référence à des inégalités corporelles constitutives. Quoi qu'il en soit, l'issue de l'épreuve sportive ressemble à un monde ordonné par un principe supérieur commun dont aurait été écartée toute contingence. L'exemple du sport fait clairement ressortir la façon dont la situation est préparée pour l'épreuve, de façon à la rendre concluante. En repoussant les circonstances, dont on dira volontiers qu'elles sont « extérieures » pour bien marquer qu'elles ne relèvent pas du principe de justesse en usage (le vent favorisant un concurrent), on assure l'homologation des résultats de l'épreuve. Si tout se déroule dans les règles, les circonstances ne sont pas même évoquées, soit que leur effet soit tenu pour négligeable, soit qu'elles aient été intégrées à l'épreuve elle-même. Créer un nouveau sport de compétition, c'est précisément codifier l'épreuve et définir les équipements, les objets pertinents, de façon à réduire les circonstances, à les absorber dans l'épreuve ou à les rendre contingentes.

Dans l'exemple de l'administration judiciaire de la preuve, l'éventail des objets pertinents est beaucoup plus large. Cependant, l'établissement des faits illustre aussi la contrainte qui pèse sur la forme des choses pour qu'elles puissent être relevées, pour qu'elles soient qualifiées et présentables en tant que pièces à conviction. Si la comparaison avec le système judiciaire peut aider à saisir le passage de l'accord sur les grandeurs des personnes à l'accord sur les choses et sur leur rapprochement, de même que l'idée de justice aide à présenter celle de justification, elle risque aussi de limiter la compréhension de notre démarche. Nous avons en effet appréhendé, à partir de différents principes supérieurs communs, des formes de grandeur fort éloignées du registre juridique (même si elles peuvent y laisser des traces dans le recours aux circonstances atténuantes), qu'on dirait économiques, techniques, voire esthétiques. Pareillement, l'accord sur les choses nous écarte de la scène judiciaire pour nous mener tantôt vers l'objectivité techniciste, tantôt vers l'évidence surnaturelle, suivant les mondes de référence. Cependant, à la condition de garder à l'esprit les extensions que nous proposons aux acceptions des termes de justice et de jugement, il est possible de tirer profit de ces comparaisons, notamment lorsque l'on examine les relations entre la disponibilité des êtres qui peuvent être engagés dans une action juste, et leur forme qui les dote d'une capacité à faire la preuve.

La comparaison avec la preuve judiciaire met notamment en évidence la relation entre la possibilité d'établir des faits engageant des personnes, et leur inscription dans un *rapport* cohérent. Comme les épreuves de jugement dans le cours de l'exercice de la justice, les épreuves de grandeur seront toujours consignées dans un rapport où seront qualifiés les êtres et établis leurs liens relatifs. Le jugement de justice montre donc la double face des objets et des faits concourant à faire la preuve, à la fois objectifs et rapportables dans une argumentation. Les choses pèsent réellement sur le jugement, elles peuvent être convoquées et manipulées lors du procès, et leur engagement effectif peut être éprouvé lors d'une reconstitution des faits; mais l'agencement des êtres n'est pas défini en dehors d'un rapport qui les consigne, d'un procès-verbal qui fait état de leur présence et de leurs relations. On ne peut pas imaginer des situations qui seraient « pures situations » détachées de tout rapport. Ainsi une machine, dont l'objectivité du bon fonctionnement paraît la plus éloignée de la contrainte de justification, ne tourne « toute seule », même lorsqu'il n'y a personne pour la servir ni personne pour la regarder, qu'en tant que son fonctionnement est conforme à un mode d'emploi. Pareillement, la justification inspirée suppose un rapport, et nous avons vu, dans la description de cette cité, le rôle de la transcription inspirée, consignée comme une confession.

La grille d'analyse des mondes communs

L'épreuve est donc soumise à des contraintes prolongeant, dans l'ordre objectif, celles qui règlent le bien-fondé de l'argumentation et que nous avons rapportées à l'ordonnance du bien commun. Des remarques précédentes sur le procès-verbal, il suit qu'un agencement qui se tient et peut faire preuve est soumis à des exigences ressemblant à celles d'une grammaire. Pour autant qu'il est appréhendé dans des rapports, l'ordre naturel peut être décrit à l'aide de catégories définissant des sujets (le *répertoire des sujets*), des objets (le *répertoire des objets et des dispositifs*), des qualificatifs (*état de grand*) et des relations désignées par des verbes (les *relations naturelles* entre les êtres). La qualification de ces relations permet de faire le partage entre des actions circonstancielles, qui ne peuvent engager effectivement des êtres se trouvant alors juxtaposés par accident, et des actions cohérentes avec un principe supérieur commun. Ces catégories permettent de constituer la grille d'analyse suivante, qui nous servira au chapitre suivant à présenter les différents mondes de l'épreuve.

PRINCIPE SUPÉRIEUR COMMUN. Ce principe de coordination, qui caractérise la cité, est une convention constituant l'équivalence entre les êtres. Elle stabilise et généralise une forme de rapprochement. Elle assure une *qualification* des êtres, condition pour prendre la mesure des *objets* comme des *sujets* et déterminer la façon dont ils importent, objectivement, et valent au-delà des contingences. On pourra dire que « " a " équivaut à " b " sous le rapport de (principe supérieur commun) » : « Par rapport à son retentissement dans l'opinion, telle personne importe plus que telle autre. »

Les personnes ne sont amenées à expliciter ce principe qu'en dernier recours. Le plus souvent, il suffit de faire référence à la qualification des *états de grandeur*, ou aux *sujets* et *objets* présents. Il ne se résume pas toujours simplement en un seul terme.

ÉTAT DE GRAND. La définition des différents *états* de grandeur repose principalement sur une caractérisation de l'état de grand. L'état de petit est défini soit négativement par défaut de la qualité de grand, soit, moins directement, en indiquant que les petits en sont réduits à ne jouir que de leur bonheur particulier, et donc en stigmatisant les expressions dérisoires de cette autosatisfaction.

En raison du caractère de l'ordre établi entre les états de grandeur, de son attachement à une forme de bien commun, chaque ordre de grandeur correspond à une échelle du général au particulier (à la différence d'une mesure scalaire, par exemple). Les grands êtres sont les garants du *principe supérieur commun.* Ils rendent disponible, par leur présence, l'aune à laquelle se mesure l'importance. Par leur généralité, ils servent de repère et contribuent à la coordination des actions des autres. Ainsi, les tentatives des petits pour les diminuer (par une attention fascinée pour les mesquineries et les petitesses des grands) et mettre en doute leur supériorité restent limitées. Pèse sur eux l'inquiétude de voir s'effondrer le principe d'où ils tirent la part de grandeur dont ils peuvent bénéficier, aussi mince soit-elle, et de jeter à bas l'ordre même des choses.

La cohérence entre les qualités des grands objets et celles des grands sujets se manifeste par le fait que les qualificatifs utilisés dans les deux cas sont souvent les mêmes.

DIGNITÉ DES PERSONNES. Dans le modèle des ordres légitimes que nous avons identifié, les gens partagent une même humanité, exprimée dans une capacité commune à s'élever dans le bien commun. Le fondement en nature de cette commune *dignité* fait parler à son propos d'une « vraie nature », « innocente ». L'innocence se fait voir dans la façon dont les gens s'abandonnent à l'éden d'une situation naturelle, en fermant les yeux sur les insinuations d'êtres douteux.

La spécification de la dignité dans chaque cité doit s'inscrire dans une nature humaine et ancrer l'ordre de grandeur dans une aptitude des êtres humains. On pourra ainsi reconnaître, dans chacune, l'élaboration d'une faculté corporelle (émotion, mémoire, habituation, désir, etc.) et sa transformation en une capacité permettant l'accord avec les autres.

RÉPERTOIRE DES SUJETS. Pour chacun des mondes, on peut dresser une liste, un *répertoire des sujets*, le plus souvent qualifiés par leur état de grandeur (*petits êtres* ou *grands êtres*). Ainsi, pour ne prendre qu'un exemple, les *juventus* ne sont pas, dans l'aristocratie médiévale, caractérisés par référence à une classe d'âge mais par l'incapacité d'incarner une lignée et d'être dépositaires d'un domaine, par le célibat, l'absence d'enfants, etc. (Duby, 1964).

RÉPERTOIRE DES OBJETS ET DES DISPOSITIFS. Dans chaque monde, les *répertoires des objets et des dispositifs* sont inégalement développés. Lorsque les *objets*, ou leur combinaison dans des *dispositifs* plus compliqués, sont agencés avec des *sujets*, dans des situations qui se tiennent, on peut dire qu'ils contribuent à objectiver la grandeur des personnes. Les objets peuvent être tous traités comme des équipements ou appareils de la grandeur, qu'ils soient règlements, diplômes, codes, outils, bâtiments, machines, etc. Dans le monde de l'inspiration, les appareils sont difficilement séparables des personnes dont le corps propre constitue pratiquement le seul équipement à leur disposition. La distinction entre le caractère matériel ou immatériel de l'équipement, souvent sous-jacente à l'opposition entre le symbolique et le non-symbolique, n'est pas ici une propriété fondamentale. Des équipements de textures très différentes peuvent également servir à faire des équivalcnces qui permettent d'établir des grandeurs calculables. Ajoutons que l'inégale possibilité, suivant les mondes, de mettre en œuvre des appareils de la grandeur, conduit à rendre plus ou moins facile l'appréciation de la grandeur des personnes (de la sienne propre et de celles des autres).

FORMULE D'INVESTISSEMENT. La *formule d'investissement* est, comme nous l'avons vu en présentant le modèle, une condition majeure d'équilibre de la cité, puisqu'en liant l'accès à l'état de grand à un sacrifice, elle constitue une *économie de la grandeur* dans laquelle les bienfaits se trouvent « balancés » par des charges (pour reprendre les termes de Rousseau dans le *Contrat social* : Rousseau, 1964, p. 364).

La grandeur procure des bienfaits à la personne qui accède à cet état, mais aussi aux plus petits qui sont ainsi compris par les grands, et qui trouvent dans les grands la possibilité de se grandir en accord avec leur dignité. Mais la grandeur suppose aussi le sacrifice des plaisirs particuliers associés à l'état de petit.

RAPPORT DE GRANDEUR. Le *rapport de grandeur* spécifie la relation d'ordre entre les *états de grandeur* en précisant la façon dont l'état de grand, parce qu'il contribue au *bien commun*, comprend l'état de petit. Les exposés canoniques de la cité explicitent tous clairement la façon dont les grands expriment les petits par des termes qui ne se confondent pas avec la qualification de la grandeur (cf. Sieyès cité par Bastid, 1970).

RELATIONS NATURELLES ENTRE LES ÊTRES. Ces relations, exprimées par des verbes dans les rapports, doivent s'accorder aux grandeurs des *sujets* et *objets* qu'elles unissent selon les rapports d'équivalence et d'ordre que fonde la cité (ce qui n'implique donc pas que tous les êtres soient dans le même état). Certaines supposent des grandeurs de même importance, d'autres expriment un gradient.

Bien que ces relations qualifiées supposent un impératif humain de justification, elles peuvent unir plusieurs objets. Ainsi, le monde industriel est très objectif, les objets s'agençant entre eux naturellement, sans le concours de personnes. De même, le monde marchand tient son réalisme de la place qu'y occupent les biens, objets dont la liste est, à l'évidence, en perpétuelle croissance.

La problématique sociologique de « la construction sociale de la réalité » suppose, à l'inverse, de mettre l'accent sur l'opinion et les croyances des personnes, en corrodant l'objectivité des objets. Elle est très inégalement adaptée aux différents mondes et met en cause le monde industriel par un passage au monde de l'opinion qui amène à retrouver, dans les êtres les plus objectifs, le caractère symbolique et conventionnel des signes. Le balancement de la sociologie entre le positivisme et la phénoménologie a donc à voir avec le glissement d'un monde à un autre.

FIGURE HARMONIEUSE DE L'ORDRE NATUREL. La relation d'équivalence n'est connue que révélée par une distribution des états de grandeur harmonieuse, c'est-à-dire conforme à la formule d'investissement. Les figures harmonieuses de l'ordre naturel sont invoquées comme des *réalités* conformes au principe d'équité. Dans chaque monde, on pourra vérifier la proposition suivante : « Le (figure du supérieur commun) est la réalité. » Ainsi, dans le monde de l'opinion, « une opinion n'est-elle pas aussi *la réalité*? », et, dans la nature marchande, « discerner *les faits*, [c'est] deviner ce que les gens veulent » (MacCormack, p. 61).

ÉPREUVE MODÈLE. L'épreuve modèle, ou grand moment, est une situation qui se tient, préparée pour l'épreuve, dont l'issue est donc incertaine, et dans laquelle un dispositif pur, particulièrement consistant, se trouve engagé.

MODE D'EXPRESSION DU JUGEMENT. Dans chaque monde, le jugement, qui marque la sanction de l'épreuve, est exprimé différemment. Ce mode d'expression caractérise la forme de manifestation du supérieur commun.

FORME DE L'ÉVIDENCE. La forme de l'évidence est la modalité de connaissance propre au monde considéré.

ÉTAT DE PETIT ET DÉCHÉANCE DE LA CITÉ. Les qualifications de l'état de petit, caractérisé par l'autosatisfaction, sont souvent moins claires que celles de l'état de grand (lorsqu'elles n'en sont pas la simple négation), soit parce que l'identification cesse d'être possible aux abords du *chaos*, lorsque les êtres sont en passe de se *dénaturer*, soit que les désignations de la petitesse laissent transparaître des grandeurs d'autres natures rabaissées dans des figures de dénonciation.

Le sens du commun : sens moral et sens du naturel

La réalisation d'un accord justifiable suppose non seulement qu'il soit possible de construire un système de contraintes régissant l'accord, mais aussi que les personnes soient dotées des capacités adéquates pour se soumettre à ces contraintes. En effet, notre démarche tient compte de ce que les gens savent de leurs conduites et de ce qu'ils peuvent faire valoir pour la justifier. Elle respecte par là une caractéristique des personnes humaines qui est la faculté d'être raisonnable, d'avoir du jugement. Pour juger juste, il faut être capable de reconnaître la nature de la situation et de s'y ajuster. L'identification des situations suppose une compétence parce qu'elle ne peut être réduite à la projection hors de soi d'une intentionalité. Elle ne dépend pas de la pure subjectivité du sujet, qui ne constitue pas le sens de la scène par le regard qu'il porte sur elle. Comment les personnes pourraient-elles se mettre dans la disposition requise et orienter leur regard dans le sens voulu, comment pourraient-elles même viser un ordre parmi la multiplicité chaotique des rapprochements possibles, si elles n'étaient guidées par des principes de cohérence, présents non seulement en elles-mêmes, sous la forme de schèmes mentaux, mais aussi dans la disposition des êtres à portée, objets, personnes, dispositifs pré-agencés, etc.? Autant de ressources voilées dans le cours des circonstances par le remue-ménage ambiant qui, dans la justification, sont *relevées* pour asseoir la preuve.

Savoir agir avec naturel c'est être capable de se donner à la situation et, pour être en mesure de faire face à l'impératif de justification, il faut ne pas se soustraire à une situation qui, à la façon d'une tâche ou d'un devoir, réclame d'être accomplie et portée à son terme. Comme dans le cas de l'aptitude à reconnaître ce qui est fondé, nous considérerons donc que toutes les personnes doivent posséder l'équipement nécessaire pour s'adapter à des situations dans chacun des mondes. Les principes de justice et les mondes dans lesquels ils sont réalisés n'étant pas attachés à des personnes ou à des groupes mais saisis dans des situations, chacun rencontre, au cours de sa vie quotidienne, des situations relevant des différentes justices et doit être capable, pour se conduire avec naturel, de les reconnaître et de s'y ajuster. Les personnes chez qui cette capacité est absente ou perturbée sont considérées comme psychiquement anormales.

De même que les constructions des philosophes politiques précisent, lorsqu'elles sont complètes, l'entendement humain ou la psychologie des personnes qui sont cohérents avec la définition du bien commun, de même, l'élaboration du modèle de cité va de pair avec une hypothèse sur l'instrumentation mentale dont disposent les personnes pour s'entendre sur une cité. Cette compétence doit pouvoir être présente chez tous, ce qui exclut l'éventualité d'une connaissance du modèle à partir de la fréquentation d'une philosophie politique. Nous nous limiterons ici à une construction hypothétique de cette compétence, adaptée aux exigences minimales de l'accord dans une cité.

Si l'on s'en tient à l'ordre de la cité, cette compétence, que nous appellerons alors *sens moral*, implique l'intégration des deux contraintes fondamentales qui soutiennent la cité : une contrainte de commune humanité supposant la reconnaissance et l'identité commune des êtres humains avec qui l'accord doit se faire; une contrainte d'ordre supposant la généralité d'un principe de grandeur réglant les rapprochements possibles. Pour s'accorder sur ce qui est juste, les personnes humaines doivent donc connaître un bien commun et être métaphysiciennes. Cette capacité n'est pas exigée des théories réductionnistes (fondées sur un biologisme ou encore sur un économisme) ou behavioristes pour lesquelles les conduites sont déterminées par des forces extérieures ou sont des réponses mécaniques à des stimuli. Mais elle est aussi ignorée du culturalisme lorsqu'il fait agir les personnes de concert sans concertation, en les dotant d'un programme identique, ce qui permet de sauvegarder le postulat de non-conscience, dont nous avons rappelé l'importance, au début de ce travail, dans la plupart des traditions de la sociologie et de l'anthropologie. L'accord ne peut résulter simplement d'une sorte de négociation permanente entre des êtres qui ne posséderaient pas la faculté de se porter au-delà d'eux-mêmes, incapables d'établir des équivalences généralisables, comme dans les sociétés de babouins où l'ordre des grandeurs doit être sans cesse réparé, ce qui fait dire à B. Latour que les sociétés de singes réalisent la conception que l'ethnométhodologie se fait des sociétés humaines.

Cependant, l'extension d'une cité dans un monde a pour conséquence que la compétence exigée ne se réduit pas à ce sens moral. Pour juger juste, il faut aussi être capable de reconnaître la nature de la situation et de mettre en œuvre le principe de justice qui lui correspond. Pour se comporter dans des situations naturelles, reconnaître les objets et les engager conformément à leur nature, les personnes doivent donc posséder un sens du naturel. Il faut donc doter les personnes de la faculté de faire des rapprochements sensés pour qu'elles puissent identifier des êtres détachés des circonstances fugitives et faire entre eux des accords. Un rapprochement sensé suppose une relation pouvant faire l'objet d'une explicitation, à quelque chose de plus général, commun aux objets rapprochés. Il se distingue par là de la simple association (par exemple par contiguïté spatiale ou temporelle). Il reste que si les gens peuvent être amenés à expliciter leurs rapprochements, ils ne sont pas nécessairement tenus de le faire ni, *a fortiori*, ne sont dans l'obligation de fonder chacun de leurs rapprochements sur un principe, et nous devons ménager la possibilité de rapprochements non fondés : « Ce paysage, il est plein de douceur. » Chacun est en droit de s'arrêter là. Nous n'étudierons pas pour elle-même la capacité à faire les rapprochements, mais nous chercherons à clarifier la façon dont s'opère la discrimination entre les rapprochements justifiables et les rapprochements injustifiés.

La faculté de se détacher de l'environnement immédiat, de se soustraire à la confusion de ce qui est en présence pour relier les êtres disponibles à un ordre d'importance, constitue la capacité minimale nécessaire pour s'engager dans des situations sans s'y perdre. Cette capacité doit être acquise et peut être fortement perturbée, comme le suggèrent, par exemple, des observations menées par J.-P. Barret dans une institution pour enfants schizophrènes. Il en ressort que ces enfants ont, semble-t-il, les plus grandes difficultés à s'élever au-dessus de circonstances chaotiques dont la prégnance fait de chaque journée une succession d'instants incomparables et imprévisibles.

Les personnes se conduisant naturellement entrent dans une situation identifiable dans un monde et adoptent une disposition conforme à la nature de la situation. Se mettre à la disposition de la situation, c'est adapter son regard pour ne plus relever la présence des êtres qui n'importent pas, des êtres contingents, et pour concentrer toute son attention sur les êtres qui importent. Adopter la disposition voulue par la situation, c'est devenir un être du monde dont la situation relève (quand on est dans le bureau de vote, devenir un citoyen). C'est ce qui fait que les plus grands ont quelque chose d'inhumain dans l'objectivité de leur tenue. Inversement, c'est parce que les personnes existent dans tous les mondes, qu'il faut les identifier dans le monde qui convient (comme dans un colloque scientifique où un chercheur fait une conférence devant un public comprenant son père, et où le père fait une intervention en montrant qu'il identifie son interlocuteur comme conférencier et non comme fils).

Se prêter à une situation naturelle, c'est faire tout son possible pour ne pas se laisser distraire par des êtres relevant d'autres mondes, et les personnes sont toujours distrayantes parce qu'elles sont toujours dans tous les mondes, qu'elles sont protéiformes. La disposition des personnes et la direction de leur regard compte pour laisser dans l'ombre les êtres sans importance qui doivent être désactivés, échapper à ce regard, être là sans se faire remarquer (dans l'épreuve, on pourra aller jusqu'à les écarter et empêcher qu'ils soient visibles). S'ils sont remarqués, la remarque est sans conséquence : on peut remarquer qu'il y a des taches sur le mur de la salle de cours, mais cela reste sans effet sur la justesse de la situation et ne donnera pas lieu à notification. Les situations naturelles se présentent pour tous de façon similaire. C'est par là qu'elles ont quelque chose d'obligé : personne ne peut se soustraire à l'obligation de tenir compte de leur nature soit pour s'y ranger, soit pour la dénoncer, soit pour tenter un compromis avec un autre monde. L'engagement réclame d'être accompli. Encore faut-il que la situation ait été préparée : si la personne limitait son engagement à un regard, on ne verrait pas comment elle pourrait identifier la situation et se mettre dans la disposition voulue, se mettre à la disposition de la situation. Ce n'est pas parce que les gens ont regardé l'usine comme une usine que c'est une usine. C'est parce qu'un agencement préparé dans le monde industriel réclame des personnes une disposition telle qu'ils la verront comme une usine et qu'ils relèveront en elle ce qui est pertinent.

L'analyse que nous avons faite de l'épreuve suggère la façon dont l'apprentissage d'un monde commun, c'est-à-dire des êtres importants, peut se réaliser de proche en proche. C'est par l'expérience des épreuves que les personnes apprennent à se conduire avec naturel. L'épreuve porte au jour le principe d'équivalence qui ordonne chacun selon sa grandeur et s'y déploie dans toute sa pureté. On parle ainsi d'un « grand moment de sport » lorsque aucune circonstance extérieure ne vient troubler l'épreuve, que les deux partenaires excellent. Dans ces épreuves, les gens sont sous l'empire de la situation. Absorbés, sans défense, dépourvus d'esprit critique, ils sont disponibles pour saisir le principe de grandeur et pour acquérir la capacité de le mettre en œuvre. A la clarté du principe déployé dans toute sa pureté, la grandeur des êtres qui importent se révèle à l'évidence comme, dans le monde de l'opinion, la scène retransmise par les médias de remise de son prix à une vedette. De même, l'acheteur venant d'acquérir sa première voiture, tout excité, éprouve la plénitude du monde marchand dans un sentiment qui se rappellera à lui à l'occasion d'une braderie, d'une semaine commerciale ou de soldes monstres dans un grand magasin. Ainsi, c'est en allant au garage ou au supermarché, et non en bibliothèque pour lire Adam Smith dans le texte, qu'il acquerra la capacité à s'engager dans des situations fondées sur un principe de justification de nature marchande.

Les arts de vivre dans différents mondes

Après avoir spécifié les différentes formes du bien commun à partir de textes canoniques de la tradition politique, nous entreprendrons maintenant de les saisir dans des situations où elles se trouvent déployées. Il en résultera un premier enregistrement des êtres et des dispositifs relevant de chacun de ces mondes. Le cumul de ces relevés dans des répertoires plus étendus est la première étape de construction d'instruments de codage systématique. De tels instruments sont nécessaires pour entreprendre l'analyse de rapports et de situations et l'identification des grandeurs. Nous avons pu dégager les principes et les formes premières du bien commun à partir de textes de philosophes politiques, parce que leurs auteurs visaient justement à constituer une assise fondatrice à ces principes. Mais d'où peut-on extraire les mondes, puisqu'ils ne tirent leur existence que de l'engagement cohérent des objets dans des actes? Quels sont les lieux d'étude des rapports entre des principes d'action et leur mise en œuvre?

Pour établir ces premiers relevés, nous sommes partis d'ouvrages destinés à aider les personnes à se conduire normalement et à prendre, dans des situations précises, un maintien acceptable. Destinés à l'acquisition d'une capacité à reconnaître et à agencer correctement des situations, ces ouvrages se situent dans la lignée des précis à laquelle la tradition rhétorique donne le nom de *prudence*, comme *Le Livre du courtisan* de Castiglione ou *L'Homme de cour* de Gracian [1]. L'ombre portée des textes philosophiques examinés dans les chapitres précédents sur les manuels pratiques traités ici, et dont aucun de leurs auteurs ne prétend à un travail philosophique, aide d'ailleurs à les resituer dans cette tradition dont nous rappellerons maintenant quelques aspects qui ont éclairé notre démarche.

La *phronèsis* telle que l'élabore Aristote, en reprenant, par-dessus la conception platonicienne de la phronesis-contemplation, la notion traditionnelle d'une sagesse calculatrice de second rang (Aubenque, 1976, p. 25), n'est ni un art parce que le genre de l'action est autre que celui de la production, ni une science (Aristote, *Eth. Nic.*, VI, 5, 1140b) puisque, ainsi que le résume J. Tricot, elle « délibère sur le contingent et s'oppose ainsi à la science démonstrative » (*id.*, p. 285) : « La prudence n'a pas non plus seulement pour objet les universels, mais elle doit aussi avoir la connaissance des faits particuliers, car elle est de l'ordre de l'action et l'action a rapport aux choses singulières » (*id.*, VI, 8, 1141b). Alors que Platon ne semble pas avoir mis en doute, remarque Aubenque, qu' « un savoir suffisamment transcendant pût venir à bout de la totalité des cas particuliers, Aristote désespère de déduire jamais le particulier du général » (Aubenque, 1976, p. 43). La prudence traite de cet hiatus et peut donc être rapprochée de l'équité, opposée à la loi qui « est toujours quelque chose de général » (Aristote, *Eth. Nic.*, VI, 14, 1137b) comme l'angle droit du charpentier dans son travail s'oppose à celui du géomètre (*id.*, I, 7, 1098a), ou comme « la règle de plomb utilisée dans les constructions de Lesbos [épousant] les contours de la pierre » s'oppose à la règle rigide (*id.*, V, 14, 1137b).

Lorsque Cicéron décrit la mise en œuvre de la *prudentia* (terme avec lequel il traduit la *phronèsis* d'Aristote), la capacité de s'ajuster aux circonstances et le « calcul des devoirs », les exemples qu'il donne font apparaître que ces circonstances pourraient être relevées dans des registres différents : « Le degré d'urgence des services variera avec les circonstances ; il y a des services qui sont dus aux uns plus qu'aux autres ; s'il s'agit de faire une récolte, on aidera un voisin plus volontiers qu'un frère ou un ami ; s'agit-il d'un procès au tribunal, on assumera la défense d'un parent ou d'un ami plutôt que d'un voisin. Tout cela est à considérer à propos de tout devoir pour pouvoir bien calculer nos devoirs et, après addition et soustraction, voir la somme qui reste ; par là on saura combien l'on doit à chacun » (Cicéron, *Traité des devoirs*, I, XVIII, 59, 1962, p. 515).

Notons enfin que Thomas d'Aquin, tout en prenant appui sur la définition qu'Aristote a donnée de la prudence, notamment dans son rapport aux réalités contingentes et à l'action par opposition à la production (Thomas d'Aquin, *Somme* 2a-2ae, Q. 47, Art. 5, 1949, p. 35), s'en éloigne en ancrant davantage la prudence dans l'immuabilité de règles universelles, et en plaçant la conscience supérieure qu'est la syndérèse en son gouvernement : « La fin n'appartient pas aux vertus morales comme si elles-mêmes fournissaient la fin, mais parce qu'elles tendent à la fin fournie par la raison naturelle. Elles y sont aidées par la prudence qui leur prépare la voie en disposant ce qui est pour la fin. D'où il suit que la prudence est plus noble que les vertus morales et les met en mouvement. Mais la syndérèse meut la prudence, comme l'intelligence des principes meut la science » (Q. 47, Art. 6, 1949, p. 40; voir aussi l'Appendice II de T.-H. Denan).

Traiter dans un même cadre le rapport général/particulier, et la question de l'équité, est très exactement la fin que nous nous sommes donnée dans notre recherche. C'est dans cette visée que nous avons cherché à élaborer un cadre adéquat pour rendre compte de la confrontation entre plusieurs principes de justice. Une fois ce travail accompli, nous disposons d'une construction qui permet d'envisager la distinction du général et du particulier, structure commune à toutes les cités, comme la réduction d'un univers à plusieurs mondes. Ce sont les tensions inhérentes à cette pluralité des principes d'accord que le jugement équitable cherche à apaiser par des accommodements et par le recours aux circonstances atténuantes. La délibération, qui est le propre d'un homme prudent (Aristote, *Eth. Nic.*, VI, 5, 1140a), peut ainsi trouver son expression moderne dans l'impératif de justification, tel qu'il se manifeste dans un univers à plusieurs mondes communs.

Nous avons donc étudié la mise en œuvre des principes supérieurs communs et leur déploiement dans des mondes, à partir de guides destinés à l'action. Écrits pour des personnes inexpérimentées et destinés à un usage pédagogique et quotidien, ces guides décrivent des situations typiques ou des scènes modèles, et constituent des sources importantes d'énoncés relevant de ces différents mondes. Ils proposent des solutions élégantes aux tensions qui habitent ces cas d'école, et énoncent, souvent sous la forme lapidaire du précepte, les règles qui servent de prémisses à l'invention des situations ordinaires, sans être soumis à la nécessité d'abstraction et de systématisation des philosophies politiques. Les arts de prudence, ou les civilités, proposent ainsi des compilations de recommandations pratiques enseignant les façons normales de se conduire propices à notre étude parce que, à la différence de manuels quelconques enseignant une technique ou un art, ils visent à la justification de ces conduites par une visée du bien commun. Ainsi en est-il des préceptes de Ferdinand Lhote pour la création artistique, des imitations ou des exercices spirituels, des guides du savoir-vivre, des manuels d'instruction civique, etc.

Cependant, le dépouillement de semblables ouvrages risque de favoriser l'idée, avec laquelle nous sommes en désaccord, de sphères de pertinence séparées, idée qui suppose que les personnes soient elles-mêmes spécialisées ou, s'il s'agit des mêmes personnes, qui laisse sans réponse la question du passage d'une sphère à une autre. Ainsi, afin d'éviter cette solution de facilité et d'affronter la question des relations entre mondes, telle qu'elle se pose aux personnes passant de l'une à l'autre, nous n'avons pas voulu nous reposer, par exemple, sur un manuel domestique portant exclusivement sur la façon de mener convenablement sa maison, et dans lequel on trouverait l'exposé d'assemblages naturels mais non la pression et la menace de différends attachés à la présence possible d'êtres d'un autre monde.

Nous nous sommes donc donné deux contraintes dans le choix de ces guides. La première est que chacun des ouvrages analysés corresponde à une des cités présentées dans le chapitre précédent et la déploie de la façon la plus exemplaire et la plus pure possible. La seconde est que les six guides aient pour point d'application un même espace. Nous avons en effet fait l'hypothèse que les mêmes personnes pouvaient se référer à toutes les grandeurs, à la différence de l'hypothèse qui attache des systèmes de valeurs ou des cultures à des membres d'un même groupe social ou d'une même institution, valeurs intériorisées sous forme de préceptes éthiques ou de dispositions auxquels une personne particulière pourrait obéir dans toutes les circonstances de la vie. Si notre hypothèse n'est pas fausse, on doit pouvoir, pour un même type d'univers ou d'institution et, par conséquent, pour les mêmes personnes, trouver des guides correspondant à chacune des cités qui ont été identifiées. Nous avons donc cherché des manuels de prudence ayant trait à un espace dans lequel les personnes ont toujours à leur disposition des ressources naturelles diverses, permettant de soutenir une justification selon un grand nombre de principes supérieurs communs. Le maintien de la cohérence d'un engagement réclame alors d'écarter les êtres qui distrairaient la situation en appelant d'autres justices et qui conduiraient au *différend*, tel que nous l'examinerons dans la partie suivante.

L'entreprise est aujourd'hui un tel lieu : la présence simultanée de ressources hétérogènes, par leur mode de cohérence et les principes de justice sous-jacents, y est problématique. Des situations voisines dans l'espace et dans le temps y sont justifiées selon des principes divers, ce qui est propice à la mise en évidence des différentes façons dont les mondes s'objectivent. Aussi existe-t-il, dans cet univers, un très grand nombre d'ouvrages destinés à apprendre aux gens à bien se conduire et à leur enseigner les méthodes à suivre pour composer les situations les plus diverses. Nous avons donc choisi des manuels qui, tout en se donnant le même théâtre d'opération, l'entreprise, et en s'adressant aux mêmes personnes, vivaient des engagements de natures différentes et enseignaient des prudences relevant de différents principes de justice.

Ces ouvrages contemporains, qui font office de manuel ou de guide, sont destinés à des cadres d'entreprise. Chacun d'eux a été choisi parce qu'il privilégiait l'un de ces mondes et prescrivait comment agencer les situations les plus naturelles et les moins chargées de tensions sous-jacentes : comment favoriser la créativité des gens; comment instaurer des relations domestiques convenables et faire preuve d'un bon esprit avec son chef, ses subordonnés, ses collègues, ou encore avec des visiteurs ou des clients; comment assurer la renommée d'une entreprise, d'une personne, d'un produit et faire valoir l'opinion dans des activités de relations publiques; comment construire, dans l'entreprise, des situations où les différentes personnes soient les unes aux autres dans un rapport civique (élire et désigner les délégués); comment aménager une situation définie uniquement par référence au marché qu'il faut conquérir (l'efficacité commerciale); comment enfin établir des situations construites tout entières par référence à l'utilité du travail (la productivité)? Ces ouvrages proposent des conseils pratiques de *prudence* et non des systèmes de philosophie politique, comme les textes canoniques dont nous avons extrait les cités et qui sont d'ailleurs, pour la plupart, inconnus des auteurs des manuels.

Soulignons cependant que ces différents manuels ont tous partie liée, ne serait-ce que par leur commune forme méthodique, au monde industriel. La prégnance, dans les entreprises, d'un monde fondé sur l'utilité tend à fondre les différentes formes du général dans le mode d'expression où se formule la technologie et incite à transmettre les formes pourtant si diverses de *prudence*, associée, aux différents mondes, au moyen de procédés pédagogiques qui sont normalement utilisés, dans le monde industriel, pour transmettre la technologie, et qui s'énoncent eux-mêmes dans le langage de la technique : les techniques pédagogiques.

Ainsi, pour ne prendre qu'un exemple, les prémisses qui sous-tendent la grandeur de l'inspiration et qui, dans les exposés canoniques, s'exprimeront sous forme d'anecdotes ou d'énigmes, c'est-à-dire de façon singulière, prendront souvent, dans les ouvrages analysés ici, la forme de dispositifs reproductibles. C'est dire aussi que les guides utilisés pour déployer les mondes correspondant aux différentes cités présenteront souvent des formes impures, au moins par référence aux modèles canoniques. Il peut arriver même, comme on le verra mieux par la suite, que des énoncés qui portent au cœur de la cité apparaissent teintés d'ironie ou de distance, c'est-à-dire sous une forme critique et non sous la forme d'un précepte ou d'une règle, comme si l'auteur n'avait pu complètement échapper au monde industriel pesant sur son enseignement. Mais cette caractéristique sera mise à profit pour entreprendre, après le premier inventaire des différents mondes auquel est consacrée la fin de ce chapitre, un répertoire des formes les plus souvent attestées de *critiques* et de *compromis* entre mondes.

Nous avons donc voulu tenter l'exercice suivant : extraire, en empruntant exclusivement des termes et des formulations présents dans chacun de ces guides, six échantillons représentatifs des mondes dans lesquels se retrouvent les cités décrites plus haut, déployées et réalisées conformément à leurs principes de grandeur. Nous avons recomposé ces échantillons des mondes sur le même modèle, selon la grille présentée plus haut. Elle détermine les catégories employées (*principe supérieur commun, dignité des personnes, état de grand,* etc.) et permet la comparaison entre mondes, le passage aisé de l'un à l'autre en suivant une même catégorie et en parcourant les tableaux « en ligne », en quelque sorte.

Dans chacune de ces rubriques la matière du tableau est brossée à plat, sans distance critique. Une distance serait en effet fondée sur le soupçon d'une vérité cachée sous les apparences, perspective en profondeur couramment entretenue dans la littérature des sciences sociales. Mais une telle réduction s'appuie, comme le montrera plus précisément le chapitre suivant, sur les mêmes figures de dénonciation d'une grandeur par une autre que celles que nous nous proposons d'étudier dans des prises de position politiques, dans le cours des affaires économiques, ou dans le commerce des relations personnelles. De semblables mises à distance empêchent de voir s'installer la réalité d'un monde, pourtant bien connue autant des grammairiens que de toute personne qui se trouve un moment engagée dans une situation conforme à ce monde, et dont il n'est pas besoin de supposer qu'elle se prête à un « jeu » ou occupe des « rôles » pour expliquer sa conduite. Le soupçon met donc nécessairement en péril notre exercice, par l'introduction parasite d'une grandeur étrangère qui sert de levier à l'écart critique. C'est donc à un abandon du sens critique qu'invite la lecture de chaque description, « en colonne », d'un monde, à une immersion qui produit un sentiment d'extrême évidence, de banalité, bref de *naturel*, ce naturel qui s'impose justement à toute personne engagée dans une *situation qui se tient*, et que nous nous sommes donné pour objet d'étude. Et comme toute personne engagée, le lecteur ne peut se déprendre de cette adhérence topique, de cette adhésion, qu'en prenant appui sur un autre monde, qu'en sautant d'un tableau à un autre.

Les échantillons des mondes que nous présentons montrent donc la possibilité de déployer aujourd'hui ces différents mondes et leurs cités de référence, et cela dans des situations réalisées à l'intérieur d'un même espace (celui de l'entreprise) et avec les mêmes personnes (ses salariés). Outre cette démonstration, ils pourront servir d'instrument au lecteur qui, en se reportant à ces réductions imagées, disposera d'un moyen pratique pour se retrouver rapidement dans l'un des mondes ou pour en reconnaître la présence dans l'enchevêtrement d'une situation complexe. Comme l'ont montré des travaux reposant sur d'autres corpus, notamment un ensemble d'observations et d'entretiens avec des salariés d'une banque interrogés sur les bonnes façons d'agir et de juger pour octroyer un crédit (Wissler, 1987), le choix des livres n'est pas de grande conséquence sur le répertoire produit. Tous les ouvrages destinés à guider l'agencement de situations définies par référence à une même cité contiennent à peu près les mêmes termes et font référence aux mêmes objets.

Le guide du monde inspiré. Pour représenter le *monde inspiré,* nous avons choisi l'ouvrage de B. Demory, de 1974, *La Créativité en pratique* (Paris, Chotard et associés éditeurs). *La Créativité en pratique* est un guide à l'usage des entreprises écrit par un conseiller en créativité. Des différents ouvrages utilisés pour faire le relevé des dispositifs et des êtres pertinents dans les différents mondes, ce guide peut sembler, au premier abord, le moins approprié. En effet, la cité de l'inspiration étant très peu instrumentée (puisqu'elle suppose l'instauration d'une relation directe de la personne au supérieur commun), un ouvrage en forme de guide ne peut que la trahir. Les conseillers en créativité doivent enseigner ce qui ne peut l'être et rendre ouvert à tous l'accès à des états inspirés qui, dans la description qu'en donnent les textes canoniques de la cité, ne peuvent être atteints sur commande. Le guide de créativité utilisé ici doit donc, comme tous les ouvrages du même genre, se maintenir dans une position instable. Se situant dans le monde inspiré, il sépare nettement les situations créatives de situations construites selon d'autres mondes, notamment en les dénonçant (comme on le voit, par exemple, chaque fois qu'il s'agit d'opposer la créativité aux routines scolaires d'enseignement, relevant du monde industriel). Mais il doit aussi sortir de la cité ou même en dénoncer les expressions canoniques pour ouvrir la possibilité d'un *apprentissage de la créativité,* au moyen d'exercices méthodiques de nature industrielle justifiant l'existence du guide et, plus généralement, la *profession* de celui qui en est l'auteur. C'est dire que les compromis avec le monde industriel, qui sont présents dans tous les guides relevant d'autres mondes analysés ici, seront particulièrement nets dans le cas de la grandeur de l'inspiration.

LE GUIDE DU MONDE DOMESTIQUE. L'ouvrage de P. Camusat, de 1970, *Savoir-vivre et promotion* (Paris, Éditions d'organisation), nous servira à représenter le *monde domestique.* Il s'agit d'un ouvrage explicitement écrit, comme il est précisé dans l'introduction, pour transmettre l'art des relations personnelles harmonieuses aux autodidactes ayant bénéficié d'une promotion dans les entreprises. Cet ouvrage convient par là particulièrement bien à l'analyse de la façon dont un monde domestique peut se déployer sur le lieu de travail. En effet, un grand nombre d'éléments qui relèvent plutôt du monde industriel (y compris ce qu'on appelle dans la science du management les « relations humaines ») s'y trouvent retraduits dans le monde domestique.

Cet ouvrage est plutôt centré sur l'entreprise et sur les relations de travail. Mais une partie est consacrée à la famille et aux relations familiales, et l'auteur s'en explique en insistant sur le lien entre la réussite professionnelle et la vie de famille : « Toutefois d'aucuns pourront s'étonner qu'à côté de la vie professionnelle ou de la vie publique, une partie de ce Savoir-Vivre soit consacrée à la vie privée. Cela ne regarde personne, diront-ils. Bien sûr, il n'est pas dans notre intention de nous immiscer dans la vie intime de qui que ce soit, mais bien de traiter du problème familial qui est d'une importance capitale dans le cadre de la réussite sociale » (p. 49).

LE GUIDE DU MONDE DE L'OPINION. L'ouvrage de C. Schneider, daté de 1970, *Principes et techniques des relations publiques* (Paris, Delmas), nous introduira dans le *monde de l'opinion.* Il est consacré à l'art des relations publiques qui n'est cependant pas entièrement contenu dans ce monde. Ainsi que l'indique le terme de « relation », les relations publiques sont toujours à la limite du monde domestique, comme on le voit bien dans le cas des rapports entre attachés de presse et journalistes, tels qu'ils sont présentés dans cet ouvrage. Mais ces relations visent à la construction d'une grandeur de renommée.

D'autre part, les relations publiques peuvent glisser vers le monde marchand. Il est répété à plusieurs reprises, dans ce guide, que le but des relations publiques est d'accroître la renommée et non pas de vendre. Plusieurs des exemples utilisés sont destinés à montrer que l'on peut faire des relations publiques pour accroître la renommée de quelque chose qui n'est pas à vendre (ex. une ville, un homme politique, etc.). Mais, en nombre de cas et en particulier chaque fois qu'il s'agit d'accroître la renommée d'un produit, la vente est présentée à la fois comme un indicateur et comme un des buts que vise l'accroissement de la renommée. Cette tension apparaît bien dans la distinction, nettement marquée à plusieurs reprises, entre les relations publiques et la publicité ou le marketing. La publicité et le marketing s'intéressent aux personnes en tant que consommateurs et sont sanctionnés par un acte d'achat. Les relations publiques s'intéressent aux personnes en tant qu'elles ont une opinion sur un produit, qu'elles lui sont favorables ou défavorables. C'est en cela qu'elles forment un public (une opinion publique). Appliquées aux entreprises, les relations publiques impliqueront nécessairement un compromis entre le monde de l'opinion et le monde marchand.

Enfin, les relations publiques engagent un rapport industriel au monde de l'opinion, le même genre de compromis étant réalisé dans les sondages. On le voit par exemple dans l'opposition sur laquelle insiste ce guide entre les campagnes de relations publiques et les rumeurs : les relations publiques doivent contrôler les rumeurs qui naissent et prolifèrent spontanément à l'occasion d'un défaut d'information. Les relations publiques ont une instrumentation industrielle. On peut tâcher de mesurer leur productivité, elles peuvent obéir à un critère d'utilité, etc.

LE GUIDE DU MONDE CIVIQUE. Pour analyser la façon dont des situations du *monde civique* sont agencées dans les entreprises, et pour faire un premier relevé des dispositifs et des êtres dont la présence se révèle aux personnes dans les situations civiques, on utilisera deux guides syndicaux publiés par la CFDT et qui se complètent de façon à ne former qu'un seul ensemble. Il s'agit des brochures suivantes de la collection CFDT/pratique syndicale éditées et diffusées par Montholon Services : *a*) CFDT, 1983, *Pour élire ou désigner les délégués*; *b*) CFDT, 1981, *La section syndicale*.

Régies par des lois (droit social), les formes d'organisation du personnel des entreprises et, plus précisément, d'organisation syndicale, sont directement inspirées des instruments établis, particulièrement après la Révolution française et tout au long du XIXe siècle, pour mettre en œuvre un principe supérieur commun civique. Ce principe, comme nous l'avons vu dans la formulation topique extraite du *Contrat social*, n'est guère propice à une instrumentation lourde, la délégation ou la représentation n'échappant pas elles-mêmes à la critique. Aussi, l'équipement des objets et des dispositifs rapportés dans les manuels examinés empruntera-t-il souvent à d'autres mondes, notamment au monde industriel.

La première brochure (*Pour élire ou désigner les délégués*) est la plus pure. On sait en effet que les élections, auxquelles cet ouvrage est consacré, sont les épreuves du monde civique. Il s'agit ici d'élections professionnelles (ce qui suppose un compromis avec le monde industriel) mais les instruments mis en œuvre et le langage utilisé appartiennent nettement au monde civique. Les mises en scène et les dispositions civiques, les références nombreuses à la loi et au droit figurant dans cet ouvrage, sont associées à une dénonciation explicite ou tacite des situations qui, dans l'entreprise, se trouvent ordonnées selon un autre monde, particulièrement lorsqu'elles se trouvent régies par une logique marchande ou surtout, dans le cas présent, lorsqu'elles sont fondées sur un lien d'ordre domestique. Ainsi, il est souvent rappelé que la possibilité d'établir, dans l'entreprise, des situations où sont mises en œuvre des procédures civiques, suppose le détour par l'intérêt général et le recours à une souveraineté désincarnée. Ce détour implique la rupture d'une autre forme de lien social réalisé, à l'inverse, par des liens de type domestique fondés sur des dépendances personnelles, c'est-à-dire, d'un point de vue civique, arbitraires et injustes.

LE GUIDE DU MONDE MARCHAND. Pour représenter le *monde marchand,* nous avons dû recourir à un ouvrage étranger, celui de M. H. McCormack, *Tout ce que vous n'apprendrez jamais à Harvard. Notes d'un homme de terrain* (Rivages/Les Échos, traduit par M. Lebailly; édition originale, *What they don't teach you at Harvard Business School,* 1984), car nous n'avons pas trouvé d'ouvrage français contemporain présentant, sous forme de guide, l'art de réussir dans les affaires. Les livres dans lesquels il est question de commerce ou de vente exposent peu d'assemblages purement marchands, tant est présent le monde industriel déployé dans des techniques de vente, des méthodes (*marchandising...*), des plannings, des calculs, des graphiques. Ce manque fait ressortir le fait que, bien que les principes marchands soient instrumentés par une discipline savante, et bien que le monde marchand soit fréquemment impliqué dans des situations ordinaires où des gens font valoir leur richesse, la grandeur marchande est loin d'avoir, en France, la portée politique qu'elle a aux États-Unis. Cette relative faiblesse est, bien sûr, à rapprocher de la réalisation des cités civique et industrielle sur lesquelles s'appuient les critiques de la grandeur marchande. Ajoutons que l'auteur de l'ouvrage utilisé marque clairement l'incommensurabilité des grandeurs marchande et industrielle par de nombreuses dénonciations de cette dernière. Il observe d'ailleurs à propos du titre de son ouvrage : « Ce produit-ci, par exemple – ce livre – s'il était intitulé *Principes pratiques de gestion,* attirerait certainement un tout autre public, probablement plus limité. »

L'ouvrage américain que nous avons choisi parce qu'il avait été traduit en vue de le rendre disponible à un public français répond bien, en revanche, à nos exigences (il n'en manque d'ailleurs pas de semblables, dans la littérature américaine). Il présente l'avantage de réunir des conseils pratiques sur l'art des affaires en puisant dans l'expérience de son auteur (le sous-titre précise : « Notes d'un homme de terrain ») qui porte sur des biens marchands particulièrement détachés du dispositif de production industrielle. S'agissant de commercialiser le nom de personnes (en l'occurrence des sportifs) ou d'institutions connues (fondation Nobel, Vatican), le poids des contraintes techniques de fabrication du produit s'en trouve réduit, alors qu'il est beaucoup plus lourd de conséquences dans les préceptes de marketing portant sur des produits manufacturés classiques. Les compromis les plus développés dans cet ouvrage sont donc frayés avec le monde de l'opinion.

Le petit monde du sport que l'auteur connaît bien, avec ses grandeurs, ses épreuves et ses règles, peut servir, ainsi que nous l'avons indiqué précédemment, de modèle réduit de cité. La figure du champion ou du « crack » (« j'ai longtemps été fasciné, à la fois professionnellement et psychologiquement, par ce qui fait d'un sportif un champion », p. 235) permet de glisser d'une valeur sportive à une grandeur de renom ou marchande : « Sans cette assimilation antérieure d'Arnold [Palmer : champion de golf] au haut-de-gamme, notre client ne leur aurait pas paru aussi désirable » (p. 120). Cette évocation de la sphère du sport est renforcée par le fait que le principe supérieur commun de la cité marchande, la concurrence, comprend une rivalité de personnes qui n'est pas sans rappeler la compétition des sportifs. Cependant l'auteur marque bien la différence, soulignant que, dans la cité marchande, il n'y a pas la primauté insurmontable qu'on accorde aux champions. « Mais rivaliser en affaires, ce n'est pas là même chose que rivaliser dans le sport. Dans les deux cas, le but est de gagner, de battre quelqu'un d'autre. Mais en affaires, le jeu n'a pas de fin; il n'y a pas de primauté insurmontable. La concurrence a toujours le temps de vous rattraper » (p. 190).

LE GUIDE DU MONDE INDUSTRIEL. L'ouvrage de M. Pierrot, de 1980, *Productivité et conditions de travail; un guide diagnostic pour entrer dans l'action* (Paris, Entreprise moderne d'édition), nous a servi comme base de données sur le *monde industriel*. Son titre indique déjà que ce manuel se propose de dépasser le cadre de ce monde, à la différence des innombrables précis techniques décrivant les rouages et les routines du fonctionnement normal d'une entreprise. L'objectif du manuel est de composer l'impératif de productivité, qui exprime parfaitement le principe supérieur commun du monde industriel, avec un mot d'ordre d'amélioration des conditions de travail qui, comme tous les préceptes se proposant de prendre en compte les aspects sociaux de l'entreprise, suppose un compromis avec le monde civique, visant à mettre en valeur la dignité humaine de l'homme au travail. On pourra donc trouver dans cet ouvrage non seulement un équipement de base de la grandeur industrielle, qui ne peut être que partiel au regard de l'étendue de l'appareillage objectif particulièrement développé dans ce monde, mais aussi une variété de compromis avec le monde civique qui seront examinés dans le chapitre suivant.

Chacun des six ouvrages a été travaillé de la même façon. Nous nous sommes donné pour objectif d'isoler, d'extraire et de réunir sous une forme facilement accessible les principaux éléments dont il faudrait pouvoir disposer pour recomposer le texte initial de la façon la plus fidèle possible, si par aventure la version d'origine se trouvait détruite ou perdue, ou encore pour inventer des énoncés nouveaux qui puissent y être insérés sans déparer. Nous avons pour cela constitué un premier répertoire rassemblant les êtres spécifiques au monde considéré, chaque entrée étant accompagnée d'un ou plusieurs exemples. Nous avons ensuite traité ce répertoire à l'aide de la grille qui, étendant les catégories élémentaires du bien commun, a été conçue pour rendre compte de l'ordre naturel, des agencements pertinents et des rapports qui peuvent en être donnés. La liste des êtres (sujets, objets, relations, etc.) extraits du répertoire est indiquée en tête de chaque catégorie de la grille, suivie par un texte confectionné sous la contrainte de faire appel au plus grand nombre possible de ces êtres naturels. Ce texte, destiné à faire entrer le lecteur de plain-pied dans le monde et sa facture, dépourvu de toute extériorité critique, ne peut que créer une impression d'évidence et de redondance proche de celle éprouvée lors des grands moments d'adhésion à une situation naturelle. Il s'agit de rendre une réalité nue, un monde sans épaisseur ni au-delà et, par conséquent, sans lieu d'où une dénonciation de ce qui est pourrait s'accomplir.

Un échantillon de chacun des mondes est ainsi *composé*, comme on dit en musique, en relevant les objets en accords. C'est, comme nous le verrons dans le chapitre suivant, la confrontation entre des accords incompatibles qui permet de dévoiler l'artifice des mondes opposés, un peu à la façon dont Berg utilise, selon Adorno, « l'accord parfait du *do majeur* » dans des passages par ailleurs détachés de la tonalité, « chaque fois qu'il est question d'argent », les « harmonies parfaites » comparables « aux expressions de circonstances du langage et encore plus à l'argent dans l'économie » servant à dénoncer la « banalité » et la facticité des relations marchandes : « La menue monnaie du *do majeur* est, dit encore Adorno, *dénoncée* comme fausse » (Adorno, 1962, p. 68 ; souligné par nous). Tout ce qui permet de construire la grandeur d'une cité peut ainsi être utilisé pour déconstruire des grandeurs établies par référence à d'autres principes supérieurs communs, en sorte que les mêmes appareils servent alternativement la composition topique et le dévoilement critique.

VI

PRÉSENTATION DES MONDES

Le monde de l'inspiration

Ce monde, dans lequel les êtres doivent se tenir prêts à accueillir les changements d'état, au gré de l'inspiration, est peu stabilisé et faiblement équipé. Est écarté tout ce qui, dans d'autres mondes, soutient et équipe l'équivalence, comme les mesures, les règles, l'argent, la hiérarchie, les lois, etc. Étant donné son faible niveau d'équipement, ce monde tolère l'existence d'épreuves intérieures peu ou pas objectivables, ce qui met la grandeur inspirée à l'abri de l'opinion des autres – indifférente aux marques de mépris – mais ce qui en fait aussi la fragilité. Le monde inspiré doit en effet affronter le paradoxe d'une grandeur qui se soustrait à la mesure et d'une forme d'équivalence qui privilégie la singularité.

Le jaillissement de l'inspiration (supérieur commun)
Inspiration.

Dans ce monde, les personnes peuvent être plus ou moins grandes en tant qu'elles sont toutes susceptibles de connaître le jaillissement de l'inspiration et d'accéder ainsi à la perfection et au bonheur.

Indicible et éthéré (état de grand)
Bizarre, Insolite, Merveilleux, Indicible, Inquiétant, Passionnant, Spontané, Émotionnel.

Dans un monde inspiré, l'état de grand a les attributs qui sont ceux de l'*inspiration* * elle-même, comme *illumination*, faveur gratuite, à la fois extérieure et éprouvée dans l'*expérience* d'une motion intérieure qui habite et qui *transforme* :

* Les mots en italique dans les chapitres VI, VIII et IX sont extraits du corpus des manuels examinés.

l'état de grand est un état *spontané*, c'est-à-dire indissociablement sincère et involontaire parce qu'il est un état intérieur que les êtres reçoivent du dehors. Il se manifeste par des *émotions* et des *passions* et est *vécu* comme *dévorant, effrayant, enrichissant, enthousiasmant, exaltant, fascinant, inquiétant,* etc. Est grand ce qui se soustrait à la maîtrise et, particulièrement, ce qui échappe à la mesure, surtout dans ses formes industrielles. La grandeur est souvent qualifiée négativement de façon à mettre l'accent sur ce qui fait défaut pour saisir, estimer et fixer. L'inspiré ne craint pas de se définir en reprenant les termes qui, dans une autre logique, le déprécient, comme lorsqu'il se qualifie d'*irrationnel*. A l'état de grand, les êtres échappent aux mesures industrielles, à la raison, à la détermination, aux *certitudes* de la *technique* et s'écartent du commun des choses pour « prendre des allures *bizarres* ». Ils se soustraient également aux dispositifs domestiques, abandonnent le bon sens pour l'*extravagance* et « rendent le familier *insolite* ». Ils savent reconnaître et accueillir ce qui est *mystérieux, imaginatif, original, indicible, innommable, éthéré* ou *invisible* et sont à l'aise dans les situations *informelles*.

L'inquiétude de la création (dignité)
Amour, Passion, Créer.

La passion qui les anime leur procure, indissociablement, le *désir* de *créer*, que l'inspiration a *réveillé* en eux, l'*inquiétude* ou le *doute*, l'*amour* pour l'objet poursuivi et la souffrance.

Les illuminés (sujets)
Esprit, Ombre, Monstre, Fée, Je, Enfant, Femme, Fou, Artiste.

Les plus grands selon l'inspiration sont souvent méprisés du monde, pauvres, dépendants, inutiles. Mais leur état misérable favorise précisément l'accès à la connaissance des figures vraiment harmonieuses du monde (*ciel, imaginaire, inconscient*, etc.). Tel est le cas de l'*enfant*, « curieux, *inventif* », *passionné,* des *femmes,* des *naïfs*, des *fous* et aussi celui des *poètes*, des *artistes* (de même « nature que la *femme* »), des *monstres*, « *créatures imaginaires inspirant l'effroi* », des *phénomènes*. Dans ce monde, où les êtres sont appréciés pour leur *singularité* et où le plus général est le plus *original*, les grands sont à la fois uniques et universels. On passe sans transition de la singularité du *je* à la généralité de l'*homme*. Ainsi, les *artistes*, qui incarnent aujourd'hui souvent la grandeur inspirée, sont grands parce qu'ils comprennent les autres dans la singularité d'un nom propre : *Baudelaire, Cocteau, Einstein, Galilée, Mozart, Shakespeare*, etc. Il existe, dans cette logique, des êtres plus grands encore que les artistes, ceux des mondes *magiques* (*ombres, fées, mages*), mais leur évocation est toujours accomplie, dans l'ouvrage utilisé ici, sur le mode profanatoire.

Le rêve éveillé (objets)
Esprit, Corps, Rêve, Inconscient, Drogue.

La pauvreté mène à la grandeur par le dépouillement qui laisse le corps à nu. En effet, dans le monde inspiré, les objets et les dispositifs qui équipent la grandeur ne sont pas détachés de la personne. Ils relèvent indifféremment de l'*esprit* et du *corps* (le *don* peut se manifester aussi bien par des gestes que par des mots) qui sont préparés pour accueillir l'inspiration, c'est-à-dire coupés de ce qui les lie à des dispositifs d'autres natures et placés dans un état de disponibilité. Il faut, pour *se dépasser, descendre* là où la grandeur peut se manifester – c'est-à-dire en *soi-même*, « effectuer une sorte de *voyage mental* », « en quelque sorte un *voyage* sans *drogues* », dans l'*inconscient*, pour y *réveiller* par le *rêve* et par le *rêve éveillé* des « facultés assoupies », « savoir utiliser le *sommeil* », s'abandonner à la *rêverie*, « ne pas penser sans cesse à être utile, efficace, logique, rationnel ». On peut obtenir les mêmes résultats en utilisant des « procédés empruntés aux *religions extrême-orientales*, au *zen* et aux approches *psychanalytiques* ».

L'évasion hors des habitudes (investissement)
Remettre en question, Risque, Détour.

L'accès à la grandeur inspirée réclame ainsi le sacrifice des formes de stabilisation et des appareils qui assurent, dans d'autres mondes, l'identité de la personne. Il faut « *s'évader* de l'habitude et de la routine », « accepter de prendre des *risques* », « rejeter les habitudes, les normes, les principes sacro-saints » et tout *remettre en question* en se libérant de « l'inertie du savoir ». Les opérations qui désignent l'action de se soustraire aux mondes alternatifs (dénoncés comme illusoires) prennent ici un relief particulier : se disposer à la grandeur c'est « *quitter* son attitude mentale rationnelle », tout *abandonner* pour *se consacrer* à sa vocation, *muer, se débarrasser* du vieil homme. Pourtant, ce n'est pas ce renoncement lui-même qui donne accès à la grandeur dont la venue n'est jamais prévisible, mais une « suite de *singuliers hasards* » : « Aucun *peintre*, aucun *musicien*, aucun *écrivain*, aucun *chercheur scientifique* ne peut prétendre réussir, à chaque fois [...]. Il sait, au contraire, qu'il devra essuyer des *échecs, piétiner* pendant de longues périodes, recommencer et recommencer avant d'aboutir. » Les « *aléas* de la création » (« avec tout ce qu'elle comporte d'*incontrôlé* et de *mystérieux*, heureusement... »), ses *détours*, réclament l'*humilité* qui permet de « dépasser l'orgueilleuse assurance de l'expert ».

La valeur universelle de la singularité (rapport de grandeur)
Génie, Indépendant.

Les grands inspirés comprennent les autres êtres, les englobent et les réalisent, non en représentant ce qu'ils auraient tous en commun (comme, par exemple, les porte-parole dans le monde civique) mais, au contraire, en affirmant leur singularité. C'est par ce qu'ils ont de plus *original* et de plus *singulier*, c'est-à-dire par leur *génie* propre, qu'ils se donnent aux autres et servent le bien commun. Ils ont donc pour devoir de secouer le joug, de s'écarter du troupeau, de rechercher la *libération individuelle*, non dans un but égoïste, mais pour accomplir la dignité humaine en rétablissant entre les êtres des relations authentiques.

L'alchimie des rencontres imprévues (relations)
Créer, Découvrir, Recherche, Imaginer, Rêver, Exploser (faire).

Dans le monde inspiré, les relations naturelles sont des relations de création. Chaque être crée et se laisse créer par les autres. Il faut donc adopter un état d'*ouverture*, une *attitude d'accueil* pour laisser faire « la mystérieuse *alchimie* de la *création*, l'*alchimie* des choses et l'*alchimie* du *verbe* », qui *compose* un monde toujours vague et mouvant : nous parlons par *nébuleuses*, d'une richesse inouïe, d'une infinie variété de significations et, par là même, d'une très grande imprécision ». L'inspiré est disposé à se mettre en *état de recherche*, à « entrer dans des *rapports d'affectivité*, seuls rapports qui engendrent la *chaleur*, l'*originalité* et la *créativité* entre individus », à *rêver*, à « *imaginer* », c'est-à-dire à « *concevoir* ce qui n'est pas », à *créer* (*art, cinéma, littérature, peinture, théâtre*), à favoriser des *rencontres*, à « faire naître des *questions* », à faire des *jeux de mots et d'esprit* qui entraînent « dans d'autres univers », à réaliser des *transmutations*.

La réalité de l'imaginaire (figures)
Imaginaire, Inconscient.

C'est en effet seulement dans des univers détachés de la réalité, de la « démoralisante réalité », c'est-à-dire de ce qui se prétend tel dans d'autres mondes et particulièrement, dans le monde industriel, que les vraies grandeurs peuvent se manifester : il faut donc « faire exploser ce qu'on nomme la réalité ». Pour échapper à la réalité il convient de « se lancer dans l'*imagination* la plus *folle* », de « transformer les individus en explorateurs de l'*imaginaire* » pour les amener à accomplir une « descente dans l'*inconscient* », car « toute *création fait recours à l'inconscient* ».

Le vagabondage de l'esprit (épreuve)
Aventure, Quête, Voyage mental, Cheminement, Expérience vécue.

L'*aventure* est une *aventure intérieure* et le vrai *voyage* un *voyage* en *esprit*, un *cheminement*, une *quête*. Ce mode de translation s'oppose à tout ce qui, dans d'autres mondes et, particulièrement une fois encore, dans le monde industriel, saisit le mouvement dans l'accomplissement d'une détermination, dans une *trajectoire*, prévisible et par là « ennuyeuse ». Le *chemin* vers l'inspiration est « un chemin mal défini, plein de *détours*, fait de *rencontres* et de changements de direction », un *chemin buissonnier*, un *chemin d'invention* où *vagabonder* « hors des limites tracées », livré à l'*aventure* « aux *exaltantes promesses* ». Suivre ce *chemin* c'est « trouver ses *voies propres* ». Il mène vers l'*expérience d'états* particuliers « où les barrières sont levées », états du corps et *fêtes de l'esprit* qui sont les moments de plénitude de l'inspiration.

L'éclair de génie (jugement)
Illumination, Intuition, Jaillir, Apparaître, Chance, Bouillonnement, Révolution, Vertige, Dépasser (se), Chef-d'œuvre, Planer, Aura.

Dans ces grands moments, par exemple dans la *création* du *chef-d'œuvre*, l'inspiration se manifeste de façon *spontanée, subite*, désordonnée, saisissant le créateur et l'obligeant à « se *dépasser* soi-même ». Sa façon d'*apparaître* est de poser un *souffle* qui anime, qui tire « l'*imagination* de son engourdissement » et en provoque l'*envol*. Il est dans la nature de l'inspiration de *jaillir*, de *surgir*, de se manifester par un « *éclair* de *génie* », une « *étincelle* » qui provoquera l'apparition de l'idée, une *illumination* ou une *intuition insolite* qui *dérange*, entraînant à sa suite un « *bouillonnement* confus », un « *tourbillon étrange* ». Dans cet état, le monde est saisi par les *impressions* et les *sentiments*, par l'*aura* de *bonheur*, le *vertige*, l'*effroi* et les *tremblements*.

La certitude de l'intuition (évidence)
Fantasme, Symbole, Signes, Analogie, Images, Mythes.

Car le vrai monde n'est pas directement accessible aux sens. Il se donne à connaître au moyen de *signes* qui en dévoilent l'existence et en donnent l'idée sans pour autant le rendre présent. Ces *signes*, véhiculés par le *verbe* ou par l'*image*, prennent la forme de la coïncidence, de l'*analogie* ou de la *métaphore*. Toutes les coïncidences sont pertinentes parce qu'il « existe entre tous les éléments de notre univers des relations, souvent ténues ou purement intellectuelles ». La manifestation du probable réclame par conséquent un dispositif dans lequel les correspondances puissent se déployer et les transferts de sens s'opérer librement de façon à faire naître des *idées insolites*. Il faut adopter un « *langage* différent », celui des « *images*, des *fantasmes*, des *symboles*, des *mythes*, des *légendes* », traversé d'*associations*, ouvert au *fantastique*, au *rêve*, et « nourri de ce formidable entassement d'*images*, de *souvenirs*, de *mythes* accumulés sans même que nous en ayons eu conscience dans notre veille ». L'évidence prend la forme d'un état affectif, d'un *sentiment* intérieur et spontané, involontaire et fugace, dont la validité ne réclame ni l'approbation des autres (comme dans le monde de l'opinion) ni, comme dans le monde industriel, la construction d'une routine stabilisant les relations entre objets.

La tentation du retour sur terre (déchéance)
Figé, Habitude, Signes extérieurs, Reproducteur.

Le retrait hors du rêve conduit à la chute. Les êtres à l'état de petit sont définis par référence au monde de l'opinion, en ce qu'ils recherchent la considération et attachent de l' « importance » à la « position sociale » et aux « signes extérieurs de réussite ». Ils sont aussi qualifiés par des propriétés qui expriment à la fois la détermination et la reproduction de l'identique (par opposition à l'*original*) et la fixité et la stabilité de ce qui, sans lancée, ne peut croître ou encore de ce qui, retenu, est freiné : ils sont *figés* dans la répétition de la *routine* (industrielle) ou de l'*habitude* (domestique), sans pouvoir s'en *évader*, et *bloqués* dans la reproduction du déjà connu. Les *connaissances* acquises par l'*éducation*, la routine scolaire ou l'habitude familiale, font ainsi obstacle à ce qui porte à la grandeur, l'*émerveillement* ou l'*enthousiasme*. La cité se défait lorsque la *tentation du retour sur terre* l'emporte sur l'*envol*.

Le monde domestique

Le monde domestique ne se déploie pas seulement dans le cercle des relations familiales, surtout dans la conception restreinte et détachée de toute référence à l'ordre politique qui est aujourd'hui admise dans notre société. Il apparaît chaque fois que la recherche de ce qui est juste met l'accent sur les relations personnelles entre les gens. La grandeur qui, dans ce monde, est fonction de la position occupée dans des chaînes de dépendances personnelles, ne peut y être saisie que dans l'acception relationnelle de *plus grand que...* ou de *plus petit que...* Pour les mêmes raisons, l'exercice de la grandeur est soumis ici à des contraintes de lieu et de temps liées à la nécessité, pour manifester son importance, de se présenter en personne en présence des autres. D'où l'intérêt accordé à tout ce qui touche à l'apparat du corps, au vêtement, à la présentation. Les dispositifs de nature domestique sont faiblement appareillés en instruments de l'action à distance, particulièrement développés, au contraire, dans le monde civique qui insiste sur l'objectivité des règles détachées des personnes et sur les mécanismes de représentation. Les objets n'y sont pas appréhendés dans leur grandeur propre, comme c'est le cas dans le monde industriel, mais essentiellement en tant qu'ils concourent à l'établissement des relations hiérarchiques entre les gens (comme on le voit, par exemple, pour les objets qui servent aux mondanités) et aussi, indissociablement, en tant qu'ils permettent l'inscription de la grandeur des personnes et facilitent par là leur identification lors des rencontres. Dans le monde domestique, où les êtres sont immédiatement qualifiés selon leur grandeur, en sorte que leur manifestation comporte nécessairement la détermination de leur position hiérarchique, l'inscription de signes de la grandeur sous formes de titres, blasons, vêtements, marques corporelles, etc. est recherchée pour limiter l'incertitude des situations de rencontres personnelles et réduire les coûts d'identification. Mais l'importance qu'y revêtent les processus d'inscription tend à attacher les grandeurs aux personnes, comme on le voit de façon exemplaire dans le cas des titres inamovibles et, particulièrement, des titres héréditaires, ce qui a pour effet de rendre la critique impuissante puisqu'elle ne peut aboutir, dans nombre de cas, au but recherché, c'est-à-dire au renouvellement de l'épreuve. Les épreuves y prennent donc souvent la forme *dénaturée* d'épreuves de confirmation, comme on le voit à l'évidence dans cette expression archaïque du monde domestique que constitue le conte de fées, saturé d'anecdotes dans lesquelles un grand, caché sous les oripeaux d'un petit, est soumis à une épreuve qui dévoile sa grandeur inhérente (par exemple, « La Princesse sur un pois »).

L'engendrement depuis la tradition (supérieur commun)
Génération, Hiérarchie, Tradition.

C'est par la référence à la *génération*, à la *tradition* et à la *hiérarchie* qu'un ordre peut être établi entre les êtres de nature domestique. Ces trois termes sont eux-mêmes en équivalence parce que le lien de dépendance personnelle qui rattache au *supérieur*, toujours fait à l'image du *père* – dont l'état de grandeur est le plus élevé parce qu'il est l'incarnation de la *tradition* – peut être indifféremment conçue : le plus grand se trouvant à l'origine, on peut le lire soit comme une chaîne des générations soit comme une chaîne hiérarchique.

La supériorité hiérarchique (état de grand)
Bienveillant, Bien élevé, Avisé, Distingué, Discret, Réservé, Confiance (digne de), Franc, Fidèle.

Dans le monde domestique, les êtres à l'état de grand accomplissent la supériorité dans ses trois composantes : insérés dans une *hiérarchie*, ils sont grands par la relation qui les lie à des plus grands dont ils sont *appréciés*, par lesquels ils sont *considérés* et qui les ont attachés à leur personne. C'est en cela qu'ils se trouvent *distingués*, cette qualité ne supposant pas ici, comme dans le monde de l'opinion, la compétition de tous avec tous sur un marché de l'estime mais le *jugement* exclusif d'un *supérieur* ou d'un *chef* et le choix électif qui fait *sortir du rang*. Ils sont grands également parce qu'ils sont campés dans la *tradition*, c'est-à-dire *corrects* (par opposition, par exemple, à *légal* dans le monde civique ou à *exact* dans les dispositifs de nature industrielle). Ils existent dans la *continuité* (propriété des petits dans le monde inspiré) et possèdent toutes les qualités qui manifestent la *permanence*, comme la *fermeté*, la fidélité, l'*exactitude* (« l'*exactitude* est la *politesse* des *rois* »). Ces vertus se manifestent dans des conduites différentes selon que l'insistance est mise, d'une part, sur la relation avec des *intimes* ou avec des *étrangers* et, d'autre part, sur la relation avec des *supérieurs* ou des *inférieurs*. *Attentif* avec les *intimes* (par exemple le *conjoint*), auxquels on doit *prévenance, attention* et *correction*, le grand est *affable* avec les *visiteurs* : « Ce sont souvent les *visiteurs* qui font la réputation des *maisons*, aussi gagne-t-on toujours à être très *affables* à leur égard – quelle que soit leur importance. » *Face* aux supérieurs, les êtres dignes d'estime sont *déférents*, ce qui « n'implique pas pour autant la *platitude*, l'*opportunisme*, ou la *flatterie* ». Ils sont *francs*, présentent « leur point de vue » [...] « avec *franchise* » mais sans « s'opposer systématiquement », et entretiennent avec leur *supérieur* des relations de *confiance*. Cette attitude « tendra à créer un climat d'*entente* » fondé sur la *discrétion* et la *réserve* : « les meilleurs moyens de paraître *bien élevé* ». Néanmoins, ils « évitent la *familiarité* avec le *supérieur hiérarchique*, même s'ils le *connaissent personnellement,* surtout devant des *tiers*, et une égale *réserve* s'impose si le supérieur appartient à la *parenté* ». Inspirant *confiance* à *autrui*, les *supérieurs* sont *informés* et *avisés*. Dans le monde domestique, où la grandeur suppose la fidélité personnelle à un grand et l'appartenance à l'univers clos de la maison, les objets présentent un caractère d'autant plus *confidentiel* (par exemple une *lettre*) qu'ils touchent de plus près aux grands et la *discrétion* consiste à « refuser d'écouter les *ragots* et surtout de les transmettre ». Par rapport aux plus petits dont il est responsable, le supérieur a le devoir de les faire participer, selon leur *degré*, à ce qui fait sa grandeur. Si le supérieur est *bienveillant* et *serviable* avec tous, « tout le monde lui en saura gré ». La vraie grandeur suppose en effet la simplicité (agir « en toute *simplicité* »), la *délicatesse* (de *sentiments*) et la *prévenance* : « Il n'y a rien de plus odieux que celui qui, *sortant du rang*, se conduit de façon déplaisante avec ses *subordonnés* sous prétexte qu'il est le *patron.* C'est là où l'*éducation* prend tout son prix [...]. Aussi est-ce absolument inutile d'être *distant, cassant, humiliant.* Bien au contraire. Même si quelquefois la gentillesse peut passer pour de la *faiblesse*, elle finit toujours par être reconnue comme une forme d'*éducation* et n'en est que plus appréciée par la suite. Toutefois, « la *délicatesse* n'exclut pas la *fermeté* ». L'*éducation*, qui fait l' « homme *bien élevé* » chez qui la *réserve* s'unit à l'*aisance,* est enfin, précisément, ce qui associe l'état de grand à la *génération*, relation qui est établie ici (comme c'est souvent le cas lorsqu'un énoncé expose ce qui figure au cœur de l'ordre naturel) sur le mode de ce que nous désignerons plus loin par le terme de profanation : « Ceux qui détiennent ou croient détenir les secrets de la bonne *éducation* prétendent qu'il faut trois *générations*, au moins, pour arriver à former un homme *bien élevé.* »

L'aisance de l'habitude (dignité)
Bon sens, Pli, Naturel (le), Caractère.

Les grands agissent avec *naturel* parce qu'ils sont mus par des *habitudes*. Ce dispositif, chevillé au corps, assure la stabilité des conduites sans exiger l'obéissance à une instruction comme le veulent les *routines* de nature industrielle. Ainsi, il est « nécessaire » de donner à l' « enfant » un bon *pli* dès la plus tendre enfance : les *habitudes* prises de bonne heure n'étant jamais une contrainte et devenant rapidement un comportement *naturel*. « Seule l'*habitude* donne l'*aisance* » parce qu'elle rend les *convenances naturelles* (« une *courtoisie naturelle* »). Ces dispositions sont aussi *naturelles* quand, reposant sur le *bon sens* (« *principes* fondés sur le *bon sens* ») ou sur le *préjugé* (« obtenir immédiatement le *préjugé* favorable »), elles se trouvent être naturellement en *harmonie* avec la façon dont le monde se déploie. Le *naturel* (« chassez le *naturel*, il revient au galop ») désigne aussi, enfin, le *caractère* qui se révèle dans les façons de se conduire à l'égard d'*autrui* et se « reflète » dans la *présentation personnelle* et dans la *tenue*. Dans ce monde, la *tenue* est inhérente aux personnes parce qu'elle manifeste le *caractère* qui est l'*habitude* faite homme (« la *tenue personnelle* reflète l'individu »).

Les supérieurs et les inférieurs (sujets)
Grands êtres : Père, Roi, Ascendants, Parents, Famille, Grande personne, Chef, Patron.
Petits êtres : Moi-je, Célibataire, Étranger, Femme, Enfant, Chien et chat.
Autres : Visiteur, Entourage, Voisins, Tiers (un).

Dans un monde domestique, les êtres sont immédiatement qualifiés par la relation qu'ils entretiennent avec leurs semblables. Cette relation est une relation d'ordre lorsque les êtres appartiennent à la même *maison*. Le terme par lequel ils se trouvent désignés exprime dans ce cas leur importance et les définit comme grands ou petits, au sens, dans ce monde, de *plus grand que*... ou de *plus petit que*... Il fait pour cela référence aux êtres qui les comprennent ou à ceux qu'ils comprennent eux-mêmes, c'est-à-dire à ceux dont ils tirent origine ou à ceux qui, d'eux-mêmes, sont issus. Lorsque le principe de subordination est l'engendrement et que la relation aux origines s'établit par la reproduction, les plus grands êtres précèdent et les êtres plus petits succèdent dans la chaîne des générations : sont ainsi plus grands les *aïeux*, les *ascendants*, *grand-père et grand-mère, beau-père et belle-mère, oncles et tantes, les parents* et plus petits les *enfants*, ou les *jeunes filles*. Mais le principe d'engendrement ne se limite pas à la procréation et, dans une même *maison*, les grands êtres sont la cause première des petits hors des liens du sang : ainsi le *mari* (plus grand) fait, par le *mariage*, sa *femme* (plus petite); le (*maître*) ou la *maîtresse* de *maison* contiennent, et sont, les êtres qu'elle comporte : *célibataires, enfants,* (*domestiques*) (désignés ici par le terme de *personnel de maison* en compromis avec le monde industriel), animaux domestiques (« *chiens et chats abusifs* »). Dans un monde domestique, où les êtres peuvent être qualifiés dans une gamme étendue d'états de grandeur différents, les *plus-petits-que* sont toujours présents et désignés comme tels parce qu'ils sont la matière même avec laquelle se confectionne la grandeur des *plus-grands-que* qui les comportent. Aussi les personnes qui, si petites soient-elles, possèdent une dignité dans la subordination, ne sont-elles vraiment misérables que lorsqu'elles se trouvent détachées des unités qui les comprenaient soit par l'éloignement (*étranger*), soit encore par leur *égoïsme* : « En règle générale, on essaiera toujours de remplacer les *apartés* bruyants et les “ *moi-je* ” impératifs, par des *conversations* d'*intérêt général* dirigées par le *père*; les *repas* étant en fait les seuls moments où la *famille* se trouve *réunie*. » Principe de cohésion de la *famille* qui fait le lien aux origines, le *père* est, comme le *patron*, ou, autrefois, le *roi*, celui qui élève les êtres par la dépendance dans laquelle il les tient et qui ainsi les fait accéder à toute la grandeur qu'ils peuvent atteindre selon le degré qu'ils occupent. Les êtres étant toujours définis par une relation de subordination et toutes les relations de subordination étant équivalentes à la relation des *enfants* au *père*, les *grandes personnes*, les *personnes âgées*, et les *personnes importantes* sont homologues. De même, les petits êtres s'équivalent, sans qu'existe une particularité enfantine propre à distinguer les petits *enfants* des autres êtres subordonnés (*célibataires, domestiques*, etc.) dont les plus grands sont responsables. Enfin, lorsque les êtres ne sont pas directement qualifiés par l'appartenance à une unité hiérarchisée (*maison*, corps de métier, etc.), la relation qui les définit ne spécifie pas leur grandeur qui dépend de la grandeur de la personne avec laquelle ils sont en *relation* : un *ami*, un *confident*, une *connaissance*, un *égal*, l'*entourage*, un *intime*, un *invité*, une *relation amicale*, etc. peuvent être grands ou petits selon la grandeur de l'autre terme, et, à la fréquentation des grands qui élève, s'opposent les *mauvaises fréquentations* qui abaissent.

Les règles du savoir-vivre (objets)
Bonnes manières, Bienséance, Rang, Titre, Demeure, Présentation, Signature, Faire-part, Cadeaux, Fleurs.

Soutenir et manifester la relation hiérarchique entre les personnes constitue, dans le monde domestique, la détermination principale des objets. Ainsi, « les petits *cadeaux* entretiennent l'*amitié* » et lient parce qu'ils réclament un retour : « On *remercie* de tout envoi : *fleurs, cadeaux*, bonbons, livres, etc. » et, « principe sacro-saint : toute *lettre* exige *réponse* ». Les « *lettres* de *bonne année* » créent « un *lien familial* et des *habitudes* de *courtoisie* qui sont le fait d'*enfants bien élevés* ». Il n'en va pas autrement, dans les grands moments, des *félicitations*, des *condoléances* et des *vœux* ou encore du dispositif de *recommandation* qui est l'occasion d'échanger des marques de *confiance* de personne à personne : « Quand on confie une *lettre* à une personne pour qu'elle la transmette de notre part à une autre personne (*lettre d'introduction* ou de *recommandation*, etc.), on doit la présenter décachetée. Cela prouve que l'on fait *confiance* au messager. Mais la *correction* exige que ce dernier la cachète lui-même devant l'expéditeur. » Et de même, les « *règles* du *savoir-vivre* » comme les *règles de bienséance* ou les *bonnes manières*, qui, dans ce monde, appareillent la grandeur, relient et séparent en ouvrant et en fermant des *portes* : « Les *bonnes manières* chères à nos aïeuls ouvraient jadis bien des *portes*. » Inversement, « tel manquement aux *règles de bienséance* peut fermer des *portes* et la plus petite des *maladresses* peut avoir des conséquences sur le plan de la *situation* » (terme qui désigne ici un état professionnel en tant, précisément, qu'il dépend de la position occupée dans des chaînes de dépendance personnelle et de la *faveur* des *supérieurs*). Les objets qui circulent, des *fleurs* ou des *cadeaux*, jusqu'à la « moindre des *politesses* à l'égard d'*autrui* », signalent, par leur direction, la grandeur relative des personnes entre lesquelles ils se trouvent échangés. Ainsi, dans les *présentations*, « c'est toujours à la personne à laquelle on doit le plus de *respect* qu'on présente l'autre », si bien que, « dans la pratique, on nomme donc en premier la personne la moins importante ». De même, les *formules de politesse* varient selon qu'elles s'adressent « à des *subordonnés* », « à un peu tout le monde avec lequel on n'a aucune obligation particulière », « à des relations occasionnelles d'*égal* à *égal*, à des relations fréquentes d'*égal* à *égal*, à des relations d'*égal* à *égal* avec une nuance de *respect*, à un *supérieur hiérarchique*, à un client, à une *personne plus âgée*, à une *personne importante*, à une *dame*, à des *relations amicales* ou à des *intimes* », c'est-à-dire en fonction de la position respective des personnes en présence selon la hiérarchie, le sexe, l'âge, ou le degré d'*intimité*. La *poignée de main* est aussi un instrument de la grandeur, un outil fait avec du corps, qui selon l'ordre des gestes peut diminuer ou grandir : « C'est à lui (le *chef*) de vous *tendre la main* le premier et non à vous. » Les objets et les dispositifs sont ainsi ce par quoi les êtres se connaissent (par opposition à se méconnaître), c'est-à-dire connaissent leur grandeur, ce par quoi ils connaissent et déploient les grandeurs relatives des personnes en présence et aussi ce par quoi ils se font connaître. La disposition des *degrés* et des *rangs* (« *sortir du rang* ») permet de s'y retrouver dans les *hiérarchies* et de distribuer de façon à « être *correct* en toutes circonstances » la *déférence* et le *respect* : « En *principe*, s'il y a *hiérarchie*, il y a *degré* et, normalement, le *chef* a des raisons de vous être supérieur [...] par conséquent une certaine *déférence* lui est due. » Des dispositifs indiquent l'identité des personnes et les *annoncent* : « Il est préférable d'arriver à l'avance et de s'*annoncer.* » La *carte de visite* (« en bristol blanc de format et de caractère *classique* »), l'*en-tête*, sur lequel « on porte le *titre* », la *signature*, qui rompt l'anonymat, propriété des êtres détachés et misérables (« le côté *anonyme* assez déplaisant des *signatures* illisibles »), la *lettre manuscrite* qui identifie parce qu'elle porte la marque d'une écriture singulière (par opposition à la frappe à la machine, de nature industrielle, qui ne convient pas à « une lettre personnelle »), le *faire-part* par lequel « on *annonce* la *naissance* d'un *enfant* », sont des « *façons de se présenter* [...] qui évitent à l'interlocuteur de demander qui vous êtes ». Cette question est *désobligeante* parce qu'elle contient le reproche d'avoir laissé ignorer ce qui devrait être connu. Ces dispositifs d'identification révèlent la personne en la liant à une *maison*, à une *famille*, à un *milieu*, à une *société* (au sens de *bonne société*). En effet, « la *présentation* personnelle reflète le tempérament et le *caractère* de l'individu » à la façon dont « l'*habitation* » (au sens littéral de *demeure* comme matérialisation dans un équipement de la grandeur de la *maison* et de la *famille*) « est à l'image de ses occupants ».

Le rejet de l'égoïsme (investissement) Serviabilité, Devoir (et dette), Harmonie.

Les plus grands ont, dans le monde domestique, des *devoirs* (« plus encore que des *droits* ») à l'égard de leur *entourage* et, plus particulièrement, à l'égard de ceux qu'ils comprennent et dont ils sont, par conséquent, *responsables*. Ces *devoirs* réclament « le rejet de tout *égoïsme* » : « ce qui crée un malaise dans la *vie en société*, c'est de ne l'envisager qu'en fonction de soi-même et non des autres ». Ils se manifestent, par exemple, dans « la *gentillesse* et la *serviabilité* » qui « facilitent les rapports humains », dans la *considération* à l'égard d'autrui qui « rend la *vie en société* plus agréable », ou encore, dans la conduite *secourable* et dénuée de mesquinerie de celui qui n'*abuse* pas des *faibles*.

L'accomplissement de ces *devoirs* est ce qui fait l'*agrément* de la « vie en commun », ce qui « rend la vie *agréable* », ce qui permet aux *relations individuelles* d'être *harmonieuses*.

Respect et responsabilité (rapport de grandeur)
Autorité, Subordination, Respectabilité, Honneur, Honte.

En effet, dans le monde domestique, les plus grands comprennent les plus petits comme s'ils les avaient faits. Ils leur sont premiers dans l'ordre des *générations* et, indissociablement, dans les *hiérarchies*. Cette primauté est source d'*autorité*. Ainsi, « la génération du milieu a un rôle d'autant plus ingrat qu'elle doit, à la fois, faire preuve d'*autorité* vis-à-vis des *enfants*, et d'*égards* et de *prévenances* envers les *grands-parents* ». Les plus grands sont l'être des plus petits : les *supérieurs hiérarchiques* font la grandeur des *inférieurs* et définissent leur identité. Les *chefs* sont ainsi l'*honneur* des *subordonnés*. Réciproquement les petits, qui participent, par la dépendance personnelle, de la grandeur de ceux auxquels ils se trouvent *subordonnés*, sont une partie des plus grands qui les comportent et qui en portent la *responsabilité*. Ils n'en sont pas détachés et sont comme la chair de leur chair. Ce mode de compréhension des êtres s'exprime dans la *fierté*, le *respect*, la *honte*. Les plus petits sont *fiers* des plus grands qui les accomplissent, et les *surbordonnés* ont du *respect* pour des *supérieurs* qui les *considèrent* : « Un *subordonné* est toujours très sensible à la *considération* et à la *confiance* qu'on lui porte. Il fera tout pour les justifier et ce climat de *confiance* rend les rapports plus *agréables*. » De même, les plus grands sont *fiers* des plus petits qui sont partie d'eux-mêmes : « Ne jamais laisser un *enfant* quitter la *maison* sans s'assurer par une rapide inspection que tout est au point et qu'on peut en être *fier*. » Chacun comprend les autres selon la *respectabilité* que lui confère le *degré* de *subordination* où il se trouve. Aussi ne doit-on jamais, par exemple, « court-circuiter un *subordonné* en donnant une consigne au personnel sous ses ordres ». Mais ceux qui sont réellement *respectables* savent, en revanche, se *faire respecter*. Aussi, les parents outragés sont-ils fautifs : « Ils ont *mal élevé* leurs *enfants* puisqu'ils n'ont pas su s'en *faire respecter.* » En effet, les inférieurs ont la capacité de diminuer leurs *supérieurs* qu'ils engagent par leurs actes. Ils peuvent le faire en entamant leur honneur, ce qui suppose un compromis avec le monde de l'opinion : « Que dire de l'*épouse* qui, par sa faute, compromet l'honneur ou la réputation de son *mari.* » Mais aussi en *dilapidant* leur *héritage*, (ce qui engage une grandeur marchande), tel « l'*enfant* [...] qui *dilapide* allégrement le fruit du labeur dû au *père* ». Et c'est cette aptitude à provoquer le *respect* qui fait la véritable *supériorité* : « Il n'est qu'une seule *supériorité*, c'est non pas celle que confèrent les *bonnes manières* et leur application à des fins utilitaires et arrivistes ou tout bonnement conventionnelles, mais cette *supériorité* de " l'honnête homme " qui donne un sens à la vie, dans le rejet de tout *égoïsme* et dans le *respect* d'*autrui.* Il ne s'agit donc pas de paraître " comme il faut " mais d'être l'homme de valeur qui ajoute à ces qualités profondes ce quelque chose qui l'aide à mieux vivre et à mieux communiquer avec ceux qui l'entourent. » Ainsi, « la vraie *supériorité* s'impose d'elle-même. Elle n'est d'ailleurs réelle que lorsqu'elle n'est contestée par personne ».

Le commerce des gens bien élevés (relations)
Reproduire, Enfanter, Éduquer, Inviter, Donner, Recevoir, Rendre, Recommander, Remercier, Respecter.

L'accès à la supériorité passe par la bonne éducation. Dans un monde domestique, où les êtres doivent assurer la *permanence* et la *continuité* d'une *tradition*, les relations concernent d'abord l'*éducation.* En effet, « on jugera de votre *éducation* par celle de vos *enfants* ». C'est par l'éducation que se transmet le *naturel.* Pour bien se *tenir* et se conduire *correctement* avec *naturel*, il faut avoir été *bien élevé* : « Chassez le *naturel*, il revient au galop. [...] qu'on mette tout en œuvre pour que le *naturel* soit le résultat d'une *bonne éducation.* » Un monde bien ordonné est donc d'abord un monde où les enfants ont été *bien élevés*, et sont instruits des *bonnes manières*. Il est du devoir des *parents* de leur *inculquer* la *bienséance*, le *savoir-vivre*, de façon *continue*, durable et profonde, afin qu'ils deviennent à leur tour des personnes *bien élevées* : « Être *bien élevé* c'est savoir se tenir *correctement* en toutes circonstances. Être *bien élevé* c'est savoir se comporter *aisément* sans *choquer, agacer* ou *gêner* les *autres*. En fait la *bonne tenue* est avant tout une *habitude.* » Et cette *éducation* de l'*habitude*, « seconde nature » qui fait la facilité *naturelle* de l'*aisance* (par opposition à l'intentionnalité et à la facticité maladroite de l'effort), se forme par l'*imitation* et par l'*exemple* : « le climat dont seront imprégnés les *enfants* dès leur plus jeune âge [...] aura une influence décisive » parce que « l'*enfant* aime *imiter* ». « Jouer aux *grandes personnes* » est un des « passe-temps favori » de l'enfant. « Il *reproduira* donc scrupuleusement tout ce qu'il verra ou entendra autour de lui. » Dans un monde domestique, l'*enfant*, sans particularité, n'est ainsi qu'une *grande personne* en petit qui – toute *hiérarchie* ramenant vers le *père*, ou vers un autre grand qui lui soit homologue – n'est pas nettement détachée des autres petits êtres du *foyer* (*célibataires, chiens et chats, domestiques*, etc.) et, plus généralement, des *inférieurs* auxquels l'état de *subordination* dans lequel ils se trouvent placés confère toujours quelque chose de l'*enfant*. L'*éducation* est ainsi « avant tout affaire de *famille* » parce que c'est dans la *famille* que s'imprime le *pli*, résultat d'une pliure *permanente* et *continue* qui fait le *caractère*. Dans ce monde, les relations entre les êtres sont des *relations personnelles*. On *reçoit* et on *est reçu*. Elles ne peuvent se déployer que dans la contiguïté ou en présence d'*autrui* et chacun se trouve connu *en personne*. Ainsi par exemple, la parole qui, dans le monde de l'opinion ou dans le monde civique, se prend face à un public ou dans une assemblée, ne peut s'adresser ici qu'à un être identifié qui vous est connu ou auquel on a été *présenté* : « Tout d'abord un *principe* de base : on ne parle pas aux personnes qu'on ne connaît pas. » Car c'est dans le *contact individuel* que se forme l'*opinion* (dans l'acception « avoir une bonne *opinion* de quelqu'un » qui se distingue, par son caractère personnel, de l'opinion au sens de renom ou de l'opinion publique au sens civique). C'est encore dans la *fréquentation* que se fait le *jugement* sur la personne dont la *présentation* fait bonne ou mauvaise *impression* selon qu'elle sait ou non se montrer d'un *« commerce agréable »*. L'art de composer un monde harmonieux, c'est d'abord ici, par conséquent, l'art de mettre les personnes en présence, de les *réunir*, comme dans ces grands moments que sont les *repas*, et de les accorder selon leur état de grandeur, c'est-à-dire l'art de savoir qui *admettre* et qui *exclure* : « Ou on *respecte* les *règles* et on est *admis*, ou bien on triche et on est *exclu.* » Composé de chaînes de dépendances personnelles (*maisons, milieux,* etc.), le monde est ordonné par l'opposition de l'intérieur et de l'*extérieur* entre lesquels sont ménagés ou fermés des passages : vers l'intérieur, on *accueille*, on *fait appel à la collaboration* et, dans le « *respect* des lois de l'*hospitalité* », on *invite.* Vers *autrui*, on *fait des confidences* (« toujours déplacées »), on *prête*, on *rend* (« un *prêté* vaut un *rendu* »), on *donne* des *recommandations*, on fait des *cadeaux* qui *obligent* : « Faire un *cadeau* de prix est délicat. Ou bien, cela *gêne* le destinataire s'il sait que les moyens du donateur sont modestes, ou bien cela risque de l'*obliger* ou de l'engager. » De même, on accorde des *remerciements*, on *rend* des *invitations*, on *respecte* : « il faut *respecter* ceux avec lesquels on vit » et avoir envers eux des *égards.* On doit de même *passer par* des personnes pour remonter les chaînes hiérarchiques ou encore *faire des visites* pour accomplir de façon *correcte* une *succession* : « Dans le cadre du travail, il est fréquent que le *prédécesseur* présente lui-même son *successeur.* Cette *démarche* est en même temps une *visite* d'adieux. »

L'âme du foyer (figures)
Maison, Famille, Milieu, Principes, Usages, Convenances.

Étant donné l'importance primordiale accordée à la *hiérarchie*, l'harmonie naturelle du monde qu'expriment les *convenances*, les *usages*, les *principes* se manifeste particulièrement dans les figures qui présentent une suite ordonnée d'êtres dans la diversité de leurs états de grandeur. C'est le cas de la *succession des générations* (« les *enfants* sont le reflet des *parents* »), de la *société*, au sens où l'on parle de la *vie en société* (par exemple, « l'*agrément* de cette petite *société* qu'est le monde du travail »), ou du *milieu* (« être *admis* dans un certain *milieu* »). Mais ce sont les dispositifs associés à la *famille* et réglés sur la formule de la *maison* qui se prêtent le mieux à la manifestation de l'*harmonie*. Aussi la vie professionnelle ne peut-elle être dissociée de la vie *familiale* : « Une interdépendance si grande existe entre la vie professionnelle et la *vie familiale* que des problèmes surgissant dans la profession ont leur répercussion au *foyer* et vice-versa. » L'entreprise est assimilable à une *maison* (« maison de commerce ») qui, à la façon dont le *foyer* a une « âme », possède un « esprit » : « Ne pas oublier que c'est pratiquement du *chef* que dépend l'*esprit* d'une entreprise ou d'un service, et que par conséquent c'est lui qui rendra *agréable* ou non de travailler sous ses ordres. » Inversement, la dégradation de la *famille*, corrompue par l'introduction en son sein de formes (« associations ») relevant du monde civique (« ces associations d'*étrangers* de la même *famille* que l'on nous prépare ») est dans l'espace domestique l'exemple même de la déchéance. « Si vous êtes tenté d'en dire du mal [de votre entreprise], pensez à ce proverbe chinois : " Si tu ne chantes pas les louanges de ta *maison*, elle te tombera sur la tête. " »

La cérémonie familiale (épreuve)
Fête, Naissance, Décès, Mariage, Mondanité, Conversation, Distinction, Nomination.

C'est aussi dans la famille que prennent place la plupart des épreuves modèles qui sont surtout ici des situations *mondaines*, comme les *réceptions* « à l'occasion de *fêtes, anniversaires, baptêmes, communion, Noël, jour de l'an* » ou encore « à l'occasion de *mariage, naissance, distinction, nomination* ». Ces célébrations peuvent être marquées par une nouvelle distribution des états de grandeur, souvent modifiée par un événement qui a quelque chose à voir avec la *génération*, l'alliance ou la mort : *décès, naissance* ou *mariage*. Indissociablement, elles sont l'occasion de rassembler, par la *conversation*, les petits et les grands, dont les rapports de grandeur peuvent ainsi être confirmés : « Dans une *conversation* à plusieurs personnes, ne jamais s'adresser qu'à l'une d'entre elles. Cela semble vouloir ignorer les autres. »

Savoir accorder sa confiance (jugement) Apprécier, Féliciter, Remontrances, Rapporter.

Le principe supérieur commun se manifeste dans les démonstrations d'un *supérieur* qui, en face à face et en personne, *accorde sa confiance, apprécie, considère, félicite, juge*, donne des marques de *mépris*, fait des *remontrances*, des *observations* ou *passe un savon.* Dans un ordre hiérarchique, le jugement appartient au plus grand à qui l'on ne doit par conséquent rien laisser ignorer afin qu'il puisse arbitrer en connaissance de cause : « Ne lui [le chef] laissez pas *ignorer* les problèmes dont il est normal qu'il soit *informé* [...]. Demandez-lui rendez-vous en respectant les consignes (règlement intérieur, voie *hiérarchique*). »

L'anecdote exemplaire (évidence) Exemple (donner en), Préjugé (le).

Les formes de l'évidence qui soutiennent le jugement relèvent de l'*exemple*, du cas et, particulièrement, de l'anecdote dans laquelle des conduites exemplaires de personnes *appréciées* sont relevées et mises en valeur. C'est dans le déploiement de la singularité que l'ordre du monde peut être appréhendé en toute généralité. Dans le monde domestique, les formes dans lesquelles la nature se trouve inventoriée sont des recueils de récits, d'histoires curieuses et instructives, d'apologues, ou encore, par exemple, de collections d'objets personnels et de reliques, dignes d'être conservés, parce qu'ils ont été à l'usage d'un grand. Ainsi, les formes du général sont, dans ce monde, identiques aux formes du particulier dans le monde industriel ou dans le monde civique.

Le laisser-aller du sans-gêne (déchéance) Impoli, Gaffes, Apartés, Criard, Cancanier, Histoires (à), Indiscret, Brouillon, Vulgaire, Envieux, Flatteur, Traître.

L'instabilité et la précarité caractérisent les êtres les plus misérables. A l'état de petit, les êtres ne tiennent pas en place. Leur *caractère* les incite à agir avec *ostentation*, en *attirant l'attention*, à *parler fort*, c'est-à-dire plus haut que ne le voudrait leur grandeur, à se *faire remarquer*, à se montrer *sans-*

gêne, impolis, familiers, outranciers : « Les jeunes filles et les femmes éviteront le maquillage *outrancier*, les bijoux *clinquants*, les couleurs *criardes.* » Ne vivant pas selon leur rang, les petits ne tiennent pas en place. Ils sont sans attaches. En conséquence, le moindre incident peut venir les distraire. Ils ont « la détestable habitude » de *contredire* et de *répondre* et font sans cesse *des histoires* : le *chef* « vous saura toujours gré de lui faciliter la tâche et non de la lui compliquer par des revendications intempestives, des conflits avec vos collègues ou vos *subordonnés*, des *histoires* à tout propos ». Ignorant qui ils sont (pour qui vous prenez-vous?), les êtres misérables du monde domestique ne peuvent être à ce qu'ils font et, toujours susceptibles d'être distraits, troublent, à la façon des enfants dont rien ici ne les distingue, l'ordonnance des situations qu'ils traversent : *brouillons*, ils « *se laissent aller* ». Ils sont *débraillés, désordonnés, maladroits* et *bavards*. Ils font des *impairs*, des *gaffes*, des *apartés*, ce qui *indispose* et les rend *odieux* aux yeux des plus grands. La même disposition à n'être pas à leur place les porte à l'*envie*, ce qui les conduit à être *mauvaises langues* : « Qui donc embaucherait sans réticence un bavard inconscient ou une *mauvaise langue*? » Dans un monde domestique la *confidence* est immédiatement orientée dans le sens de la *hiérarchie* : « Méfiez-vous de la *familiarité* et des *confidences*. Pensez que celui à qui vous les avez faites peut, demain, être votre *subordonné* ou votre *supérieur*. Vous regretterez alors amèrement de vous être laissé aller. » Le penchant des petits à l'*indiscrétion* et au *cancan* (« les *indiscrétions* qui favorisent les *cancans* ») procède, comme l'*envie*, de la relation qu'ils entretiennent à ceux dont ils supportent la dépendance et, par là, à ce qui qualifie l'état de grandeur dont ils sont eux-mêmes pénétrés : les supérieurs se trouvent, sans relâche, présents à l'esprit qu'ils préoccupent sans cesse parce qu'ils sont, indissociablement, ce qui abaisse et ce qui élève; le principe même de la dignité et de l'indignité. Les plus grands sont en effet ce par quoi les personnes se trouvent diminuées, puisque, mieux placés dans la chaîne qui lie aux origines, ils s'interposent en rendant superflus les êtres qu'ils comportent et dont ils sont l'accomplissement. Mais ils sont aussi, et pour les mêmes raisons, l'unique source à laquelle peut être puisée la dignité et la grandeur puisque c'est seulement à leur contact qu'une participation à ce qui fait la supériorité peut être atteinte. L'*indiscrétion*, cette attirance passionnée pour le caché, se trouve ainsi toujours orientée, dans un monde domestique, des plus petits vers les plus grands. Elle vise, avec une attention inlassable, les petitesses des grands (par exemple, leurs *mauvaises fréquentations*). Dans cette fascination se mêle la satisfaction de prendre les grands en défaut et, en les diminuant, de s'en rapprocher, et, d'autre part, la déception de voir s'éloigner du même coup la vraie grandeur qui, ne résidant plus, authentiquement, chez ceux qui se trouvent en être les légataires naturels, n'est plus accessible par la médiation de la dépendance. Mais les *cancans*, transmis dans le *bavardage* de personne à personne, de bouche à oreille (*mauvaise langue*), ne diminuent que les petits qui s'y prêtent et qui, en faisant circuler des *ragots*, ce à quoi se refusent les grands, *trahissent* : « Si vous n'êtes pas d'*accord* avec votre *supérieur* et qu'il maintient sa position, ne le critiquez pas à l'*extérieur* [...]. Ce serait *trahir* sa *confiance*. » La *trahison* est le comble de la misère parce qu'elle désagrège et défait : elle achève de mettre à part et de détacher celui qui, en faisant voir *à l'extérieur* son indépendance, mine l'unité de la *maison* et la rend ainsi vulnérable. En l'*excluant*, elle le réduit à rien.

Le monde de l'opinion

A l'inverse du monde domestique, mais proche en cela du monde marchand, le monde de l'opinion accorde peu de prix à la mémoire. Il ne connaît même pas cette forme de mémoire des épreuves passées que constitue la permanence de l'argent au-delà du moment où il a été transféré dans l'épreuve. Les *célébrités* peuvent être *oubliées* du jour au lendemain. C'est à cette particularité que fait référence le mot fameux de Andy Warhol annonçant la venue d'un monde dans lequel « tout le monde sera célèbre cinq minutes ». De même, on trouve peu de choses dans ce monde propres à consolider et à stabiliser la relation entre la grandeur, qui vient uniquement de l'opinion des autres, et le porteur de la grandeur qui n'a pas besoin d'être qualifié par des propriétés durablement inscrites dans son être. C'est sans doute précisément le caractère non essentialiste et purement relationnel de la grandeur de renom qui a favorisé son adoption, comme étalon de mesure universel, par les courants des sciences sociales attachés à mettre en valeur les propriétés structurales et relativistes du monde social. Mais cette particularité est aussi ce qui rend cette grandeur fragile et facilement critiquable. Il est remarquable qu'elle ait été esquissée dans des énoncés visant à la critiquer, avant d'être fondée sous une forme positive et il semble bien qu'elle soit, aujourd'hui encore, peu armée pour résister aux nombreuses dénonciations dont elle fait l'objet.

La réalité de l'opinion (supérieur commun)
Autres (les), Pubiic (grand).

Dans le monde de l'opinion, les gens peuvent poser un ordre sur les êtres et s'accorder dans un monde juste en tenant compte uniquement de l'*opinion* des autres. C'est l'*opinion* qui fait équivalence et la grandeur de chacun dépend de l'*opinion* des autres : les réactions « de l'*opinion publique* conditionnent, dans une large mesure, le *succès* ». Les personnes sont pertinentes en tant qu'elles composent un *public* dont « l'*opinion* prévaut », « qui fait l'*opinion* » et, par là, constitue la seule « vraie » *réalité* : « Une *opinion* n'est-elle pas aussi une *réalité*? »

La célébrité (état de grand)
Réputé, Reconnu, Visible, Succès (avoir du), Distinguer (se), Persuasif, Accrocheur.

La célébrité fait la grandeur. Les êtres du monde de l'opinion sont grands en ce qu'ils *se distinguent*, sont *visibles, célèbres, reconnus, réputés* (« débanalisés »). Cette visibilité dépend de leur caractère plus ou moins *accrocheur, persuasif, informatif.* Notons que, dans ce monde, les qualificatifs de la grandeur s'appliquent indifféremment aux personnes et aux autres êtres même si, comme dans les autres mondes, seules les personnes peuvent accéder à l'état supérieur.

Le désir d'être reconnu (dignité) Amour-propre, Considération (désir de).

Les personnes sont toutes susceptibles d'accéder à cet état parce qu'elles ont en commun d'être mues par l'*amour-propre.* C'est l'amour-propre qui fait leur dignité d'êtres humains. Elles ont un même *désir d'être reconnues*, la passion d'être *considérées.* Ainsi, par exemple, c'est « pour des raisons d'*amour-propre* » que « le personnel [...] aime à se rendre compte du *rôle* qu'il joue ». De même, « interrogé par quelqu'un d'extérieur à son entreprise [...], le collaborateur veut pouvoir expliquer quel est son *rôle* et, partout, être *considéré*, une partie de la *notoriété* de la Société dans laquelle il travaille *rejaillissant* sur lui ».

Les vedettes et leurs supporters (sujets) Personnalité (une), Leader d'opinion, Porte-parole, Relais, Journaliste, Attaché de presse.

La grandeur ne reposant que sur l'opinion, les autres qualités et, notamment, la profession, ne sont pas prises en compte dans l'opération de mise en équivalence qui permet d'identifier des *personnalités* ou des *vedettes.* Le *chirurgien* et l'*explorateur* peuvent équivaloir quand ils sont saisis sous le rapport de la renommée : « Qu'une société reçoive des *cosmonautes*, un *chirurgien célèbre* ayant réussi des greffes du cœur, un *explorateur célèbre*, et elle est sûre de pouvoir *attirer* sur elle l'*attention* du *public.* » Les dispositifs de grandeur peuvent pourtant comporter des personnes qui ne sont ni des *personnalités* ni leurs *supporters* mais qui font office de magistrats chargés de faire valoir la grandeur de renommée. C'est le cas, par exemple, des *leaders d'opinion* « dont l'*opinion* prévaut et qui font l'*opinion* », des *journalistes* qui jugent si l'*opinion publique* est ou non « *réceptive* », des *attachés de presse*, des *hôtesses*, des *porte-parole* ou des *propagandistes.*

Des noms dans les medias (objets)
Marque, Message, Émetteur, Récepteur, Campagne, Relations publiques, Presse, Interview, Communiqué, Support, Brochure, Mailing, Badge, Audio-visuel, Ambiance, Décor.

L'accès à la renommée, virtuellement possible du jour au lendemain pour tout être, aussi démuni soit-il, peut également être soutenu par un dispositif d'objets. Il est recommandé pour se faire connaître de posséder un *nom* ou, pour les produits, une *marque*, inscrits sur un *support*, une étiquette, un *badge*. La *communication* au plus grand nombre de l'*opinion* de chacun qui, par contagion, permet l'extension du renom, s'effectue dans un dispositif comportant un « *émetteur*, un *récepteur* et un *media, intermédiaire* chargé de *véhiculer* le *message* jusqu'au *public visé* ». Campée dans le monde de l'opinion (et non dans le monde industriel ou marchand), l'entreprise peut ainsi être définie comme un *émetteur* s'adressant à un *récepteur* : « L'*émetteur* qu'est l'entreprise et le *récepteur* qu'est le public. » Un dispositif efficace, une bonne *campagne* permettant d'*implanter* une *image*, suppose donc « un *support* parfaitement adapté et susceptible de mettre en valeur au mieux un *message* déterminé ». Parmi les outils qui servent la grandeur de renom figurent la *brochure*, le *dépliant*, l'*imprimé*, le *magazine relations publiques*, le *journal d'entreprise*, le *livre*, l'*audio-visuel*, les *invitations* et les *lettres*, le *mailing*, la *presse*, les *communiqués de presse*, les *interviews*. Il faut ainsi « faire *interviewer* les dirigeants [de l'entreprise] s'ils sont *connus*; il est évident alors qu'au travers de la déclaration ou de la prise de position de M. X, *personnalité connue*, c'est l'entreprise dont M. X est président qui *apparaît* ». Pour instrumenter la grandeur de renom, on met également en place des objets de compromis avec les mondes industriel et civique comme le *sondage d'opinion* qui fournit, au moyen d'un appareillage industriel, la « mesure d'une *opinion* » ou de la *pénétration* d'un *message*, c'est-à-dire « la fraction exprimée en pourcentage de la population *touchée* par un *support* ». Mais, dans la logique de l'opinion, cette mesure n'est pas recherchée seulement pour elle-même, mais aussi pour le concours qu'elle apporte à la diffusion du message : « Le recours de plus en plus fréquent aux *sondages d'opinion* a permis de mettre en avant le fait suivant : la publication de résultats faisant ressortir qu'une majorité de personnes a telle *opinion* renforce l'*opinion* de ces personnes, la cautionne en quelque sorte et *influe* sur l'*opinion* des autres. » La publication régulière de sondages contribue ainsi à assurer la transparence de l'état de grandeur des êtres de renom qui ne peuvent *cacher* les fluctuations de leur *cote*.

Le renoncement au secret (investissement) Révéler.

Le renoncement au *secret* est, plus généralement, dans ce monde, le prix à payer pour accéder à l'état de grand. Pour être *connu* il faut accepter de tout *révéler* sans rien *cacher* à son public : « Il existe une véritable allergie du *secret* parmi les *publics*. » Les *vedettes* renoncent ainsi non seulement à leur vie privée mais aussi aux attitudes singulières ou renfermées, dénigrées ici comme extravagances ou comme caprices, qui pourraient déplaire au *grand public*. Il faut de même s'abstenir de tout « ésotérisme » (mode d'expression hautement valorisé dans le monde inspiré) traité comme une manifestation d'ostracisme à l'égard du *plus grand nombre* : « Si un *message*, une *information* est trop ésotérique, seule la fraction la plus évoluée du *grand public* sera touchée, alors que le reste, c'est-à-dire la grande majorité, n'aura ni perçu, ni *a fortiori* compris et mémorisé, quoi que ce soit. Par conséquent, toute action sur l'*opinion publique* doit être faite en fonction de la fraction la moins évoluée, ce qui implique que la même *information* soit aussi délivrée à la fraction la plus évoluée. »

Être reconnu et s'identifier (rapport de grandeur) Identification, Force.

Dans le monde de l'opinion, le rapport de grandeur est une relation d'*identification*. Les grands comprennent les autres parce qu'ils s'*identifient* à eux, comme le *fan* s'identifie à la *vedette*. Mais les personnes peuvent également s'*identifier* à des objets qui ont eu *du succès* et, à travers eux, aux *célébrités* qui les ont adoptés et les exhibent. Ainsi, « chaque automobiliste satisfait s'identifie à sa voiture et la " défend " contre des jugements portés par d'autres ». Comprendre les êtres c'est *être reconnu* des *autres, attirer leur attention*, les *convaincre*, obtenir d'eux la *considération, emporter, entraîner*, leur *adhésion*. L'être de grand renom fait le public, le constitue en tant que tel, autant qu'il est fait par lui. Celui qui parvient à *percer*, à *capter* l'attention du public, comprend et réalise l'être de ceux qui, par la *reconnaissance* qu'ils lui accordent, lui assurent la *célébrité*. Il « s'adjoint le potentiel de *force* de chacun de ses *publics* » et manifeste leur *force* en la concentrant en lui. Le terme de *force*, bien qu'équivoque, est présent dans le manuel de référence utilisé ici, comme dans les textes canoniques de Hobbes, notamment dans l'évocation de la façon dont l'être renommé comprend son *public* et s'agrandit en proportion de cette *adhésion*.

La persuasion (relations)
Influencer, Convaincre, Sensibiliser, Attirer, Séduire, Accrocher, Percer, Capter, Lancer, Émettre, Circuler (faire), Propager, Promouvoir, Orienter, Amplifier, Parler de, Citer.

Le rapport de compréhension entre les grands par le renom et leur public est exprimé en terme d'*influence*. Établir une relation d'*influence* consiste à *accrocher, attirer, alerter, entraîner* l'*adhésion* ou un *mouvement d'opinion, persuader, toucher, sensibiliser, mobiliser* l'intérêt, *informer, séduire*. Soumise à ces *influences* l'*opinion* fait la *mode, circule* comme une *rumeur* dans un appareil de *communication* et *valorise* ainsi les êtres de cette nature dont la *notoriété rejaillit* de l'un sur l'autre : « Il suffit par exemple qu'une entreprise réussisse à inviter des *personnalités* [...] des *vedettes*, pour que toute la *notoriété* de ces *personnalités rejaillisse* sur l'entreprise. » Connaître équivaut à *entendre parler de* : « A force d'en *entendre parler* sous les formes les plus diverses, le *public* a l'impression, même s'il n'est pas consommateur, de *connaître*. » *Parler* de, *mentionner, citer* un *nom*, « *publier* un *livre* ou une *brochure* » sont autant de façons de « *délivrer* un *message* », d'*émettre*, de *diffuser* une *information*. Dans ce monde où tout ce qui a valeur est immédiatement *connu* et *visible*, les personnes ne cessent de faire des *comparaisons*. Ainsi, par exemple, « la *presse*, sous toutes ses formes, permet aux collaborateurs d'une société de *comparer* leur société, les conditions dans lesquelles ils travaillent, leur salaire, à ce qui se passe dans les autres entreprises du même secteur, voire même d'autres secteurs ». Ces comparaisons croisées tissent un *réseau*. Les personnes *réceptives*, *récepteurs* du message, deviennent à leur tour des *émetteurs*. Les relations publiques s'emploient à stimuler ce processus en créant « un *réseau* de *propagandistes* bénévoles ». En effet, ceux qui ont *entendu parler* de quelque chose s'en font l'*écho*, le *transmettent*, en assurent le *retentissement*, *véhiculent* l'*information*, « *entretiennent* l'*image* » en *démultipliant* et en *amplifiant* le *message* comme un « centre de résonance ». Ainsi, « *sensibiliser* des membres de l'enseignement est extrêmement intéressant, de par le pouvoir d'*amplification* [...] qu'ils représentent ». De même, « une bonne politique de *relations publiques* peut permettre, par exemple, grâce à de bons contacts avec la *presse*, d'*amplifier* les " bonnes *informations* " ». « Un *public* » joue par là « un double rôle : *spectateur* et *acteur*. Il est *spectateur* quand il reçoit une *information*, laquelle entraîne une réaction d'*adhésion*, d'*opposition* ou d'*indifférence*. Il est ensuite *acteur* car, dans la plupart des cas, il va *parler de* cette *information* à d'autres *publics* auxquels il peut *communiquer* son *opinion* ». On peut agir sur cet appareil de *communication*, le *manipuler* pour *implanter* une *image*, *lancer* un produit ou le *promouvoir* : des « *informations émanant* de la *presse*, de *personnalités*, de *leaders d'opinion* », « *apparaissent aux yeux* du *public* » et, en *orientant*, en *manipulant*, l'*image transmise* au *public*, *positionnent* le produit.

L'image dans le public (figures) Audience, Cible, Positionnement.

L'ordre naturel distribue la gamme des *images* en les *positionnant* par rapport à leurs *publics segmentés* en *cibles* ou en *audiences*.

La présentation de l'événement (épreuve) Manifestation, Conférence de presse, Inauguration, Porte ouverte (manifestation).

Dans le monde de l'opinion, les grands moments sont ceux aux cours desquels ces images deviennent saillantes, par exemple lors d'une *présentation* qui les place en toute lumière sous le *regard* des *autres*. Les êtres n'accèdent à la grandeur que si elle est rendue *visible*, dans un espace transparent où elle peut être *regardée* et *comparée*. La *présentation* « *aux yeux* du public », destinée à donner de la *visibilité* à un être, par exemple au moyen d'une « journée *porte ouverte* », fait l'objet d'une mise en scène permettant de *manipuler* l'*ambiance*, le *climat*, l'*atmosphère*, le *décor* qui, lors d'une manifestation, « ne doit pas simplement être conçu pour habiller une pièce ou un atelier, mais pour contribuer à créer une *atmosphère* en rapport avec le *message* que l'entreprise souhaite *transmettre* ». Dans une formulation profanatoire, l'auteur du manuel parle de *provoquer*, de « créer un *événement* de toute pièce ». La *présentation* peut prendre la forme d'une *conférence de presse*, « au cours de laquelle une *information importante* est *transmise* aux *journalistes* », ou d'une *inauguration* « qui *réunit personnalités, publics* sélectionnés et *importants, journalistes* », et qui permet en donnant « le retentissement maximum [...] d'*alerter* les visiteurs et de les inciter à venir ». « Une *manifestation* sert de *support*, de *véhicule* au *message*, évident ou induit, qui permettra d'atteindre le but recherché. Par conséquent, le *message* peut *revêtir* la forme d'un véritable *message*, de la *communication* d'une *information*, ou bien peut n'être qu'une *ambiance*, un *climat* créé, agissant presque inconsciemment sur le *public présent*. »

Le jugement de l'opinion (jugement)
Rumeur, Bruit, Mode, Cote, Retentissement, Répercussion, Justes proportions (réduire à de), Mesurer (l'audience).

La *marque* permet de cristalliser, dans une *image de marque*, un *mouvement d'opinion*. L'instrumentation de la presse assure aussi l'objectivation de cette manifestation par les *répercussions*, le *retentissement* qui s'y marquent : « La *presse* ne tarde généralement pas à *se faire l'écho* des *rumeurs* et des *bruits* recueillis. » Dans le monde de l'opinion, le jugement se manifeste en effet par la convergence d'*opinions* qui créent une *rumeur*, un *bruit*. La manifestation est patente lorsque cette convergence est *visible* par l'affluence de *monde* et peut ainsi s'*amplifier* d'elle-même comme une *mode* : « Il est bien connu que le *monde attire* le *monde* et que l'aspect foire (dans le bon sens du terme) est toujours une valeur sûre. » L'absence de jugement, dans ce monde, consiste à s'illusionner sur sa propre grandeur. La manifestation du jugement de l'opinion permet seule de réduire cette tension entre la grandeur que l'on s'accorde (idéale) et la grandeur qui vous est accordée par les autres (actuelle) : « Avant d'entreprendre une action quelle qu'elle soit sur une *image de marque*, il importe de connaître l'*image actuelle* (ou l'absence d'image actuelle); de définir avec précision l'*image idéale* qu'il serait souhaitable de *promouvoir.* » Pour réduire à de *justes proportions* un *bruit* ou une *information*, il faut recourir aux « *réactions* de l'*opinion publique* ». Le jugement peut être soutenu, comme on l'a vu plus haut, par des techniques de sondage qui permettent l'établissement d'une mesure, d'une *cote* qui contribue par là à assurer aux *célébrités* la grandeur indéniable que leur vaut la reconnaissance dont elles font l'objet.

L'évidence du succès (évidence) **Connu.**

En effet, dans le monde de l'opinion, est évident ce qui est connu et, à l'inverse, contestable ce qui est soit ignoré du plus grand nombre (*ésotérique*), soit indistinguable et sans relief.

L'indifférence et la banalité (déchéance) **Méconnu, Caché, Indifférence (rencontrer l'), Banal, Oublié, Image floue, Détériorée, Estompée, Perdue.**

Être petit, dans la logique de l'opinion, c'est être *banal* (ne pas avoir été « débanalisé »), « ne pas avoir d'*image* du tout, ce qui en général signifie la *méconnaissance* totale du produit », ou avoir une *image floue, détériorée, estompée, perdue*; être *oublié, caché*, « rencontrer l'*indifférence* ou l'*opposition*, en un mot *disparaître* » : « Certaines entreprises luttent [...] pour ne pas la *perdre* [leur *image*], pour ne pas *disparaître.* » « Il suffit de *regarder* attentivement la *presse* pendant un mois pour s'en *persuader* : des *événements* qui mobilisent l'*opinion publique* d'un pays pendant plusieurs jours sont, du jour au lendemain, totalement *oubliés* parce qu'ils ont *disparu* des *journaux*. Or, si le *journaliste* ne revient pas sur le sujet c'est qu'il estime que l'*opinion publique* n'est plus *réceptive*, " qu'elle n'en veut déjà plus " et que d'autres *informations* sont plus importantes. »

Le monde civique

Le monde civique a pour particularité d'attacher une importance primordiale à des êtres qui ne sont pas des personnes. Ce ne sont pas, en effet, dans ce monde, les personnes humaines qui accèdent aux états de grandeur supérieurs, mais les personnes collectives qu'elles composent par leur réunion. C'est en tant qu'ils appartiennent à ces collectifs ou les représentent que la valeur des êtres humains peut être prise en considération. Mais l'existence même de ces êtres collectifs, qui ne possèdent pas de corps propre, peut être facilement mise en question : « Seuls existent vraiment les individus. » Aussi les choses et les dispositifs que comportent ce monde sont-ils surtout destinés à stabiliser et à appareiller les personnes collectives, à les *objectiver*, de façon à leur donner du corps, de la permanence et de la présence.

La prééminence des collectifs (supérieur commun)
Collectif, Tous, Volonté (générale).

On peut en effet établir un rapport d'équivalence entre les êtres en tant qu'ils appartiennent *tous* à un *collectif* qui les comprend et qui les dépasse. Les êtres *collectifs* sont eux-mêmes compris dans d'autres *collectifs* de dimension supérieure, enchâssés dans des ensembles dont le plus inclusif est l'humanité. Les personnes relèvent toutes d'une même justice parce qu'elles possèdent une conscience qui est faite à l'image de la conscience *collective* et qu'elles sont susceptibles, en écoutant la voix de leur conscience, de subordonner leur volonté propre à la *volonté générale*. Cette prise de conscience leur donne « la *volonté* de s'organiser », c'est-à-dire de surmonter les singularités qui *divisent* pour faire l'*union* de *tous*. Ainsi, une « *organisation collective* des travailleurs » est « ouverte à *tous* les travailleurs, quels que soient leurs opinions politiques ou philosophiques, leurs nationalités, âges ou sexes ». Les actions des gens sont pertinentes lorsque, participant d'un *mouvement social*, elles participent d'une *action collective* qui donne sens aux conduites des individus et les justifie : « L'action [...] n'est pas une simple addition de *positions* ou d'*initiatives individuelles* mais une *action collective.* »

Réglementaires et représentatifs (état de grand) Unitaire, Légal, Réglementaire, Officiel, Représentatif, Autorisé, Titulaire, Libre.

Dans le monde civique, les grands êtres sont les *masses* et les *collectifs* qui les organisent et les rassemblent. Leur grandeur est qualifiée d'abord par leur taille *confédérale* (« *congrès confédéral* »), *nationale,* (« *internationale* ») et par leur appartenance à l'espace *public*, par opposition au monde du « privé », comme lorsque l'on parle d' « établissements *publics* ». Les personnes ou les collectifs gagnent en outre en grandeur lorsqu'ils œuvrent à la réunion, s'emploient « à *unifier*, à *rompre l'isolement* » des gens, à concentrer « la force *collective* des salariés *groupés* autour d'*objectifs communs* » et parviennent à *exprimer*, dans une « conception *unitaire* », les « problèmes *communs* à *tous* ». Cette activité est *libératrice* parce qu'elle libère les hommes de l'oppression des intérêts égoïstes. Le « mouvement syndical », qui assure « l'*unité* des travailleurs », peut ainsi être qualifié par sa « mission libératrice ». Un être peut encore se voir qualifié de grand s'il est *reconnu* comme *représentatif*, terme qui, dans le monde civique, désigne la façon de comprendre les autres et le rapport de grandeur entre les êtres. Être représentatif donne *autorité* dans l'*organisation*, et confère la *capacité* à exercer un *pouvoir*. Le représentant a *qualité pour* « accomplir la *mission* » dont il a *vocation*. Ainsi « les syndicats [...] ont seuls *qualité* pour négocier avec la direction ». Les représentants sont dûment *mandatés*. La loi confère, par exemple, un « caractère *légal* aux *représentants* du personnel ». La *légalité* définit une forme de grandeur particulièrement appréciée dans ce monde. Elle appartient aux textes lorsqu'ils sont *réglementaires* ou *législatifs*, aux *représentants* lorsqu'ils sont *officiels*, aux *membres* quand ils sont titulaires, aux *délégués* quand ils sont *valides* : on doit « subordonner la *validité* de la *désignation* du *délégué* à la *constitution* préalable de la *section* ». Il faut de même s'assurer de la légalité des *candidats* qui, pour être *éligibles*, doivent être *libres*, c'est-à-dire détachés des liens de dépendance personnelle qui font la grandeur des gens dans le monde civique : « Pour être *éligible* il faut [...] ne pas être proche parent ni conjoint de l'employeur. » C'est ce détachement qui garantit leur *indépendance* et leur « *liberté* de parole » : il faut « respecter [...] l'*indépendance* du *jugement* nécessaire en pareille circonstance »; or, « le manque d'*indépendance* vis-à-vis du patronat suffit à lui seul pour qu'un syndicat soit déclaré non *représentatif* ». La *liberté* est la condition de la *dignité* parce qu'elle respecte l'aspiration des citoyens à l'*union*.

L'aspiration aux droits civiques (dignité)
Droits civiques, Aspirations politiques, Participation.

Les êtres peuvent en effet échapper au chaos, c'est-à-dire ici à la *division*, et par conséquent accéder à la grandeur parce qu'ils sont naturellement *politiques*. Ils contiennent en eux-mêmes une *aspiration* qui les porte vers ce qui est *commun*, vers ce qui *unit* et qui les incite à *rompre leur isolement*. C'est ce qui leur confère la qualité de citoyens investis de *droits civiques* : « Les salariés de l'entreprise sont *présumés* jouir de leurs *droits civiques*. »

Les personnes collectives et leurs représentants (sujets)
Collectivités publiques, Parti, Fédération, Section, Bureau, Comité, Élu, Représentant, Délégué, Secrétaire, Adhérent.

L'aspiration commune à l'union définit la dignité des personnes. Dans le monde civique, les êtres sont des personnes lorsqu'ils sont susceptibles d'avoir des droits et des obligations, c'est-à-dire lorsqu'ils ont été *créés* ou *autorisés* par un *acte* dans lequel s'exprime la *volonté* de *tous*. Les personnes sont petites ou grandes selon qu'elles se trouvent à l'état particulier, qui les réduit à n'être qu'*elles-mêmes*, des « *individus* isolés » esclaves de leurs intérêts particuliers et condamnés à l'impuissance ou selon que, accédant à l'état général, elles se font l'*expression* d'une *volonté générale* et l'incarnation d'un *intérêt général*. Ainsi la *section* est une personne *collective* puisqu'elle *rassemble* plusieurs *individus* dans une forme reconnue et *constituée* de façon *légale*, ce qui lui confère des *droits* : « Le démarrage d'une *section* [...] ne peut pas se faire sur la *base* d'un seul. » Sa grandeur dépend de sa *capacité* à faire accéder ses *membres* à l'état général en les *mobilisant* autour d'un *intérêt commun* : « La *section* doit se saisir du moment où les travailleurs et travailleuses *prennent conscience* de leur exploitation et de la nécessité de lutter, pour les *transformer* en *adhérents*, en *militants.* » Elle peut alors accomplir sa *vocation* qui est de « *prendre en charge* l'ensemble des *intérêts* des travailleurs ». Dans cet état, où ils sont grands parce qu'ils sont *solidaires*, les *individus* sont des *adhérents*, des *militants*, des *représentants*, des *élus*, des *collecteurs*, des *trésoriers*, des *secrétaires*, des *délégués.* Mais la *section*, comme les autres personnes collectives du monde civique (*bureaux, comités, fédérations, confédérations, partis, commissions*) ou comme les êtres moraux qui *représentent* l'*intérêt collectif* (*élus, représentants, délégués*) peut perdre sa grandeur si, retombant dans le particulier à la suite d'une *déviation*, elle cesse de « fonctionner *démocratiquement* » : « la *section* syndicale n'est pas à l'abri d'une *déviation* » et il convient de « contrôler les *délégués* », de rester *vigilant.* Si ces « *principes* fondamentaux » sont oubliés, l'être collectif se décompose et se *dilue* pour n'être plus qu'une somme d'individus mus par leur intérêt individuel : « Lorsque les *interventions* (en *assemblée*) sont nombreuses, *contradictoires*, la décision finale peut ne reposer que sur le ou les *délégués.* C'est pourquoi la *section* syndicale doit jouer tout son rôle dans les circonstances, en proposant des *initiatives* [...]. En effet, il n'est pas concevable qu'elle refuse ces *responsabilités*, se *dilue*, disparaisse aux moments forts de son action. »

Les formes légales (objets)
Droits, Législation, Décret, Ordonnance, Mesure, Tribunaux, Formalité, Procédure, Procès-verbal, Protocole d'accord, Dérogation, Capacité (électorale), Code, Critère, Circonscription, Liste électorale, Programme, Orientation, Déclaration, Affiche, Brochure, Bulletin, Tract, Slogan, Siège, Permanence (une), Local (un), Sigle, Carte.

Pour résister au penchant qui les attire vers le particulier, les êtres moraux du monde civique doivent être stabilisés au moyen d'équipements. La volonté collective dont ils sont issus, qui est d'autant plus grande qu'elle est plus générale, doit être elle-même instrumentée pour pouvoir s'exprimer. Elle demande, pour se faire entendre, des « *sièges à pourvoir* », des *bureaux de vote*, des *isoloirs,* des *bulletins de vote,* des « *dispositions* permettant un déroulement normal de la *campagne électorale* », comme les *listes électorales*. Les personnes collectives doivent ensuite, pour soutenir leur existence, affirmer leur *présence* et acquérir de la *permanence*, se doter d'une matérialité qui les *concrétise*, se manifester dans des objets. Il convient en effet de soutenir l'affirmation selon laquelle la personne collective qui « jouit de la *personnalité civile* » possède bien une *personnalité* qui lui est propre, qu'elle est bien une personne. Or ce fait est contesté depuis les autres mondes qui nient la réalité des personnes collectives en ne s'attachant qu'à la diversité des personnes individuelles dont elles sont formées. Pour « *concrétiser* [...] la *présence* et le rôle *actif* » des personnes collectives, on utilise des moyens *matériels* qui permettent de faire apparaître leur *présence* sous une forme accessible aux sens. Ainsi, la *section* doit bénéficier de l' « attribution d'un *local* dans les entreprises importantes ». Disposer d'une *permanence* constitue en effet l'un des procédés principaux au moyen desquels une personne collective peut objectiver son existence (cf. Boltanski, 1982, p. 236). La *section*, comme toute autre personne collective, doit aussi, pour se rendre visible, disposer d'un « *matériel* pour faire un *tract*, *machine à écrire*, *duplicateur* » et se doter d' « utiles et irremplaçables *moyens d'expression* et de défense des *intérêts* des travailleurs » tels que *affiches* « bien visibles », *panneaux* d'information, *bulletins*, *brochures*. Ainsi, la brochure de référence utilisée ici « doit être – est-il dit dans l'introduction – un outil de *base* pour les *militants* qui *participent* à la vie d'une *section* ». Pour que leur forme apparaisse de façon saillante, les personnes collectives doivent également être circonscrites dans l'espace par des *frontières*, qui leur assignent un *secteur* ou une *circonscription* (« *circonscription électorale* »). Leur *vocation* doit être, d'autre part, spécifiée par une *définition* qui précise les buts de l'association et leur confère par là une existence légale (« la *loi* elle-même ne donne aucune *définition* de... »). Cette définition fournit des *critères*, par exemple des « *critères* de la *représentativité* », et des *codes* permettant d'*identifier* les différentes personnes collectives et de distribuer entre elles les *individus* dont l'*identité* peut à son tour être définie par leur appartenance à des collectifs. Elle leur confère un *droit de cité*, une *capacité électorale*, des *prérogatives*, dont témoignent, de façon probatoire, une *carte*, une *cotisation*, un *bordereau* : « Le *bordereau* des *cotisations* sur lequel le *collecteur* reporte les sommes reçues. » Pour se maintenir en place, les personnes collectives doivent encore être associées à des symboles et à des emblèmes, à des *sigles* qui les fassent reconnaître : « Le *sigle* [...] doit être toujours bien apparent. » Ne possédant ni corps ni organes des sens, leur volonté doit, pour s'exprimer clairement, être ramenée à des formules toutes faites, permettant la répétition par des voix multiples sans altérations ni *déviations*, telles que les *slogans* (qui « sont à reprendre fréquemment »), les *résolutions* (« la *résolution* sur le fonctionnement démocratique adoptée au 28ᵉ congrès »), les *objectifs* (« les salariés *groupés* autour d'*objectifs communs* »), les *positions* (« faire part des *positions* de son syndicat »), les *programmes* (« le *programme* que le *Conseil National* de la Résistance avait élaboré »), les *orientations* (« faire reposer notre pratique sur un ensemble d'*orientations communes* ») ou encore les *lignes* (« des *lignes* d'*orientation* »). La volonté de ces personnes collectives est moins sujette à caution lorsqu'elle est déclarée dans des formes *officielles* telles que : *arrêtés* (« organisme *créé* par un *arrêté* »), *décrets* (« *décret* d'application »), ordonnances (« le texte de base de l'ordonnance du 22 février 1945 »), *dispositions* particulières à certaines professions »), *jugements* (« *jugements* rendus par les *tribunaux* ») ou encore *proclamations* (« la *proclamation* des *élus* »), *propositions* (« *proposition* de *loi* ») et *protocoles* (« le *protocole* d'*accord* »). L'exception elle-même qui, dans ce monde, est sans grandeur parce qu'elle est de l'ordre du singulier, peut être relevée lorsqu'elle est codifiée sous la forme juridique de la *dérogation* (« les *dérogations* aux conditions d'ancienneté »). Lorsque les actions sont engagées dans les formes *légales*, elles donnent lieu à des *procédures* telles que *procès-verbaux* (« le *procès-verbal* de l'*élection* »), *mesures* (« la mise en place de *mesures* ») ou *formalités.* Ainsi la *notification* à l'entreprise de l'*élection* d'un *délégué* « par *lettre recommandée* avec *accusé de réception* », est une « *formalité* importante », parce que « la date de la réception de cette lettre marque, en principe, le point de départ de la protection du délégué ».

Le renoncement au particulier (investissement)
Solidarité, Dépasser (les divisions), Renoncer (à l'intérêt immédiat), Lutte.

Dans le monde civique, on accède à la grandeur en sacrifiant les intérêts particuliers et immédiats, en se dépassant *soi-même*, en ne plaçant pas des « *intérêts individuels* avant des *intérêts collectifs* ». Les militants *renoncent* ainsi aux « formes d'*action* où ne seraient pris en compte que les *intérêts immédiats*, parfois *particuliers* des travailleurs ». Le renoncement au particulier permet de *dépasser les divisions* qui *séparent*, pour agir *collectivement.* Il est la condition de la *solidarité.* Mais, l'attachement des hommes à leurs intérêts particuliers, leur égoïsme et leur *individualisme*, sont des penchants si forts que l'édification et le maintien des collectifs exigent une *lutte* sans répit : « Une *section* ne se crée pas du jour au lendemain. La construction de cet instrument demande une *lutte* de tous les instants : une lutte contre les patrons qui voient d'un mauvais œil son existence; une lutte, parfois, contre *soi-même.* » Les personnes collectives sont affrontées en effet à une difficulté qui leur est propre : elles doivent, pour exister, *s'exprimer* (« le *droit* pour l'*organisation* syndicale d'*agir* et de *s'exprimer* directement ») dans des *déclarations.* Mais elles ne peuvent *prendre la parole* qu'en empruntant la voix d'un représentant ou d'un *responsable* enclin, en tant que *particulier*, à *monopoliser* des *interventions* qui appartiennent à *tous.* Il faut donc « *contrôler* les *élus* ». On peut chercher à empêcher la *dissolution* des personnes collectives en les *codifiant*, en les *assujettissant* à une *obligation juridique*, en les *consacrant* par la référence à un *cadre légal*. Un *délégué* doit, par exemple, être *habilité*, « *investi* de fonctions précises », *codifiées* dans des *textes* (comme les *conventions collectives*), qui définissent son *statut*, les actes relevant de sa *compétence* et les *incompatibilités* qui le touchent : « Le *mandat* de *délégué* est *incompatible* avec un *mandat* d'administrateur. » Lorsque l'*obligation* n'est pas respectée, l'*assujettissement* à un *cadre légal* autorise enfin à « faire toute *démarche* utile », à *saisir* une *instance* de recours (« *saisir* le *juge* d'*instance* ») ou à *exclure*, ce qui fait chuter dans l'état de petit.

Les rapports de délégation (rapport de grandeur) Adhésion, Représentation, Délégation, Traduire (les aspirations).

La grandeur civique dépend d'abord, en effet, de l'*adhésion*. Celui qui *adhère* gagne en taille parce qu'il rompt son *isolement*. C'est « l'*adhésion* massive des travailleurs » qui fait leur grandeur. Mais c'est le mécanisme de la *représentation* qui exprime de façon spécifique le rapport de grandeur dans ce monde. Le *pouvoir* de *représentation* accordé à une personne qui bénéficie d'un *mandat* est ce qui l'autorise à comprendre les autres, à s'exprimer en leur nom, à être leur *porte-parole*. Les *représentants* et les *délégués* sont plus grands parce qu'ils ont pour *mission* de *traduire* les *aspirations* des *masses*. Ils ont *capacité* à *représenter* les *intérêts*, c'est-à-dire à transformer les intérêts de chacun en un *intérêt collectif* : « Ce qui est spontané c'est le mécontentement, le fait de sentir qu'il y a quelque chose qui ne va pas. Il faut ensuite découvrir ce qui ne va pas, ce qu'il faut changer et le traduire sous forme de revendication. » Dans le monde civique, le rapport de grandeur doit enfin, pour être légitime, s'exercer lui aussi dans des *formes légales* qui définissent et limitent la *représentativité* selon le domaine (politique, syndical, etc.), dans l'espace (*secteur, circonscription*, etc.) et dans le temps (durée du *mandat*). Le *représentant légitime* doit *rendre des comptes* à la *base*, c'est-à-dire aux gens dont l'*association* constitue le collectif.

Le mode principal de relation est en effet, dans ce monde, l'*association* qui permet de faire d'une multitude d'*individus* une seule personne. Pour faire un *collectif*, il faut *rassembler, regrouper*, réunir, *unifier*. La *capacité d'action collective* se manifeste en *recrutant*, en *étendant*, en *implantant* ou en *impulsant* des *initiatives* : « Il peut s'agir d'une *initiative* de quelques travailleurs qui, bien que *minoritaires*, envisagent d'impulser une action. » Mais ce monde, toujours porté à se défaire dans le *particulier*, réclame, pour se tenir, une *mobilisation* consciente et *active*. Les personnes doivent s'y maintenir constamment en éveil pour échapper au *morcellement* et conserver un caractère collectif. Les *représentants* doivent être « *en liaison* étroite avec les travailleurs », les *membres* doivent « rester *en contact permanent* avec les *organisations* [...] et avec leurs *orientations* ». Il leur faut « *se concerter* et *s'organiser* », lancer des *appels*, débattre démocratiquement, développer la *discussion, diffuser* les *orientations*, informer et, pour *être entendus*, « *démultiplier* au maximum les *explications* ».

Le rassemblement pour une action collective (relations)
Unifier, Mobiliser, Rassembler, Exclure, Adhérer, Rallier (se), Appel (lancer un), Débattre (démocratiquement), Parole (prendre la), Informer, Codifier, Légaliser, Habiliter, Saisir (les tribunaux).

Le monde civique, qui ne peut se déployer hors d'un *État*, trouve sa forme la plus accomplie dans la *République* et dans la *démocratie* qui assurent la *représentation* des citoyens réunis en *corps électoral* (*électorat, collège électoral, institutions représentatives, démocratie parlementaire*). Grâce à ces institutions, la *volonté générale* peut émaner de la *base* : « Dans le cadre de leurs activités, les syndiqués connaissent le pouls des travailleurs. Ils savent quelles sont les [...] *aspirations* qui se font jour sur les lieux de travail. Ils peuvent, si la *section* a tendance à s'endormir, la réveiller, susciter des *débats*, etc. Les *adhérents* sont vraiment à la *base* de la *section syndicale*. » La démocratie est la forme politique la plus appropriée à la manifestation de la volonté générale qui constitue l'épreuve modèle du monde civique. Les grands moments, dans ce monde, sont donc des moments d'*unité,* de *réunion* et d'*adhésion* (« *réunir* les *adhérents* ») où la réalité

La république démocratique (figures)
République, État, Démocratie, Base, Électorat, Institutions représentatives, Parlement.

La manifestation pour une juste cause (épreuve)
Assemblée, Congrès, Conseil, Réunion, Session, Mouvement, Présence (manifester la), Litige, Recours, Justice (demander).

des personnes collectives est confirmée par la présence physique des membres : *manifestations*, mouvements, *assemblées*, conseils, *sessions*, *congrès*. Ces rassemblements sont particulièrement propices au déploiement de la grandeur collective lorsqu'ils visent à *demander justice* en ayant *recours* à la *loi* pour régler un *litige* ou, mieux encore, lorsqu'ils sont l'occasion d'une *remise en cause* qui fait appel au jugement de tous contre les institutions et contre les *magistrats* accusés de *monopoliser* et de faire dévier la *loi* au profit des intérêts particuliers de quelques-uns.

Le verdict du scrutin (jugement) Vote, Élection, Consultation, Mobilisation, Cause (se rallier à une), Conscience (prise de).

Le jugement est l'expression de la volonté générale qui peut se manifester dans le for intérieur de chacun par la *prise de conscience* (« c'est dans l'entreprise que les travailleurs commencent à *prendre conscience* qu'ils ont des *intérêts communs* »), se manifester par une *réflexion collective* ou sous la forme d'une *mobilisation* autour d'une *cause*, ou encore emprunter les instruments démocratiques : *vote, élections, désignation* des *représentants*.

Le texte de loi (évidence) Loi (la), Règles juridiques, Statuts.

La forme de l'évidence est la *loi* dans laquelle l'expression de la volonté générale se trouve déposée. La réalité est claire lorsqu'elle est accordée à des *textes* que l'on peut invoquer et à des *règles juridiques* susceptibles d'être appliquées : « Les nouveaux *délégués* [...] trouveront ici les informations utiles sur les *règles juridiques* applicables en pareille circonstance. »

La division (déchéance) Divisé, Minoritaire, Particulier, Isolé, Coupé (de la base), Individualisme, Déviation, Catégoriel, Irrégulier, Arbitraire, Annulé, Déchu.

La cité se défait lorsqu'elle s'abandonne au *particulier*. Est petit tout ce qui *dilue, morcèle*, ou *restreint* : « Que serait la *section* si elle se *limitait* à un nombre *restreint* d'*adhérents*? » Ainsi, les liens domestiques du *corporatisme* sont-ils constamment dénoncés parce qu'ils *divisent* les *travailleurs* : « Des revendications *corporatistes* qui ne font que contribuer à *diviser* encore plus les travailleurs des différentes *catégories*. » Pour mettre fin à cet état de division, il faut « briser la structure des métiers qui *morcelait* la classe ouvrière ». Les êtres, quand ils ne sont pas fortement tenus les uns aux autres par des liens de *solidarité*, s'égarent et se laissent entraîner dans des *déviations*. Ils se dissolvent dans le *catégoriel* ou, pire, dans l'*individualisme* : « La *démocratie* ne s'improvise pas dans ce monde façonné par l'*individualisme.* » Les gens, laissés à *eux-mêmes*, habités par des appétits de *pouvoir personnel, monopolisent la parole* et, « exercés à *orienter* les *assemblées* », « engagent les décisions sur une voie peu conforme à l'*intérêt* de *tous* les autres ». *Minoritaires*, ils forment un *noyau limité* : « Le risque est grand de voir se constituer une hiérarchie entre les *militants* et d'assister à la création d'un noyau *limité* et qui ne pourra pas réellement utiliser les possibilités existantes. » Ils sont enfin *isolés* et *coupés* de la *base*, et cette absence de fondement dans le général leur confère un caractère *arbitraire* et contraire à la règle (*irrégularités*) qui les porte vers la *déchéance* et l'*annulation* (qualités qui caractérisent, dans ce monde, la plus grande misère concevable) : « des salariés qui ont été *déchus* de leurs fonctions syndicales » ; « *irrégularités* pouvant entraîner l'*annulation* des *élections* ».

Le monde marchand

Le monde marchand est loin de se confondre avec une sphère des relations économiques. Nous avons cherché à montrer, à l'inverse, que les actions économiques reposaient sur au moins deux formes de coordination principales, l'une par le marché, l'autre par un ordre industriel, chacune permettant d'asseoir une épreuve de réalité différente. Cette distinction analytique, confortée par les observations empiriques portant sur des situations tendues vers la réalisation de l'une ou l'autre de ces épreuves, éclaire certains problèmes rencontrés dans la théorie économique qui tiennent à la confrontation de ces deux ordres, et qui se manifestent notamment lorsque le temps est introduit dans des relations marchandes naturellement atemporelles. Le tableau comparé des deux mondes *marchand* et *industriel* prépare l'analyse, développée dans le chapitre suivant, des relations critiques entre les avantages associés à une coordination par des biens marchands et les bienfaits dus à la mise en œuvre de techniques efficaces. L'écart entre ces deux mondes ne saurait être comblé par l'ajout formel d'une nouvelle dimension (temporelle), ni donc être interprété comme la distance séparant un équilibre statique d'un équilibre dynamique. Depuis l'argument de Thomas d'Aquin ajoutant aux critiques à l'encontre du prêt à intérêt le constat que le temps, bien public, ne peut être vendu, jusqu'aux remarques de Keynes sur la contradiction supportée par les actifs financiers, pris entre une évaluation au gré des fluctuations des profits et un jugement sur la solidité des investissements, le taux d'intérêt ne cesse d'apparaître comme un objet ambivalent supportant la tension critique entre ces deux mondes, malgré les tentatives pour en faire un prix comme les autres.

L'approche symétrique des deux mondes marchand et industriel évite une autre réduction de leurs relations, qui consiste à rapporter l'un à des désirs subjectifs qui s'exprimeraient dans les demandes des consommateurs, et l'autre à des contraintes objectives qui s'inscriraient dans la fonction de production. En dépit de son imposant arsenal d'objets techniques, le monde industriel de l'efficacité n'est pas moins politique que les autres et l'épreuve y est tout autant dépendante d'un jugement commun. Quant au monde marchand, il n'est pas seulement animé par le commerce d'acheteurs et de vendeurs en affaire. Ce monde est aussi peuplé d'objets omniprésents dont l'économiste ne peut oublier le rôle, dans la coordination des actions, que lorsqu'il les traite comme une nature indépendante des interventions des autres. Il rejoint en cela l'attitude d'une personne agissant normalement dans ce monde qui, pour s'entendre sur un marché, doit se reposer sur l'objectivité du bien et sur son indépendance à l'égard des différentes personnes impliquées dans le marché.

Il suffit pourtant de faire jouer les mondes l'un contre l'autre, de mettre sur le marché la canne à pommeau de l'oncle André, pour laisser poindre, par le trouble qui s'ensuit, tout ce qui distingue l'objet marchand d'objets mis en valeur dans d'autres mondes. En mettant en lumière la qualité des objets de nature marchande, et leur rôle dans la coordination, on se prépare à traiter les situations complexes où des objets équivoques troublent cette coordination, un graffiti de Picasso sur un coin de table, un fût bosselé qui n'est plus aux normes, une voiture d'occasion, etc.

En distinguant un ordre marchand, nous prêtons le flanc aux critiques qui soulignent l'irréalisme de la construction d'un équilibre de marché concurrentiel. Notre propos n'est pas de chercher à le réhabiliter à nouveaux frais comme modèle de société, mais de montrer que cet ordre sert effectivement, parmi d'autres, à coordonner des transactions locales visant une certaine forme de généralité. La réalisation d'un équilibre général conforme à la théorie n'est nullement assurée pour autant. Tout d'abord, les sociétés complexes que nous étudions ne se laissent enfermer dans aucun des mondes que nous avons identifiés. D'autre part, à l'intérieur même du monde marchand, les épreuves conduisent à réajuster les états de grandeurs de proche en proche, et non par le recours à une institution centralisée comme celle du crieur walrassien nécessaire à l'apurement complet du marché à un instant donné. Quant aux critiques théoriques qui dévoilent, sous les apparences de relations marchandes, le rôle joué *en fait* par la confiance, par les croyances, etc., elles rejoignent sur plus d'un point les critiques ordinaires que nous chercherons à repérer systématiquement dans le chapitre VIII.

Une autre difficulté fait obstacle à l'exploration du monde marchand. Même si l'on accepte de distinguer les objets qui le soutiennent, on pourra rester réticent à la perspective de traiter le marché sur le même modèle que des constructions du bien commun telles que celles faisant référence à la volonté générale. Peut-on accepter cette gageure et aller à l'encontre des distinctions les plus solidement établies entre l'individuel et le collectif, entre l'égoïsme et l'altruisme ou entre le jeu des libres préférences et le poids des normes sociales? Peut-on reconnaître dans un individu sans patrie et sans avenir (Nietzsche, 1950, § 23, pp. 68-69) un être qualifié pour participer d'une forme de bien commun? Dans ce paragraphe, nous poursuivrons la démonstration entreprise dans l'analyse de la cité marchande, en indiquant comment le monde marchand peut être rapporté au même modèle de grandeur, et quelles spécifications y prennent les êtres et les relations pertinentes.

La concurrence (supérieur commun) Rivalité, Compétition.

Dans le monde marchand, les actions sont mues par les *désirs* des individus, qui les poussent à *posséder* les mêmes objets, des *biens rares* dont la propriété est aliénable. La caractérisation de ce monde par la dignité des personnes, toutes également mues par des désirs, et par l'appareillage d'objets adéquats enferme déjà le principe de coordination, la *concurrence*, qui peut être explicité dans les justifications auxquelles donnent lieu les épreuves.

Considérée de l'extérieur, la convention constitutive qu'est la concurrence joue le même rôle que celles qui font office de supérieur commun dans les autres mondes. La construction du marché n'est ni plus ni moins une métaphysique que l'édification des ordres se référant à la confiance et à la tradition, ou à la volonté générale. Chacun d'eux suppose au moins deux niveaux, celui des particuliers tout près d'échapper à la convention, et celui des personnes de qualité participant du bien commun.

Désirable (état de grand) Valeur (de), Vendable, Millionnaire, Gagneur.

La *compétition* entre les êtres mis en *rivalité* règle leurs litiges par une évaluation de la grandeur marchande, le *prix*, qui exprime l'importance des désirs convergents. Les objets grands sont des biens *vendables* ayant une *position de force* sur un *marché*. Les personnes grandes sont riches, *millionnaires* et *menant la grande vie*. Leur richesse leur permet de *posséder* ce que les autres *désirent*, des objets de valeur, *de luxe, haut-de-gamme*. Elle est à la mesure de leur propre *valeur* qu'elles savent *vendre*, et qu'exprime leur *réussite*, désignée notamment dans le vocabulaire de la compétition : se détacher du peloton, se lancer des défis, *marquer des points*, être un *gagnant*, un *crack*.

Le déploiement de la grandeur marchande s'inscrit dans un espace sans limites ni distance, où la circulation des biens et des personnes est *libre*. Les hommes d'affaires ont de *grandes perspectives*, surveillant les marchés *mondiaux*, faisant des affaires *internationales*, dans le monde entier.

La grandeur marchande ne participe pas d'une construction du temps. L'état de grand ne comporte aucune mémoire du passé, aucun projet d'avenir. En affaires, on s'*élève* d'un bond jusqu'au sommet, comme on fait inopinément faillite. L'instabilité n'implique pas un défaut, comme dans le monde industriel. Le hasard peut être malchance mais on peut tirer profit de l'*insécurité*. Le *sort* est normalement rendu *favorable*, transformé en *veine*, si les personnes *exploitent*, tirent *avantage*, par leur *opportunisme*, des *occasions* qui se présentent.

Non désiré (état de petit)
Détesté.

L'état de petit est celui où les personnes, dans l'*échec, croupissent* et *perdent*, et où les biens sont *rejetés, repoussés, détestés* au lieu d'être désirés.

Dépourvu de tout moyen d'acheter ou de vendre, le pauvre n'est pas loin d'échapper à la convention de bien commun et d'être privé de la dignité des hommes dans ce monde.

L'intérêt (dignité)
Amour (des choses), Désir, Égoïsme.

La nature humaine qui s'épanouit dans le monde marchand est caractérisée par un désir, innocent comme toute dignité. « Visez le profit. Samuel Johnson a dit : “ Il y a peu de choses auxquelles un homme peut être plus innocemment employé qu'à gagner de l'argent. ” » Chacun est doté de naissance de cette capacité : « Je crois que la plupart des êtres humains sont des *vendeurs* de naissance. » Elle précède même la conscience : « L'art de vendre est la pratique consciente d'un tas de choses que nous savons déjà *inconsciemment*... et que nous avons probablement pratiquées pendant la plus grande partie de notre vie. »

C'est en exprimant leur dignité que les personnes sont au plus près de la vérité. L'intérêt est ainsi leur *vraie motivation*, le propre de leur *ego* qui les fait être *eux-mêmes* en *désirant* obtenir *satisfaction*. On *réussit* par la force de ce *désir*, parce que l'on *aime*. La vie *réelle*, c'est ce que les gens *veulent se procurer*.

Dans le manuel de référence, l'auteur rapporte une scène où les gens jouent avec les limites de l'humanité et s'amusent à prêter à des êtres non humains cette dignité du désir, cette capacité à *aimer* ou à *détester*. Le P.-D.G. d'une entreprise d'aliments pour chiens fait le bilan suivant : « " Depuis plusieurs jours, nous écoutons nos chefs de département exposer leurs merveilleux projets pour l'année à venir. Je n'ai qu'une question à poser. Si nous avons la meilleure publicité, le meilleur marketing et la meilleure force de vente, comment se fait-il que nous ne vendions pas cette sacrée nourriture pour chiens? " Un silence total s'appesantit sur la salle. Puis, au bout d'un moment qui sembla s'éterniser, une petite voix s'éleva du fond : " Parce que les chiens la *détestent*. " »

Puisque la dignité désigne une capacité à participer d'un bien commun, le fait qu'elle prenne dans ce monde la forme d'un désir égoïste frôle le paradoxe. En reconnaissant une dignité à une personne occupée à la satisfaction de ses désirs égoïstes, la philosophie utilitariste a contribué à camper la figure moderne de l'individu détaché des chaînes d'appartenance et allégé du poids des hiérarchies. Cependant, le succès de la figure de l'individu a été largement lié à la démonstration qu'il pouvait trouver place dans un ordre où ses actions se coordonnaient à celles des autres. Les philosophes politiques n'ont démontré les bienfaits de la concurrence qu'en établissant cette possibilité de coordination qui permet de se référer aujourd'hui à une cité marchande.

Ce n'est qu'en perdant de vue la convention qui lie une personne aux autres, en tant qu'*individus*, et qui passe par l'intermédiaire de son désir pour les mêmes objets, et en oubliant la façon dont cette convention de concurrence règle son *libre* jeu, que les termes d'individu ou de liberté peuvent prêter à des glissements sémantiques conduisant à présenter le monde marchand comme le seul garant de l'autonomie et de la liberté des gens.

Le monde marchand est donc peuplé d'*individus* cherchant à satisfaire des désirs, tour à tour *clients, concurrents, acheteurs* ou *vendeurs*, entrant les uns avec les autres dans des relations d'*hommes d'affaires*.

Les concurrents (sujets)
Homme (d'affaires), Vendeur, Client, Acheteur, Indépendant (travailleur).

Richesse (objets)
Objet (de luxe).

Que le déploiement des objets soit nécessaire à la coordination marchande, on le voit clairement, *a contrario*, lorsque l'identité des objets marchands fait défaut. L'objet de nature marchande est une chose vers laquelle tendent des désirs concurrents d'appropriation, une chose *désirable, vendable, commercialisable*. Sa qualité n'est pas celle des objets du monde industriel qui valent par leur efficacité, leur caractère fonctionnel. S'écartant de la normalisation du produit industriel, condition de son efficacité, l'identification commune du bien marchand l'inscrit comme propriété aliénable, objet commun de désirs divers.

On notera que, parmi les sciences sociales, l'économie est celle qui accorde la plus grande place aux objets, sans pour autant que le statut de ces objets ait été éclairci dans la théorie. Les outils industriels restent largement extérieurs, se développant au gré du progrès des techniques, tout en contribuant activement à la production de marchandises. Les biens marchands sont trop naturels pour que leur rôle soit abordé, mis à part les considérations sur les biens publics ou collectifs. Les développements théoriques récents sur la qualité des biens touchent bien à l'hypothèse cruciale d'une identification commune des objets, mais les problèmes soulevés sont ramenés à des questions d'information asymétrique. La valeur du bien se détermine dans l'épreuve marchande et les problèmes traités comme des tricheries sur la vraie qualité sont suscités par la référence implicite à une autre forme de valeur, souvent une valeur industrielle (Eymard-Duvernay, 1989b, p. 127). De même les implications du glissement théorique d'un marché des biens à un marché des contrats ne sont pas clairement distinguées, faute d'une prise en compte du rôle de l'hypothèse sur l'objectivité d'un support des convoitises concurrentes.

Opportunisme (investissement) Liberté, Ouverture, Attention aux autres, Sympathie, Détachement, Distance (émotionnelle), Recul (prendre du).

L'identification commune des objets de nature marchande est étroitement liée aux exigences du grandissement, à la formule d'investissement qui assure, par un sacrifice, l'accès au bien commun. L'égoïsme des sujets du monde marchand doit aller de pair, pour qu'un ordre puisse résulter de leur concours, avec une clairvoyance sur les limites des egos, autre face de l'identification commune de biens extérieurs. C'est cette exigence, souvent oubliée dans les approches méthodologiques ou politiques de l'individualisme, qui définit l'*individu* comme un être social, socialisé par des désirs convergents vers les biens extérieurs.

Dans le monde marchand, les gens sont donc *détachés* les uns des autres (notamment de tout lien domestique), *libérés*, en sorte qu'ils se prêtent de bonne grâce à toute occasion de *transaction.* En bref, les sujets sont aussi *disponibles* que les biens sur le *marché.* Là encore, l'adoption de cette perspective sur le monde marchand permet de lever les équivoques sur la liberté et le libéralisme. Plutôt que de considérer, selon l'adage, que la liberté de chacun s'arrête à la frontière de celle des autres et suggérer ainsi une image topographique de la question, mieux vaudrait-il peut-être reconnaître que la liberté du libéralisme ne trouve son sens qu'en tant qu'expression du choix pour des biens extérieurs, et que cette extériorité n'est acquise qu'à partir d'un détachement qui suppose de voir les autres comme on se voit.

Le *recul*, la *distance émotionnelle* entre la situation et soi, le *contrôle* par rapport à ses propres émotions (émotions qui, comme on l'a vu, expriment l'état de grand dans le monde inspiré) sont la charge que cette grandeur fait peser. L'*opportunisme* qui caractérise les grands dans le monde marchand, ceux qui savent *tirer le meilleur parti* de tout, va donc de pair, sans paradoxe, avec une certaine *attention aux autres* qui suppose « d'*écouter*, d'*entendre réellement* ce que disent *les autres* » (en tant qu'individus eux-mêmes détachés, et non pas en tant qu'ils forment une opinion dont il faudrait se garder, comme « les autres » dans le monde de l'opinion). Cette attention ne vient pas tempérer l'égoïsme, elle lui est consubstantielle dans l'ordre marchand.

De même que l'œuvre de Smith, dont nous avons extrait la présentation canonique de la grandeur marchande, invite à rapprocher une théorie de la richesse des nations mettant en avant le principe de concurrence et une théorie des sentiments moraux fondée sur la position de spectateur impartial et la sympathie, de même le manuel étudié fait voir la relation entre la bonne marche des *affaires* et un état des personnes caractérisé par le *détachement* à l'égard de soi-même (une *distance* qui fait songer à l' « égale distance à l'égard des uns et des autres » dans le dispositif du spectateur chez Smith), et par l'*attention aux autres* (la *sympathie*, chez Smith). L'auteur du manuel met en évidence la complémentarité entre la valeur de l'instrument monétaire du marché et celle du sentiment entretenu à l'égard des autres, en les attribuant respectivement à sa mère et à son père, dans les dédicaces où il leur rend hommage : « A ma mère, Grace Wolfe McCormack qui, avec des yeux pétillants de malice, m'inculqua la valeur, relative, de l'argent »; « A mon père, Ned Hume McCormack qui, plus que quiconque, me prouva l'importance qu'il fallait attacher aux sentiments des autres, en quelque circonstance que ce soit ».

Posséder (rapport de grandeur)

Même si l'on ne réduit pas le monde marchand à une collection d'atomes privés de liens les uns avec les autres, on opposera facilement des relations marchandes qui se propageraient en réseau à des relations hiérarchiques qui s'emboîteraient les unes dans les autres. Pourtant, l'ordre marchand épouse lui aussi l'ordre du général et du particulier qui implique cet emboîtement. La grandeur marchande ne diffère pas tant des grandeurs qui servent d'exemple à la notion de hiérarchie, ordre domestique de l'autorité, ou ordre industriel de la compétence. Les objets marchands enfermant les désirs des autres, leur possession implique une relation hiérarchique au sens habituel du terme. L'état de grand comprend celui de petit dans un rapport de *possession.* Le *prix* est la preuve de l'attachement des autres au bien que l'on détient. Tous ne pouvant également satisfaire leurs appétits en accédant aux mêmes biens rares, les plus riches accomplissent les autres en *possédant* le *désir* de ceux qui le sont moins et qui restent privés de ces biens. Les *millionnaires* se définissent par leur possession de ce que tout le monde désire.

Intéresser (relations) Acheter, Procurer (se), Vendre, Affaires (être en affaire avec), Négocier, Parti (tirer parti), Monnayer, Payer, Rivaliser.

Lorsqu'ils sont engagés, les êtres du monde marchand *sont en affaire*. Une *affaire* est composée d'au moins deux *individus* et d'un objet dont ils *négocient* l'*achat* et la *vente*. L'objet, *bien* ou *service*, contribue à façonner un lien entre les gens en *attirant*, en *intéressant*. La *transaction* suppose que les gens aient suffisamment de *recul* et que l'objet soit assez *détaché* pour permettre le *jeu de la concurrence* avec les autres. La transaction locale dépasse alors l'arrangement pour devenir un marché qui tient compte, par les prix qui seront *monnayés, payés,* de l'ensemble des désirs des autres. Cette *distance* doit rendre indifférent à l'égard de toutes les qualités étrangères à celle d'acheteur ou de vendeur des personnes avec qui l'on traite, qualités qui exprimeraient des grandeurs dans d'autres mondes (« j'en suis venu à attacher peu de prix au clinquant extérieur, qu'il s'agisse de la célébrité, de la position sociale ou de l'apparence »).

Les assemblages sont cohérents lorsque les êtres marchands sont de même grandeur, que le *produit* est bien *positionné* par rapport à l'acheteur et au vendeur. Cette opération prend en compte la *réalité* du *désir* de l'*acheteur* pour l'objet. Au terme de cette composition harmonieuse, les personnes en affaires trouvent naturellement leur grandeur en rapport avec l'objet négocié. Être dans une *affaire* qui se tient exige des personnes qui se rencontrent, souvent *en face à face* pour *négocier en tête à tête*, loin de l'influence des autres, se *jaugent* correctement et « ne *sous-estiment* jamais les *concurrents* » avec qui elles sont en *compétition*.

Marché (figures)

L'harmonie de l'ordre naturel tient à la façon dont les *biens* trouvent leur *prix* sur un *marché* qui détermine la distribution des états de grandeur. L'épreuve est le moment, d'une issue incertaine, où l'on réévalue les grandeurs marchandes, où une *affaire* est *réglée, conclue, dans le sac.* L'arrêt de l'épreuve s'exprime par la passation d'un *contrat*. L'épreuve est aussi l'occasion d'extirper du chaos de nouveaux objets, de découvrir de nouvelles choses qui pourraient *intéresser* un client et donner lieu à transaction, d'étendre le monde marchand.

Affaire (épreuve)
Affaire réglée, dans le sac, Marché conclu.

L'identification commune des biens et la généralité de la grandeur *prix* rapprochent le face à face d'une affaire avec d'autres transactions se déroulant ailleurs, avec d'autres individus, qui peuvent ainsi être mises en équivalence. Le prix, qui sanctionne l'épreuve en modifiant la distribution des grandeurs, tient compte de la négociation des deux sujets impliqués. Mais il se fait sur l'horizon d'un prix général, exigence qui s'exprime par le fait que le prix doit être *raisonnable* et « correspondre à la *véritable valeur* ».

Prix (jugement)
Valeur (justifiée, raisonnable, vraie).

La généralité du prix est assurée par l'étalon monétaire. L'*argent* est la mesure de toutes choses

Argent (évidence)
Bénéfice, Résultat, Rétribution.

et constitue donc la forme de l'évidence. Le *profit*, le *bénéfice*, les *rétributions*, le *résultat* de la transaction s'expriment ainsi en *liquide*, en *commission*, en *cachet*, en *honoraires*. Cette place assignée à la monnaie dans l'épreuve du monde marchand ne permet bien sûr pas de trancher les débats de théorie monétaire mais suggère que la monnaie, dans sa fonction de réserve attachée à une projection sur l'avenir, est un être équivoque permettant le passage avec d'autres mondes.

La servitude de l'argent (déchéance)

La limite inhumaine du monde marchand est dessinée dans une longue tradition critiquant la vanité de la possession des richesses et valorisant un sage détachement à leur égard. A l'inverse de ce qu'entreprendront Hume ou Smith, Sénèque refusait, dans le départ entre les biens et les autres qualités de la personne, que les biens exprimassent les autres en aucune façon et servissent ainsi à justifier une quelconque espèce de grandeur : « Les richesses m'appartiennent et toi tu leur appartiens [...] je ne tirerai pas vanité de pareilles choses qui sont sans doute auprès de moi, mais cependant en dehors de moi » (Sénèque, 1962, pp. 742, 747). De même que l'autorité domestique peut conduire, à la limite, à une servitude qui inscrit le serviteur dans le domaine du maître, comme un patrimoine parmi d'autres, de même la richesse peut amener, dans une confusion entre les personnes et les biens, à posséder directement la personne des autres et non les biens qu'ils désirent. Chez les philosophes écossais, c'est la construction d'une sphère des relations intéressées qui rend possible l'existence de relations désintéressées, par exemple l'amitié (Silver, 1989).

Le monde industriel

Le monde *industriel* est celui où trouvent leur place les objets techniques et les méthodes scientifiques. La terminologie retenue ne doit donc pas conduire à penser que ce monde s'inscrit en totalité dans les limites de l'entreprise. Inversement, le fonctionnement d'une entreprise ne saurait être compris à partir du seul recours à des ressources relevant de ce monde, même si la visée d'une production efficace qui repose sur des investissements fonctionnels tire sa justification de l'ordre industriel.

Si, comme on le verra, le jugement canonique sur la qualité d'un fait scientifique permet d'illustrer l'épreuve de réalité du monde industriel, il n'empêche que le développement et la diffusion d'une découverte ne sont pas simplement justiciables de l'épreuve examinée ici, et débordent largement le cadre du seul monde industriel. Les travaux d'histoire ou de sociologie des sciences et des techniques font en effet ressortir l'hétérogénéité des ressources et des actions engagées dans les processus d'innovation, et ils sont même rejoints aujourd'hui sur ce point par les approches économiques du changement technique. Certaines des actions s'inscrivent dans une épreuve *industrielle*, lorsqu'il s'agit d'établir la preuve scientifique. D'autres sont impliquées dans le grand moment du jaillissement du fait singulier, l'innovation annonçant la rupture avec la tradition selon une justification *inspirée*. D'autres encore s'appuyent sur la grandeur du renom qui va impliquer la concentration d'un crédit auprès de l'opinion sur des signes distinctifs et des marques, ou reposent sur l'ancienneté de liens *domestiques* garantissant une réputation solide, ou enfin sur la mise en valeur *marchande* dans une réponse immédiate aux désirs des clients.

De même que la reconnaissance de l'ordre marchand est obscurcie par la méconnaissance des conventions qui accompagnent l'affirmation de l'individu, de même, la compréhension de l'ordre industriel est empêchée par un traitement des objets techniques qui les enferme dans une relation instrumentale à la nature et qui laisse dans l'ombre les conventions supportant l'accord sur le fait scientifique. L'observation des conditions dans lesquelles sont mis en œuvre les objets industriels montre qu'ils se prêtent au même type d'épreuve que celui déjà repéré dans les autres univers. Éprouver ces êtres et établir leur objectivité supposent le détour par une forme du collectif, un supérieur commun qui règle le jugement à leur endroit. En mettant en évidence cette épreuve industrielle, on s'écarte à la fois d'une conception dans laquelle les sciences et techniques sont des ouvertures sur un monde extérieur, et d'un relativisme radical qui voit les faits comme des croyances arbitraires attachées à des communautés.

L'efficacité (supérieur commun)
Performance, Avenir.

L'ordonnance du monde industriel repose sur l'*efficacité* des êtres, leur *performance*, leur *productivité*, leur *capacité* à assurer une *fonction normale*, à répondre utilement aux *besoins*.

Cette *fonctionnalité* s'exprime dans une *organisation* et implique à la fois une articulation synchronique avec d'autres êtres et une liaison temporelle. L'efficacité s'inscrit en effet dans une liaison régulière entre cause et effet. Le bon *fonctionnement* des êtres prolonge le présent dans un *futur,* ouvrant ainsi la possibilité d'une prévision. La forme de coordination industrielle soutient ainsi une équivalence entre des situations présentes et des situations *à venir* et constitue une temporalité. *Demain* est ce qui importe : les « *machines* de *demain* », l' « *ouvrier* de *demain* », l' « *organisation* de *demain* ».

Performant (état de grand)
Fonctionnel, Fiable, Opérationnel.

La qualité des grands êtres, êtres fonctionnels, *opérationnels* ou *professionnels* (lorsqu'il s'agit d'êtres humains), exprime donc leur capacité à s'*intégrer* dans les *rouages* ou les *engrenages* d'une organisation en même temps que leur *prévisibilité*, leur *fiabilité*, garantit des *projets réalistes* sur l'avenir.

Inefficace (état de petit)
Improductif, Non optimal, Inactif, Inadapté, Panne (en), Aléatoire.

Les gens sont en état de petit lorsqu'ils ne produisent pas d'utilité, qu'ils sont *improductifs*, lorsqu'ils fournissent peu de *travail*, en raison de leur *absentéisme*, de leur *turn-over*, ou parce qu'ils sont *inactifs, chômeurs, handicapés*, ou encore lorsqu'ils fournissent un travail de mauvaise qualité, qu'ils sont *inefficaces*, démotivés, *déqualifiés, inadaptés.* Les choses sont petites lorsqu'elles sont *subjectives.* Les êtres sont également petits lorsqu'au lieu d'ouvrir sur l'*avenir*, ils gardent la marque du passé, en restant peu *évolués, statiques*, rigides, *inadaptés.*

Le *gâchis* (notamment des « *capacités* humaines » résultant des « travaux *déqualifiés* qui [...] ne correspondent pas aux *réelles capacités* »), le *gaspillage*, les *rebuts*, les *nuisances*, les *détériorations*, sont autant de signes *négatifs* de la grandeur, ils manifestent une *faible maîtrise*, un mauvais *fonctionnement* d'un *système perturbé* (« la *qualité* des *matières premières* est *variable* et *perturbe* la *production* »), et trouvent leurs origines dans les *aléas*, les *incidents*, les *risques.*

La mise en question de l'ordre industriel s'exprime dans une situation non *optimale,* comme lorsque l'on « *constate* que la *programmation* de la *production* n'*optimise* pas les *coûts* ». Cette situation litigieuse est un *dysfonctionnement*, un *problème*, une *panne*, un *accident* : « La réduction des rebuts, des incidents et des temps improductifs permet souvent de réduire également les charges physiques et les gaspillages d'énergie humaine. »

Le travail (dignité)
Énergie.

La dignité des personnes, le trait de la nature humaine sur lequel repose cet ordre industriel, est un *potentiel* d'*activité*. Cette capacité s'exprime dans un *travail* qui est la mise à l'œuvre de l'énergie de l'*homme d'action.* « Investir dans les *capacités* et *énergies* humaines, c'est prendre le meilleur *moyen* de l'*efficacité* économique. » En conséquence, l'absence d'*utilisation* des *potentiels* humains disponibles est une grave atteinte à la dignité des gens.

Les professionnels (sujets)
Expert, Spécialiste, Responsable, Opérateur.

Les gens ont, dans le monde industriel, une *qualification professionnelle* (le terme *professionnel* est d'ailleurs utilisé comme substantif pour les désigner) liée à leur capacité et à leur activité. Sur cette échelle de qualification repose une hiérarchie d'états de grandeur, marquée par des compétences et des responsabilités (*encadrement, dirigeants, décideurs, responsables, praticiens, opérateurs*, etc.).

Dans les relations de travail et les systèmes de rémunération, les qualifications formelles exprimant cette grandeur industrielle s'opposent aussi bien à une évaluation marchande qui résulterait immédiatement d'un service rendu, qu'à un jugement domestique appréciant l'autorité d'une personne.

Les moyens (objets)
Outil, Ressource, Méthode, Tâche, Espace, Environnement, Axe, Direction, Dimension, Critère, Définition, Liste, Graphique, Schéma, Calendrier, Plan, Objectif, Quantité, Variable, Série, Moyenne, Probabilité, Norme, Facteur, Cause.

Les objets du monde industriel sont des instruments, des *moyens, mobilisés* pour une action qui se présente comme une *tâche* de *production*. Cette construction instrumentale de l'action, impliquant un détour à la fois spatial et temporel par des objets qui font office de relais, est donc envisagée ici comme un caractère spécifique du monde industriel et non comme une propriété, d'un ordre de généralité plus grand, caractérisant les actions d'êtres humains doués de raison.

Les activités de production ne s'ordonnent pas dans le même monde que les actions de nature marchande analysées précédemment, contrairement à ce que laisse entendre la réduction de la fonction de production opérée dans la théorie économique de l'équilibre général. La production se réalise dans un déploiement d'objets de nature industrielle qui s'étend des outils aux procédures. La fabrication de *produits* met en œuvre des *matières premières* et de l'*énergie*, des *machines* et des *méthodes* : « Il y a une *panoplie* d'*outils*, d'*organisations*, de *méthodes*, de *méthodologies*, qui doit être disponible de manière à pouvoir prendre à chaque instant le meilleur *outillage* du moment et le remettre au clou dès qu'il n'est plus *adapté*. »

Le corps est l'outil premier qui travaille dans l'*effort*, et les objets de la nature industrielle ne sont que des instruments prolongeant l'efficacité de ce travail. La théorie économique du capital rejoint la sociologie des sciences et des techniques lorsqu'elle use de métaphores militaires pour décrire l' « enrôlement de puissantes forces comme alliés dans la tâche de production », « chaque " détour " signalant la mobilisation (“ *conscription* ”) d’une puissance auxiliaire plus puissante et plus habile que la main de l’homme » (Bohm-Bawek, 1959, pp. 13-14). C’est l’assemblage cohérent de ces objets qui soutient une causalité inscrite dans une temporalité : une fois le dispositif en place, il ne tient plus qu’à un geste de faible envergure de déclencher un enchaînement d’effets considérables (*id.*).

Les objets de nature industrielle contribuent à façonner un *espace* dans lequel les effets se transportent en fonction de mécanismes. L’espace est organisé de telle sorte que des zones éloignées ou étrangères à l’action, selon une topographie domestique, seront traitées comme un *environnement* dès lors que des liaisons fonctionnelles auront été établies. Les actions diverses sont intégrées dans un même plan *homogène, réglé* par des *axes*, des *lignes directrices*, des *dimensions*, des *degrés*, des *niveaux*. Les objets sont mis en rapport dans cet espace à l’aide de *listes* et d’*inventaires* traitables par *lots*. L’espace mesurable est projetable sur une feuille de papier où se joue une partie de l’épreuve, grâce à la confection de *grilles*, d’*états*, de *graphiques*, de *schémas*, d’*organigrammes*, de *cadrages*, de *comptabilités*, de *tableaux de bord*. L’articulation spatiale des objets suppose une capacité de *définition* armée d’une *mesure*. Les instruments de *mesure* mis à contribution sont proprement des machines à mettre dans l’espace. Ils *standardisent* en produisant, à partir d’une *définition* et d’une *enquête*, des objets en bonne et due forme dont la fonction peut être saisie par des *critères* ou des *caractéristiques*. Il n’est pas jusqu’au corps lui-même qui ne soit pris dans ces mesures et inscrit dans l’ergonomie de la *tâche* à accomplir : « L’*ergonomie* peut nous aider à *déterminer* la *charge* physique d’un *poste de travail* et à l’*exprimer en* kilocalories/jour. [...] Les *postes* ont été *modifiés* (hauteurs, implantation, sièges) en *fonction* des *dimensions moyennes* des *segments* du *personnel*. »

La fonction est une notion qui doit être comprise

dans une articulation spatiale et dans une liaison temporelle, comme le montre bien le mécanisme. L'équivalence temporelle instaurée par la grandeur industrielle est particulièrement visible dans les objets appréhendés selon leur aptitude à gérer l'avenir, comme les programmes, les *plans*, les *budgets* : « En *s'ajustant* au *calendrier* de la *planification*, on *intègre* le *programme* dans le *plan*, les *budgets* de *fonctionnement* et d'*investissement*. » Les outils de mesure du temps tirent avantage de la régularité de fonctionnement des objets industriels et dotent le monde industriel d'une représentation du temps qui n'est pas sans rappeler la topographie de ce monde, dans laquelle on peut se transporter sans frottement, aller de l'avant ou procéder à un retour rétrospectif. *Calendriers* et *horaires* permettent d'établir des *états d'avancement périodiques*, de tracer des *étapes*, des *phases*, un *terme*. Cette mise en forme du temps modèle en retour les repères de l'action que sont les *objectifs* et les *missions*.

L'analyse des objets du monde industriel permet de comprendre la possibilité d'un *calcul*, en renversant la perspective adoptée lorsque l'on réduit ce calcul à l'exercice d'une faculté mentale d'êtres doués de raison. Les instruments de définition et de mesure constituent la situation d'action comme un *problème* conduisant à formuler des *hypothèses* et appelant une *solution*. L'articulation d'*éléments* ou de *segments* obtenus par la *décomposition* de la *complexité* de l'*univers* peut s'effectuer par des liaisons mathématiques, le calcul s'appuyant sur des *variables quantifiées* : « L'*inventaire* des *problèmes* et de leurs *solutions* alternatives est soumis à la *méthode* d'*évaluation* économique qui permet de *chiffrer* les diverses *hypothèses* d'amélioration. »

Progrès (investissement) Investissement, Dynamique.

Le *progrès* est la formule d'investissement dans le monde industriel. Il est associé à l'opération d'investissement (au sens classique du terme) qui met en balance le « prix des *efforts* », « lourds en temps et en argent », et la « *rentabilité* à *moyen terme* » qu'ils *assurent* : « Les *investissements* ouvriront la voie à un nouveau *développement.* » La grandeur industrielle exige cette *dynamique* pour éviter l'obsolescence, l' « *inadaptation future* de l'*organisation* actuelle ». L'orientation temporelle se construit à partir de l'avenir (comme on le voit dans les décisions d'investissement ou les raisonnements d'optimisation par « *backward induction* »), à la différence de l'orientation temporelle qui prévaut dans l'ordre domestique et que génère le passé.

Notons que le calcul de rentabilité de l'investissement, dès lors qu'il prend en compte un taux d'intérêt, intègre les contraintes d'un marché financier qui ne s'inscrit pas dans l'ordre industriel.

Maîtriser (rapport de grandeur)

C'est dans une relation de *maîtrise* que l'état de grand comprend celui de petit. Le mot de *responsabilité* peut être d'un usage équivoque parce qu'il convient aussi bien à la désignation du rapport de grandeur domestique. Cependant, la responsabilité industrielle du grand n'implique pas qu'il mette sous sa coupe le plus petit qui lui vaudrait respect en retour. L'empire exercé ne tient qu'à la possibilité de prévoir des actions moins complexes, en les intégrant dans un plan d'ensemble plus vaste. Le grand est notamment en rapport avec le plus petit par la « *responsabilité* qu'il assume » sur la *production*, par la *maîtrise* qu'il a sur le *futur* : « Bien *déterminer* le *futur* pour bien le *maîtriser* est une *tâche indispensable* de la *direction* de l'*usine.* »

Fonctionner (relations) Mettre en œuvre, Engrenage (liaison d'), Fonction (être fonction de), Rouage, Interagir, Besoin (avoir), Conditionner, Nécessaire (relation), Intégrer, Organiser, Contrôler, Stabiliser, Ordonnancer, Prévoir, Implanter, Adapter, Détecter, Analyser, Compte (prendre en), Déterminer, Évidence (mettre en), Mesurer, Formaliser, Standardiser, Optimiser, Résoudre, Traiter.

Les relations naturelles sont celles que réclame le *fonctionnement* régulier des êtres de nature industrielle. Elles s'adossent donc aux qualités des objets déjà identifiés.

Au premier chef, elles *mettent en œuvre* des *facteurs* de *production* organisés dans des *structures* ou systèmes composés de *rouages ajustés*, d'*engrenages adaptés,* d'*interactions.* Les liaisons fonctionnelles sont établies sur le mode du *nécessaire,* du *requis.* Ces exigences *inexorables, indispensables*, prennent la forme de *contraintes* qui *conditionnent* l'action et doivent donc être *prises en compte, prises en charge.* Les personnes elles-mêmes sont *intégrées en fonction* des *compétences* plus ou moins *complexes* qu'elles exercent : « Chaque *niveau hiérarchique réalise* lui-même ce qu'il est impossible de *déléguer* au *niveau inférieur*; il dispose en contrepartie des *outils* de *contrôle efficaces.* »

Les relations fonctionnelles du monde industriel participent d'une *stabilité* temporelle propice à la *prévision* : « L'*unité de production* apparaît globalement comme un univers assez *stabilisé* et très bien *maîtrisé.* » L'ordonnance des êtres agencés dans un dispositif industriel va de pair avec un *ordonnancement* de son fonctionnement, avec des procédures de *stabilisation* qui, dans la production, passe notamment par des opérations de stockage.

L'*implantation* d'un dispositif industriel suppose des *aménagements* de l'environnement, des *adaptations*, des *redéfinitions* : « Le *programme général* est *adapté* à chaque *terrain* particulier et toutes ses *phases* sont *redéfinies en fonction* des *caractéristiques* propres à ce *terrain*, la trame *générale* étant maintenue. » L'action *industrielle* demande une vision *correcte* de cet espace sur lequel s'inscrit le problème, de façon à *détecter, découvrir, identifier, mettre en évidence, mesurer, analyser, décomposer*, les éléments pertinents. De même, les résultats de l'action sont appréhendés par leurs *traces* sur cet espace. De l'espace à la *classe*, le code fraye un chemin. Les opérations de *standardisation*, de *formalisation*, permettent de voir le monde par des données *exprimées* en nombre, *chiffrées*, prêtes à être *traitées*, cumulées, *additionnées*.

La description des éléments constitutifs du temps et de l'espace propres au monde industriel fait clairement apparaître que l'opération d'*optimisation* n'est possible que dans un environnement d'êtres de cette nature. L'optimisation rationnelle ne se situe pas en continuité avec la satisfaction immédiate d'un désir, dans le prolongement d'une coordination marchande. De fait, l'extension temporelle du critère d'optimisation, dans la théorie économique, qui passe par une optimisation de l'espérance de l'utilité attendue, se heurte aux difficultés dues à l'introduction d'irréversibilités inhérentes à la décision d'investissement (Favereau, 1989 a).

L'harmonie de l'ordre industriel s'exprime dans l'*organisation* d'un *système*, d'une *structure* dans laquelle chaque être a sa fonction, bref d'un « univers techniquement prévisible » : « On n'y remarque pas de *dysfonctionnements* ponctuels criards, tous les *rouages* de l'*organisation* s'*engrènent* sans à-coup. » L'équilibre n'est cependant pas statique (ce qui conduirait alors à un état rapidement *dépassé*) mais dynamique ; c'est une *croissance*, une *expansion*.

Organisation (figures)
Système.

La mise à l'épreuve de cette organisation suppose de *vérifier* que les choses fonctionnent comme prévu, que la solution du problème est *réaliste*. La *décision* prise, le dispositif *implanté*, le projet *lancé*, le mécanisme *déclenché*, on jugera de sa bonne marche en en évaluant les *performances* à partir des *effets provoqués*. On verra si le *fonctionnement* est *correct*, si tout est *en ordre de marche*, si « ça marche bien ». De ce fonctionnement peut résulter une remise en ordre de la *hiérarchie* des *fonctions* : « La *qualification* des *tâches évolue* en sens contraire de la *hiérarchie* des *fonctions* d'origine. La préparation se *déqualifie* progressivement du fait de l'*automatisation*. »

Test (épreuve)
Lancement, Mise en route, Mise en œuvre, Réalisation.

L'épreuve est aussi l'occasion de révéler de nouveaux objets. Les appareils de mesure déjà mentionnés contribuent à cette mise en évidence en réalisant des équivalences spatiales et temporelles, en opérant des mises en *série*. Ils permettent d'établir des lois à partir de *fréquences*, et de repousser l'*aléatoire* en exhibant des relations *probables* à partir de *moyennes*. La preuve est assise sur une régularité temporelle, sur la répétition méthodique de la mesure. De nouvelles *causes*, de nouveaux *facteurs* susceptibles de *déclencher des effets*, sont ainsi identifiés au cours des épreuves.

Effectif (jugement)
Correct, En ordre de marche, Fonctionnant.

Mesure (évidence)

L'action instrumentale (déchéance)
Traiter les gens comme des choses.

Dans le monde industriel, la dignité distinctive de

l'humanité est menacée par le traitement des gens comme des choses. La grandeur des objets et des dispositifs créés peut être confondue avec cette dignité au point de brouiller la limite de l'humanité. Privée d'épreuve, protégée du risque des contingences qui peuvent remettre en cause l'ordre des compétences et laisser émerger de nouveaux objets, la grandeur industrielle peut se rigidifier dans cet ordre monumental qu'a coutume de dépeindre la critique de la technique.

QUATRIÈME PARTIE

La critique

VII

LE CONFLIT DES MONDES ET LA REMISE EN CAUSE DU JUGEMENT

Le dévoilement

En suivant le déploiement des objets dans un monde cohérent qui n'est saisi, depuis les constructions formelles de la philosophie politique, qu'en tant que cité, nous avons vu comment les jugements pouvaient converger dans des épreuves et avoir par là prise sur la réalité. Mais dans les épreuves que nous avons examinées jusqu'ici, n'étaient engagés que des êtres relevant d'un même monde. Qu'en est-il lorsque des personnes et des choses relevant de mondes différents se présentent ensemble devant l'épreuve? Et comment s'établit, plus généralement, la relation entre différents mondes? La recherche d'une réponse satisfaisante à ces questions nous conduira à laisser derrière nous l'accord naturel pour envisager des figures nouvelles. Nous examinerons d'abord, dans des situations de désaccord, les figures de la critique, puis, dans la partie suivante, cette forme particulière de retour à l'accord que nous appellerons le compromis.

Les problèmes posés par la relation entre les mondes ne peuvent être écartés en associant les différents mondes et les grandeurs qui leur sont liées, à des personnes, à des cultures ou à des milieux différents, à la façon dont la sociologie classique traite la relation entre les valeurs et les groupes. Attacher les personnes à des mondes reviendrait à les fixer dans une forme de grandeur, ce qui contredirait les principes de justice sur lesquels repose le modèle de la cité. Une des orientations principales de notre démarche consiste à l'inverse à considérer que les êtres humains, à la différence des objets, peuvent se réaliser dans différents mondes. Il s'agit d'étudier la possibilité d'arriver à des accords justifiables sous la contrainte d'une pluralité des principes d'accord disponibles, sans échapper à la difficulté en admettant un relativisme des valeurs et en attribuant ces principes à des personnes ou groupes de personnes les possédant en propre. En effet, cette dernière réponse laisse elle-même sans réponse la question de l'accord. Si les différentes personnes appartenaient à des mondes différents ou si aux différents mondes correspondaient des groupes différents, les gens seraient indifférents les uns aux autres (comme dans l'état de nature dans sa version rousseauiste) et alors ils ne formeraient pas une cité, ou bien ils ne parviendraient jamais à s'accorder sur le principe supérieur commun dont relève la situation, et chaque épreuve prendrait vite la tournure d'une dispute sans issue.

Il faut donc renoncer à associer les mondes à des groupes et ne les attacher qu'aux dispositifs d'objets qui qualifient les différentes situations dans lesquelles se déploient les activités des personnes lorsqu'elles mettent ces objets en valeur. Or, dans une société différenciée, chaque personne doit affronter quotidiennement des situations relevant de mondes distincts, savoir les reconnaître et se montrer capable de s'y ajuster. On peut qualifier ces sociétés de « complexes » au sens où leurs membres doivent posséder la compétence nécessaire pour identifier la nature de la situation et pour traverser des situations relevant de mondes différents. Les principes de justice n'étant pas immédiatement compatibles, leur présence dans un même espace entraîne des tensions qui doivent être résorbées pour que le cours d'action se poursuive normalement. L'artiste le plus inspiré ne peut se déterminer en toute situation selon l'inspiration du moment et il doit, pour ne pas être taxé de folie, se conduire, au bureau de poste, comme un usager ordinaire. De même, les acteurs dont l'univers professionnel est profondément plongé dans un monde industriel – avec ses ateliers, ses bureaux d'études ou ses chantiers – ne sont pas pour autant fixés une fois pour toute dans la nature de l'industrie. Ils doivent, même au travail, être capables de basculer dans des situations où se déploient objets et grandeurs d'un autre monde qui peut être celui de l'inspiration, pour prendre un exemple qui paraît particulièrement peu compatible avec l'ordre industriel. Certaines formes de résistance ouvrière (Sabel, 1982; Lütdke, 1984), qui semblent irréductibles à la revendication d'une grandeur proprement industrielle et s'expriment dans l'exploit populaire ou la violence corporelle, constituent, au même titre que les exercices de mortification dans l'ascétisme classique, des façons de se grandir qui relèvent de l'inspiration.

Notre cadre d'analyse se distingue par là des paradigmes qui reposent sur l'hypothèse d'un guidage interne au moyen d'un programme préalablement inscrit dans les personnes. Quelle que soit l'origine du programme et le mode de son inscription, il a pour fonction de maintenir l'identité du sujet en assurant, avec une sorte d'automatisme, la répétition de conduites qui restent en harmonie les unes avec les autres quelle que soit la situation envisagée. Notre cadre vise à préserver au contraire une incertitude concernant les agissements des personnes, qui nous semble avoir nécessairement sa place dans un modèle prétendant rendre compte de conduites humaines. Bien que le jeu soit étroitement limité par le dispositif de la situation, un modèle à plusieurs mondes donne aux acteurs la possibilité de se soustraire à une épreuve et, en prenant appui sur un principe extérieur, d'en contester la validité ou même de retourner la situation en engageant une épreuve valide dans un monde différent. Il inclut par là la possibilité de la critique dont les constructions déterministes ne parviennent pas à rendre compte.

Pour esquisser l'analyse de la compétence dans une société comportant une pluralité de principes d'accord, nous partirons de situations dans lesquelles sont mis en valeur des êtres pertinents dans des mondes différents. Parmi ces situations composites nous examinerons d'abord des disputes dans lesquelles, à la différence des litiges évoqués au chapitre précédent, les personnes refusant l'issue de l'épreuve ne se contentent pas d'invoquer l'effet de circonstances défavorables pour demander qu'elle soit annulée et renouvelée. Pour appuyer leur réclamation, elles font valoir la présence, dans la situation qui leur a été préjudiciable, d'êtres ne relevant pas du monde dans lequel l'épreuve doit être agencée pour être valable. Elles cherchent donc à mettre en valeur des êtres d'une autre nature dont l'ingérence introduit des grandeurs étrangères à l'épreuve qui se trouve par là entachée de nullité. Cette opération de *dévoilement* étend les possibilités de désaccord qui, dans un modèle à un seul monde, sont limitées par l'impossibilité de produire des arguments relevant d'autres principes que ceux réglant la situation.

Pour accomplir cette opération de dévoilement, il faut extraire des circonstances qui entourent l'épreuve des êtres ne relevant pas de la nature présente. Lorsque la validité de l'épreuve n'est pas contestée, ces êtres sont plongés dans la contingence. Ils sont là, mais sous un faible éclairage, sans faire l'objet d'une identification précise, comme de simples *machins* sans pertinence dont la présence est purement circonstancielle. Ils sont donc sans conséquence sur l'ordre des grandeurs entre les êtres en présence. Ainsi, la photo de famille placée sur le bureau du patron n'est pas pertinente dans la scène qui l'oppose à l'employé qu'il va licencier. Elle peut demeurer plongée dans la contingence et ne pas intervenir dans la négociation en cours, par exemple sur la réalité d'une faute professionnelle. Mais elle peut aussi être relevée de façon à faire surgir un autre monde et un principe de justice domestique dont la prise en compte pourrait atténuer la rigueur du verdict : « Moi aussi, comme vous, j'ai des enfants. » Cet appel à l'équité serait plus incongru, plus difficile à faire passer, si aucun objet pouvant servir d'opérateur ne se trouvait à portée. Le dévoilement consiste donc à aller puiser des machins dans les circonstances et à les arracher à la contingence (« ce n'est pas un hasard si... ») en faisant valoir qu'ils sont bien engagés dans l'épreuve. Ils importent alors en tant qu'ils sont d'une autre nature et qu'ils font apparaître un monde différent : la situation s'en trouve dénaturée.

Les personnes peuvent se soustraire à l'empire de la situation et mettre en cause la validité de l'épreuve parce que, relevant en puissance de tous les mondes possibles, elles ont la capacité de se laisser *distraire*. Affectées à un monde, à la façon des choses, elles ne seraient pas en mesure de réidentifier les machins et de les arracher au tohu-bohu ambiant. Ces êtres étrangers peuvent être d'ailleurs plus ou moins *distrayants* et il est d'autant plus facile de s'en emparer pour les engager dans l'épreuve qu'ils troublent plus, par leur tintamarre, la situation présente.

Même si aucun objet d'une autre nature n'est à portée de la main, l'épreuve peut encore être distraite par les personnes si elles exercent sur elles-mêmes les opérations nécessaires pour se déterminer selon les exigences d'un monde extérieur. Le maire, ceint de son écharpe (personne civique), l'entrepreneur qui parle affaires avec des promoteurs (personne industrielle) et le fils aîné d'une bonne famille enracinée dans la région qui déjeune avec des amis ou avec des parents (personne domestique), partagent le même corps et des identifiants qui permettent de les lier. On peut prendre ses distances avec la cérémonie civique présidée par le maire et dévoiler l'imposture de son élection, « arrangée par ses amis » pour servir des « intérêts privés », en mettant en valeur la présence du notable sous l'habit du magistrat. Mais cette clairvoyance suppose que le dénonciateur ait lui-même changé d'état : s'il n'était là que dans son mode d'être civique (par exemple en tant que conseiller municipal), il ne relèverait pas les signes de connivence adressés par le maire aux notables de la ville. Pour saisir leur pertinence et les mettre en valeur, il doit se détacher de l'épreuve civique à laquelle il participe, pour se connaître dans la nature domestique, par exemple, en tant qu'il est subordonné à la personne du maire par des liens de dépendance personnelle, et qu'il a eu vent, de par sa situation, de certaines anecdotes relevant du domaine privé (définies à ce titre, depuis un monde civique, comme mesquines, petites et déplacées ou comme illégales et scandaleuses). Ainsi, c'est en prenant appui sur son propre corps, mis en valeur dans une autre nature et conformé à un monde absent, qu'il est possible de se soustraire, sans l'aide de personne ni de rien, à l'épreuve en cours, pour la considérer et la juger de l'extérieur.

Nous examinerons maintenant différents cas de figure dans lesquels la connaissance des autres mondes permet d'étendre le désaccord à l'épreuve elle-même. Nous analyserons d'abord les cas où la référence à d'autres mondes ne vise pas à contester la pertinence de l'épreuve ni le principe sur lequel elle repose mais, au contraire, à en renforcer la validité en épurant les conditions de sa réalisation qui sont seules mises en cause.

Nous présenterons ensuite des situations plus radicales dans lesquelles la présence d'êtres d'une autre nature est mise à profit pour contester le principe même de l'épreuve, et pour tenter de retourner la situation en substituant à l'épreuve en cours une épreuve pertinente dans un autre monde. C'est seulement dans ce dernier cas que l'opération de dévoilement est menée à son terme. Cette figure permet en effet d'associer deux mouvements : au premier mouvement, qui consiste à relever les êtres d'une autre nature dont la présence cachée abâtardit l'épreuve et, par conséquent, à défaire le bien commun en le dénonçant comme bien particulier (dévoiler au sens de démasquer les fausses apparences) succède un second mouvement consistant à faire valoir le bien commun d'une autre cité (dévoiler au sens de mettre en valeur une vraie grandeur). Cette inversion se signale par l'usage d'une conjonction qui lie le dévoilement de la réalité à la mise au jour d'un principe de détermination demeuré jusque-là caché : « en fait », « en réalité », « à vrai dire », « ce qu'on appelle », « ce qu'on nomme » (« ce qu'on nomme la réalité »), « n'est que », « sous-tend », « sous-tendu par », « sous couvert de », etc.

Les causes de discordes et le transport de grandeurs

Connaissant plusieurs mondes, les personnes ont la possibilité de contester la validité des épreuves auxquelles elles sont soumises, sans se borner à mettre en question la distribution des grandeurs. La connaissance de ces mondes permet de contester la validité de l'épreuve en montrant qu'elle est affectée par la présence d'êtres d'une autre nature ou parce que les objets du monde dont elle relève font défaut. La réalisation d'une épreuve valable réclame alors l'agencement d'une nouvelle situation épurée, d'où les êtres étrangers auront été écartés afin que cette épreuve puisse se déployer sans obstacles. L'épurement exige l'engagement d'êtres mieux identifiés dans le monde dont relève l'épreuve, et qui sont par conséquent plus grands, comme c'est le cas par exemple lorsque, au cours d'une épreuve civique, on fait appel à un magistrat. Ainsi, deux voyageurs se disputent une place de train qu'ils disent avoir tous deux réservée; la situation est fortement équipée – sièges numérotés, tickets, règlements affichés. Pour ne pas en venir aux mains et renoncer ainsi à la justice pour la force, ils s'engagent plus avant dans la nature civique en faisant appel au contrôleur, en présentant leurs titres de transport, leurs tickets de réservation, leurs cartes de priorité, etc.

La mise en cause de la validité de l'épreuve s'appuie toujours sur le dévoilement d'une discordance entre l'état dans lequel se trouvent les personnes engagées dans l'épreuve et la nature des objets qu'elles doivent mettre en valeur. Cette mise en cause prend deux formes. On peut montrer que l'épreuve est injuste parce que les objets nécessaires à sa réalisation font défaut. L'épreuve est considérée comme valable dans son principe mais sa mise en œuvre est factice : on dira qu'il s'agit d'un simulacre d'épreuve. Nous parlerons dans ce cas d'invalidation par défaut d'objet. On peut encore montrer que l'épreuve est injuste parce qu'elle tient compte d'objets relevant d'une autre nature. Là encore, l'épreuve est considérée comme valable, en principe, mais sa réalisation doit être plus étroitement contrôlée pour éloigner les êtres étrangers qui la perturbent. Dans ce dernier cas deux nouvelles possibilités se présentent. On peut, premièrement, critiquer la façon dont est estimée la grandeur des personnes en montrant que cette appréciation tient compte de leur capacité à mettre en valeur des objets étrangers au monde dont relève l'épreuve, soit qu'elles aient transporté ces objets avec elles, soit encore qu'elles les aient relevés dans les circonstances (accusation de *transport de grandeur*). On dira que les personnes dont la grandeur a été injustement surévaluée ont bénéficié d'un « privilège ». On peut, à l'inverse, démontrer que la misère d'une personne dans un autre monde l'a suivie malgré elle dans l'épreuve et a affecté sa performance. On dira dans ce cas que la personne n'a pas affronté l'épreuve dans des conditions de justice satisfaisantes parce qu'elle souffre d'un « handicap » , et on dénoncera au contraire un *transport de misère*.

Examinons de plus près la première figure d'accusation. On conteste la validité de l'épreuve parce que les objets qui devraient être mis en valeur pour éprouver les grandeurs sont défaillants ou font défaut. Le monde dont relève l'épreuve n'étant pas pleinement déployé dans la situation, les personnes n'ont pas eu les moyens d'y faire vraiment leurs preuves et de montrer ce dont elles sont capables, en réalité. Cette épreuve truquée les diminue par rapport à d'autres personnes soumises à une épreuve agencée dans des conditions satisfaisantes. Il est par conséquent injuste de les rendre responsables de leur défaillance et l'épreuve, pour être probante, doit être renouvelée dans des conditions valables, c'est-à-dire en présence des objets adéquats. C'est cet argument qui est avancé lorsque l'on juge par exemple qu'un fort taux d'abstention ne doit pas être attribué à une absence d'esprit démocratique chez les citoyens mais à un déploiement insuffisant de la nature civique qui ne permet pas l'expression démocratique de la souveraineté populaire (par exemple quand l'accès aux bureaux de vote est entravé ou comporte un risque physique, quand l'anonymat du scrutin n'est pas respecté, etc.). Ou encore lorsque l'on montre que les mauvais résultats obtenus par les cadres et les ingénieurs d'un pays du tiers-monde ne résultent pas d'une incapacité à agir de façon rationnelle, comme on les en accuse, mais tiennent au fait qu'ils sont placés dans des situations d'épreuve industrielle où, par défaut d'objets (matériel de mauvaise qualité, absence d'information, etc.), la possibilité de mettre en valeur le monde industriel ne leur est pas vraiment donnée.

Cherchons maintenant à rendre compte des accusations du deuxième type. Il nous faut pour cela spécifier un peu mieux que nous ne l'avons fait jusqu'ici les capacités attribuées aux personnes dans un modèle à plusieurs mondes. Nous devons nous rappeler que les personnes peuvent être alternativement dans tous les mondes et aussi qu'elles peuvent, depuis un monde, en connaître d'autres (ce qui offre la possibilité d'un dévoilement). Cette propriété n'est pas une conséquence directe de la première et l'on pourrait imaginer un univers dans lequel les personnes seraient plongées successivement dans des situations relevant de mondes différents sans aucun moyen de connaître en même temps plusieurs mondes et, par conséquent, sans avoir conscience de cette pluralité (ce qui est le cas de l'hystérique). Mais un univers de ce type, outre qu'il ne correspond pas à l'expérience ordinaire des gens normaux, n'offrirait aucune prise à la description. Lorsque la validité de l'épreuve est mise en cause, on accuse les personnes de s'être engagées dans l'épreuve en cours sans s'être préalablement dégagées d'une épreuve d'une autre nature. L'épreuve n'est pas juste parce que les personnes ne s'y sont pas toutes engagées dans l'état approprié, certaines d'entre elles demeurant habitées par une autre grandeur acquise. Il s'ensuit que la distribution des grandeurs entre les personnes ne correspond pas à l'importance du sacrifice qu'elles ont consenti. On dit alors qu'elles ont bénéficié d'un privilège d'acception des personnes. Le dévoilement vise à révéler la présence de ce monde étranger, non pour contester la pertinence de l'épreuve, mais pour en montrer les irrégularités et pour demander que la situation soit clarifiée afin d'assurer son renouvellement dans des conditions de validité satisfaisantes. Pour décrire cette figure de l'accusation, nous parlerons de *préoccupation* : les personnes sont accusées de se soucier des objets valables dans un autre monde, au lieu d'être à ce qu'elles font dans le monde actuel. Encore occupées par le souci d'autres grandeurs, elles ne sont pas dans l'état qui convient à l'épreuve : elles importent les êtres qui les préoccupent et qui peuvent être relevés par d'autres personnes animées des mêmes préoccupations. La préoccupation est ainsi l'expression la plus générale du transport d'un monde dans un autre. Le transport de grandeur et le transport de misère sont dénoncés comme injustes parce qu'ils reposent sur la possibilité d'attacher la grandeur à la personne comme si elle lui était consubstantielle.

Remarquons que cette figure est toujours polémique. Elle s'appuie en effet sur une interprétation de l'état des personnes qui peut donner lieu à contestation. Au cours de la dispute, la personne considérée comme préoccupée peut rejeter cette accusation en lui déniant tout fondement : certes, l'étudiant qui se présente à l'examen est riche mais il n'a pas fait état de sa richesse et l'examinateur n'en a aucunement tenu compte. Seules ses connaissances ont été évaluées. L'accusation doit, pour être maintenue, relever la présence d'objets de la nature marchande, de signes de richesses (machins sans importance dans la logique d'une épreuve scolaire) et montrer qu'ils ont été mis en valeur par l'étudiant pour se faire apprécier. Elle doit montrer également que l'examinateur n'est pas resté aveugle à ce transport de grandeur (sans quoi il n'aurait pas affecté son jugement) et qu'il s'est laissé distraire par les signes de richesses auxquels il a été attentif, ce qui suggère qu'il n'est pas moins préoccupé que le candidat par la présence d'objets qui grandissent la personne dans un monde marchand. Bien à son affaire dans l'épreuve scolaire, il serait resté aveugle aux vêtements coûteux (grandeur marchande), aux manières élégantes (grandeur domestique) du candidat et les aurait laissés à l'écart de l'épreuve comme simples machins sans importance. Il aurait apprécié la valeur de l'élève avec justesse, c'est-à-dire en ne tenant compte que de ses qualités dans le monde industriel, du travail, de la régularité, de la compétence, etc. La possibilité de mettre en cause la validité de l'épreuve a ainsi pour conséquence de rendre la justification plus exigeante et de favoriser une explicitation du sacrifice consenti qui, sans l'aiguillon de la critique, pourrait être présupposé de façon tacite. La critique contribue par là à la connaissance que les grands ont de leur propre grandeur qu'ils doivent justifier pour faire face aux accusations visant à disqualifer les épreuves dans lesquelles ils se sont illustrés.

Mais on peut aussi s'élever contre la sanction d'une épreuve, en montrant non les avantages que le transport de grandeur confère aux grands (privilèges) mais les désavantages dont souffrent les petits. On établit alors que l'épreuve n'est pas pure en ce qu'elle est affectée par la misère des petits dans un autre monde, et que ce *transport de misère* a pour résultat de les diminuer dans le monde actuel (handicap). C'est cette figure qui est à l'œuvre lorsque l'on invoque des circonstances atténuantes et que l'on déclare équitable un jugement qui tient compte du handicap : une ouvrière arrive en retard à son travail; la sanction qui la frappe est suspendue quand on apprend qu'elle élève seule un enfant malade. On dira que son supérieur hiérarchique a été équitable ou qu'il s'est montré « humain », en tenant compte de ces circonstances atténuantes. Mais, dans le cours de la dispute, cette appréciation peut évidemment être elle-même contestée et l'indulgence du chef équitable peut être qualifiée d'« indulgence coupable », de « faiblesse », de « lâcheté », de « favoritisme », c'est-à-dire être à son tour dénoncée comme la manifestation injuste (puisqu'elle affecte les résultats de l'épreuve) d'un intérêt particulier du chef pour l'ouvrière qui doit, pour être reçue, mettre en valeur la présence d'objets de la nature domestique, comme un lien de parenté ou de voisinage. Dans le transport de misère, les choses d'une autre nature qui font obstacle à la mise en valeur des objets du monde actuel sont traitées comme un fardeau pesant sur les personnes. Le jugement équitable tient compte de ce poids des choses dans l'évaluation du sacrifice consenti. On cherchera donc à en neutraliser les effets par une compensation tenant compte du handicap. Pour réparer l'injustice et « redonner leur chance » aux défavorisés on proposera alors d'alléger le poids des choses par un dispositif correcteur (redistribution, éducation compensatoire, etc.). Dans ce cas, comme dans le cas du transport de grandeur, la dispute peut être suspendue et l'accord restauré par l'agencement d'une épreuve plus pure qui sera à ce titre considérée comme plus juste. La fermeté à l'égard des grands et l'indulgence à l'égard des petits écrasent ainsi l'échelle de grandeur et ne laissent subsister que le plus petit écart possible entre grands et petits. La convergence des jugements sur cet écart minimum, traité comme naturel, relève de l'équité.

Le différend et la dénonciation

Dans les cas que nous avons examinés jusqu'ici, la dispute portait sur la question de savoir si l'épreuve était pure et par conséquent sur la nécessité ou non de la clarifier. Mais le monde déployé dans la situation n'était pas mis en question. Il peut en être autrement. L'impossibilité d'arriver à un accord sur la façon d'agencer une épreuve valide amène la confrontation entre deux mondes, ce qui ouvre la possibilité de clarifier l'épreuve dans l'un ou l'autre de ces deux mondes. Étant donné que le retour à l'accord repose sur la réalisation d'une nouvelle épreuve reconnue comme valide, tout ce qui s'oppose au renouvellement de l'épreuve (par exemple lorsque la sanction de l'épreuve se trouve attachée à la personne), ou à l'épurement, entretient la poursuite de la discorde. La partie qui s'estime défavorisée est légitimée à contester si elle peut montrer que la réparation de l'injustice au moyen d'une nouvelle épreuve ne peut avoir lieu. La poursuite de la discorde conduit alors à une nouvelle étape dans laquelle la contestation vise la réalité même du bien commun sur lequel repose la légitimité de l'épreuve. Le désaccord porte alors non seulement sur le résultat de l'épreuve et la distribution des états de grandeur, mais également sur le principe qui doit régler sa réalisation et sur le monde dans lequel l'épreuve doit être agencée pour être probante.

Dans le *différend* qui s'instaure alors, la dispute n'aura plus seulement pour objet la relation entre l'importance du sacrifice et la distribution des grandeurs. La contestation de la relation entre le sacrifice consenti par la personne et l'état de grandeur auquel elle accède (les grands ne méritent pas la place qu'ils occupent parce qu'ils ont bénéficié d'un privilège et n'ont pas accompli, en réalité, le sacrifice qu'ils invoquent pour justifier leur rang) s'accompagne d'une remise en question du bien commun dénoncé comme simple autosatisfaction par opposition à d'autres principes de justification : les grands ne font pas le bien commun mais leur propre bonheur; leur richesse n'est pas la condition du bien-être de tous, elle ne sert que leur bien-être propre; le travail qu'ils accomplissent n'est pas utile au bien commun, il est au service de leur vanité ou de leur ambition personnelle, etc. Dans le différend, le désaccord portera donc non seulement sur la grandeur des êtres en présence, mais sur l'identification même des êtres qui importent et des êtres sans importance et, par là, sur la vraie nature de la situation, sur la *réalité* et sur le bien commun auxquels il peut être fait référence pour réaliser un accord. La visée ne sera donc plus de refaire l'épreuve de façon qu'elle soit plus pure et plus juste en éliminant les privilèges et en neutralisant les handicaps mais de démystifier l'épreuve en tant que telle pour placer les choses sur leur vrai terrain et instaurer une autre épreuve valide dans un monde différent.

Ce développement de la dispute en un différend sur la nature même du bien commun peut se faire en prenant appui sur les opérations visant à mettre en cause la pureté de l'épreuve. En effet, nous avons vu que pour contester la validité de l'épreuve et montrer qu'elle est affectée par la présence d'êtres étrangers à sa vraie nature il faut révéler la présence de ces êtres, simples machins dont on fait voir l'importance pour la dénoncer, que l'on porte au jour et que l'on identifie afin d'en exiger la mise à l'écart. Mais dès lors qu'une des parties en présence les a relevés, en les rapprochant d'une autre forme de bien commun, les machins ne peuvent plus être laissés de côté. Il faut alors soit les verser dans le monde actuel où ils sont petits, en les qualifiant au moyen des termes utilisés pour désigner les êtres les plus misérables, soit tenir compte de leur grandeur et la situation s'en trouve retournée. C'est cette opération – les soi-disant grands ne sont que les petits du monde actuel – correspondant au premier temps du dévoilement (la fausse grandeur cache une misère) que nous appellerons la *critique*. La critique est articulée par des opérateurs tels que : « en fait », « en réalité », « ne sont que », etc. Le différend, dans lequel plusieurs principes de justice incompatibles peuvent entrer en concurrence, comporte ainsi la possibilité de plusieurs épreuves. La dispute à propos de la « compétitivité des services publics », par exemple, peut tirer vers deux épreuves, l'une de nature *civique*, l'autre de nature *marchande*. Les parties en présence sont en désaccord sur le monde dans lequel l'épreuve doit être accomplie pour être légitime. Le différend est par là un moment nécessairement instable de la dispute. Devant la caisse du supermarché, la référence à un droit d'accès à tous les biens, égal pour tous, ne peut que pervertir l'épreuve marchande par le vol; devant le guichet d'un bureau de poste, la justice du service public ne peut qu'être corrompue par toute référence au pouvoir d'achat de l'usager. Pour dénouer le différend, il faut en effet revenir à une épreuve unique soit en retournant la situation pour la faire basculer dans une autre nature, ce à quoi vise la critique (le prétendu « public » n'est que la juxtaposition de clients intéressés, ou, symétriquement, le supposé « client » est, en fait, un citoyen ayant droit à un service public ouvert à tous), soit en écartant les machins sur lesquels le dévoilement prenait appui afin d'asseoir à nouveau l'épreuve dans son monde d'origine. Le dévoilement peut en effet aussi servir à écarter les objets troublants de la nature étrangère, et à restaurer les conditions d'une épreuve sur laquelle les jugements puissent converger.

Le caractère plus ou moins explicite de la critique dépend du niveau de la dispute. Tant que la dispute demeure limitée, les dénonciations peuvent ne pas être complètement clarifiées par référence à un principe et se manifester. Par exemple, des manœuvres de dégagement comme l'ironie, l'hyperbole ou la litote qui, par l'inversion, l'augmentation ou la diminution exagérées des grandeurs jettent le discrédit sur le principe d'évaluation à l'œuvre dans la situation, ouvrent la possibilité d'une référence à des grandeurs alternatives. Il en va de même des « manifestations d'humilité » (compromis monstrueux entre l'inspiration et l'opinion qui n'est relevé que sur le mode critique, comme lorsque l'on parle d' « humilité ostentatoire ») ou encore de l'auto - dénigrement. Ces figures sont des ébauches de critique. L'auto - dépréciation consiste en effet à se charger d'attributs qui, par référence à d'autres façons de faire la grandeur, qualifient ce qui est petit, ce qui revient à critiquer les grandeurs dont on se déclare démuni, c'est-à-dire essentiellement ici le renom et la richesse [1]. En effet, dans une situation naturelle, nul ne se vante d'être petit. Personne ne peut, sans perdre sa dignité, se prévaloir de défauts qui le diminuent dans le monde actuel. Se faire gloire d'un manque suppose donc nécessairement le support d'un point d'appui extérieur. Lorsque cette « inversion du regard posant les valeurs » (Nietzsche, 1971, p. 234) demeure implicite, on se trouve en présence de ce que Nietzsche dénonçait sous le nom de « ressentiment ». Mais le simple fait de ne pas se prêter à la situation, de ne pas s'y abandonner avec naturel, de la considérer de l'extérieur en refusant de s'y engager avec les autres, tout en restant là, en étranger, est une critique en acte (catégorie à laquelle appartiennent les gestes inspirés) qui, en dévoilant la facticité de la situation, y jette le trouble et la gêne. Par exemple une fête entre collègues, un pot à l'occasion d'un départ, réclament des participants un changement d'état pour quitter les grandeurs industrielles et endosser les grandeurs domestiques, changement parfois difficile à accomplir s'il est agencé sur le lieu de travail; certains se refusent à boire, à plaisanter ou à danser pour se retirer dans un coin, parler boulot ou considérer toute la scène avec l'air absent de l'idiot inspiré.

La monstruosité de l'agencement composite

La critique prenant appui sur la présence d'êtres d'un autre monde, la possibilité d'y avoir recours dépend de la façon dont la situation a été agencée. S'y prêtent particulièrement les *situations troubles* dont l'agencement composite met à la disposition des personnes des choses relevant de mondes différents susceptibles d'être engagées dans l'épreuve. L'ambiguïté des assemblages composites suscite chez les participants un sentiment d'embarras et d'inquiétude quand ils sont impliqués dans une épreuve. Ils doivent sélectionner des objets parmi les ressources disparates qu'offre la situation et les relier entre eux pour tenter d'obtenir une cohérence et empêcher la situation de se défaire. Mais la coexistence d'objets de natures différentes rend plusieurs assemblages également possibles et crée une incertitude sur la nature de l'épreuve en cours et particulièrement sur l'état dans lequel se trouvent les personnes. Chacun des participants présente un caractère louche : il a quelque chose de trouble et son engagement dans plusieurs natures peut être à tout moment dénoncé. Soit, par exemple, une commission officielle chargée de juger des projets. Seul un petit nombre d'entre eux sera retenu. Le dispositif comporte des éléments civiques (la scène se passe dans un ministère), et des instruments de mesure relevant de la nature industrielle (faisabilité et utilité du travail envisagé) et marchande (coût du projet). Mais des grandeurs d'opinion (les personnes présentes sont-elles connues?) et d'inspiration (sont-elles douées, imaginatives?) interviennent sans cesse pendant les réunions de cette commission dont les membres se connaissent personnellement, se tutoient, parlent de choses et d'autres, ce qui tire la situation vers une épreuve domestique.

Pour faire voir les assemblages incongrus formés d'êtres de plusieurs mondes, on peut les observer directement ou les extraire des rapports que les gens font de situations gênantes dans lesquelles ils ont été mal à l'aise. Les scènes gênantes, stockées sous la forme d'histoires typiques qui les rendent facilement accessibles, sont bonnes à raconter. Leur prégnance, et l'intérêt qu'elles suscitent, tiennent non seulement aux émotions auxquelles elles sont associées, mais aussi à leur capacité de traiter, sous une forme stylisée, des tensions entre mondes qui, dans des versions différentes, peuvent être rapprochées par différentes personnes dont l'expérience se trouve ainsi mise en partage. Mais on peut aussi chercher à reconstituer artificiellement de telles scènes en combinant des personnes, des objets, des relations relevant de différents mondes. Ces constructions artificielles ont, mieux encore que les anecdotes marquantes de la vie quotidienne, le pouvoir de solliciter et de révéler le sens ordinaire de la justesse. Ainsi, par exemple, la simple permutation entre formes de relations et objets relevant de deux mondes différents suffit à engendrer des monstres : offrir (domestique) un tract (civique) aux salariés; distribuer (civique) des bouquets (domestique) à ses grands-parents (domestique). La permutation introduit une discordance entre les grandeurs : le militant qui offre des tracts, comme s'il s'agissait d'objets personnels, ne représente plus l'intérêt général; l'enfant qui distribue des bouquets, comme des objets anonymes, manque d'égards à ses grands-parents. Pour construire ces *chimères*, comme disent les biologistes pour désigner les êtres de synthèse créés en laboratoire, nous utiliserons les inventaires établis pour décrire chaque monde. Nous pourrons ainsi reconstituer des rapports de scènes composites et mesurer à quel point ces énoncés déconcertants nous éloignent de l'évidente plénitude ressentie à la lecture des tableaux qui nous avaient conduits au cœur de chacun des mondes.

Soit, par exemple, les situations suivantes, dont on nous accordera, intuitivement, qu'elles ont bien quelque chose d'incongru ou de gênant :

– le père, pour attirer l'attention de ses enfants, présente, à la maison, une bonne image de sa capacité à gérer un objectif;

– le secrétaire du bureau de la section a brusquement fait apparition à la tribune du congrès où il a pris la parole avec passion pour laisser libre cours à son imaginaire, faire des jeux de mots insolites et, finalement, se remettre en question;

– l'opérateur offre un cadeau à l'expert venu, dans son atelier, mesurer les capacités de production de la machine dont il est responsable et lui demande une recommandation pour son fils qui est un informaticien très bien élevé, au chômage.

Ces trois petites scènes, composées en collant des éléments extraits de la description des mondes, offrent chacune le tableau d'une situation trouble, gênante pour les acteurs qui ne peuvent s'y trouver à leur aise. La première combine des éléments empruntés au monde domestique (un père et ses enfants), au monde de l'opinion (attirer l'attention, présenter une bonne image) et, enfin au monde industriel (capacité à gérer un objectif). Pourquoi est-elle gênante? Attirer l'attention ou assurer son image de marque ne sont pas le genre de relation qu'un père doit avoir avec ses enfants. Par rapport à ses enfants un père doit plutôt faire preuve d'autorité et de prévenance (domestique) et non se montrer face à eux comme un acteur face à son public. Attirer l'attention est une conduite qui, dans le monde domestique, qualifie les petits : les enfants, quand ils sont mal élevés, attirent l'attention. D'autre part, un père ne parle pas chez lui, dans sa famille, de son travail et de ses aptitudes professionnelles, en des termes relevant aussi directement du monde industriel, cela aux fins de se grandir aux yeux de ses proches (ce qui suggérerait qu'il doit être très diminué dans la grandeur domestique pour chercher à se rehausser par un transport de grandeurs aussi incongru). L'épreuve ambiguë n'est ajustée à aucun des mondes dont relèvent les êtres présents dans la scène.

La seconde scène, non moins gênante mais plus proche de celles présentées dans des œuvres romanesques, assemble des éléments relevant du monde civique (secrétaire, bureau, section, tribune, congrès, prendre la parole) et du monde inspiré (apparition, passion, imaginaire, jeux de mots, insolite, se remettre en question). Le représentant de la personne collective s'expose en public dans ce qu'il a de singulier. Cette conduite, qui serait qualifiée d'indécente dans la nature domestique est ici proprement scandaleuse. Comme c'est souvent le cas lorsque l'agencement composite comprend de nombreux éléments de la nature inspirée, cette scène évoque ce qu'on appellerait « un moment de folie ».

Dans la troisième scène, des éléments du monde domestique (faire un cadeau, solliciter une recommandation, fils, bien élevé) sont insérés dans une situation industrielle (opérateur, atelier, expert, capacité de production, machine, informaticien, chômage), la responsabilité pouvant relever également des deux mondes.

A chacune de ces scènes, qui s'ouvrent sur plusieurs épreuves, on peut imaginer différents dénouements visant à la clarification dans un seul monde. Les enfants, dans la première histoire, cherchent à leur tour à capter l'attention de leur père en parlant plus fort que lui et en se vantant de connaître des vedettes de la chanson (clarification dans le monde de l'opinion) ou, au contraire, gênés par son attitude indécente, manifestent respectueusement leur désapprobation et leur tristesse en gardant le silence (clarification domestique). L'étrange secrétaire de section peut être éloigné de la tribune, relevé de ses fonctions et exclu de son organisation pour sa conduite particulière et irrégulière. Le congrès reprendrait alors son cours normal (clarification civique). Mais il peut aussi emporter l'adhésion de l'assemblée dans un grand mouvement d'enthousiasme et de spontanéité conduisant chacun à livrer en public son expérience vécue (clarification inspirée). Enfin, l'expert peut refuser le cadeau pour ne s'intéresser qu'aux capacités de la machine (clarification industrielle). Mais il peut aussi délaisser ses tâches de mesure pour s'accorder aux préoccupations de son ami et prêter toute son attention aux problèmes du fils, dont il connaît l'excellente éducation, la scène se terminant alors au café ou à la maison (clarification domestique).

L'agencement de situations qui se tiennent

On peut chercher à prévenir l'apparition de différends en *agençant* des situations qui *se tiennent* : la scène préparée en vue d'une épreuve doit pouvoir être cohérente dans un seul monde. Pour assurer la bonne tenue des situations, on ne peut se fier complètement aux personnes, puisqu'elles ont la possibilité de changer de nature et d'apparaître dans différents mondes. On doit donc établir un dispositif d'objets naturels permettant de stabiliser les personnes en les liant au monde déployé dans la situation. Ce travail de préparation visant à contrôler les circonstances en écartant les êtres susceptibles de venir troubler la situation se voit particulièrement bien dans les situations explicitement orientées vers le jugement : examens, procès, auditions, etc. Mais il apparaît aussi, à des degrés divers, dans tous les engagements dont les conséquences sont considérées comme particulièrement importantes et dont la légitimité doit être sans tache.

Pourtant, même dans les situations les mieux préparées, les êtres étrangers ne peuvent pas tous être mis à l'écart, si bien que la bonne tenue de la situation requiert toujours une intervention active des personnes pour rester dans l'état d'esprit qui convient. La cohérence de l'épreuve dépend en effet aussi des dispositions d'esprit que les ressources de la situation ont activées chez les gens. Elles leur sont nécessaires pour identifier correctement les êtres relevant en puissance de plusieurs mondes (comme la « réputation » qui, dans des acceptions différentes, peut entrer dans des agencements domestiques ou relever de la nature de l'opinion) et les faire basculer dans celui qui convient le mieux à la situation. Une façon d'absorber les êtres relevant d'un autre monde qui ne peuvent être écartés et sur lesquels un dévoilement pourrait prendre appui, consiste à les ramener dans le monde ajusté à la situation au prix d'une traduction qui les identifie en tant que petits : les enseignants qui manifestent le jour de l'inspection ne sont que des paresseux et des incapables. L'agencement d'une situation dans un monde s'accompagne donc souvent de la critique d'êtres susceptibles d'être grands dans d'autres mondes. Ainsi, par exemple, dans les ouvrages utilisés au chapitre précédent pour camper le tableau des différents mondes, et qui s'attachent non seulement à enseigner comment se conduire dans chacun de ces mondes mais encore à les soutenir et à les défendre contre l'extérieur, les critiques ont pour fonction de faire des équivalences entre les grands des autres mondes et les petits du monde mis en valeur : l'être bouillonnant du monde inspiré est brouillon dans le monde domestique [2].

Même les situations les plus pures ne sont pourtant jamais complètement protégées contre la dénonciation. Il y subsiste encore souvent un tohu-bohu d'objets étrangers, un remue-ménage de bruits impertinents qui peuvent être mis à profit pour se détacher du présent. A défaut d'objets relevant d'une autre nature, on peut toujours s'arracher au présent par ses propres forces : les êtres humains participant de toutes les natures peuvent dénaturer une situation sans prendre appui sur des objets extérieurs à condition de s'y engager en tant qu'ils relèvent d'une autre nature. Ces dénonciations en personne qui, en l'absence de ressources externes, s'accomplissent souvent en basculant dans un état relevant de la nature inspirée, sont d'autant plus saillantes qu'elles sont plus saugrenues, c'est-à-dire que le procédé qu'elles mettent en œuvre est plus étranger à la nature de l'épreuve en cours : par exemple, interrompre les travaux d'une commission pour lancer des idées inouïes afin de sortir la Nation de la crise, ou encore écrire au président de la République pour se plaindre des malversations de son voisin. Mais elles sont aussi particulièrement dangereuses pour ceux qui les accomplissent et qui, contraints de s'y engager totalement et sans possibilités de retour, risquent d'être taxés de folie et de se perdre en même temps que se décompose la situation mise en question par leurs actes. A défaut d'objets sur lesquels prendre appui, il faut en effet que celui qui entend retourner la situation à lui tout seul ramasse dans sa personne la nature dans laquelle il veut faire basculer l'épreuve et, par son acte même, en rende présent le principe supérieur commun. Il se lance *à corps perdu* dans une entreprise de dénonciation dont le risque corporel contribue à asseoir l'authenticité, comme on l'a vu dans le cas du martyre. La grandeur de référence se confond alors avec la grandeur de la personne qui se donne pour la mesure de toutes choses, cette « folie des grandeurs » constituant peut-être la dernière façon d'ébranler ce qui tient bien.

Ainsi, un spectateur d'un concert donné à Paris par un chef d'orchestre venu d'un pays où les droits de l'homme ne sont pas respectés, interrompt l'exécution d'une œuvre pour réclamer la libération d'un prisonnier politique en se précipitant sur la scène. Il se lance en personne, en tant que citoyen défenseur d'une cause collective, dans une opération de clarification (« en fait ») qui vise à révéler ce qui vraiment importe – la souffrance du prisonnier – et à rejeter la musique dans la contingence : ce concert ne relève pas du jugement artistique; sous couvert de manifestation artistique les spectateurs couvrent, « en fait », une manœuvre de propagande politique. La dénonciation vise à faire prendre conscience au public du « vrai » sens de sa participation au spectacle, à le *retourner*, c'est-à-dire à transformer une audience, existant dans la nature de l'opinion (il est attiré dans ce lieu par la renommée du chef et de l'orchestre), en une opinion publique relevant de la nature civique et capable de se manifester, à ce titre, sous la forme d'un collectif solidaire. Mais celui qui entreprend seul ce retournement, avec pour toute ressource sa parole, sa voix, son corps, sa conviction, n'est en rien assuré contre l'échec de son entreprise disqualifiée comme incongrue, voire comme anormale. Il peut en être autrement si la situation comporte des êtres susceptibles d'être relevés dans une nature civique, la présence par exemple de personnalités officielles ou la mention, sur le programme, de la célébration d'un anniversaire, d'un accord culturel, etc. L'acte de clarification accompli seul suppose un engagement de toute la personne, avec sa conviction et sa passion de la vérité. Il possède toujours par là une composante inspirée. Il est sans espoir s'il n'est pas immédiatement soutenu par d'autres venus dans la même intention et surtout par une instrumentation assez envahissante pour susciter dans l'auditoire abasourdi un changement d'état : des spectateurs (opinion) qui se révèlent être des militants (civiques) brandissent des banderoles, reprennent depuis le balcon les mêmes slogans, etc. La possibilité de parvenir à distraire les personnes présentes et à retourner la situation pour la soumettre à une exigence de solidarité collective dépend aussi de l'état dans lequel se trouvent les gens. Elle est d'autant plus grande que les personnes restent habitées par la rémanence d'une situation antérieure, relevant d'une autre nature dont elles ne peuvent se détacher et qui les préoccupe. Des personnes préoccupées qui ne sont pas bien à leur affaire dans le présent et qui demeurent attachées à faire venir une autre nature, peuvent facilement être distraites, si on dénature la situation dans le sens de leurs préoccupations [3]. Ainsi, dans le cas du concert, les perturbateurs pourront plus facilement retourner la situation si les personnes présentes ne sont pas tout au plaisir de la musique, si elles ne sont pas à ce qu'elles font et demeurent préoccupées par la présence en elles d'un état correspondant à un autre engagement comme ce serait le cas par exemple si, en période de troubles politiques, la rue se trouvait occupée par des manifestants.

L'humanité d'un jugement équitable

La possibilité de se soustraire à l'empire de la situation peut aussi bien conduire à l'iniquité (par l'intermédiaire du transport de grandeurs) qu'à un jugement équitable dénonçant l'intervention de grandeurs étrangères à la nature de l'épreuve. Un jugement est réputé équitable lorsqu'il prend en compte l'existence des mondes extérieurs à la nature de l'épreuve. Seul un jugement visant les personnes peut être qualifié d'équitable. Les jugements « humains », qu'inspire la *prudence*, s'opposent aux verdicts « inhumains » dérivant de la stricte application d'une règle de justice. Ils tiennent compte des propriétés qui, dans le modèle de cité, caractérisent les personnes humaines, c'est-à-dire de leur égale possibilité, avant l'épreuve, d'être en puissance dans tous les états de grandeur et de leur égale possibilité de participer de tous les mondes. C'est en faisant jouer cette possibilité que les personnes manifestent leur dignité. On le voit par exemple dans le cas des petits qui, lorsque l'épreuve leur est toujours défavorable, ce qui rapproche d'un modèle dans lequel les états de grandeur seraient attachés aux personnes, peuvent échapper au désespoir en contestant par la dénonciation la pertinence de l'épreuve, en échappant à l'emprise de la situation par la distraction, par l'ironie, par le chahut ou le charivari qui ridiculisent et relativisent l'importance des grands. Pourtant cette possibilité ne va pas de soi. Même si leur engagement est plus incertain que celui des grands, les petits ne peuvent s'arracher sans coût aux moments privilégiés dans lesquels ils bénéficient de leur appartenance à la cité et de la part du bonheur commun qui rejaillit sur eux. Engagés dans une situation naturelle, ils ne peuvent d'autre part mettre en balance par un calcul d'intérêt leur misère présente et les avantages que pourrait leur conférer un retournement de la situation. En effet, il n'existe pas de position de surplomb, extérieure et supérieure à chacun des mondes, d'où la pluralité des justices pourrait être considérée de haut, comme un éventail de choix également possibles.

La capacité de se soustraire à l'empire de la situation n'est pas moins nécessaire aux grands qui doivent aussi, pour se rendre humains, se montrer capables d'ouverture, se défaire de la gangue qui les tient en les liant aux épreuves dans lesquelles se manifeste leur grandeur. Un grand doit être à ce qu'il fait sans se laisser distraire par les circonstances. Il poursuit ce qu'il doit accomplir, une tâche, un discours, etc. et il est le dernier à entendre le bruit qui monte du dehors, à lever la tête vers les fenêtres pour s'inquiéter du tintamarre extérieur. Mais de celui qui, sous le coup d'un deuil, se donne tout entier à la tâche du moment, sans préoccupation ni trouble, on dira qu'il est maître de lui mais peut-être aussi que cette maîtrise a quelque chose d'inhumain. Comme une mécanique se remet en marche, il est réactivé, immédiatement à l'aise dans le monde qui convient à la situation. Ainsi, à l'éternelle fuite dans l'extériorité des mondes alternatifs qui menace la tentative de lever, par une critique permanente, le poids d'une misère qui se répète, fait pendant la pétrification dans une grandeur qui se fixe, l'identification à la série des objets du monde actuel.

Le libre arbitre : savoir fermer et ouvrir les yeux

Il faut tenir compte de la faculté de se détacher de la situation et de se soustraire à l'épreuve pour compléter le modèle de compétence déjà ébauché et construire ce qui, dans un modèle à plusieurs mondes, peut être décrit comme une *prudence*. La prise en compte de la pluralité est ce par quoi cette prudence se distingue des justices qui figurent dans les philosophies politiques à partir desquelles nous avons procédé à une première analyse des différents principes d'équivalence. En effet, dans un seul monde où, en l'absence de point d'appui extérieur, les gens feraient corps avec ce dans quoi ils se trouvent engagés sans possibilité de s'en détacher, la prudence serait inutile. Dans « les îles des bienheureux, comme le racontent les légendes – dit saint Augustin citant Cicéron – qu'aurions-nous à faire de [...] la prudence? A elles seules la connaissance de la nature et la science nous rendraient heureux, elles qui seules rendent enviables la vie même des dieux » (*la Trinité*, XIV, IX, 12, Paris, Desclée de Brouwer, 1955, vol. 16, p. 379, cité dans Aubenque, 1963, p. 73). Une justice à plusieurs mondes suppose donc le libre arbitre de personnes capables, tour à tour, de *fermer les yeux* (pour être à ce qu'elles font dans les situations où elles sont plongées, résister à la distraction, et s'engager dans les épreuves que ces situations leur ménagent), et d'*ouvrir les yeux* (pour contester la validité de l'épreuve et, en se soustrayant à l'empire de la situation, distinguer les êtres relevant d'autres mondes).

Les personnes incapables de s'immerger dans la complétude de situations ne peuvent tenir en place ni s'engager. Les machins sans importance font pour elles saillance sans que soient détachés les objets que l'épreuve doit mettre en valeur. Elles ne peuvent en faire abstraction. Leur vigilance est toujours en éveil et elles ignorent la façon d'être là sans dénoncer ce qui les entoure. Elles sont empêchées de se réaliser en s'identifiant à ces moments privilégiés dans lesquels chacun des mondes, déployant la grandeur qui lui est propre, se donne à être éprouvé par ceux qui savent s'immerger dans la scène et éloigner d'eux tout autre préoccupation afin d'être tout entiers présents à ce qu'ils font. Cet état de vigilance se manifeste particulièrement lorsque les personnes sont attachées à un monde dans lequel elles sont à leur aise et qui tend à ressortir, quelle que soit la situation, pour y apporter le trouble. Ces « caractères » que l'on dit « trop entiers », pour qui rien n'arrive jamais au hasard, ignorent les circonstances et dévoilent, en toute situation, le résultat caché des mêmes causes sous-jacentes. Leur préoccupation dans une même nature les absorbe et les rend conformes à l'image que les théories de la personnalité donnent souvent des êtres humains.

Pourtant la faculté de connaître ce qui importe en éprouvant l'authenticité des situations pures n'est pas toute la connaissance. Pour contester la validité de l'épreuve et en dénoncer l'injustice, les personnes doivent aussi être capables de se soustraire à l'empire de la situation pour connaître au moyen d'un jugement critique, c'est-à-dire en ouvrant les yeux sur d'autres mondes et sur les êtres qui assurent leur présence. Par ce dessillement, qui porte à la lumière ce à quoi l'on n'avait pas jusque-là pris garde, les personnes prudentes peuvent s'instaurer en juge de ce qui importe vraiment et dire de quoi est faite la réalité des choses. En mettant en œuvre leur capacité à ouvrir et à fermer les yeux, les personnes réalisent leur libre arbitre. Cette connaissance est éprouvée dans les grands moments où chacun des mondes se déploie de façon particulièrement pure, comme par exemple dans les cérémonies, à la façon d'un vertige, d'une attirance pour la chute hors de la plénitude du moment, pour le lapsus, la gaffe, le fou rire.

Mais la capacité d'ouvrir et de fermer les yeux, de se laisser prendre par la nature de la situation ou de s'y soustraire, n'est pas seulement manifeste dans la critique. Elle est également à l'œuvre chaque fois que les personnes ont à accomplir le passage entre des situations relevant de mondes différents, ce qui la rend, dans une société complexe comportant des agencements multiples, indispensable à la conduite normale de la vie quotidienne. Le passage d'un état naturel à un autre ne peut être conçu comme un simple effet mécanique de la situation. Il n'est pas entièrement déterminé par la situation et il réclame de la part des personnes un travail pour effacer les traces, dans la mémoire et dans le corps, dans les pensées et dans les émotions, de ce qui a été éprouvé dans la situation précédente. On dit ainsi, pour excuser quelqu'un qui n'est pas parvenu à négocier ce passage, par exemple à la suite d'une épreuve difficile, qu'il n'a pas retrouvé son état normal, qu'il est demeuré excité, qu'il faut lui laisser le temps de se reprendre, etc. L'art de ménager un passage entre deux situations se manifeste, par exemple, dans des conduites d'anticipation qui vont de la sensibilité aux signes avant-coureurs d'une modification des ressources, jusqu'à des manœuvres visant à préparer un changement dans l'humeur des personnes présentes par l'introduction de nouvelles ressources, en passant par la prémonition des manœuvres prévisibles chez les autres. Ainsi, on peut activer les ressources du monde domestique au cours d'une réunion agencée dans un monde civique, en allant serrer la main du président, en renouant des liens personnels avec d'autres participants par des signes d'intelligence, sourires, coups de têtes, etc. Exécutées à mauvais escient, ces marques d'amicale sympathie peuvent aussi être interprétées comme des symptômes de bizarrerie, voire de folie par les autres personnes présentes, qui refusent alors de se prêter à ces manœuvres et d'y répondre. Le travail que nécessite le passage d'un monde à l'autre se voit particulièrement bien lorsque des situations d'épreuves dans des mondes différents sont très proches dans le temps, en sorte que les personnes qui conservent dans la nouvelle épreuve la rémanence de la situation antérieure, qu'elles n'ont pu effacer de leur mémoire, doivent assumer leur relation à des réalités différentes et leur adhésion successive à des vérités dont elles ne peuvent ignorer le caractère incompatible. La cohérence entre des conduites dans des mondes différents, qui ne s'impose pas avec la même exigence lorsque les situations sont nettement détachées, doit être gérée par la personne. Celle-ci peut être amenée à dénoncer ou relativiser elle-même ses agissements antérieurs qu'elle décrit alors dans le registre de l'artifice et du théâtre, de la comédie, du jeu (« il fallait bien jouer le jeu »), de ce que l'on fait pour les autres, en jouant un rôle, par opposition à l'authenticité du moment présent. Les conduites passées, dans lesquelles on s'était pourtant engagé sans réserve, devenues, avec le passage dans un autre monde, étrangères à soi, sont mises à distance dans le registre du *cynisme*. On le voit par exemple lorsqu'il faut passer d'une situation civique à une situation domestique, dont la tension est retraduite dans les termes d'une opposition entre l'artifice de l'« officiel » et la réalité de l'« officieux » ou en termes pascaliens, entre les « grandeurs d'établissements » et les « grandeurs réelles ». Ces retournements de réalité sont particulièrement gênants lorsque plusieurs participants doivent glisser en même temps entre des situations dans des mondes différents, chacun demeurant, dans le temps du passage, incertain sur l'état de nature dans lequel se trouvent les autres. C'est le cas, par exemple, lorsque des cadres doivent passer ensemble de la réunion de gestion, où ils interviennent au nom de l'entreprise, à la réunion syndicale à laquelle ils prennent part en tant que salariés exploités. Les comportements ritualisés à l'extrême que l'on peut observer dans ces moments délicats sont destinés à produire un changement d'état qui, pour être effectué simultanément par tous, exige une coordination particulièrement difficile à assurer (comme on le voit dans ces réunions qui n'en finissent pas de commencer parce qu'une partie des participants ne sont pas à ce qu'ils font, plaisantent et traînent toujours dans la situation antérieure). Il suffit en effet qu'un seul membre soit ailleurs, qu'il se montre absent ou qu'il manifeste par des conduites expressives qu'il se soustrait à l'empire de la situation pour que la situation cesse de se tenir.

La prise en compte de plusieurs mondes permet de préciser la contrainte de justification. Les personnes n'y seraient pas soumises si elles n'étaient affrontées à la critique. La possibilité de sortir de la situation présente et de la dénoncer en prenant appui sur un principe extérieur et, par conséquent, la pluralité des mondes, constituent donc la condition d'une action justifiée. Mais, pour les mêmes raisons, la contrainte de justification peut peser de façon très inégale sur les actions des personnes selon le degré auquel l'accès aux différents mondes est ouvert à tous. Dans un univers où des esclaves seraient tenus dans un état qui abolirait ou restreindrait à l'extrême leurs possibilités de critique et où ils seraient assignés, par la violence, à un monde dont ils deviendraient des objets, les maîtres pourraient se prendre pour des dieux et affirmer leur volonté sans être tenus de la justifier. Mais, ayant détruit la cité en déplaçant les frontières de l'humanité et en introduisant une discontinuité radicale entre les dominés et les dominants, ils aboliraient le cadre dans lequel s'affirme leur supériorité et perdraient le sens de leur propre grandeur [4]. La construction d'un univers soumis à une contrainte de justification, c'est-à-dire aussi d'un univers dans lequel la rationalité des conduites peut être mise à l'épreuve par la critique, suppose donc le déploiement de différents mondes dont les objets accessibles à tous permettent la mise en valeur, et par là la maîtrise pratique des justices fondées en principe.

VIII

LE TABLEAU DES CRITIQUES

Critiques depuis le monde de l'inspiration *

VERS LE MONDE DOMESTIQUE. Dans le monde inspiré, les personnes n'ont pas prise sur les puissances qui peuvent, en venant à elles, les élever à la grandeur ou, en les quittant, les faire choir. Mais elles peuvent, dans une certaine mesure, se prêter ou se refuser à l'action de ces puissances. La grandeur a donc ici pour pré-condition la résolution de se préparer à accueillir ces puissances si elles se manifestent. Pour mettre cette résolution en acte il faut sacrifier, dans l'incertitude (puisque le respect de ces pré-conditions n'oblige en rien l'action des puissances indispensables à la grandeur et n'est pas, par soi, source de grandeur), tout ce qui pourrait faire obstacle à l'inspiration, empêcher de la reconnaître et de l'accueillir si elle se déclarait. C'est la raison pour laquelle les critiques accomplies depuis le monde inspiré s'adressent d'abord à tout ce qui, dans les autres mondes, installe les personnes dans la durée. Ce qui est stable et *figé* est dévalué, comme, par exemple, les *principes sacro-saints* [d] ou

Le frein de l'habitude

* Les mots en italique sont extraits du corpus et attachés à un monde commun. Les lettres figurant en exposant indiquent le monde de référence : [i] pour inspiré, [d] pour domestique, [o] pour opinion, [c] pour civique, [m] pour marchand, [u] pour industriel. L'indication [o/d] figure une *critique* adressée vers le monde de l'opinion depuis le monde domestique. L'indication [d-u] figure un *compromis* frayé depuis le monde domestique vers le monde industriel.

les *normes*[u], autant de freins qui font obstacle à la *créativité*[i]. Ces contraintes font peser sur les actions des gens le poids d'engagements pris par d'autres dans le passé, comme c'est le cas de la *tradition*[d], ou d'engagements pris par elles-mêmes pour l'avenir, comme les *promesses*[d], ou dans le monde industriel les *prévisions*[u] et les *plans*[u] ayant un caractère d'obligation. En effet, ces contraintes limitent la disponibilité qui doit être permanente pour reconnaître et accueillir l'inspiration à l'instant, imprévisible, où elle se présente. On critique de même tout ce qui, dans les autres mondes, étaye les états de grandeur comme les *hiérarchies*[d], les *titres*[d-o-u], les *habitudes* domestiques[d] ou les *routines* industrielles[u]. En incitant à la constance, ces instruments diminuent la capacité des personnes à se laisser habiter par le *surgissement*[i] de l'inspiration : « Pour lui [le créatif] les notions de situation *hiérarchique*[d], d'ordre établi, de *respect dû au rang*[d] ou à la *position sociale*[d-m], sont lettres mortes. » De même, les termes d'adresse, les marques de respect, les *formules de politesse*[d], les « précautions verbales » de nature domestique sont critiqués comme formalismes, pesants et faux par opposition aux échanges « informels » et aux rapports authentiquement humains : « Derrière les innombrables façades sociales[o], il [le créateur] ne voit que l'homme[i]. » La mise en valeur des états émotionnels instables associés au surgissement de l'inspiration a également pour corollaire la critique du contrôle, de la mesure et de l'établissement des grandeurs. L'*habitude*[d], les *règles*[u] *héritées*[d] de la *culture universitaire*[d-u] s'opposent ainsi à l'*originalité*[i], à la pensée véritable c'est-à-dire inspirée, à *l'enthousiasme*[i] qui accompagne la création. La *culture universitaire*[d-u] est critiquée comme *traditionnelle*. Les *connaissances* dont la pertinence relève plutôt du monde industriel sont constamment dénigrées pour leur stabilité et leur objectivité. Les grands personnages du monde industriel, l'*expert*[u], le *ponte*, le *mandarin*[d-u] sont ici « des personnages redoutables » : « Avec tout le poids que leur confère leur *titre*, ils imposent des directions et jettent l'anathème sur ceux qui empruntent des *chemins buissonniers*[i] [...]. Et il n'est pas question de *mettre en doute*[i] leur discours : ils l'appuient de tant de *références*[d], de tant de *données*[u], de tant de *chiffres*[u]. »

Tout abandonner

L'exigence inspirée de « tout abandonner » pour suivre sa *propre voie*[i], pour se *consacrer* tout entier, conduit aussi à critiquer la pesanteur des liens personnels et des grandeurs domestiques. Pour accéder à l'*indépendance*, pour se débarrasser « des vieilles peaux » qui les « alourdissaient », les créateurs doivent de même être capables de *remettre en cause*[i] les *maîtres*[d] dont le monde inspiré admet pourtant souvent l'existence dans un compromis domestique. L'exigence de *tout abandonner* enferme également la critique du monde industriel lorsque le *chemin buissonnier*[i] de l'inspiration est opposé à la *trajectoire*[u], comme trajet prévisible et calculable.

La vanité des apparences

VERS LE MONDE DE L'OPINION. Celui qui reconnaît le mystère de l'inspiration est *humble*[i]. L'amour-propre, la recherche de la *considération*, la vaine gloire, les « *signes extérieurs*[o] de réussite » sont constamment critiqués conformément au modèle classique de la cité inspirée. Accorder de l'importance à l'*opinion*[d-o] (pris ici dans une acception de compromis entre le monde domestique et celui du renom) entraîne discordes et *rivalités personnelles*[d-o] qui font taire l'*imagination*[i]. Parmi les vies des saints écrites par Théodoret, un cas particulièrement exemplaire de cette mise en cause de la vanité de la renommée nous est montré en la personne de saint Marcien. Ne se contentant pas de cacher, comme d'autres Pères, les miracles qu'il lui était donné d'accomplir, il va jusqu'à refuser l'aide d'un solliciteur pour écarter les « pensées de vanité » qui pourraient lui venir en cette occasion. Le miracle qui, néanmoins, finira par être accompli le sera donc à son insu et contre son gré (Arnauld

L'inauthenticité du théâtre du monde

d'Andilly, 1736, t. 2, pp. 369-372). La critique inspirée des grandeurs mondaines pose ainsi (comme nous l'avons vu dans le portrait que les moralistes font de l'homme de cour) l'existence d'une réalité authentique à partir de laquelle le *théâtre du monde* peut être dévoilé : le monde, en tant qu'il engage la relation aux autres dans un *commerce* [d] *mondain* [o] n'est qu'une *scène* [o] sur laquelle des personnes inauthentiques jouent des *rôles* [o]. Cette critique est en correspondance, dans les sciences sociales, avec le mouvement qui conduit la psychologie sociale, mode de connaissance scientifique en harmonie avec la nature de l'opinion, à *dépasser* [i] la *mesure* [u] des *influences* [o] pour poser sur le monde un regard critique et dévoiler la *comédie* que se *jouent* les *acteurs*, ce qui contraint à aller chercher, pour révéler la réalité sous-jacente, des principes d'interprétation relevant du monde civique, comme les *collectifs* [c] ou les *structures sociales* [c-u].

L'état inhumain

VERS LE MONDE CIVIQUE. La grandeur civique qui, dans la *révolution* [i-c], peut entrer en compromis avec l'inspiration, est critiquée lorsqu'elle est envisagée dans ses formes les plus instituées, instrumentées et détachées des personnes, c'est-à-dire sous un aspect qui ménage un passage vers la mise en cause du monde industriel. On critique ainsi « ces froids rapports *juridico-économiques* [c-u] qui nous contraignent et nous étouffent » et qui s'opposent à « la *chaleur* des rapports d'*affectivité* [i], depuis longtemps oubliés ».

Les gens intéressés

VERS LE MONDE MARCHAND. L'*argent* [m] fait partie des servitudes (la servitude des personnes vénales) dont il faut s'affranchir pour être en état de recevoir l'inspiration : il est déclaré, au même titre que la *considération* qui exprime l'opinion ou l'estime des autres, de « peu d'importance ». La servitude de l'argent est critiquée, tantôt en raison de la dépendance qu'elle suppose à l'égard de ses propres désirs orientés vers la satisfaction de plaisirs particuliers, tantôt par la sujétion à l'égard des autres à laquelle le goût du lucre soumet l'homme qui entre en affaire. Pour que le monde de l'inspiration puisse se déployer, il faut écarter le monde marchand dont les êtres sont critiqués. Les compromis impliquant ces deux mondes seront donc dénoncés, qu'ils touchent à des actes religieux, à des gestes d'un artiste engagé sur un marché de l'art, ou aux activités d'un créateur intéressé à la commercialisation d'une idée pour en faire un « concept » ou une « innovation ». La créativité elle-même « n'est pas un produit *commercial* » et les « *marchands* [m] de *créativité* [i] font n'importe quoi pour séduire [les naïfs] ». *Faire n'importe quoi* est une expression qui stigmatise ici les menées de l'homme d'affaires opportuniste qui recherche un compromis avec la grandeur inspirée.

La rigidité des routines

VERS LE MONDE INDUSTRIEL. L'incongruité des formes stables dans le monde inspiré, dont nous avons déjà observé les conséquences critiques lorsqu'il a été question de l'*habitude* [d] domestique, s'exprime plus nettement encore dans la mise en cause de la *routine* [u] industrielle. *L'habitude* [d] et la *routine* [u] se distinguent par la façon dont la répétition est instrumentée. Dans l'*habitude*, la réitération est directement prise en charge par le corps, un corps qui n'est pas agité par l'émotion, comme le corps inspiré, mais habité par la mémoire de gestes précédents. Dans la *routine*, en revanche, la répétition prend appui sur des prolongements du corps permanents et impersonnels. La stabilité qui en résulte prémunit contre les perturbations que pourraient entraîner la remontée d'une habitude hors de propos ou l'irruption incontrôlée de manifestations inspirées. Les mesures de sécurité, par exemple, prennent souvent la forme de routines impliquant l'explicitation de « consignes de sécurité », comme lorsque le commandant de bord donne, à chaque décollage, l'ordre aux hôtesses de verrouiller les portes au lieu de s'en remettre à leur habitude.

Cependant les critiques visent souvent à la fois l'*habitude* [d] et la *routine* [u] qui, par leur inscription temporelle, étouffent le jaillissement inspiré. Ainsi, on dira des méthodes et des savoir-faire bien installés qu'ils font obstacle à la spontanéité créatrice, et on critiquera l'école pour ses *routines traditionnelles* : « L'éducation [...] a tout fait pour tuer en nous cette *folle du logis* [i] dont parle *Pascal* [i] »; « l'élève *créatif* [i] [...] est perçu du *maître* [d] comme un perturbateur ».

L'oppression du raisonnable

Ce n'est pas seulement la stabilité temporelle qui est visée dans la critique inspirée mais aussi l'oppression d'une hiérarchie de l'*autorité* [d] ou de la *compétence* [u] qui bride la grandeur inspirée. La critique lancée au nom de cette grandeur ouvre la possibilité d'un retournement radical de ces hiérarchies, l'*autorité* [d] des *anciens* [d] étant anéantie par le regard *naïf* que le nouveau ou le jeune jettent sur elle.

La critique des objet *fonctionnels* [u] du monde industriel permet de bien camper l'inspiration, dans sa démesure, dressée contre la mesure étroite des activités productives : « J'espère encore lui [le lecteur] avoir fait comprendre que la *créativité* [i] n'était pas seulement un *moyen perfectionné* [u] pour concevoir de nouveaux produits et améliorer la *rentabilité* [u] des entreprises. » Elle s'accroche à l'« antinomie profonde entre *raison* et *logique* [u] et tout ce qui relève du *rêve* [i], de l'*imagination* [i], du *non-formulé* [i] » et du « monde fascinant de l'*irrationnel* ». La critique de la *technique* [u] ou de la *méthode* [u] éveille des soupçons quant aux faits sur lesquels la science prend appui, ainsi que l'exprime le mot d'ordre « faire exploser ce qu'on nomme la réalité ».

Critiques depuis le monde domestique

VERS LE MONDE INSPIRÉ. Le lien domestique s'oppose à l'inspiration qui, par son caractère instable et par sa méconnaissance des états gradués en grandeur, vient déranger les agencements hiérarchiques et coutumiers qu'elle plonge dans le *désordre*. On ne trouve pas, dans l'ouvrage utilisé pour analyser le monde domestique, de références explicites à l'inspiration. Mais un grand nombre de propriétés affectées aux petits sont, à l'inverse, des attributs de la grandeur dans le monde de l'inspiration. L'inspiration est ainsi le plus souvent critiquée dans le registre domestique par des défauts qui visent, en les désignant sous une forme dépréciative, les formes de la grandeur inspirée. C'est le cas, par exemple, de l'*effusion* qui déprécie des conduites dans lesquelles le monde inspiré reconnaît l'expression de ce qui contribue à faire la dignité des personnes, comme l'*affectivité*[i] ou l'*émotion*[i]. On peut faire les mêmes remarques à propos des attributs dépréciatifs, très nombreux dans le monde domestique, fondés sur l'opposition entre la stabilité et l'instabilité, la spontanéité et le contrôle, la prévisibilité et l'imprévisibilité des conduites. Sont ainsi critiquées toutes les conduites qui manifestent un manque de contrôle de soi – ou, comme disait Norbert Elias à propos de la société de cour, « un manque de contrôle des affects » (Elias, 1974, pp. 107-114) – par exemple, le fait de *surgir* (*surgir* « à brûle-pourpoint » dans un bureau ou dans une réunion), d'*interpeller* les gens, de *parler à la cantonade* ou de se livrer en « racontant sa vie », de porter un jugement en s'autorisant de sa conviction et en se prévalant de son « franc-parler » ou encore, dans le cas des *enfants*, de par exemple « grimper sur les genoux », « se pendre aux vêtements », « regarder dans les sacs à main », « tutoyer tout le monde », « interrompre les personnes qui parlent » ou *contredire*. C'est encore l'absence de contrôle et, particulièrement, l'absence de contrôle affectif et corporel, associées au caractère spontané des états inspirés, que vise la critique de toutes les conduites *brouillonnes* et *débraillées* qui trahissent le *laisser-aller* ou le manque de *sang-froid*.

Le laisser-aller

Les belles manières du courtisan

VERS LE MONDE DE L'OPINION. Le savoir-vivre [d] doit valoir pour lui-même sans faire l'objet d'un usage *intéressé* [o] pour se faire bien voir ou se faire des relations. De même, la *supériorité réelle* est opposée au *paraître* [o] des simulacres mondains [o], à l'*arrivisme.* Le monde domestique, qui privilégie la *discrétion* (conformément à l'adage « le bruit ne fait pas de bien ; le bien ne fait pas de bruit »), prend aussi à partie les conduites directement orientées vers un public.

Ne pas se donner en spectacle

Mais, étant donnée l'ambiguïté de l'opposition du « public » et du « privé », il est parfois difficile de distinguer, dans les agencements domestiques, les critiques qui visent le monde de l'opinion des critiques qui visent le monde civique. Ainsi, par exemple, le précepte domestique selon lequel « les différends ne doivent pas être évoqués en public » peut s'adresser aussi bien au monde civique qu'au monde de l'opinion sans que soit marquée la distinction entre ces deux façons différentes de rompre l'opposition domestique du dedans et du dehors, de l'espace divisé en territoires séparés, en « domaines », en *maisons* [d] (*« maisons de commerce »*) et de l'étendue homogène. Dans le premier cas, la désignation du *public* [c] comportera la référence à l'État (comme lorsque l'on règle un différend défini comme « familial », « privé » ou « interne », en ayant recours au système judiciaire et à un procès au cours duquel le désaccord est rendu public). Dans le second, *public* [o] renverra plutôt aux spectateurs, et l'on critiquera le fait de se *faire remarquer* (« il suffit d'éviter de se *faire remarquer* ») – marque de *laisser-aller* – ou, en évoquant plus nettement encore l'analogie avec le théâtre, comme cela est fréquent dans les dénonciations de l'opinion, de se *donner en spectacle* (comme lorsque des *époux* [d] se disputent en public et donnent leur désaccord en spectacle). Dans un

La discrétion des personnes de confiance

espace divisé en *maisons*, en territoires, en domaines, et organisé par l'opposition de l'intérieur et de l'extérieur, celui qui *se donne en spectacle* risque en effet toujours de nuire aux *siens* en trahissant des *secrets* [d]. La *prudence* des *personnes importantes* les incite à *se méfier* [d]. En revanche les petits (*femmes*, *enfants*, *subordonnés*), moins *responsables*, sont enclins à se *faire remarquer*, à *parler fort*, avec *ostentation*, pour *attirer l'attention* [o], sans *se méfier* des *voisins* [d], ce qui les conduit à *trahir* des *secrets* (notamment au cours de *dîners d'affaires* [d-u]). La *discrétion* et la *réserve* [d], attributs de la grandeur domestique qui s'opposent au caractère m'as-tu-vu de l'*arriviste* [o/d], sont elles-mêmes critiquées, depuis le monde de l'opinion, comme les marques d'un *manque d'ambition.* Elles caractérisent celui qui, *effacé*, est destiné à *rester dans l'ombre.*

L'irresponsabilité de Monsieur-tout-le-monde

VERS LE MONDE CIVIQUE. Le monde domestique, qui n'admet que la grandeur des attachements personnels, prend à parti l'*anonymat*, mais cette critique s'adresse tantôt au « On » du monde de l'opinion, tantôt au « collectif » du monde civique. Ces deux formes d'impersonnalité sont confondues, par exemple, dans la référence à l'*anonymat* des lieux publics : « Une des hypocrisies de notre époque [...] consiste à se dérober à toute contrainte sous le couvert de l'*anonymat* [...] au volant de sa voiture, il n'est plus *Monsieur Untel* [d] mais Monsieur Tout-le-Monde [o-c] [...]. On a l'impression qu'inconsciemment chacun se dit : “ Ici je suis *connu* [d], donc je me *conduis bien* [d]. Là, personne ne me connaît, donc, je puis tout me permettre. ” » La même ambiguïté permet de passer sans difficulté de la critique des instruments médiatiques de la renommée à la critique des relations juridiques de nature civique, comme dans l'exemple suivant où la critique de la *télévision*, objet technique [u] et médiatique [o], standard [u], impersonnel [o] et public [c], à laquelle est opposée la *responsabilité* personnelle du *père* [d], mène à la dénonciation de la transformation du lien *familial* [d] en un lien *associatif* [c] c'est-à-dire de nature civique : « *La télévision* [o] est contraire à l'*esprit de famille* [d]. Le pivot central n'en est plus le *père* avec son *autorité*, son *expérience*, son désir d'*éduquer*, mais un *meuble à images* [u] (les mêmes pour tous d'ailleurs [o-c]) sans *chaleur* et sans *âme* [d]. Ces "*Associations d'étrangers* [c] de la même *famille* [d]" que l'on nous prépare pour l'avenir n'ont rien de très engageant. »

VERS LE MONDE MARCHAND. Les dispositifs et les êtres de nature marchande sont pratiquement ignorés dans l'ouvrage utilisé pour analyser le monde domestique, ce qui est d'autant plus remarquable, rappelons-le encore une fois, qu'il s'agit d'un guide destiné aux entreprises. Lorsqu'elle apparaît, la référence au monde marchand n'est pas purement critique : les choses étant ce qu'elles sont, l'argent est une nécessité; on en a besoin. Mais ce glissement vers un compromis avec le monde marchand est démenti par la critique de l'extension du marché qui corrompt les relations et les grandeurs domestiques.

Tout ne s'achète pas

L'auteur s'emploie ainsi à rappeler les limites des relations marchandes. Ainsi, l'*argent* [m] doit être subordonné au *mérite* [d], dans un monde où *tout ne s'achète pas* : « Ils [les enfants] [d] ont besoin d'argent de poche [d-u], mais il ne faut pas pour autant les *habituer* [d] à la *facilité* [m]. Faire en sorte qu'ils le *méritent* [d] ou qu'ils le *gagnent* [d-u] leur permet de mieux se rendre compte de la valeur et de la difficulté de l'obtenir par soi-même [...]. Toutefois il ne faut pas leur donner l'idée que *tout s'achète* [m]. » De même, l'argent nuit aux relations entre proches. On ne parle pas d'argent en famille et la mise en *vente* [m] des biens patrimoniaux (*maisons, bijoux, animaux domestiques* [d], etc.), dont la nature est de circuler par la succession ou par le don parce qu'ils sont *attachés* au domaine domestique (Mauss, 1960, p. 269), est facilement *inconvenante* [d].

La propriété domestique, inscrite dans une chaîne d'appartenances enracinée dans un passé, s'oppose à une appropriation marchande parfaitement aliénable. Cette opposition génère une profusion de critiques dénonçant le dévoiement de relations de confiance perverties par l'intérêt, et le trouble qui envahit des liens familiaux, amicaux, ou la *bonne ambiance* [d] des relations de travail.

Dans la chrématistique, Aristote distingue nettement deux façons d'acquérir. L'« art naturel d'acquérir » se manifeste par l'appropriation de biens dans le cadre de l'« administration de sa maison », de façon à assurer la subsistance de l'unité domestique sous la forme de « provisions », « la nature fournissant de la nourriture à l'être qu'elle a engendré ». A l'inverse, l'art des affaires « n'est pas naturel » et menace la cité de désordres (*Politique*, I, 8-9). Les propriétés de la première espèce ne peuvent s'étendre sans limites et s'inscrivent dans les bornes du « domaine », de la « maison », à la différence des autres dont la recherche est animée par un « désir illimité » (*id.*, 1256 b, 30-38, 1258 a, 1). Si Aristote critique comme « contraires à la nature » les prêts à intérêt, c'est parce qu'ils supposent de traiter les rapports de la monnaie – « inventée pour l'échange » et relevant donc de ce second art d'acquisition – et de l'intérêt, comme ceux des parents et des êtres qu'ils ont engendrés à leur image (*toxos* signifiant à la fois enfant, petit, et usure). Bentham raillera cette position en notant que Aristote n'a pas réussi, malgré ses efforts considérables, à découvrir dans une pièce de monnaie des organes pour en générer une autre.

Le dispositif contemporain du prêt, malgré une large diffusion des opérations de crédit, continue à supporter cette tension entre une propriété domestique et une propriété marchande, comme on le voit clairement dans les façons de le justifier. La première est orientée vers le maintien et la fructification d'un patrimoine qui reste limité par sa taille originelle, et soutenue par la caution de proches qui se portent garants. La seconde autorise, à l'inverse, un gonflement de la consommation au-delà des limites budgétaires grâce à des ouvertures très souples de crédit au moment de l'achat (Wissler, 1989 b).

Vers le monde industriel. Dans le monde domestique, les grands sujets et les grands objets *génèrent* des bienfaits. C'est sur l'opposition entre une *génération* dans laquelle s'enracine la *confiance* et une *efficacité fonctionnelle* que prennent appui les critiques réduisant la portée des dispositifs industriels. Un être domestique « donne comme on lui donne », à la mesure du *domaine* [d] qui le contient. Les objets de nature domestique sont des biens patrimoniaux enfermant des « provisions » destinées à ce qui sera engendré. Dans la *Politique*, Aristote cite l'exemple des animaux domestiques et du lait : « Le travail de la nature est de fournir de la nourriture à l'être qu'elle a engendré, puisque toute créature à pour aliment ce qui reste de la substance d'où elle provient » (1962, pp. 53, 65). Ainsi, dans le modèle patrimonial de gestion de la nature, celle-ci est léguée comme un héritage du passé qui doit être préservé contre les menées opportunistes d'orientation marchande (Godard, 1988).

La mauvaise qualité des produits standard

L'application de techniques productivistes visant à contrôler cet engendrement dans une *fonction de production* [u] ne manquera pas de perturber l'engendrement domestique garant de qualité (Darré, 1986). « Faire du volume », « faire du rendement » (Dodier, 1989, p. 291), empêche que les relations domestiques ne garantissent la qualité de ce qui provient des ressources de cette nature.

Le manque de métier des diplômés

On ne trouve pas, dans l'ouvrage que nous avons utilisé, de critiques portant sur l'incompétence des *diplômés* par opposition à l'*expérience* de ceux qui ont été formés sur le tas, et l'éloge de l'homme de métier n'y apparaît qu'à travers la figure du *bon ouvrier*. Mais des recherches antérieures (Boltanski, 1982) ont montré la virulence de ces critiques dans des entreprises où sont valorisées des ressources de nature domestique, ancrées dans des *habitudes* [d].

La mesure d'une compétence professionnelle reposant sur des critères formalisés et des procédures standardisées, parmi lesquels figurent en bonne place les diplômes, est de peu de poids au regard d'une autorité qui se manifestera dans un métier. Les formes de jugement diffèrent d'autant, comme on le voit aussi bien dans le moment du recrutement (Delamourd, 1988) que dans celui de l'évaluation : « Si tous ceux qui cherchent du travail soupçonnaient à quel point on les juge dès le premier contact, à leur façon de se présenter, ils feraient plus attention à leur tenue. »

Le formalisme inadapté

Le technicien prisonnier de ses méthodes formelles, l'expert dont l'œil reste rivé sur les tableaux de chiffres, le cadre obsédé par les consignes écrites, sont mis en cause pour leur façon d'être qui dénature la grandeur domestique. L'information enregistrée dans les formes qui constituent, par le cumul statistique, des preuves de nature industrielle, ne convient pas pour étayer un jugement domestique qui se fonde sur une expérience stockée dans des *exemples* ou des *cas*. Aux chiffres qui n'ont pas d'importance, on opposera le témoignage validé par la mémoire de cas exemplaires, alors même que, dans la critique symétrique, on dénoncerait le manque de fiabilité d'une information domestique pour faire valoir que « les chiffres parlent d'eux-mêmes » (Wissler, 1989 a, p. 100). Cette tension est souvent réduite à l'application d'une règle, le fossé qui la sépare des circonstances étant comblé par des liens considérés comme *ad hoc* par les ethnométhodologues, alors qu'elle résulte de l'affrontement de deux modes de généralisation différents (Dodier, 1989, pp. 298, 304). La différence radicale entre des façons de collecter, d'enregistrer et de stocker des informations, selon qu'est visé un jugement domestique ou un jugement industriel, correspond au dualisme présent dans l'histoire des probabilités, entre la probabilité par autorité et la probabilité par fréquence (Hacking, 1975). Elle permet d'éclairer les débats récurrents dans les sciences sociales, depuis Le Play et Cheysson, sur les mérites respectifs des méthodes dites « qualitatives » et des méthodes « quantitatives », de la monographie et de la statistique (Desrosières, 1986, 1989).

Critiques depuis le monde de l'opinion

VERS LE MONDE INSPIRÉ. La grandeur de renom, qui dépend de l'opinion des autres, n'est pas compatible avec la grandeur inspirée dont la confirmation tient à la sûreté d'une intime conviction. Dans le monde de l'inspiration, la tentation du renom constitue l'un des motifs principaux de la déchéance. A l'inverse, dans le monde de l'opinion, l'inspiration est critiquée comme folie parce qu'elle est assimilée, comme nous l'avons vu exprimé chez Hobbes, à une opinion singulière qui serait aveugle à l'opinion d'autrui. Nous trouvons ainsi, dans le guide destiné à transmettre l'art des *relations publiques* que nous avons utilisé pour analyser le monde de l'opinion, une critique de l'*ésotérisme* [i] en tant qu'il consiste à ne pas tenir compte des goûts du *public* [o], à ne pas destiner un *message* au *plus grand nombre* [o] : « Si un *message* [o], une *information* [o] est trop *ésotérique* [i], seule la fraction la plus évoluée du *grand public* [o] sera touchée, alors que le reste, c'est-à-dire la *grande majorité* [o], n'aura ni perçu, ni *a fortiori* compris et mémorisé, quoi que ce soit. » C'est encore l'inspiration qui est critiquée dans les mises en garde destinées à faire voir les limites de ce que l'on peut attendre des *spécialistes* (qualificatif qui suppose un compromis avec le monde industriel) des *relations publiques* en rappelant la prééminence de l'opinion (le principe supérieur commun) qui est la *réalité* : « Il ne faut pas croire [...] qu'un *spécialiste* [u] de *relations publiques* [o] est un *magicien* [i] capable de “*faire passer* [o]” dans *l'opinion publique* n'importe quel *message* [o]. Il ne peut réussir que dans la mesure où le *message* [o] et son véhicule [u] sont *déduits du public* [o] et non l'inverse. » La critique de l'inspiration, qui se passe de l'acquiescement d'autrui, est l'occasion de réaffirmer le principe d'économie sur lequel repose le monde de l'opinion, dans lequel le renoncement au secret, à la singularité, à la solitude, comme on

La fausse profondeur

l'entend souvent dire à propos des *vedettes* ou des *stars*, à la vie privée, est le sacrifice auquel doivent consentir les grands pour être reconnus par les autres. C'est ce qui distingue le *message* dans le monde de l'opinion, où l'on parle de « délivrer un message », du *message* inspiré (par exemple du message prophétique) dont l'expression obéit à une nécessité propre qui n'est pas épuisée par la visée d'un destinataire. Le sacrifice du secret des pensées, de la singularité de la parole ou de l'écriture, de la particularité du *message*, est le prix auquel doit être payé le *succès* : « La vie privée d'une star se doit d'être publique » (Morin, 1972, p. 55). La *star* ne s'appartient pas : elle doit se livrer aux autres pour que les autres puissent s'*identifier* ° à elle. La révélation médiatique des dessous de la vie des *stars* (l'*écho* °, le potin, sortes de ragots qui ne circulent plus de personne à personne, mais sont *répercutés* ° dans les *médias* par des *journalistes* °), est excitante parce qu'elle projette dans le monde de l'opinion des objets personnels ou familiers (briquets, vêtements, demeures, animaux domestiques, etc.) qui appartiennent au cadre domestique. Elle fait pénétrer dans l'*intimité* [d] des gens *célèbres* ° qui sont *connus*, dans leur rayonnement médiatique, comme on les connaîtrait si on les *fréquentait* [d] en personne. Mais l'effet inverse n'est pas moins troublant et la *star* qui est présente en personne dans un monde domestique (rencontrée dans un magasin, en tant que voisine, etc.) et dont on dit alors souvent qu'elle est « au naturel », fait coïncider dans une même situation deux natures qui s'excluent. C'est comme *célébrité* ° qu'elle est reconnue, c'est-à-dire en tant qu'elle relève du monde de l'opinion. Mais, tandis qu'en renom, elle est inabordable et intouchable, ce qui contribue à son rayonnement, comme l'inaccessibilité des œuvres d'art exposées aux regards derrière les vitrines d'un musée contribue à leur aura (Benjamin, 1971, pp. 179-180), sa présence dans un cadre familier la rend accessible, sans pour autant la soumettre à l'ordre naturel du monde domestique

Les stars dépossédées de leur vie privée

où elle transporte la grandeur de sa renommée, en sorte qu'elle paraît à la fois à portée de la main et à distance.

Ce trouble prend une forme paroxystique et systématique dans la folie des grandeurs qui confond différentes façons de « connaître » dans différents mondes. Ainsi Aimée, dont l'observation clinique est rapportée par J. Lacan (Lacan, 1980, pp. 153-245), ne fait pas la distinction entre ses *responsabilités* à l'égard de son fils [d] et les *responsabilités* des chefs d'État [c] face au risque de guerre dont parlent les *journaux* [o], et envoie des lettres *intimes* [d] ou des *poèmes* d'*amour* [i] à des personnes célèbres [o] dont elle connaît la vie par la *presse* [o] en faisant comme si elle les connaissait personnellement [d] (elle s'adresse, par exemple, au prince de Galles comme une servante à son maître). Elle semble croire de même que puisqu'elle les connaît elle est nécessairement connue d'eux, en transportant dans le monde de l'opinion la réciprocité des relations domestiques.

VERS LE MONDE DOMESTIQUE. La critique de la *réputation* au sens du monde domestique est nécessaire pour mettre en valeur la *célébrité* au sens du monde de l'opinion. C'est précisément parce que ces deux dispositifs possèdent des propriétés partiellement communes qu'ils doivent être nettement dissociés. On distingue ainsi les propos échangés dans le face-à-face d'un commerce [d] (*ragots, félicitations, confidences, observations, remontrances, exemples* ou *anecdotes* [d]), de l'*information* [o] qui, dans sa nature de renom, se *propage* [o] dans l'*opinion* [o] et dont l'*émission* [o] ne vise pas un destinataire en particulier mais le *public* [o] dans son ensemble, le *plus grand nombre*. On oppose ainsi la transparence de l'information que les *relations publiques* font circuler à l'opacité des relations personnelles critiquées, comme elles le sont depuis le monde civique, par le truchement du *paternalisme* : « Le but principal recherché au travers de l'accueil est exempt de

Renoncer aux habitudes de secret

tout *paternalisme* (notion totalement étrangère aux *relations publiques* [o]). » Le secret domestique, le *caché* est critiqué au même titre que l'ésotérisme inspiré. On dira ainsi que « le personnel qui n'est pas *informé* [o] a toujours l'impression que ce qui lui est *caché* [d] le concerne directement et qu'il est victime ». On critique aussi, dans le même esprit, ce qui, arrivant « par la voie *hiérarchique* [d] » suit la chaîne des dépendances et perd par là le caractère impersonnel qui certifie la *réalité* de l'*information* [o] transmise : « Il existe une peur de la *démagogie* et une méfiance pour toute *information* [o] arrivant par la voie *hiérarchique* [d]. »

VERS LE MONDE MARCHAND. En dépit du compromis fortement instrumenté avec la grandeur marchande (cf. *infra* : *l'image de marque*), cette dernière est critiquée pour les risques de compromissions auxquels la *publicité* [m] expose la formation de l'opinion. Aussi, dans les *relations publiques* [o], faut-il « proscrire les arguments plus ou moins publicitaires ou à allure *commerciale* [m] » et éviter, au cours d'une manifestation de relations publiques, de « donner aux invités l'impression qu'ils sont soumis à une action *publicitaire* [m] ». L'auteur du guide clarifie l'épreuve dans le monde de l'opinion en opposant « le but de la publicité et de la promotion [qui est] essentiellement de *vendre* [m] » au but des relations publiques qui « est d'*informer* [o] » le consommateur, d'*attirer son attention* [o]. Dénaturée par l'immixtion d'êtres de nature marchande, l'épreuve de l'opinion « ne saurait longtemps tromper la *presse* [o], laquelle refuserait aussitôt et peut-être pour longtemps toute *information* [o] émanant de la société ». Les *relations publiques* sont aussi clairement distinguées du *marketing* : « En matière de *marketing* [m], on s'attache à adapter le *produit au marché* [m], c'est-à-dire aux *désirs* et aux besoins conscients ou inconscients des *consommateurs* [m]. En matière de *relations publiques* [o], on s'attache à tisser un réseau de bonnes *relations* [o]. »

La publicité intéressée

L'ésotérisme du spécialiste

VERS LE MONDE INDUSTRIEL. Dans le manuel de relations publiques examiné, qui date des années soixante-dix, on ne trouve pas encore aussi largement déployée qu'elle l'est aujourd'hui la critique du technicien ou du spécialiste coupés de la masse de ceux qui cherchent à s'informer. Le thème du savant prisonnier de sa tour d'ivoire se trouve en effet renforcé par le développement de dispositifs instrumentant la grandeur d'opinion (édition, presse, audiovisuel) et permettant d'objectiver l'évaluation de l'opinion. Ainsi ce ne sont plus seulement des efforts de vulgarisation qui sont prisés, mais l'épreuve même d'évaluation d'une recherche scientifique peut épouser les formes d'une conférence de presse, mettant en cause la fermeture et l'ésotérisme du spécialiste qui ne sait pas assurer un écho de ses travaux dans l'opinion.

Critiques depuis le monde civique

Le bouillonnement spontanéiste des avant-gardes éclairées

VERS LE MONDE INSPIRÉ. Dans le monde civique, l'inspiration est critiquée comme *spontanéisme* [i/c] (« une attitude irresponsable et *spontanéiste* ») et comme *individualisme* : « La réalisation de ce *bulletin aux adhérents* [c] ne peut être le fruit de l'*inspiration subite* [i] d'un militant ou de quelques adhérents. » Le *spontanéisme* mène à l'*improvisation*, or « l'*action syndicale* [c] ne signifie pas l'*improvisation* [i/c] ». L'*individualisme* caractérise les *avant-gardes minoritaires* [c] et *coupées de la base* [c]. Il guette ceux qui veulent « jouer à l'*avant-garde* éclairée ». L'inspiration est donc source de *déviations* [c] parce qu'elle défait la grandeur des personnes collectives en les dissolvant dans le particulier. De même, le *bouillonnement* [i], attribut de la grandeur dans le monde inspiré et qui fait l'objet d'un compromis civique quand il est associé à la révolution, est critiqué pour faire ressortir l'*unité (coordination)* des personnes collectives : « Un *bouillonnement* [i] général ne suffit pas. Il faut une remontée des informations, une réflexion *collective*[c], une *coordination*[c]. »

Vaincre le paternalisme

VERS LE MONDE DOMESTIQUE. Dans le monde civique, la référence aux relations domestiques est le plus souvent critique, ce qui ne saurait étonner puisque le lien civique se définit précisément comme un affranchissement par rapport aux relations de dépendance personnelle. Les liens domestiques dans l'entreprise sont critiqués parce qu'ils contribuent à « isoler les militants syndicaux » et à « les couper des salariés ». Ils sont qualifiés de « sournois » et de « mesquins ». C'est le cas du « recours à l'*esprit maison*[d] » qui est une façon « sournoise » d'« entraver » l'action des *délégués.* Mais cela vaut également pour les autres manifestations du *paternalisme*[d/c], comme nous le voyons dans l'exemple suivant où la critique s'adresse à une scène de *remontrances*[d] qui constitue, on le sait, un mode d'expression du jugement dans le monde domestique : « C'est parfois [pour impressionner un ou des délégués] le sermon *paternaliste* dans le bureau du directeur [...]. “ Vous croyez que vos *parents*[d] seraient contents s'ils savaient cela : moi qui vous ai embauché pour leur *faire plaisir*[d]. ” » Le *paternalisme* est souvent critiqué lorsque le différend porte sur le caractère *collectif* ou *personnel* d'un conflit. Cet enjeu est important puisque le « conflit collectif » entre dans la compétence des syndicats et peut être traité avec des instruments de nature civique, tandis que le « conflit de personnes » doit être réglé « à l'amiable » dans le registre du monde domestique. L'importance de la qualification, « personnelle » ou « collective », de la cause n'échappe pas aux personnes engagées dans une affaire, et la nature du conflit constitue un des enjeux fondamentaux pour lesquels rivalisent les personnes concernées qui peuvent, selon la position qu'elles occupent dans le conflit, s'efforcer de mettre en valeur le caractère *collectif* de leur affaire ou, au contraire, chercher à la ramener dans l'univers des relations personnelles. On dira souvent, dans le premier cas, qu'on « révèle la vraie dimension » d'une affaire et, dans le second, qu'on la « réduit à ses justes proportions ». Inversement on pourra rétorquer que cette « généralisation » est « abusive » et qu'il s'agit d'un « cas d'espèce », d'une « affaire montée de toutes pièces » ou, au contraire, que la « personnalisation » est « trompeuse » et que l'affaire présente un caractère « exemplaire » et possède « une portée générale » que l'on veut « étouffer ». Dans cette argumentation, les liens de nature domestique sont traités comme des liens singuliers incapables d'accéder à la généralité. En effet, les êtres du monde domestique apparaissent aujourd'hui comme particuliers quand ils sont envisagés depuis le monde civique, en harmonie avec les formes actuelles de l'État qui ne sont plus de nature domestique comme c'était le cas sous l'Ancien Régime. Ainsi, dans les relations de travail, les représentants syndicaux accusent souvent les patrons de « personnaliser » les conflits afin de dissimuler leur dimension collective, cela dans le dessein de *démobiliser* c'est-à-dire de *séparer* ceux que la visée du bien commun porte naturellement à l'*union.* Mais dans d'autres occasions, les gens peuvent vouloir se présenter en tant que simples individus sans liens particuliers avec d'autres personnes, par exemple pour se défendre contre l'accusation de conspiration ou de collusion. C'est le cas lorsque les patrons cherchent à *restaurer de véritables relations humaines* [c/d] en critiquant les antagonismes créés de toutes pièces et les *abus* [d] du syndicalisme qui jette artificiellement la *discorde* parmi les collaborateurs de l'entreprise. A l'intérieur du syndicat lui-même, les relations *hiérarchiques* de nature domestique sont également critiquées parce qu'elles mettent en péril la cohésion des personnes collectives : « C'est dès le début qu'il s'agit d'éviter un décalage entre les *militants* [c] au sujet du niveau d'*information* [c] et de *conscience* [i-c] de chacun d'eux. Sinon, le risque est grand de voir se constituer une *hiérarchie*[d] entre les *militants* et d'assister à la création d'un noyau *limité*[d/c] et qui ne pourra pas réellement utiliser les possibilités existantes. » De même l'*autorité*[d] domestique, dénoncée comme *autoritarisme*[d/c], est rejetée parce qu'elle subordonne le destin de *tous* aux décisions d'un seul : « On ne pourrait pas, par exemple, être partisan d'une société *démocratique*[c] pour demain et développer aujourd'hui des rapports autoritaires[d]. »

Se libérer de l'autoritarisme

La tension entre le monde civique et le monde domestique apparaît particulièrement à propos des opérations électorales parce qu'elles supposent, très généralement, une parfaite indépendance des personnes qui doivent être dégagées de l'assujettissement à *autrui*[d] et à l'abri des *influences*[o]. Pour faire l'être *collectif* d'un *corps électoral* il faut « respecter [...] l'*indépendance du jugement*[c] nécessaire en pareille circonstance » et se conformer aux principes de droit qui garantissent l'impartialité des élus : « Pour être *éligible*[c] il faut [...] ne pas être *proche parent*[d] ni *conjoint*[d] de l'*employeur*[c-u] » ; « le manque d'*indépendance* vis-à-vis du *patronat*[c-u] suffit à lui seul pour qu'un *syndicat*[c-u] soit déclaré *non représentatif*[c] », etc. C'est ce principe que les *patrons* outrepassent lorsqu'ils participent à la « répression [...] en essayant de faire inclure dans le nombre des *inscrits* sur les *listes électorales*[c] le *directeur*[u], sa *famille*[d] et l'*employée de maison de la famille*[d-u] » etc. Il s'agit là de l'application aux entreprises d'une règle plus générale, valable aussi, par exemple, pour les élections municipales et qui vise à détacher le lien civique du lien domestique et, secondairement, du lien marchand. On sait ainsi que d'après le Code électoral « dans les communes de plus de 500 habitants, les ascendants et les descendants, les frères et les sœurs ne peuvent être simultanément membres du conseil municipal ». De même, la loi énumérant les incompatibilités prévoit que ne sont pas éligibles au conseil municipal les entrepreneurs de services municipaux et les agents salariés de la commune qui pourraient être liés aux magistrats en place par une

Prévenir la corruption

Combattre les habitudes de copinage

relation de dépendance personnelle ou dans un rapport marchand. *Se connaître*, en personnes, c'est déjà en effet s'engager dans une coalition particulière source de *déviations*. On le voit dans le cas de la « recherche des candidats » évoquée dans la brochure de la CFDT que nous avons utilisée pour donner une image du monde civique : « La solution " on *reprend les mêmes* et on recommence " est bien souvent une solution de facilité. C'est " vite dit " de prétendre qu'il n'y a pas de nouveaux *candidats* qui acceptent de *se présenter* [c]. C'est parfois aussi plus " rassurant " de se retrouver *la même petite équipe* [d] de *délégués* [c], *qui se connaissent* [d], qui ont l'*habitude* [d] de travailler ensemble. Ces tendances sont à combattre. *Toute* [c] la *section* [c] doit être alertée sur la recherche des *candidats* [c], soit au cours d'*assemblées générales* [c], soit aussi par le *bulletin des adhérents* [c]. » La tension entre les principes qui assurent la pureté des *êtres de masse* basés sur une *cause* et les relations singulières qui se nouent de personne à personne est particulièrement vive dans les organisations, syndicats ou partis politiques, qui associent des dispositifs de nature civique (*vote, mandat, représentation*, etc.) à un enracinement local et à un mode de recrutement et de cohésion reposant, dans une large mesure, sur des liens de proximité tels que l'appartenance à un même atelier, les liens de voisinage, les liens domestiques, etc. Ainsi par exemple, la plupart des *affaires* qui ont pris naissance dans le parti communiste comportent le dévoilement des liens de dépendances personnelles (les cliques) qui associent secrètement dans un même intérêt fractionnel des militants que l'on croyait tout entiers dévoués à la cause commune. Mais ce sont les mêmes situations troubles (par exemple les « fêtes de reprise de cartes »), suspendues entre le respect des formes juridiques et le laisser-aller le plus familier, qui peuvent être dépeintes, de l'intérieur, comme *confiantes, fraternelles et accueillantes* [d] et, par les *exclus* [d-c], comme autant de conspirations contre le bien commun.

Les mêmes remarques valent, plus généralement, pour la dénonciation du scandale qui consiste toujours à dévoiler un lien domestique sous le rapport civique, à établir et à rendre manifeste l'existence d'une association secrète fondée sur des relations singulières, qu'elles soient familiales, amicales, affectives ou encore sexuelles, entre des personnes que devraient seuls unir l'*adhésion* à une *cause* et le respect de la *loi* [c]. Une affaire est scandaleuse quand elle dévoile en public les liens qui unissent les personnes, qu'elle « déballe », sur « la place publique », le « linge sale » des familles. La *forme affaire* (Boltanski, 1984) se développe dans la tension entre le monde domestique et le monde civique. Elle est liée par là à la séparation, réalisée sous la Révolution, de la cité domestique et de l'État, qui distribue dans deux mondes incompatibles les « petites » histoires entre les gens, leurs « secrets d'alcôve », les péripéties de leurs intrigues et, d'autre part, la « grande histoire », l'histoire « politique » ou « économique » de la Nation. C'est cette séparation qui confère un caractère scandaleux au dévoilement de liens particuliers entre des personnes que seul le bien public devrait réunir et un caractère trouble, malpropre, indécent à l'utilisation de dispositifs civiques pour traiter des conflits domestiques dont on dit qu'ils pourraient être arrangés à l'amiable, sans qu'on en fasse toute une affaire, une affaire d'État. Dans ces situations troubles on critique alternativement le fait de révéler en public et de garder secret. Tandis que le monde civique se déploie dans un espace homogène et transparent, l'espace domestique, centré sur la *maison*, est organisé par l'opposition de l'intérieur et de l'extérieur, la *trahison* consistant précisément à rendre *public* à l'extérieur ce qui ne doit être connu que du dedans.

Dénoncer les scandales

A la critique civique de la discrétion domestique comme « conspiration du silence », qui maintient au dedans le secret des familles, répond ainsi la critique domestique du témoignage public comme trahison qui affaiblit et déshonore le « clan » devant des *étrangers*. La dénonciation du scandale consiste à montrer la vraie nature des relations entre les gens qui, se présentant comme publiques et destinées au bien commun, servent en fait des intérêts privés. Sous l'agencement civique qui n'est qu'apparent (par exemple, un conseil municipal ou une cour de justice) on dévoile les liens domestiques réels qui unissent les personnes. Il faut pour cela s'appuyer sur des ressources qui ne sont pas présentes en situation civique comme des liens de parenté ou de copinage, qu'on découvre avec stupeur, des signes discrets de connivence qu'on interprète, du piston, etc. Ces ressources permettent de recomposer la situation dans un autre monde et c'est la tension entre le dispositif apparent et le monde sous-jacent qui est objet de scandale : derrière les apparences du civisme la situation dissimule une autre réalité qui est de nature domestique. Mais cette réalité est condamnable et doit être à son tour dénoncée pour que la situation puisse être rétablie dans toute sa pureté : le procès est un simulacre parce que le prévenu entretient des liens personnels avec les jurés qui se sont, avant l'audience, mis d'accord à l'auberge (Claverie, 1984), ou encore parce que le juge entretient des relations privées avec le prévenu et a été vu en train de dîner en sa compagnie dans un restaurant. La bonne chair ajoute au scandale parce qu'elle réintroduit la référence aux appétits corporels. Or il n'est pas d'intérêts plus particuliers que ceux qui, étant destinés à assurer la jouissance du corps propre, ne peuvent, par construction, se partager.

Les appétits corporels sont particulièrement incompatibles avec la grandeur civique qui, dépendant du caractère *collectif* des personnes, les ignore comme êtres affamés ou sexués. Un magistrat n'a pas de corps. C'est la raison pour laquelle la dénonciation du scandale se complaît dans le style pamphlétaire (Angenot, 1983) dont l'une des particularités est d'associer la hauteur à la bassesse, l'emphase à l'ordure et d'exprimer l'indignation vertueuse dans des termes scatologiques et pornographiques. Ces discordances de style servent le dévoilement qui doit révéler au grand jour l'intérêt particulier caché sous les déclarations d'intérêt général et qui n'est jamais aussi démonstratif que lorsqu'il peut opposer la recherche des plaisirs au respect intègre de la règle, les attachements du corps, qui subordonnent le lien social à la jouissance que chacun tire individuellement de son commerce avec les autres, aux solidarités de groupe.

Les liens locaux, qui engagent les gens dans des relations de face à face tirent vers le domestique et sont, à ce titre, toujours suspects d'opposer l'opacité d'un *milieu* [d] et le favoritisme d'un attachement particulier à la transparence et à l'égalitarisme des relations civiques. La localité, agglomération *enracinée* dans un *terroir* [d] chargé de singularités, de coutumes, d'*habitudes*, etc., s'oppose ainsi au *local* dans le monde civique (*local politique, local syndical, local* servant de *siège* à une *association*, *local administratif, mairie*, etc.) qui ne doit rien aux particularités de son environnement. Le *local* de nature civique – politique, syndical, associatif – assure en un point de l'espace, conçu comme une étendue homogène, la présence de la personne collective (assurer la présence de l'État, du Parti, du Syndicat, etc.). Il la marque par des emblèmes, des insignes, des *badges*, des sigles, des *affiches* [c], etc., partout identiques et qui nient la distance (par exemple une affiche contre l'apartheid en Afrique du Sud dans un local politique de la banlieue parisienne). Le *local*, qui ne doit rien non plus aux singularités des personnes qui l'occupent, à titre temporaire et selon leur *mandat*, peut aussi être critiqué, depuis le monde domestique, comme sans *chaleur* et comme *anonyme* [c/d].

S'élever au-dessus des querelles de clocher

La tension entre les grandeurs attachées à l'enracinement dans une localité (les « notabilités locales ») et la grandeur de la nation est inscrite dans les formes constitutionnelles qui instrumentent en France le monde civique : on sait, par exemple, que le député n'est pas le « mandataire naturel » d'un corps, ni le représentant des intérêts des habitants d'une localité ou d'un *terroir* [d] correspondant à la *circonscription* dans laquelle il a été *élu* [c], et auxquels il serait lié par un « mandat impératif ». Il incarne la « volonté du peuple » tout entier et l'intérêt général de la nation (Furet, 1978, p. 232). Visée depuis le monde civique, la localité est ainsi le lieu du particulier, de l'idiotisme et de l'accent (« l'accent du terroir »), du patois, caractérisé par une relation de « proximité » ou de « distance » à la « langue nationale » (de Certeau, Julia, Revel, 1975, pp. 53-60), et aussi celui des *préjugés* [d] que l'École se donne pour tâche d'extirper (Bourdieu, 1982).

L'École, dans les nombreux projets débattus sous la Révolution qui ont pour objectif de « mettre l'ensemble des citoyens » « à l'unisson des lumières de la nation délibérante » (Julia, 1981, p. 195), est « inséparablement l'instrument d'extirpation des préjugés et le lieu d'apprentissage de la liberté » (Furet, Ozouf, 1977, p. 114) comme détachement des liens de dépendance personnelle, familiaux et locaux. L'enfant qui, dans le monde domestique, ne possède pas de particularité et n'est qu'un adulte en réduction et en puissance, petit ou grand selon la position qu'il occupe au même titre que les adultes dans le corps politique lui-même conçu à l'image de la famille, est pour le monde civique un être hybride, encore dépendant d'une lignée et d'une maison, qui doit pour devenir un citoyen être détaché des appartenances et des fortunes *héritées* [d] et accéder, par l'apprentissage de connaissances utiles, « à l'état d'homme, que si peu d'hommes savent remplir » (Rousseau, 1966, p. 252). C'est à la pratique d'un métier artisanal qu'Émile doit de conserver, quelles que soient les circonstances, son indépendance à l'égard des autres et sa qualité de citoyen.

On peut aussi rapprocher de ce type de critique, qui fait appel à l'opposition du local et du national, du privé et du public, les affaires qui amènent des personnes attachées par des liens familiaux à les mettre en cause, en recourant à des êtres civiques pour transformer le dispositif domestique. C'est le cas, par exemple, des affaires de divorce où l'instrumentation civique peut dépasser les procédures juridiques classiques par le recours à des causes à visée universelle, comme celle de la garde d'enfants pour les pères divorcés (Chateauraynaud, 1986, pp. 201-240). De même, enfin, les particularismes de métier sont dénoncés parce qu'ils *divisent* [c] les travailleurs, comme les querelles de clocher divisent les citoyens. Ils sont assimilés au *corporatisme* [d] qui, en évoquant les institutions d'Ancien Régime et, plus récemment, les institutions des États fascistes, fait ressortir leur caractère *traditionnel* [d] en harmonie avec les agencements domestiques et avec le *paternalisme*. On critique par exemple « le *corporatisme* [d] *étroit* » de ceux qui pratiquent un « syndicalisme de métier », « la structure des métiers qui *morcelait* [c] la classe ouvrière en segments autonomes » et les « *revendications* [c] *corporatistes* [d] qui ne font que contribuer à *diviser* [c] encore plus les travailleurs de différentes catégories ».

Surmonter les divisions corporatistes

VERS LE MONDE DE L'OPINION. *L'opinion*, dans le monde du renom et dans le monde civique, diffère : le suffrage qui, dans le monde civique, se sert de l'opinion d'individus indépendants pour donner une expression de la volonté générale attachée au collectif en tant que tel, s'oppose à l'opinion publique constituée comme la convergence des adhésions de personnes soumises à l'influence des autres. C'est cette équivoque qui est visée, en période électorale, par la critique des sondages d'opinion et surtout de leur publication : les sondages qui additionnent des opinions personnelles dépendant d'intérêts particuliers perturbent le suffrage collectif. La référence, dans un contexte civique, à la sommation constitue souvent, selon la même logique, une critique du monde de l'opinion : « L'action syndicale [...] n'est pas une

Interdire les sondages en période électorale

simple *addition* de *positions* ou *d'initiatives individuelles* [o] mais une action *collective* [c]. » De même la critique, quasi profanatoire dans un contexte civique, de la propagande politique et des manœuvres visant à susciter l'adhésion des autres (« certains, très politisés, sont exercés à *orienter* [o] les *assemblées* [c] ») permet de bien détacher les objets de nature civique des dispositifs qui servent à la renommée.

L'égoïsme des possédants

VERS LE MONDE MARCHAND. Dans le guide mettant en situation l'ordre civique, le monde marchand n'est reconnu que pour être critiqué. Ce refus de composer (qui tient peut-être ici, au moins pour une part, à l'origine syndicale du matériel utilisé) ne doit pas étonner si l'on connaît les difficultés qu'ont rencontrées, dans la société française, les efforts pour réaliser un compromis entre les deux formes de coordination supportées respectivement par la volonté générale et par le marché, dressées l'une contre l'autre dans l'expression d'une opposition irréductible entre le bien public et les intérêts privés. Qu'on se souvienne, par exemple, des débats autour des relations entre le droit de cité et la possession de biens, et de la position de Condorcet à ce sujet notamment (Baker, 1975, p. 253). Dans son *Essai sur la constitution et les fonctions des assemblées provinciales* de 1788, il rejoint Turgot sur la division entre les « citoyens fractionnaires » et les « citoyens entiers » « qui possèdent un revenu en propriété foncière suffisant pour leur subsistance » (Condorcet, *Essai sur la constitution*... 1986, p. 284), mais s'écarte du précédent pour « réfuter l'opinion de ceux qui auraient voulu donner un nombre de voix proportionnel à la valeur de la propriété » (*id.*, p. 288).

La critique civique de la grandeur marchande, qui a fait l'objet d'un travail important, peut aujourd'hui s'exprimer sous la forme lapidaire de *mots d'ordre* [c] comme dans la référence au *capitalisme*, ou encore dans l'opposition entre les *possé-*

dants [m] (*l'égoïsme des possédants*) et les *travailleurs* [c-u].

L'individualisme marchand

L'opposition au monde marchand peut encore s'exprimer par la critique de l'*individualisme* : « La *démocratie* ne s'improvise pas dans ce monde façonné par l'individualisme. » Elle peut figurer aussi dans l'énoncé des *déviations* qui guettent les personnes collectives lorsque l'intérêt particulier l'emporte sur la recherche du bien commun, comme on le voit à propos de la cotisation syndicale : « Il ne s'agit pas d'une " *assurance* [m] " mais du moyen de *participer* [c] à un *engagement collectif* [c]. [...] le syndicat n'est pas une sorte d'assurance ou de sécurité, mais il est bien un *collectif* [c] offensif. »

La définition des services publics se construit sur l'opposition critique à l'égard d'une définition d'un service marchand. Les compromis que suppose la nationalisation d'entreprises comme celles fournissant l'énergie électrique sont soumis à une tension vive entre la référence à des *citoyens* [c] qui ont les mêmes droits de jouissance, et la référence à des *clients* [m], comme on le voit dans les controverses sur la tarification des raccordements (Akrich, 1989, p. 184).

Éviter la bureaucratisation

VERS LE MONDE INDUSTRIEL. Les dispositifs qui stabilisent le compromis entre le monde civique et le monde industriel font aussi l'objet de critiques, particulièrement sous la forme canonique (absente dans les ouvrages analysés) de la critique de la *technocratie* [u-c]. Ces critiques ouvrent à leur tour des passages vers des compromis avec le monde inspiré, comme on le voit à propos de la formation. L'opération par laquelle la *formation* [u], qui est l'acquisition d'une compétence ou d'une capacité, est détachée du monde industriel pour être mise en valeur dans le monde civique est l'occasion d'une critique des « connaissances coupées de la vie » et des « spécialistes qui apportent le savoir ». Ces traits la rapprochent de la critique inspirée de la routine scolaire : « La *formation* [c-u], par un *militant* [c] syndicaliste, a peu de choses à voir avec la pratique *scolaire* [u] habituelle où l'on ingurgite des connaissances qui sont sciemment coupées de la vie et qui s'adressent à des individus, pour leur promotion individuelle. Au contraire, la formation syndicale [...] n'a de sens que si elle est conçue comme un *enrichissement* [i] *collectif* [c]. »

Les critiques qui visent les compromis entre le monde civique et le monde industriel prennent la forme standard de la critique des risques de la *bureaucratisation* : « La *structuration* [u] de la *section* [c] est indispensable. Une description rapide, telle que nous venons de le faire, pourrait laisser supposer que des risques de *bureaucratisation* [c-u/c] existent. Nous ne le nierons pas. Ce n'est que dans la mesure où la *section* aura un fonctionnement *collectif* [c] [...] que cette pyramide de *responsabilités* [u] prendra son véritable sens : assurer un fonctionnement *démocratique* [c]. »

Critiques depuis le monde marchand

VERS LE MONDE INSPIRÉ. Bien que mues par des désirs qui s'apparentent à des passions, les actions coordonnées par le marché prennent appui sur des biens extérieurs et exigent de marquer une distance à l'égard de ceux avec qui on est en affaire. Comme les autres grandeurs, la grandeur marchande règle ainsi une tension entre un état de particulier et un état propice à la coordination. La formule d'investissement met en balance les richesses associées à l'accès au marché, et les sacrifices qu'exigent le détachement à l'égard de soi-même et l'attention aux autres (le « spectateur impartial » et la « sympathie » chez Smith). La *distance émotionnelle* [m], le *contrôle des émotions* [m] sont des conditions nécessaires pour saisir les *opportunités* [m] et *faire des affaires* [m], sans se laisser aveugler par ses sentiments « impulsifs » et « faire n'importe quoi », expression stigmatisant les menées de l'homme d'affaires qui s'abandonne à l'inspiration du moment. La nécessité du sang-froid dans les affaires va à l'encontre des effusions qui expriment l'*authenticité* [i] de l'inspiration. L'adhésion au geste, qui fait du corps l'objet probant de la grandeur inspirée, est une gêne pour la transaction marchande : « parez aux crises émotionnelles en restant froid »; « contrôlez vos émotions [...] compartimenter, c'est avant tout mettre volontairement une distance émotionnelle entre la situation et vous ».

Le sang-froid dans les affaires

La réalisation de cette distance nécessaire à un lien marchand amène à critiquer, comme dans le monde domestique (*Le laisser-aller*), toute expression excentrique et donc *inquiétante* [i] des personnes, dans leurs émotions comme dans leur mise : « Habillez-vous en homme d'affaires [...] Lorsque des gens arrivent à une réunion d'affaires, les pieds nus dans des mocassins, la chemise à moitié déboutonnée, une chaîne d'or au cou ou au poignet, cela peut évoquer, dans l'esprit des autres, des considérations plutôt inquiétantes sur leur personnalité. »

VERS LE MONDE DOMESTIQUE. Le monde marchand, parce qu'il est dépourvu de l'assise d'un espace et qu'il manque du support d'un temps, donne lieu à la critique des éléments du monde domestique qui permettent l'ancrage de ces deux notions. Les spécificités, les attaches personnelles et les liens locaux sont des particularismes dont on doit se libérer pour accéder à un marché anonyme et sans frontières. Les traditions, les préjugés, les routines ne sont que des freins qui empêchent le développement de relations marchandes opportunistes.

Se libérer des relations personnelles

La *distance* [m] et le *détachement* [m] réalisés dans les relations entre les êtres du monde marchand supposent aussi bien le contrôle des émotions (et donc la critique de la grandeur inspirée) que la *libération* [m] à l'égard de la dépendance personnelle, du *commerce d'influence* [d], autant de critiques adressées à l'ordre domestique : « loin de l'*influence des autres* [d], nous conclûmes les *négociations* [m] sur un contrat qui n'a pas cessé de prendre effet »; « je ne soulignerai jamais assez le danger que représentent les *confidences* [d], dans les *affaires* [m] ». Les personnes d'influence, de même que les relations de confiance entretenues par les confidences, qui trouvent tout naturellement leurs places dans le monde domestique, jettent le trouble sur le libre contrat marchand. Dans l'entreprise des dispositions appropriées, telle la rotation du personnel, seront mises en place pour écarter la menace d'attaches personnelles ou locales, sources de préjugés gênants pour l'ajustement marchand.

Cette critique, sans cesse relancée dans des situations quotidiennes, réactive la remise en cause d'un ordre politique traditionnel qui a pu prendre appui sur les fondements d'un ordre marchand. Ainsi, pour von Mises, la bureaucratie est confondue avec un ordre qui « consiste en intrigues de cour auprès des hommes au pouvoir. A la cour de tous les souverains despotiques régnaient la flatterie, la servilité et la bassesse » (von Mises, 1946, p. 115). Cette critique perpétue le glissement, lourd de conséquences pour la compréhension du libéralisme, entre la notion de liberté ou d'autonomie et les exigences du libre-échange. Cette critique trouve aussi un écho dans les débats de sciences sociales où anthropologues et économistes s'affrontent sur la nature des relations d'échange et sur les limites du marché dans les sociétés traditionnelles (Mauss, 1960). La valeur du bien, en tant qu'objet de don, lui provient tout entière des liens qui la rattachent à la personne même du donateur. A l'inverse le bien, en tant qu'objet de transaction échangé sur un marché, a pour propriété fondamentale d'être indépendant de la personnalité des acheteurs et des vendeurs. Les liens personnels vont donc être critiqués comme entraves à l'accès libre de l'individu au marché. Sous ce rapport, la figure critique qui appelle à *se libérer des relations personnelles* n'est pas sans rappeler la remise en cause inspirée des liens domestiques (*Tout abandonner*), ainsi que la critique civique de ces liens (*Vaincre le paternalisme*; voir aussi, chez Rousseau, les conditions qui doivent être réunies pour que la volonté générale s'exprime : « la composition des petites différences »). Les liens personnels de confiance, réduits dans un monde civique à une conspiration contre l'intérêt général, sont critiqués ici comme entente entravant la concurrence.

L'attention du client à des propriétés singulières (domestiques) des marchandises et le mode d'investigation qu'elle entraîne ne sont pas compatibles avec la nature marchande des biens détachés des personnes. Ainsi, la recherche « intensive » des liens singuliers du produit d'occasion avec ses propriétaires précédents s'oppose à l'appréciation comparative (« *survey form* ») du prix sur un marché officiel (Geertz, 1978).

Dans le même esprit, la qualité domestique des personnes qui s'exprime dans l'âge ou l'ancienneté est insignifiante dans le monde marchand où la valeur n'attend pas le nombre des années : « Cela ne me gêne pas que les gens très jeunes, qui travaillent pour moi, gagnent beaucoup d'argent. »

Rompre les attaches locales

Le monde du marché est sans limite ni distance et s'oppose très clairement sur ce point au monde domestique et à sa topographie orientée par les pôles que constituent des domaines privilégiés. Les attaches locales, l'enracinement dans des territoires régionaux, le provincialisme, ne sont que des freins à l'extension mondiale du marché : « Je sentais aussi que la *régionalité* [d] des athlètes des sports d'équipe réduisait sévèrement leur *commerciabilité* [m]. Les joueurs de golf sont presque plus *vendables* [m] à Tokyo ou Kalamazoo que dans *leur propre pays* [d]. »

Les privilèges territoriaux des corporations sont immanquablement critiqués dans une perspective marchande qui suppose de toujours repousser les limites spatiales des transactions (Kaplan, 1988). Dans la littérature économique les éléments relevant d'un ordre domestique, comme les « barrières » délimitant des domaines, sont critiqués comme freins à la libre circulation des marchandises : « barrières à l'entrée », « barrière à la mobilité ».

Même les auteurs qui cherchent à montrer la place de relations non conformes au marché, notamment dans les « marchés du travail », utilisent ce vocabulaire dépréciatif. Ainsi, le jeu du marché est empêché par des « groupes non concurrentiels » (« *non-competing industrial groups* » : Cairnes, 1874, p. 68), engoncé dans les limites des directions du personnel de chaque entreprise (Reynolds, 1951, p. 42), « balkanisé » (Kerr, 1954), pris dans le tissu local des coutumes des « marchés internes », (Doeringer, Piore, 1971).

Braver les préjugés

La critique du désordre causé par les êtres domestiques dans le monde marchand fait également ressortir les différences dans les rapports que les deux grandeurs entretiennent avec le temps. Le monde marchand ne connaît pas la pérennité des êtres domestiques. Les « idées préconçues », la « sagesse populaire », qui tirent leur grandeur de la tradition, sont autant d'obstacles au déploiement du monde marchand qui réclame de *braver les préjugés.* Le carcan dont il faut se libérer est une routine gênante incompatible avec l'opportunisme marchand comme il l'est avec la spontanéité inspirée (cf. *Le frein de l'habitude*). De même, la fidélisation du consommateur soutenue par le dispositif de la marque peut être critiquée parce qu'elle lui fait manquer des occasions et « payer la marque » indûment (Eymard-Duvernay, 1989 b, p. 126).

VERS LE MONDE DE L'OPINION. Le monde marchand diffère fondamentalement du monde de l'opinion du fait de l'existence des biens extérieurs qui servent à régler la concurrence des appétits et à déterminer la mesure des grandeurs. Lorsque le bien s'efface, les *désirs* [m] rivaux d'appropriation dégénèrent dans l'*adhésion* [o] grégaire de personnes s'identifiant à un même signe, comme les admirateurs d'une vedette ou ceux qui suivent une mode plutôt que leurs désirs. Confondus dans ce mouvement d'identification, les gens se conduisent pareillement, ou, comme on dit dans la critique de ce monde, s'imitent.

Les méfaits de la spéculation

Le *snobisme* désigne ainsi à la critique une recherche de biens qui fraye un compromis avec ce monde par l'imitation de personnes grandes en renom et l'identification à une mode à laquelle elle se plie servilement. Le client « snob » peut se détourner d'un *bien* [m] qui ne serait pas assez *distinctif* [o]. Comme dans la littérature sociologique qui dévoile les mécanismes d'accumulation de crédit relevant du monde de l'opinion, les biens ne sont que des signes distinctifs et l'usage extensif du terme de marché cesse alors de recouvrir la forme de coordination qui repose sur la concurrence pour acquérir des biens rares.

Lorsque le marché ne peut plus être invoqué comme principe supérieur commun, faute d'une identité et d'une consistance suffisante des biens, le glissement dans le monde de l'opinion se manifeste par une dégénérescence des prix montrant *les méfaits de la spéculation.* Ainsi dans les manœuvres spéculatives de l'opinion publique qui contribuent à faire varier faussement les prix en agissant sur les anticipations des individus, la médiation du produit, qui fait la réalité de l'échange et qui est la condition du fonctionnement de la contrainte de rareté, disparaît au profit de ce qui peut être alors traité comme désir des autres (Aglietta, Orléan, 1982), dans le prolongement des analyses de R. Girard lorsqu'il dévoile une rivalité qui « n'est pas le fruit d'une convergence accidentelle des deux désirs sur le même objet » mais le résultat d'un « désir essentiellement mimétique » (Girard, 1972, p. 216).

Le peu de prix de la célébrité

Le rappel à l'ordre marchand, en particulier face aux compromis avec la grandeur de renom (*L'image de marque*) peut s'exprimer clairement dans une critique du *peu de prix* [m] des apparences et de la *célébrité* [o] : « J'en suis venu à [...] attacher peu de prix au clinquant extérieur, qu'il s'agisse de la célébrité, de la position sociale ou de l'apparence. »

Le blocage par l'action collective

VERS LE MONDE CIVIQUE. L'action, dans le monde marchand, est une affaire privée. Le terme « privé », inscrit dans l'opposition avec un espace « public », tend cependant à laisser dans l'ombre la relation aux autres qui se noue par l'intermédiaire des biens désirés et qui fait de l'ordre marchand un ordre aussi « collectif » que les autres, pour autant qu'on ne se limite pas à une définition du collectif empruntée au monde civique.

Les *affaires* [m] se traitent en *face à face* [m] et les dispositions de *groupe* [c] sont critiquées : « Un seul interlocuteur. Je déteste les négociations commerciales conduites en présence d'un groupe de personnes et si je le peux, j'évite ce genre de situations. Pour moi, un large groupe, c'est plus d'une personne. » Même pour les activités glissant vers le monde industriel et se concluant par la « prise de décision » d'un *projet* [u], toute procédure collective est critiquée : « Si les réunions sont nécessaires au processus de prise de décision, elles ne constituent pas un bon forum pour prendre une décision, et s'il y a plus de quatre ou cinq participants, il sera presque impossible d'en prendre une. »

Le coût de la justice

Lorsque la seule justice est celle de l'ordre marchand, l'activité juridique n'a plus de statut particulier et sera réduite à une affaire comme une autre, plus ou moins bonne. Son ingérence dans les rapports marchands sera critiquée dès lors qu'elle détourne de la conclusion directe, en face à face, d'un contrat.

Bien qu'ayant eu une formation juridique, l'auteur critique ainsi le traitement juridique des rapports marchands : « Les bagarres entre avocats, au nom de leurs clients, ne sont souvent qu'un moyen, pour ces firmes, de facturer leur temps et de gagner de l'argent. Je suis sûr que si l'on pouvait amener les deux parties à se rencontrer dans une pièce et à discuter de leur affaire – même si le litige dure depuis deux ans – tout serait résolu, certainement à moindres frais, et probablement bien plus équitablement. » Les Japonais, grands sujets s'il en est dans la perspective de ce guide, puisqu'ils font affaire dans le monde entier, sont cités en exemple parce qu'« il n'y a, là-bas, que très peu de cabinets d'avocats ».

L'écart entre une construction légale du contrat et la forme du lien marchand, souvent atténué dans les dispositifs composites où le droit de propriété vient au secours de l'ordre marchand, apparaît clairement dans l'extrait suivant où l'auteur critique la régulation juridique de la transaction. Même la validité d'un engagement légal est mise en question au regard du réalisme, de l'opportunisme qui veut qu'on s'arrange, avec souplesse, à tout moment sans s'enfermer dans la rigidité d'obligations : « En tant que juriste, il me serait facile de traiter un engagement comme un engagement et un marché. Mais j'ai souvent découvert qu'en reconnaissant des circonstances atténuantes et en laissant quelqu'un se libérer de ses obligations, j'ai, à la longue, fait bien plus pour moi et pour ma firme. »

VERS LE MONDE INDUSTRIEL. Du fait de l'engagement temporel qu'implique l'investissement dans des objets techniques, le monde industriel est critiqué pour ses rigidités. D'autre part, l'expression anonyme et formelle de la grandeur qui est naturelle dans ce monde-là est mise en cause parce qu'elle ne laisse pas place à l'interaction de désirs subjectifs : les capacités industrielles (celles des machines comme celles des experts) ne sont qu'une gêne pour les affaires.

La rigidité des outils et méthodes

La critique de *la rigidité des outils et méthodes* s'adresse aux *structures* [u] (« ne laissez pas les structures prendre le dessus »), aux *organigrammes* [u] (« les entreprises ne fonctionnent jamais selon leur organigramme »), aux *systèmes* [u] (« pour diriger une société, il faut constamment échapper à des systèmes [...] et se coltiner la réalité »), aux *organisations* [u] (« les *bénéfices* [m] d'abord, l'*organisation* [u] après »). Tous ces objets perturbent le monde marchand et menacent de faire oublier au sujet marchand sa dignité, c'est-à-dire son intérêt à s'enrichir : « Plus une société est importante, plus il est facile de s'en tirer par la tangente et d'oublier pourquoi on est dans les affaires : faire des bénéfices. »

Par son orientation temporelle et sa propention à dessiner l'avenir, le *plan* [u] est honni et son « irréalisme » va à l'encontre de l'opportunisme marchand suivant lequel on saisit à chaque instant sa chance : « Plan prévisionnel opposé à Vie Réelle. Je serais heureux de ne plus jamais voir un plan prévisionnel de ma vie. »

La critique du carcan des règles bureaucratiques, et notamment de la planification, est particulièrement explicite chez les économistes dits libéraux, comme von Mises et Hayek. Von Mises fait valoir que le profit est lié à l'instabilité foncière de l'ordre marchand et qu'un monde stationnaire verrait s'annuler profits et pertes : « La dépense globale engagée par un industriel pour se procurer les facteurs de production nécessaires serait égale au prix qu'il recevrait pour le produit » (von Mises, 1946, p. 34). Von Mises et Hayek font d'ailleurs tous deux référence à Saint-Simon lorsqu'ils cherchent à mettre en cause des constructions systématiques de la grandeur qu'ils critiquent (von Mises, 1946, p. 111; Hayek, 1953, p. 159). Hayek, dénonçant les auteurs qui prônent une « société [qui] devrait précisément fonctionner de la même manière qu'une usine », cite Saint-Simon : « Tous les hommes travailleront; ils se considéreront comme des travailleurs attachés à un atelier dont les efforts seront dirigés pour guider l'intelligence humaine selon une prévision divine. » Hayek met en cause la « mentalité polytechnicienne » (Hayek, 1953, p. 13) et, de fait, les premiers efforts des fondateurs de l'école saint-simonienne furent dirigés vers l'École Polytechnique où la propagande réussit à merveille. « Il faut, écrit Enfantin, que l'École Polytechnique soit le canal par lequel nos idées se répandent dans la société [...]. Nous y avons appris la langue positive et les méthodes de recherche et de démonstration qui doivent aujourd'hui faire marcher les sciences politiques » (Charlety, 1931, p. 45). Hayek souligne l'incompatibilité entre un principe d'action qu'il attribue à cette mentalité et qu'il reconnaît guidant les agissements des « ingénieurs et planistes », et le principe qui régit les activités commerciales : « Le négociant entrera en conflit avec les idéaux de l'ingénieur [...] interférera avec ses plans et [...] encourra par là son mépris » (*id.,* pp. 158-161).

Les mauvaises affaires du technocrate

Aux commandes des outils et méthodes rigides, visée par la même critique, se dresse la statue du technocrate. Comme l'indique le titre du guide utilisé pour déployer le monde marchand *(Tout ce que vous n'apprendrez jamais à Harvard* – en américain : *What they don't teach you at Harvard Business School),* et comme le souligne la manchette (« vendre, c'est ce qu'on ne vous apprend pas à Harvard »), cet ouvrage est largement consacré à une critique de la fausse grandeur industrielle au nom de la vraie grandeur marchande : « Les vrais problèmes que pose la *vente* [m] ont bien peu à voir avec la *compétence* [u]. [...] Supposer que les *capacités* [u] de *gestionnaire* [u] peuvent parer à l'absence de celles de *vendeur* [m] est une illusion fort dangereuse. »

La capacité industrielle est fréquemment critiquée à travers la formation scolaire qui la produit, à laquelle est parfois associée l'« intelligence », valeur illégitime accommodée dans le compromis industriel que permet sa *mesure* [u] sous la forme du Q.I. : « Vous connaissez l'histoire des deux amis qui se rencontrent dans la rue, après s'être perdus de vue pendant vingt-cinq ans. L'un, sorti premier de sa promotion, était maintenant sous-directeur d'une succursale de banque. L'autre, dont l'intelligence n'avait jamais émerveillé personne, possédait sa propre firme et était plusieurs fois millionnaire. » « Il s'est avéré que croire, comme je l'avais fait, qu'un diplôme d'études supérieures ou un Q.I. élevé égalait automatiquement " astucieux en affaires ", était dans la plupart des cas une coûteuse erreur de jugement. »

Critiques depuis le monde industriel

Le gâchis de l'improvisation

VERS LE MONDE INSPIRÉ. La grandeur industrielle, support d'une coordination vers l'avenir, est troublée par la qualité éminemment incertaine des êtres du monde inspiré. Ils sont critiqués pour *le gâchis de l'improvisation* dû à l'imprévisibilité d'une activité « brouillonne », illustrée notamment par l'inconséquence des « illuminés ». L'intrusion d'événementsimprévus, qu'implique le geste inspiré de l'inventeur, est risquée pour le fonctionnement de l'ordre industriel et ne manquera pas d'être critiquée pour les dysfonctionnements qu'elle peut occasionner.

L'ancien est dépassé

VERS LE MONDE DOMESTIQUE. Par rapport à l'ordre industriel de l'*efficacité* [u] et du *progrès* [u], *l'ancien est dépassé*, le *traditionnel* [d] est *peu évolué* [u], c'est le « Moyen Âge ». Les anciens [d], grands sujets dans la cité domestique, sont remis à leur place, c'est-à-dire qualifiés selon la grandeur industrielle par le *degré* [u] de leur *activité* [u] : « L'âge moyen s'accroissant, l'entreprise doit prévoir le développement d'une population d'"handicapés". » De la même façon que les personnes, les choses qui ont un passé seront critiquées pour leur *inadaptation*, comme ce bâtiment industriel « vétuste » qui n'est plus « fonctionnel ».

L'inefficacité des particularismes

La différence de nature entre l'espace domestique et l'espace industriel est mise en évidence par les critiques qui désignent les dysfonctionnements résultant des attaches domestiques, *l'inefficacité des particularismes*. Cette critique porte sur le trouble causé par les relations personnelles dans l'exercice d'une tâche qui suppose de s'en abstraire : « Ne mélangez pas la vie privée et la vie professionnelle [...] il est préférable de ne pas se faire d'amis au bureau. » Les liens domestiques inscrits dans un capitalisme familial ne manquent pas de soulever des tensions critiques lorsqu'ils sont jugés dans la perspective d'une gestion industrielle de l'entreprise. Le conseil d'administration est un dispositif facilement troublé par la confrontation de qualifications domestique et industrielle, comme lorsque le « papa » est aussi un « cher président » et qu'une dispute familiale est transportée au sein de la société (Chateauraynaud, 1989 b).

Sont mis généralement en cause, au nom de l'efficacité industrielle, les usages, les pratiques informelles, les territoires domestiques, les espaces réservés, les privilèges locaux. L'exploitation méthodique d'êtres peu ajustés à une fonction de production, comme des ressources naturelles, oblige à des investissements de forme destinés à défaire les particularismes. Ainsi, une exploitation systématique de crustacés peut passer par le déploiement d'un dispositif industriel impressionnant s'étendant des carnets de pêche à une surveillance aérienne par hélicoptère, de façon à rendre mesurable l'activité (Callon, Law, 1989, p. 20).

Le compromis avec la grandeur domestique, élaboré autour de la construction d'un « métier » ou d'un « art », est ainsi critiqué. Les dispositifs qui le soutiennent sont dénoncés comme des assemblages monstrueux que flétrit l'expression ignominieuse de « pifomètre » désignant un usage indûment élevé au rang de méthode.

L'incompétence du petit chef

Les grandeurs industrielles et domestiques, bien que toutes deux distribuées suivant des échelles hiérarchiques très étendues, ne reposent pas sur le même principe d'ordre, et *l'incompétence du petit chef* ou du « patron de droit divin » stigmatise la hiérarchie domestique au nom de l'ordre industriel.

L'inefficacité des procédures administratives

VERS LE MONDE CIVIQUE. L'ouvrage utilisé pour extraire les critiques produites à partir du monde industriel est trop orienté vers des compromis avec le monde civique (cf. *infra*) pour donner libre cours aux critiques possibles de cette grandeur. Une expression courante de cette mise en cause consiste à pointer *l'inefficacité des procédures administra-*

tives. Une figure plus complexe (cf. *infra*) mais non moins fréquente met en question les compromis du droit social entre grandeurs industrielle et civique au nom de la flexibilité marchande ou encore de l'autorité domestique. Ainsi, des petits patrons empêchent une inspectrice du travail d'entrer dans une entreprise, en se regroupant en personne, en corps et en force. L'inspectrice doit se réfugier dans l'estafette de la police. Elle ne peut retrouver sa grandeur qu'en réaménageant un dispositif civique et en transportant dans la situation des êtres civiques adéquats.

Les coûts d'une politique sociale

La critique peut porter plutôt sur les compromis du droit social entre natures industrielle et civique, critique des « avantages acquis » (« ces habitudes ont des caractéristiques d'avantages acquis »), ou mise en avant des coûts d'une politique sociale (« une entreprise qui pratiquerait une politique sociale coûteuse, non financée par des progrès de productivité, irait à la faillite et manquerait totalement son objectif social »).

Le produit de luxe inutile

VERS LE MONDE MARCHAND. La mise en cause de l'ambiguïté du produit peut être exprimée dans les critiques de la consommation ostentatoire de produits « de luxe », *chers* [m] mais peu utiles, ne satisfaisant pas des *besoins* [u] réels.

Le prix injustifié

L'ambiguïté du produit, qui peut servir dans un compromis entre monde industriel et monde marchand, est au cœur des controverses savantes qui, dans la littérature économique, concernent la formation de la valeur et ses expressions respectives à partir de désirs ou d'un coût en travail.

Les tensions entre grandeur industrielle et grandeur marchande se manifestent souvent lors des épreuves marchandes, lorsqu'il s'agit de *conclure une affaire* [m] et de s'accorder sur un *juste prix* [m]. Les litiges marchands qui s'expriment au cours des *négociations* [m] préalables à la vente dégénèrent souvent en différends lorsque le prix est mis en cause au nom d'une autre grandeur, lorsqu'il est fait référence à une faible utilité ou *efficacité* [u] d'un être marchand au regard de son *prix* [m], qu'il s'agisse d'un produit ou d'une personne : « Une fois, le directeur d'une grosse firme d'habillement sportif m'a dit qu'il n'allait pas payer un athlète plus qu'il ne gagnait lui-même. De ce point de vue les droits de sept chiffres que nous lui demandions semblaient exorbitants. »

Un cas intéressant, mais plus complexe encore parce qu'il met aussi en jeu le monde de l'opinion et le monde inspiré, est rapporté par l'auteur. Il s'agit de l'anecdote célèbre de cette femme qui aborda Picasso dans un restaurant et lui demanda de gribouiller quelque chose sur une serviette; elle prétendait être prête à payer ce qu'il voudrait. Picasso s'exécuta et dit : « Ce sera dix mille dollars. – Mais vous l'avez fait en trente secondes, répliqua la femme étonnée. – Non, dit Picasso. Il m'a fallu quarante ans pour en arriver là. » La situation est d'emblée complexe et comprend : un être de renom, le célébrissime Picasso; un geste inspiré, le gribouillage qui porte la trace du génie et qui ne se confond pas complètement avec l'autographe de la vedette qui n'est que son nom; un être marchand, la somme d'argent que la femme propose. Après l'exécution du maître, la cliente critique le prix exorbitant qu'il demande, en s'appuyant sur des arguments de nature industrielle et en faisant valoir le peu de travail que l'exécution a demandé, c'est-à-dire en démontrant la faible grandeur industrielle du produit ainsi fabriqué. Picasso reste pris dans la situation qui est maintenant épurée selon ce monde et qui prend la tournure d'un litige industriel sur la quantité de travail incorporée dans le produit : il justifie le prix par le temps de travail préparatoire (sa formation, en quelque sorte) nécessaire pour acquérir la compétence exigée par la réalisation du produit. Une autre issue possible, à partir de cet arrangement hétérogène, aurait consisté à épurer la situation dans le monde inspiré (ce qui aurait demandé une nouvelle critique de la part de l'artiste) et à faire valoir le caractère spontané, immédiat, absolument singulier et sans prix du génie créateur.

Les caprices du marché

La tension avec la grandeur marchande s'exprime, dans le monde industriel, par la mise en évidence de l'imprévisibilité, du caractère *aléatoire* des êtres marchands. Les grandeurs associées à ces deux mondes s'opposent en effet sous le rapport de la stabilité. Ainsi est soulignée « la variation de demande instantanée du client "puissant" [...] "qu'il faut servir à tout prix" ». La pression marchande du client ébranle les dispositifs industriels qui supposent planification et programmation, et entraîne des défauts de qualité industrielle (Chateauraynaud, 1989, p. 267). Dans l'organisation industrielle prônée par Ford, l'accent mis sur la *standardisation*[u] et l'*utilité*[u] conduit à dénoncer l'incapacité à investir et la versatilité du marché (« présenter tous les ans un nouveau modèle, c'est la conception à laquelle les femmes se soumettent pour leur vêtement et leur coiffure », Eymard-Duvernay, 1989 a, p. 128).

Cette tension est au cœur de la théorie économique. Lorsqu'elle s'appuie sur une évaluation par des prix et une coordination de marché, elle est mal adaptée pour rendre compte d'une orientation temporelle des décisions et des irréversibilités résultant de l'investissement, en dépit de l'extension de l'utilité à l'espérance d'utilité (Favereau, 1989 a).

CINQUIÈME PARTIE

L'apaisement de la critique

IX

LES COMPROMIS POUR LE BIEN COMMUN

Le dépassement de l'épreuve dans le compromis

Les dispositifs composites qui comprennent des personnes et des choses susceptibles d'être relevées dans des mondes différents ne sont pas fatalement défaits par la dispute. Les rapports les concernant ne suscitent pas toujours le sentiment d'étrangeté qui se dégage de la lecture des exemples que nous avons utilisés pour analyser les opérations critiques. Soit, par exemple, la référence fréquente aux droits des travailleurs qui rapproche un objet du monde civique (droit) et des êtres du monde industriel (les travailleurs). Cet assemblage, inhérent au syndicalisme et, plus largement encore, à tous les dispositifs auxquels peut être associée la qualité de « social » (action sociale, droit social, etc.) nous paraît acceptable, et nous sentons qu'il n'est pas étranger à la recherche d'un bien commun. Nous dirons qu'il s'agit là d'une formule de *compromis*.

Dans un compromis on se met d'accord pour composer, c'est-à-dire pour suspendre le différend, sans qu'il ait été réglé par le recours à une épreuve dans un seul monde. La situation de compromis demeure composite mais le différend est évité. Des êtres qui importent dans différents mondes sont maintenus en présence sans que leur identification ne soit cause de dispute. Aussi ne suffit-il pas pour identifier une situation de compromis d'y constater la présence d'objets disparates. Il faut encore s'assurer que leur importance a été relevée et qu'ils ne sont pas traités par les participants comme de simples *machins* dont l'observateur serait seul à noter la présence. Ainsi, l'existence d'un lien personnel entre le gérant d'une caisse locale d'une banque régionale et la personne venue lui demander l'octroi d'un crédit (Wissler, 1989 b) est une ressource toujours possible pour un compromis. Mais ce compromis n'est réalisé que si la familiarité entre ces partenaires commerciaux est relevée (par exemple par l'usage du tutoiement, par le rappel de souvenirs communs ou l'évocation de parents proches) et, plus précisément, que si des arguments domestiques sont mis en équivalence avec des arguments pertinents dans le monde marchand : un ami fidèle est un client solvable. Cette équivalence est traitée comme évidente sans être explicitée. Dans le compromis, les participants renoncent à clarifier le principe de leur accord, en s'attachant seulement à maintenir une disposition intentionnelle orientée vers le bien commun. Cet objectif est réalisé en recherchant l'intérêt général, c'est-à-dire non seulement l'intérêt des parties prenantes mais aussi l'intérêt de ceux qui ne sont pas directement touchés par l'accord. L'impératif de justification n'est donc pas satisfait, mais il n'est pas pour autant complètement hors de vue, comme c'est le cas dans l'arrangement de gré à gré, ou bien dans l'abandon dans la relativisation, figures que nous examinerons dans la suite de cet ouvrage. Le compromis suggère l'éventualité d'un principe capable de rendre compatible des jugements s'appuyant sur des objets relevant de mondes différents. Il vise un bien commun qui dépasserait les deux formes de grandeur confrontées en les comprenant toutes deux : promouvoir, par exemple, les « techniques de créativité » suppose la référence à un principe non spécifié qui ferait servir à un même bien commun la routine industrielle et le jaillissement inspiré.

La fragilité du compromis

Le principe visé par le compromis demeure fragile, tant qu'il ne peut être rapporté à une forme de bien commun constitutive d'une cité. La mise en place d'un compromis ne permet pas d'ordonner les personnes selon une grandeur propre. Ainsi, dans le cas du compromis civique-industriel il reste difficile de concevoir, de nommer et de justifier une mise à l'épreuve des personnes qui viserait indissociablement leur grandeur en tant que citoyens et en tant que travailleurs. Malgré la visée d'un intérêt général, la situation de compromis demeure composite et l'on dira souvent d'un compromis qu'il n'est pas complètement défendable en bonne logique, bien qu'il soit préférable à tout autre solution. Les êtres rassemblés maintiennent leur appartenance à leur monde originel. Il est donc toujours possible de revenir au différend en relançant la controverse sur la nature des objets dont il importe de tenir compte pour faire une épreuve probante. En s'appuyant sur un des mondes en présence on peut accuser le caractère troublant et distrayant des êtres d'autres natures et entreprendre de purifier l'épreuve en dénonçant le compromis comme compromission.

Une façon de durcir le compromis est de mettre au service du bien commun des objets composés d'éléments relevant de différents mondes et de les doter d'une identité propre en sorte que leur forme ne soit plus reconnaissable si on leur soustrait l'un ou l'autre des éléments d'origine disparate dont ils sont constitués. Cette transformation rend le compromis plus résistant à la critique parce qu'il peut s'appuyer désormais sur des objets insécables. Ainsi dans la situation composite évoquée plus haut d'un « service public compétitif », le compromis entre les principes supérieurs communs civique (service public) et marchand (compétitif) peut être étayé. La référence à des êtres et à des objets de compromis donne corps à la possibilité d'un dépassement de l'opposition entre ces deux principes : l'identité d'« usager » englobe la contradiction entre le « citoyen » et le « client »; l'instrument qu'est la « boîte à idée », mise à la disposition de l'usager, absorbe la tension entre un « cahier de revendications » et un « livre des réclamations ». La multiplication et la stabilisation de ces objets constituent l'ébauche d'un nouveau monde. L'agencement d'un dispositif comme le Conseil économique et social qui associe, dans la visée d'un bien commun, une préoccupation industrielle à une forme civique, enracine le compromis dans le monde des choses. Les personnes peuvent alors prendre appui sur ce compromis d'État, associé à un régime politique et légalisé par son inscription dans le droit public, pour proposer ou pour défendre d'autres compromis de même type. Dans le discours d'un chef d'entreprise, par exemple, un compromis civique-industriel (« l'accroissement de la productivité est le ciment de la solidarité entre tous ») passera plus facilement qu'un compromis domestique-industriel (« dans notre grande famille il est de tradition d'augmenter la productivité ») ou qu'un compromis inspiré-industriel (« j'ai fait un rêve : l'esprit était en vous et la productivité augmentait »).

La multiplication des objets composites qui se corroborent et leur identification à une forme commune contribuent ainsi à stabiliser, à *frayer* le compromis. Lorsqu'un compromis est frayé, les êtres qu'il rapproche deviennent difficilement détachables. La difficulté de dissocier, dans l'exemple déjà évoqué des « droits des travailleurs », ce qui relève de la grandeur civique ou ce qui a trait à la grandeur industrielle apparaît dans les discussions sur les « droits des travailleurs étrangers », lorsque l'on cherche à casser le compromis souvent mis en œuvre à leur propos (en tant que bons travailleurs ils sont utiles à la collectivité nationale) pour traiter leur identité professionnelle sans référence à la citoyenneté. Cette opération est d'autant plus malaisée que se multiplient les situations où le dispositif a été construit de façon à aller le plus loin possible dans le rapprochement entre ces deux types de grandeur (élections pour la représentation des salariés dans différentes instances, par exemple). Dans le cas d'un compromis profondément frayé, l'épreuve se rapprochera parfois du litige dans un seul monde en cela que, sans remettre en cause la validité du compromis et donc sans poser la question de sa cohérence, on critiquera les agissements des personnes accusées de ne pas se conduire de façon à maintenir la cohésion entre les êtres en compromis, de ne pas être à la hauteur du compromis et, par là, de contribuer à le défaire.

La mise en forme des compromis est rendue plus facile lorsque l'on peut faire entrer dans leur composition des êtres ou des qualités *équivoques* au sens où ils peuvent relever, selon des acceptions différentes, de plusieurs mondes. C'est le cas par exemple de l' « autorité » et de la « responsabilité » qui peuvent qualifier la relation du père à ses enfants (domestique) ou, dans un monde industriel, la relation du supérieur à ses subordonnés. C'est aussi le cas de la « considération » qui, qualifiant, dans un monde domestique, la confiance accordée par une personne à une autre (« sensible à la considération et la confiance qu'on lui porte ») prend, dans le monde de l'opinion, l'acception que lui donne Rousseau lorsqu'il dénonce la recherche de la considération comme soumission au caprice du monde. De même, depuis un monde civique on peut jeter les ponts suivants : vers le monde domestique par l'intermédiaire des « principes », en glissant de « principes fondamentaux » (civique) à « avoir des principes » (domestique); vers le monde de l'opinion en passant par « public », l'opinion publique, les campagnes et manifestations; enfin vers le monde inspiré quand il est fait référence à la « prise de conscience » du supérieur commun et à la conviction qui « remet en cause » (« capacité permanente à se remettre en cause », « revendications d'entreprise reliées à une remise en cause plus générale », etc.). Le monde industriel peut entrer en compromis avec le monde domestique par le truchement de la qualité, et avec le monde marchand par l'intermédiaire du produit, objet technique ou bien convoité. Les figures du bien commun se prêtent également à des compromis : ainsi on peut faire référence à « la société » sans que soit levée l'équivoque entre la bonne société (domestique), la société civique comme corps politique ou encore la société désignée par les sciences sociales et qui, avec ses régularités et ses lois possède une forte composante industrielle.

A défaut d'objet équivoque, on peut ouvrir la voie à un compromis en critiquant ce qui est le plus grand dans le monde depuis lequel on tend la main vers une nature étrangère. Par cette *profanation* (souvent marquée par des guillemets de mise à distance) on échappe à l'engagement dans la complétude d'un monde clos, on donne des gages d'ouverture qui favorisent le rapprochement entre des principes incompatibles. Dans les ouvrages que nous avons mis à profit pour déployer les différents mondes et qui sont tous, rappelons-le, des guides pour l'entreprise, cette figure apparaît surtout pour favoriser des compromis souvent difficiles à frayer avec le monde industriel. Ainsi, le guide utilisé pour faire l'inventaire du monde domestique et qui est destiné à des cadres autodidactes, profane les grandeurs domestiques lorsqu'il faut ménager un compromis avec la compétence et l'efficacité auxquelles les autodidactes doivent leur promotion, en dénonçant les mondanités (les « bonnes manières » ne doivent pas s'appliquer aux « mondanités dans la " bonne société " » mais « aux rapports journaliers entre l'ensemble de la population »), le caractère archaïque du protocole, les conventions (« rejeter les conventions »), et même la génération ou la naissance, profanées dans cet ouvrage destiné à des autodidactes, pour asseoir le compromis entre la compétence (industrielle) et les qualités de l'homme « bien élevé » (domestique) sans faire référence à l'éducation familiale. On peut de même favoriser, depuis le monde de l'opinion, un compromis industriel en dénonçant les rumeurs (« en matière d'image d'entreprise, il faut se garder de laisser se propager des rumeurs ») et un compromis civique en condamnant les slogans (« il faut proscrire les slogans ») ou encore, depuis le monde marchand, un compromis avec le monde domestique en dénonçant l'argent et les conduites intéressées, par opposition à l'authenticité des relations affectives (les cadres qui tiennent « une comptabilité des services dus et donnés »). Mais c'est sans doute dans l'ouvrage utilisé pour déployer le monde inspiré qui, par son absence d'équipement, de stabilité, et de mesure, est particulièrement rebelle au compromis industriel, que cette figure de la profanation est la plus fréquente avec la dénonciation des mages (« une telle image [...] – le poète est un mage qui entre en communication directe avec le ciel – donne du créateur une vision tout à fait faussée »), des charlatans (« reconnaissons-le, la créativité a ses illuminés et ses charlatans »), du miracle (bon nombre d'entreprises toujours à la recherche du remède-miracle »), du halo (« il était donc inévitable que la créativité, cette “ science ” de la découverte, se pare aussitôt d'un halo propre à émerveiller les foules »), du génie (ne pas « considérer la créativité [...] comme l'arme absolue qu'il suffit d'introduire dans un groupe pour que celui-ci, par un mystérieux phénomène, devienne soudain génial ») et de l'inspiration elle-même (« des créateurs, c'est-à-dire des privilégiés qui ont reçu un don à leur naissance et que vient visiter, lorsqu'ils la sollicitent, l'inspiration »), par opposition à une transmission systématique de la créativité au moyen d'un enseignement.

L'identification des objets de compromis suppose la recherche de formulations et de désignations spécifiques qui fondent dans un même énoncé les références aux mondes d'origine. Une grande partie du travail nécessaire pour frayer le compromis va donc consister à s'entendre sur le terme adéquat, à chercher une formulation acceptable par tous et sonnant juste, sur laquelle tomber d'accord. C'est précisément l'effort visant à dépasser la tension entre les termes du compromis par la recherche d'une désignation acceptable qui, si le compromis est dénoncé, va être présenté comme une tentative pour maquiller la vérité afin de la rendre présentable : le néologisme n'est « en fait » qu'un euphémisme et c'est en redonnant aux objets associés dans le compromis les noms qui les désignaient dans leur monde d'origine que l'on trouvera l'acception juste. Ce que vous appelez « une employée de maison » (formulation qui suppose un compromis avec le monde industriel et qui ouvre la voie à un compromis civique, comme lorsque l'on parle des « droits des employés de maison ») n'est rien d'autre qu'une bonne (un petit être de la nature domestique). Dénoncer le premier terme comme euphémisme du second, c'est dévoiler la persistance de la condition domestique et le maintien de la dépendance personnelle, sous les faux-semblants d'une appellation trompeuse qui voudrait faire accroire que la bonne est un salarié « comme les autres ».

Un exemple de figure complexe : la dénonciation appuyée sur un compromis

Lorsqu'un compromis est frayé, il peut à son tour servir de point d'appui à la critique. Nous sommes alors en présence d'une figure plus complexe puisqu'elle fait intervenir plus de deux mondes et que la critique s'établit par référence à une formule qui est elle-même le résultat de la composition entre deux natures étrangères l'une à l'autre. Mais la critique ne peut jamais dans ce cas être complètement clarifiée parce qu'il n'est pas possible de remonter à un principe supérieur commun.

Ainsi, par exemple, le thème du « génie méconnu » (qui figure dans l'ouvrage que nous avons utilisé pour analyser le monde inspiré), se présente à première vue comme une critique orientée vers le monde de l'opinion depuis le monde de l'inspiration : le génie, grand être inspiré, est injustement traité comme un petit être dans le monde de l'opinion (où il est misérable d'être méconnu). Mais cette critique est inconséquente : si la renommée est sans valeur dans la nature inspirée et si l'une des qualités du génie authentique est précisément l'indifférence à la « vaine gloire », alors on ne peut que se féliciter de l'obscurité dont il est entouré. Pour faire place à cette formule dans notre cadre d'analyse, il faut la prendre comme un exemple de figure plus complexe dans laquelle la critique prend appui sur un compromis déjà frayé entre l'inspiration et le renom. Ce compromis identifie dans un même bien commun l'inspiration et la renommée. Les deux grandeurs sont bien traitées comme équivalentes puisque l'on peut indifféremment dénoncer le fait que les génies ne soient pas connus ou que les personnes connues ne soient pas des génies (le thème de « la renommée usurpée »). Pourtant, l'indétermination du bien commun ne permet pas d'aller très loin dans la controverse : s'il s'acharne trop à démasquer les charlatans dont la renommée est usurpée et à dénoncer devant l'opinion, dans les médias, le succès de grand public qu'obtiennent des créateurs médiocres, le génie méconnu capté comme à son corps défendant sous le feu des projecteurs, risque d'être accusé à son tour de rechercher la gloire (ou d'être aigri parce qu'il ne l'a pas trouvée) ce qui discrédite l'authenticité de sa passion et le diminue dans le monde inspiré.

Cet exemple peut être rapproché du « paradoxe du pamphlétaire » dont parle Starobinski à propos de Rousseau (Starobinski, 1971, pp. 52-53) : « Celui qui devient écrivain pour dénoncer le mensonge de la société se met dans une situation paradoxale. En se faisant auteur, et surtout lorsqu'il inaugure sa carrière par un prix d'académie, il entre dans le circuit social de l'opinion, du succès, de la mode. Il est donc, d'entrée de jeu, suspect de duplicité et contaminé par le péché qu'il attaque [...]. Le seul rachat possible consiste à faire acte public de séparation : un arrachement devient nécessaire, et un perpétuel dégagement tiendra lieu de justification [...]. L'excuse elle-même, aussi longtemps qu'elle est publique, est encore un lien avec le monde de l'opinion, et n'efface pas la faute. » Ainsi lorsqu'il refuse de faire d'Émile un « faiseur de livres », Rousseau prévient l'objection attendue, « vous l'êtes bien, vous », dans un énoncé particulièrement épuré de ce paradoxe du pamphlétaire : « Je le suis pour mon malheur, je l'avoue; et mes torts, que je pense avoir assez expiés, ne sont pas pour autrui des raisons d'en avoir de semblables. Je n'écris pas pour excuser mes fautes, mais pour empêcher mes lecteurs de les imiter » (Rousseau, 1966, Liv. III, p. 256). Cette formule revient d'ailleurs souvent dans la « parole pamphlétaire » qui se donne pour « mandat paradoxal de chercher à convaincre de l'évidence » en dénonçant publiquement l'« imposture » de l'opinion au nom d'une « vérité de for intérieur » qu'il faut faire partager à tous (Angenot, 1983, pp. 85-92).

La composition des compromis et la formation des cités

Le frayage des compromis contribue à dégager des ressources susceptibles d'être mobilisées pour étendre à de nouveaux principes le modèle de la cité. L'indétermination du bien commun visé par le compromis devient de plus en plus problématique quand, avec la prolifération des objets composites, se constitue l'ébauche d'un nouveau monde et que se multiplient du même coup les épreuves dans lesquelles ces objets se trouvent engagés. Leur fragilité, la facilité avec laquelle ils peuvent être dénoncés conduit à un renouvellement très rapide d'épreuves qui ne sont pas jugées assez probantes pour arrêter la controverse. Les différends auxquels ces épreuves donnent lieu sont particulièrement favorables au travail d'explicitation pouvant conduire à la mise en place de nouveaux principes d'équivalences et à la clarification du bien commun visé. Au cours de ce procès de généralisation, des qualités ordonnées à des fins particulières sont étendues de proche en proche pour qualifier des êtres dont la propriété commune est mise en valeur et prend un caractère saillant.

Ainsi, par exemple, la grandeur de l'opinion est envisagée pour elle-même à travers les polémiques qui accompagnent la multiplication des épreuves liées au développement de la société de cour et aux nouveaux différends qu'il fait surgir (notamment entre la grandeur nobiliaire et la faveur royale). Ce travail de spécification se réalise tantôt sous des formes dénonciatoires (comme lorsque les moralistes français du XVIIe siècle dénoncent la « vaine » gloire ou encore, par exemple, dans la distinction pascalienne entre grandeur d'établissement et grandeur naturelle) tantôt sous la forme d'une élucidation qui, s'inspirant du projet de décrire la réalité sans la soumettre à un jugement de valeur, ouvre la voie à la légitimation de ce qui est. C'est le cas dans les pages de l'œuvre de Hobbes que nous avons mis à profit pour donner un premier signalement de la cité de l'opinion. La mise en cause de la validité de l'épreuve conduit à formuler le principe qui la justifie. Ainsi lorsque La Bruyère, dans l'aphorisme 21 du chapitre intitulé « Des grands » des *Caractères*, écrit « qu'il y en a de tels [des grands], que s'ils pouvaient connaître leurs subalternes et se connaître eux-mêmes, ils auraient honte de primer [1] » (La Bruyère, 1982,

p. 230), il ébauche une inversion des grandeurs sans faire intervenir d'êtres étrangers au monde domestique. Dans la plupart des aphorismes du chapitre consacré aux « grands », il constate un état de décadence : les grands ne sont pas à la hauteur de leur propre grandeur. Mais pour rendre compte du renversement (« en quoi les grands devraient-ils avoir honte de primer? »), il faut rapprocher des qualités sans portée et leur affecter une valeur générale, ce qui ouvre la possibilité d'ordonner les personnes en fonction d'autres grandeurs, comme, par exemple, l'utilité, principe de la grandeur industrielle, dont la compatibilité avec les contraintes d'une cité doit alors être établie [2]. De même, la défection des ouvriers de métiers qui, à la fin du XVIIIe siècle, se soustraient à l'emprise des maîtres jurés pour s'établir librement au Faubourg et, plus généralement les débats sur les corporations qui accompagnent la réforme de Turgot (Kaplan, 1986) contribuent à la détermination de nouvelles formes de justification, soit en termes de marché, soit en termes de capacités, qui rentrent à leur tour dans des compromis avec la grandeur civique du collectif, quand l'établissement de procédures visant à permettre l'expression de la volonté générale par le suffrage entraîne un débat politique sur la définition de la citoyenneté.

La philosophie politique opère une mise en forme systématique de ces débats, qu'elle soumet à des critères de cohérence interne et de compatibilité avec les conventions admises par ailleurs. Ces contraintes doivent être satisfaites pour qu'un principe de justice soit doté d'une validité universelle qui en garantisse le caractère légitime. Le travail philosophique constitue ainsi un moment fondamental du procès de généralisation qui, consacrant au bien commun des qualités ordonnées jusque-là à des fins particulières, achève l'universalisation des valeurs. Il assure la reproduction du modèle de la cité dans de nouvelles formes de grandeurs, sans exiger nécessairement une maîtrise théorique complète de la structure du modèle, en soumettant les qualités révélées par la mise en valeur de nouveaux objets de compromis à un contrôle logique et à une confrontation systématique avec les exigences de justice relevant du sens commun. La rigueur de ce travail de mise en forme contribue à expliquer que les personnes ordinaires puissent avoir la compétence nécessaire pour reconnaître, intuitivement, la validité d'un argument sans posséder pour autant la capacité d'engendrer de nouveaux principes de justification qui, en l'absence de nature où se déployer, relèveraient d'ailleurs de l'utopie.

L'élaboration d'un compromis d'État : vers une cité civique-industrielle

Pour illustrer les analyses précédentes, nous prendrons un exemple familier aux historiens des sciences sociales : celui de la philosophie morale durkheimienne. Cet exemple nous permettra de préciser la façon dont cette philosophie politique que constitue la « science morale » durkheimienne favorise l'établissement de compromis et, par la même opération, met en place de nouvelles grandeurs, en clarifiant le bien commun qui soutient des rapprochements légitimes. Pour dégager les compromis auquels Durkheim a frayé la voie, il faut d'abord situer la philosophie morale durkheimienne par rapport aux principes déjà fondés qui bornent son univers de référence : le principe civique auquel se rattache la notion de collectif, le principe industriel qui fonde la division du travail et l'orientation vers la science, et le principe domestique présent notamment dans la référence aux corporations. Le compromis entre l'altruisme collectif et l'efficacité industrielle écarte le principe marchand dont la capacité à soutenir une cité harmonieuse et juste est contestée et dont l'utilitarisme et l'égoïsme sont dénoncés sans relâche.

La science morale durkheimienne reconnaît le principe d'utilité et la division du travail qui soutiennent la cité industrielle dont nous avons construit le modèle en nous appuyant sur l'œuvre de Saint-Simon. Mais à la différence de l'économie politique, qui les prend également pour base, elle les détache du principe marchand pour les associer à une autre exigence de justice *collective* qui repose sur la solidarité. Pour accomplir ce changement d'alliance, qui substitue à la division du travail la *division du travail social*, Durkheim s'appuie sur la construction rousseauiste qu'il avait fallu dénoncer comme utopique pour édifier la grandeur industrielle.

L'édification de la grandeur collective et la critique des valeurs qui prennent appui sur l'économie politique sont indissociablement liées. C'est dans la polémique et pour se défendre d'avoir recours à une « métaphysique » que Durkheim est plus particulièrement amené à insister sur la réalité de la « société », de l'« être collectif » comme totalité, comme « être véritable » irréductible à une « collection d'individus », parfois spécifiée comme « nation » ou comme « État », ce qui favorise l'enchaînement avec la thématique de la philosophie politique et les passages du corps politique au corps social : L'« être social » ne se confond pas avec « tel ou tel individu » ni avec « la majorité des citoyens » mais avec « la nation dans son ensemble * ». Reposant sur l'« égoïsme » et sur l'intérêt, par opposition aux « sentiments désintéressés » de la morale sociale, l'économie politique ne peut prétendre fonder une cité : elle « se sépare radicalement de la morale, si tant est qu'il reste encore quelque idéal moral à l'humanité, une fois qu'on a dissous tout lien social [3] » (Durkheim, 1975, *SP*, pp. 271-274). L'« intérêt », au sens où l'entend ici Durkheim, est attaché à la singularité des personnes désirantes. Il ne peut par conséquent servir de principe d'équivalence, ce qui est cohérent avec l'intention de démontrer l'impossibilité d'édifier une cité harmonieuse et juste sur l'échange marchand.

La cité marchande ne peut donc être appréhendée que négativement. Ainsi, par exemple, les relations de concurrence sont traitées comme des rencontres de hasard purement contingentes, parce que, relevant du domaine de l'individuel, elles échappent à l'obligation de la règle [4]. L'extension des rapports marchands crée un monde sans règles, sans morale et sans justice dans lequel la cité se défait. L'« anomie » désigne ainsi, dans la préface de la seconde édition de *De la division du travail social* (Durkheim, 1960 a), la perte du bien commun et la chute dans un état de chaos, de « désordre » d'« arbitraire » et de discorde, dans lequel le « succès » l'emporte sur la « morale », la « force » sur la « justice », la « loi du plus fort » étant assimilée à une « loi physique » par opposition aux « lois sociales [5] ».

Un premier pas vers la fondation de la grandeur de compromis que vise Durkheim va consister à substituer l'intérêt collectif aux intérêts des individus. C'est à travers une analyse du socialisme, et particulièrement de l'œuvre de Saint-Simon (Durkheim, 1971), que Durkheim entreprend de lier la gran-

* La science positive de la morale en Allemagne », *Revue philosophique*, 1887, republié dans Durkheim, 1975, vol.1, pp. 271-274. Dans la suite du texte, cet article sera désigné par les initiales *SP*. Les autres ouvrages cités plus d'une fois seront désignés par les initiales : *LS* pour *Le Socialisme*; *MR* pour *Montesquieu et Rousseau*; *DT* pour *De la division du travail social; LE* pour *Leçons de sociologie.*

deur de l'industrie et le bien de tous. A la différence du « communisme » animé « par des raisons morales et intemporelles » (Durkheim, 1971, *LS*, p. 68), le socialisme « que l'on voit apparaître à un moment précis de l'histoire » est mû par « des considérations d'ordre économique [6] ». Pour les « socialistes » comme pour les « économistes », « les relations sociales se ramènent à des relations d'intérêts » (*LS*, p. 220). Mais tandis que les seconds soutiennent « qu'il n'y a rien au fond qui soit vraiment collectif, que toute société n'est qu'une somme d'individus juxtaposés et les intérêts sociaux une somme d'intérêts individuels » (*LS*, pp. 222-223), les premiers et particulièrement, parmi eux, Saint-Simon, considèrent que les « intérêts économiques [...] étant la matière unique de la vie commune, ils doivent être organisés socialement » (*LS*, p. 222).

Mais la subordination de l'industrie au bien commun, souhaitée par Saint-Simon, est insuffisante et utopique parce qu'elle ne tient pas compte de la violence des appétits humains [7]. En effet, dans l'anthropologie durkheimienne, sans doute partiellement inspirée de Schopenhauer (Chamboredon, 1984), ce qui rendrait compte des homologies avec la philosophie politique de Freud (Nisbet, 1984, p. 110), les êtres humains sont animés de désirs sans freins (Besnard, 1973) qui, à la différence des appétits animaux, ne sont pas naturellement limités par un instinct : « Il n'y a rien à l'intérieur de l'individu qui contienne ses appétits » (*LS*, p. 225). Ils doivent donc, pour ne pas devenir « insatiables », être « contenus par quelque force extérieure à l'individu » (*LS*, p. 225). Cette force est celle des représentations collectives et, en l'occurrence, des représentations morales, qui émanent de la société, de l'être social, du groupe comme instances supra-individuelles de la raison pratique. Seuls les collectifs, lieux où s'engendre la morale, possèdent l'autorité nécessaire pour freiner les appétits individuels dont l'expression débridée ramènerait la société dans un état de désagrégation et de conflit proche de l'état de nature [8] et pour imposer à chaque personne le « sacrifice » nécessaire pour que l'« utilité privée » soit subordonnée à l'« utilité commune ». Pour Durkheim ce sacrifice constitue, comme pour les autres philosophes politiques dont les constructions nous ont servi à déployer le modèle de la cité, le fondement même de l'accord entre les hommes dans une société [9].

La construction durkheimienne d'une grandeur collective

détachée des individus et supérieure à eux, seule capable de les soumettre à une contrainte de solidarité, peut être traitée comme une réélaboration de la grandeur civique, dont nous avons établi le modèle en nous appuyant sur l'œuvre de Rousseau, visant à ouvrir la voie d'un compromis industriel. Dans le cours qu'il consacre à Rousseau (Durkheim, 1966), Durkheim, comme le fera aussi plus tard Halbwachs dans son édition du *Contrat social* (Halbwachs, 1976), relève ce qui peut servir à fonder la réalité et la grandeur de l'être collectif. Il critique, à d'autres endroits, le désintérêt de Rousseau pour l'activité économique et le caractère purement moral et donc utopique de son « communisme » ou ailleurs, à la suite de Saint-Simon, l'« individualisme » et le volontarisme comme sous-jacents à l'idée même de contrat [10]. Certes, il oppose bien « la conception vitaliste et substantialiste de la vie et de la société », à laquelle il identifie l'œuvre de Rousseau, à une conception « organique », celle d'un « tout formé de parties distinctes et solidaires les unes des autres, précisément parce qu'elles sont distinctes » (Durkheim, 1966, *MR*, pp. 169-170), ce qui ménage l'ouverture vers une cité de compromis, partiellement inspirée de Saint-Simon, où la solidarité collective repose sur la division du travail et sur la complémentarité des utilités sociales. Il n'en souligne pas moins, chez Rousseau, tous les textes dans lesquels le « corps politique » est décrit sous la forme d'un « être collectif » « supérieur aux particuliers », d'un « être moral *sui generis* » non réductible à la somme de ses parties et leur accorde un commentaire louangeur. C'est le cas, par exemple, des pages du *Manuscrit de Genève* dans lesquelles Rousseau compare les sociétés à des « composés chimiques » dont les « propriétés » ne « tiennent d'aucun des mixtes qui les composent [11] ». « Ce remarquable passage – écrit Durkheim – prouve que Rousseau avait un sentiment très vif de la spécificité du règne social ; il le concevait très nettement comme un ordre de faits hétérogènes par rapport aux faits purement individuels. [...] Pour lui – ajoute Durkheim – la société n'est rien si elle n'est pas un corps un et défini, distinct de ses parties [...] un corps organisé, vivant et semblable à celui de l'homme » (*MR*, pp. 136-137). Durkheim retraduit, comme le remarque Steven Lukes (Lukes, 1973, pp. 282-288), le langage de la « volonté générale » dans celui de la « conscience collective », par exemple lorsqu'il parle de « volontés collectives » (*MR*, p. 164), ou encore lorsqu'il fait du « principe socialiste » chez Rousseau, la « base de sa conception organique de la société » (*MR*, p. 141) et d'une origine supra-individuelle de la morale : « Ce qu'exprime cette théorie, c'est que l'ordre moral dépasse l'individu, qu'il n'est pas réalisé dans la nature physique ou psychique » (*MR*, pp. 160-161). Contrairement à ce que l'on peut lire lorsque la référence à Rousseau sert à critiquer l'individualisme et, par ce truchement, à dénoncer la grandeur marchande, l'interprétation est tirée vers le compromis industriel. Durkheim s'efforce de ménager un passage du « corps politique » issu du contrat à la « société » comme être « objectif ». Indépendant des volontés individuelles, subordonné à une loi interne, il possède ses propres régularités et est susceptible d'être soumis à la mesure au même titre que les corps naturels. Durkheim relève alors chez Rousseau les analyses qui lui paraissent accorder au milieu social « cette invariabilité et cette nécessité qui caractérisent l'ordre naturel » (*MR*, p. 151), fonder les « lois écrites » sur les « mœurs » et sur « la coutume diffuse » (*MR*, p. 181) et leur conférer « une force qui par son impersonnalité, serait identique, *mutatis mutandis*, aux forces naturelles » (*MR*, p. 150). De même, pour souligner la transcendance de l'être social, Durkheim reprend à son compte l'opposition présente chez Rousseau entre « agrégation » et « association », entre la « somme » et la « composition ». Il écrit, dans l'article déjà cité, que « la société est autre chose que la somme arithmétique des citoyens » (*SP*, p. 274).

Enfin, la façon dont Rousseau conçoit la tension, en chaque homme, du particulier et du général, éclaire la conception durkheimienne de la relation entre les êtres individuels et l'être social. Si l'édification d'une cité juste réclame de « sacrifier l'individuel au social », ce sacrifice nécessaire « tel celui d'Abraham, ne va pas sans effort, hésitation et concession », comme l'écrit G. Davy dans l'introduction aux *Leçons de sociologie* (Durkheim, 1950, p. xxv). Ainsi, Durkheim n'ignore pas qu'il doit pouvoir rendre compte des actes individuels. Bien que les êtres réels soient les collectifs, on ne peut ignorer pourtant que ces collectifs comprennent des « individus » : si « la société est un être véritable », il reste que cet être « n'est rien en dehors des individus qui le composent » (*SP*, p. 272). Lieu d'où émanent les représentations collectives, la société ou le groupe sont aussi, chez Durkheim, les instances normatives. Ceci est conforme à l'éthique rousseauiste qui fait résider la vertu dans l'obéissance à la volonté générale d'où procède la loi. Mais le mouvement consistant à détacher la raison pratique de l'entendement propre de chaque individu pour en placer le principe dans une instance extérieure aux personnes, déjà engagé chez Rousseau, est mené à son terme par Durkheim [12]. L'homme durkheimien n'est pas moins partagé que l'homme rousseauiste. Chez Durkheim, la tension entre l'intérêt particulier et la volonté générale, dans le for intérieur de chaque homme, prend la forme d'une tension entre les désirs égoïstes de l'individu, qui se donnent libre cours dans l'échange marchand, et les tendances altruistes qui lui viennent de son appartenance à un collectif. Dans l'anthropologie rousseauiste, l'intérêt particulier tend toujours à l'emporter, en chaque homme, sur la soumission à la volonté générale, parce que le premier est directement sous la dépendance des appétits naturels tandis que la seconde, démunie d'instrumentation, relève de la pure volonté et de la vertu. Pour Durkheim, en revanche, la société est dotée de la stabilité et de l'objectivité qui qualifie les choses, et il peut s'interroger sur la façon dont la nature sociale est à même de se rendre maître de la nature humaine en imposant aux individus le respect de règles supra-individuelles. Il s'attache par conséquent à examiner les conditions de réalisation de la contrainte sociale. Pour que l'autorité du corps collectif se réalise, chaque individu doit la ressentir en lui-même et, plus précisément, en son corps propre. La solidarité, pour être effective, suppose donc un double mouvement : le déplacement des règles dont dépend le jugement de la personne au collectif doit être suivi d'un mouvement inverse par lequel les représentations morales collectives reviennent s'inscrire dans le cœur de chacun. L'extériorisation de la raison pratique doit aller de pair, pour que la société puisse opposer une résistance à l'anarchie destructrice du désir, avec un mouvement de réintériorisation. Les personnes individuelles, même prises séparément à l'état isolé, peuvent être en conformité avec la morale parce qu'elles ont intériorisé les représentations collectives. C'est ce double mouvement d'extériorisation-intériorisation qui assure, dans la cité collective, la coordination des actions individuelles et leur orientation vers la solidarité [13].

Mais ce mouvement n'est pas fatal. Pour que l'autorité du collectif se fasse sentir et que la réintériorisation s'accomplisse, il faut que la distance ne soit pas trop importante entre l'instance collective et les personnes individuelles. La collectivité doit assurer sa présence sous la forme d'« institutions » à même d'instrumenter la relation aux autres. C'est une modification du schéma rousseauiste qui est démuni d'instrumentation, dont la cohérence suppose par là une composante inspirée, et dans lequel les corps intermédiaires ne sont envisageables que sous la forme de « brigues » opposant la résistance du particulier à l'expression de la volonté générale. Cette modification permet de lier la grandeur civique à la division du travail : entre le collectif national et les personnes individuelles, il y a place pour des groupes, conçus eux-mêmes comme des totalités épousant les contours des différents états professionnels [14]. Ces groupes ont un caractère nécessaire. Ils maintiennent la cohésion du corps social, qui sans eux, se défait en une juxtaposition d'individus égoïstes. Durkheim oppose ainsi la réalité d'une société comprenant des corps intermédiaires à l'abstraction de la république rousseauiste où rien ne vient s'interposer entre l'individu et l'État et qui ne peut par là mettre un frein à l'anarchie des relations marchandes [15].

La référence aux « corporations [16] », qui s'appuie sur une analyse des corporations romaines et des corporations du Moyen Âge, introduit dans le compromis civique-indusriel, d'où émerge le projet de ce que l'on pourrait appeler une cité collective, une composante domestique : « Un culte commun, des banquets communs, des fêtes communes, un cimetière commun, n'est-ce pas, réunis ensemble, tous les caractères de l'organisation domestique chez les Romains? Aussi a-t-on pu dire que la corporation romaine était une " grande famille ". [...] La communauté des intérêts tenait lieu des liens du sang. [...] le groupe professionnel ne rappellerait pas à ce point le groupe familial s'il n'y avait entre eux quelque lien de filiation. Et, en effet, la corporation a été, en un sens, l'héritière de la famille. [...] elle se substitua à la famille dans l'exercice d'une fonction qui avait d'abord été domestique, mais qui ne pouvait plus garder ce caractère » (Durkheim, 1960 a, *DT*, pp. XIII-XIV et XX). Le passage par la cité domestique est nécessaire pour rapprocher les instances de régulation des personnes engagées dans les activités productives et pour pallier la diminution de la contrainte exercée par les « groupes domestiques » et par les « groupes locaux ». Il déplace vers les activités économiques les fonctions de moralisation et de répression que ces groupes exerçaient dans le jeu des relations de dépendance personnelle. Il ne s'agit pourtant pas seulement pour Durkheim de contrebalancer la diminution des dépendances familiales par un accroissement des contraintes d'ordre professionnel. En effet, Durkheim s'emploie bien à détacher le principe de l'institution familiale de la consanguinité pour mettre en valeur son caractère de lien politique, en sorte qu'il n'est en rien abusif de parler dans son cas d'un recours au supérieur commun d'une cité domestique [17].

Mais les corporations ne peuvent plus être seulement des institutions domestiques. Pour entrer dans le compromis de la cité collective elles doivent composer avec les grandeurs industrielles et civiques. Durkheim énumère ainsi dans la troisième des *Leçons de sociologie* consacrée à la « morale professionnelle » (Durkheim, 1950, *LE*, pp. 36-51), en rentrant assez loin dans le détail des « problèmes pratiques », les aménagements qu'il faudrait apporter à l'ancienne institution des corporations pour l'adapter à l'industrie et à l'État moderne : délocalisation (substituer à une « organisation locale, communale », une « organisation générale, nationale, unifiée » – *LE*, p. 47); institution de collèges électoraux indépendants pour les employeurs et les employés, « tant du moins que leurs intérêts seront aussi manifestement en antagonisme » (*LE*, pp. 49-50); rattachement des corporations à l'État (*LE*, p. 50) qui pourrait se décharger sur les corporations de l'établissement de la « tâche législative » en relation avec l'économie, qui doit être « diversifiée selon les industries » *(id.)*, de la gestion des « caisses de retraite et de prévoyance » *(id.)* et du règlement des « conflits du travail » par des « tribunaux spéciaux » (*LE*, pp. 50-51).

Le recours aux corporations pour instrumenter la relation entre les individus et les collectifs constitue ainsi l'une des solutions qui ont été proposées au XIXe siècle pour résoudre le problème de la « représentation des intérêts professionnels » (Parrot, 1974). C'est en effet dans ces termes que se pose historiquement la question de la relation entre les grandeurs civique, industrielle et domestique, rendue particulièrement épineuse par le développement de l'industrie et surtout par la dissociation, après la loi Le Chapelier et le démantèlement par la Révolution française des corporations, de la condition professionnelle et de la citoyenneté politique, conçue, dans l'esprit du jacobinisme, comme l'état auquel accèdent des individus « dépouillés de toute particularité concrète » lorsqu'ils réalisent par le vote leur appartenance à la nation (Furet, 1978, pp. 224-226). Cette question tolère un grand nombre d'autres réponses comme les associations ouvrières (qui mènent au syndicalisme) dont la formation, entre 1830 et 1848, est d'abord le fruit d'un travail de compromis entre la grandeur domestique et la grandeur civique par lequel les ouvriers, comme le montre William Sewell, « combinèrent leurs notions corporatives de solidarité professionnelle avec les notions révolutionnaires de souveraineté populaire » (Sewell, 1983, p. 33). Elle est aussi visée par les constructions destinées à harmoniser la tension entre l'utilité sociale, mesurée aux compétences, et la participation à l'exercice de la souveraineté nationale, comme le montre l'histoire des débats qui ont eu pour objet de fonder la distinction, esquissée par Sieyès, entre « citoyens actifs » et « citoyens passifs » et de lier, dans un compromis entre la grandeur industrielle et la grandeur civique propre à écarter la grandeur domestique (avec par exemple la distinction entre « supériorité » et « privilège », « supériorité de fonctions et non de personnes »), la capacité professionnelle à la capacité électorale (Rosanvallon, 1985, pp. 95-132).

C'est dire qu'on ne peut, comme le font nombre de commentateurs, pour la soustraire à une critique idéologique hâtive et sommaire, détacher la construction durkheimienne des autres tentatives, particulièrement développées dans les philosophies politiques dont s'inspirent les courants légitimistes et le catholicisme social dans ses tendances traditionalistes et anti-libérales, de restauration des corporations. Et ces tentatives mèneront au renouveau de la pensée corporatiste dans les années 1930, à la création d'institutions corporatistes sous le régime de Vichy, dans une visée de compromis avec la grandeur industrielle. L'abandon de cette première « troisième voie » (entre le « collectivisme » et le « libéralisme ») favorisera le développement et l'instrumentation (par exemple avec l'institution du Plan) du compromis civique-industriel. Cette seconde « troisième voie » s'appuie sur la critique du « collectivisme » et du « traditionalisme » (sous la forme du « malthusianisme », du « paternalisme », etc.) et entend lier dans la visée d'un même bien commun l'efficacité industrielle et la justice sociale (systèmes de protection sociale, redistribution des gains de productivité, etc.). Elle suppose la mise en place de nouvelles formes de représentation dans l'État de la condition professionnelle des personnes (conventions collectives, classifications professionnelles négociées avec les syndicats, etc.) qui tendent à modifier les qualités associées à la citoyenneté (Boltanski, 1982, pp. 66-154 et 170-178). Mais aussi instrumenté que soit ce compromis, il reste qu'en l'absence d'une nouvelle cité dans laquelle les grandeurs qui s'y trouvent associées seraient dépassées, la profession, considérée dans un grand nombre de situations par les gens comme un attribut fondamental de la personne, demeure un lieu de passage entre grandeurs et un objet de tensions, dont l'appréciation est souvent l'occasion de différends parce qu'elle peut se réclamer de principes d'équivalence difficilement compatibles. En témoigne, dans les exemples réunis au chapitre précédent, le nombre important de critiques qui pivotent autour de la profession (comme la critique inspirée de la fausse grandeur des experts, la critique industrielle de l'apprentissage traditionnel ou encore la critique civique de la transmission familiale des positions professionnelles).

X

FIGURES DU COMPROMIS

Compromis engageant le monde de l'inspiration

AVEC LE MONDE DOMESTIQUE. L'inspiration, qui n'est conforme à son concept que comme expérience pure, ne peut s'inscrire dans une cité et devenir le support d'un principe universel de justice sans se transmettre et, par là, se compromettre. Nous avons déjà rencontré ce paradoxe à propos des arguments que saint Augustin utilise pour justifier la rédaction et la publication d'une confession qui, par rapport à Dieu, est inutile puisqu'il la connaît de toute éternité, et qui, par rapport aux hommes, n'est excusable que rapportée à un projet d'édification. L'expérience des mouvements de l'âme sous l'effet de la grâce et des états du corps qu'ils suscitent étant par construction ineffable, sinon sous une forme métaphorique et approchée comme dans la mystique, à mi-chemin par là de la poésie et de la psychologie, sa transmission nécessite un compromis qui est souvent engagé avec le monde domestique, comme c'est le cas dans la relation initiatique de maître à disciple. La proximité des corps, la permanence du contact prolongé sur une longue durée, la remise complète de soi, le partage des émotions et des affects, la monotonie du chant, de la récitation ou de la psalmodie, la répétition qui entraîne la formation d'habitudes incorporées, rendent possible la transmission et l'intériorisation d'une connaissance

La relation initiatique de maître à disciple

très difficile à transporter par la seule voie de l'écrit ou même plus simplement par la parole. Dans ce type d'apprentissage, qui s'affranchit rarement complètement de l'étude des textes ou de la prédication, la connaissance acquise par la transmission écrite ou orale est sans cesse éprouvée et réappropriée d'une autre façon, dans la relation pratique avec le maître, avec les autres, avec les espèces naturelles ou avec les puissances surnaturelles. Dans ce mode d'acquisition de la connaissance, où la foi précède une compréhension dont elle est la précondition et qui à son tour la renforce, et ainsi de suite de façon circulaire, l'expérience de l'apprentissage se confond avec l'expérience d'un approfondissement, d'un réaménagement permanent de la relation au monde, traité comme un texte aux significations inépuisables.

Dans l'ouvrage que nous avons analysé et qui, destiné aux entreprises, comporte nécessairement une forte composante industrielle, ce compromis n'est pas pleinement développé. L'auteur insiste pourtant à plusieurs reprises sur la trahison que comporte la traduction de la connaissance sous la forme d'un message standard propre à faire l'objet d'une transmission uniforme comme nous l'avons vu à propos des dénonciations inspirées du savoir de l'*expert* [u] ou du *mandarin* [u]. Il nous suggère au contraire que celui qui sait, pour avoir expérimenté en lui-même ce qu'il est appelé à transmettre, est amené à se faire *maître* [i-d] pour restituer, dans une relation d'*autorité* [d] personnelle et corporelle, l'expérience qu'il détient à un autre qu'il prend pour disciple et sur lequel il s'imprime par sa conviction, son engagement, son exemple ou encore par les gestes ou le timbre de la voix. Le maître *éveille* [i] le disciple. « J'essaye – dit notre auteur – d'être, comme le disait un stagiaire, un éveilleur. » Mais les compromis avec d'autres mondes accompagnent nécessairement la transmission de l'inspiration, lorsqu'elle se fraie un passage entre les personnes, non selon une impulsion qui lui serait inhérente, mais en épousant la volonté et les actions des hommes. Ils prennent des formes différentes selon que la situation est pédagogique, comme dans le cas évoqué plus haut où l'on fait naître à une nouvelle *vie* [i] une personne *adoptée* [d] comme disciple (compromis domestique), ou politique quand, dans un élan prophétique, on lance un *appel* [i] au *peuple* pour le *mobiliser* [c] (compromis civique), ou encore médiatique, lorsque l'acte inspiré [i] est donné en *spectacle* [o], en s'adressant à une *foule* pour la *séduire* et obtenir son *adhésion*. Ce dernier cas de figure introduit un compromis entre l'inspiration et l'opinion dont on peut trouver un autre exemple dans certaines formes d'*identification* [o] donnant lieu à des manifestations *émotionnelles* [i] *spectaculaires* [o].

L'hystérie des fans

AVEC LE MONDE DE L'OPINION. On se souvient en effet que, dans le monde de l'opinion, l'*identification* définit le rapport de grandeur entre les êtres. Ce mécanisme est mis en lumière dans le texte fondateur de cette cité et, dans le *Léviathan*, les grands sont des « acteurs » qui comprennent les petits en les « personnifiant » par des « signes », en jouant leur « rôle », en leur donnant une « apparence extérieure », en « donnant en représentation » leurs « paroles » et leurs « actions » sur une « scène », en « assumant » leur « personnalité » et en « agissant » en leur nom (Hobbes, 1971, pp. 161-162). Ainsi, dans la cité de l'opinion, les petits s'*identifient* aux grands, les *inconnus* à ceux qui sont *en vue*, ceux qui sont *obscurs* à ceux qui brillent, *vedettes* ou *stars* : ils subissent leur *influence*, et *imitent* ceux auxquels ils s'*identifient*. Les écrits sur le *star-system* et la *société médiatique*, particulièrement nombreux dans les années 60, décrivent, souvent sur un mode critique, ces processus d'*identification*, soit dans une formulation qui les tire vers le monde marchand lorsque les signes de la renommée sont attachés à des produits (« la star publicitaire nous invite à nous identifier partiellement à elle » – Morin, 1972, p. 124), soit dans des expressions qui font appel aux ressources du monde inspiré : « Le *culte* des stars *dévoile* son *sens* le plus *profond* à certains moments d'hystérie collective » (*id.,* p. 87).

Comme nous l'avons vu dans notre lecture de Hobbes (Hobbes, 1971, p. 71), l'inspiration est source de folie dans un monde de l'opinion. La composition des deux grandeurs se réalise dans la foule en délire. Les personnes y perdent une individualité nécessaire dans le monde de l'opinion pour donner ou recevoir du crédit. Elles font corps avec l'acteur qui les personnifie, s'identifient à lui et se laissent pénétrer par sa présence comme par une force extérieure. C'est cet état de confusion inspirée avec la *vedette* auquel s'abandonne « la masse idolâtre des fans » (Morin, 1972, p. 65). Lorsque l'identification prend pour modèle un *leader* ° *politique* [c] et qu'elle est naturellement objet de dénonciations civiques, elle n'est d'habitude plus assumée dans les expressions canoniques de la grandeur de l'opinion mais présentée, beaucoup plus nettement encore que dans le cas des *vedettes* °, sous une forme critique : les « foules suggestionnées » par un « meneur » (Le Bon, 1971, p. 18).

Dans le guide de relations publiques que nous avons utilisé, c'est ainsi sous une forme profanatoire que l'identification au *leader politique* est visée, à travers les considérations sur l'« âge mental » du « groupe » (« lorsqu'un groupe est rassemblé, plus le nombre de participants est élevé, plus l'âge mental du groupe est faible »), et dans la dénonciation de la *propagande.* La propagande constitue en effet une forme illégitime dont les relations publiques dans l'entreprise doivent se démarquer pour être un compromis valable. L'illégitimité de la propagande ne tient pas à l'association de l'opinion et du civisme, qui peut donner lieu, comme on le verra plus loin, à la formation de compromis acceptables, mais à la présence d'une composante industrielle trop fortement accusée qui, appliquée à tromper la capacité critique des personnes, et à la limite à entamer leur humanité (« *lavage de cerveaux* »), contredit aux principes de commune humanité et de commune dignité.

L'homme révolté

AVEC LE MONDE CIVIQUE. L'exigence de *remise en cause*, qui est commune aux mondes inspiré et civique, favorise les passages et les compromis entre ces deux mondes. Selon l'agencement dans lequel elle figure, la *remise en cause* peut consister en une manifestation purement inspirée nécessaire pour atteindre au *détachement* [i], ou bien tirer vers le monde civique, si elle est portée par la visée du *salut* [i] *public* [c]. On parle alors d' « une *remise en cause* plus générale ». Engagée dans un compromis civique-inspiré, la remise en cause prend la forme d'une *révolte* d'abord *spontanée* [i] mais qui, à la différence des rébellions anarchiques, est canalisée dans un *mouvement* [c] révolutionnaire *organisé* [u], c'est-à-dire dans lequel la construction du lien civique est instrumentée au moyen de « *méthodes efficaces* [u] de *mobilisation* [c] » et où la contestation politique peut s'appuyer sur une théorie *scientifique* [u] de l'histoire *politique* [c]. L'action révolutionnaire peut difficilement refuser tout compromis avec l'inspiration parce que sa légitimité repose, en dernière instance, sur l'*expérience vécue* des *travailleurs* et sur leur *prise de conscience*. C'est dans la mesure où ils sont proches des « travailleurs » qui « commencent (dans l'entreprise) à *prendre conscience* » de leurs « *intérêts communs* » et savent « retirer de l'*expérience vécue* par les militants [...] des enseignements », que les responsables peuvent être les artisans de l'*union* de *tous*. Un mouvement se détachant de l'expérience des travailleurs risque de sombrer dans la *bureaucratie*. Mais la « prise de conscience » ne constitue une force révolutionnaire qu'à la condition de s'inscrire dans le programme d'un appareil collectif. Elle demeure tacite, latente, sous la forme d'un malaise individuel, lorsqu'elle n'est pas prise en charge par des porte-parole capables de l'*éveiller* [i], de l'exprimer et de la mobiliser pour une action constructive : « Dans le cadre de leurs activités, les syndiqués connaissent le pouls des travailleurs. Ils savent quels sont les désirs, les *aspirations* qui se font jour sur les lieux de travail. Ils peuvent, si la section a tendance à s'endormir, la *réveiller*, susciter des *débats*, etc. Les adhérents sont vraiment à la *base* de la *section* syndicale. » En effet la *prise de conscience* ne suffit pas pour édifier et stabiliser les personnes collectives. Pour affermir le collectif et lui donner une volonté unique, il faut *traduire* les *aspirations* des *travailleurs*. Cette traduction est nécessaire pour transformer la *révolte*, manifestation *individuelle* qui peut être critiquée comme *individualiste*, en *revendication*, c'est-à-dire en expression civique d'un intérêt collectif : « La *section* doit être attentive aux mille faits quotidiens, aux mille questions que se posent, parfois *inconsciemment* [i] les travailleurs, si elle veut transformer la *révolte* [i] en *revendications* [c] et montrer que des issues existent, que la résignation n'est pas une solution. » La reconnaissance d'une grandeur propre de l'*expérience vécue* permet, comme c'est souvent le cas pour les compromis dans lesquels intervient le monde de l'inspiration, de jouer sur l'opposition entre le fermé et l'*ouvert*, entre ce qui relève de l'*organisation* (point de passage vers le monde industriel) et ce qui vient de l'*imagination* (« l'essentiel est aussi affaire d'*imagination* [...] dans le cadre du syndicat »), entre le stable et l'instable, le figé et le *vivant* : « La pratique syndicale est *vivante*, elle évolue en permanence grâce aux enseignements que nous pouvons tirer des *expériences* [...] que les militants accumulent au cours de leurs actions quotidiennes. »

Les échanges entre le monde inspiré et le monde civique sont d'autre part favorisés par les incertitudes qui pèsent sur les formes d'expression de la volonté générale, au moins dans la version canonique de la cité civique, d'inspiration rousseauiste, qui a prévalu en France. La définition de la souveraineté qui s'élabore sous la Révolution française est, on le sait, traversée par une tension très vive entre une

« démocratie pure », qui condamne la délégation, et un « modèle de démocratie représentative » s'appuyant sur le suffrage ou sur la compétence (Furet, 1978 p. 227, Rosanvallon, 1985, pp. 95-104). Cette tension entre la souveraineté populaire et l'appareil de représentation de la volonté nationale dans l'État figure, dans l'ouvrage utilisé pour analyser le monde civique, dans le traitement de la « *justice* ». La référence à la « justice » y figure, le plus souvent, sous une forme profanatoire, comme en témoigne, notamment, l'usage systématique des guillemets lorsque le terme qualifie l'institution judiciaire. Les auteurs entendent par là disqualifier l'appareil judiciaire de l'État et les décisions prises par ses magistrats, en montrant qu'ils ne sont pas conformes à la vraie justice, dont la légitimité repose non sur l'institution mais sur le peuple souverain. Les manifestations d'indignation ou de colère devant l'injustice et, notamment, face au caractère injuste des décisions judiciaires, peuvent être constituées comme les expressions spontanées du sens de la justice immanente au peuple. Cette opposition peut épouser aussi la distinction, plus générale, entre le droit procédural, traité comme une technologie se prêtant à un usage instrumental (procédurier), et la justice traitée comme une extension du sens moral.

Le geste de protestation

La voie menant à des compromis avec le monde inspiré, que favorise la tension inhérente à la cité civique entre la souveraineté populaire et l'appareil de l'État, est souvent empruntée par ceux qui, prenant appui de façon parfois explicite sur la Déclaration des Droits de l'Homme et du Citoyen, revendiquent, contre la constitution qui lui fait suite, le droit de porter directement devant le peuple souverain les causes qui leur tiennent à cœur et dans lesquelles ils sont souvent partie prenante en tant que victimes. L'expression de leur cause et le dévoilement des injustices qu'ils combattent s'accompagnent souvent de la dénonciation de l'appareil judiciaire et des magistrats qui ont traité l'affaire, et qui sont accusés de trahir les devoirs de leur charge au profit des puissants.

En l'absence de ressources politiques légitimes permettant de jeter un pont entre les personnes en tant que citoyens et le peuple en tant que Souverain (comme, par exemple, un droit de pétition ou d'expression directe devant l'assemblée des représentants du peuple), ces défenseurs d'une juste cause ne peuvent accéder au peuple souverain qu'en empruntant la voie des *médias* [o]. Ils ne peuvent porter devant le tribunal du peuple les injustices pour lesquelles ils réclament réparation qu'en écrivant aux *journaux* [o], à la radio ou à la télévision. L'accès aux médias est le seul moyen dont ils disposent pour atteindre l'*opinion publique* [c]. Or cette entité peut basculer dans des acceptions différentes, du côté du monde civique ou du côté du monde de l'opinion. La construction d'un compromis inspiré-civique les conduit presque nécessairement à composer aussi avec le monde de l'opinion. Mais cette forme de compromis inspiré-civique est difficile à faire tenir comme en témoigne le fait que les protestations de ces dénonciateurs sont souvent discréditées aux yeux du monde et, notamment, aux yeux des journalistes auxquels ils s'adressent, par des traits qui en signalent l'étrangeté. Lorsqu'il s'agit d'un texte écrit, libelle, lettre ouverte, lettre aux journaux, etc. ces signes étranges, d'ordre stylistique ou graphique (quolibets, soulignements, injures, etc.), doivent être rapportés aux formes de la preuve dans le monde inspiré. Ils manifestent la force de la conviction de for intérieur, la vigueur de l'indignation, l'authenticité de la révolte, rendue patente par l'émotion qui emporte, presque malgré lui, le dénonciateur et par les risques encourus, qui garantissent le caractère non instrumental et désintéressé de sa démarche. Mais cette façon de prendre appui sur le monde inspiré pour fonder la légitimité d'une protestation publique est une arme à double tranchant. Car c'est précisément l'apparition simultanée dans un même contexte d'êtres relevant de natures différentes, c'est-à-dire principalement (mais non exclusivement) du monde inspiré et du monde civique, qui est interprétée par les autres comme un signe d'anormalité, voire de folie (Boltanski, 1990).

Mais la *remise en cause* inspirée des grandeurs civiques ne prend pas seulement la voie de l'écrit. Elle peut s'exprimer aussi au moyen de *gestes* de protestation. On utilise souvent le terme de *geste* pour désigner un sacrifice pertinent dans le monde inspiré mais accompli à des fins de grandeur civique. Ainsi on parlera d'un *geste* pour désigner l'action de quelqu'un qui a démissionné, refusé un prix, renvoyé une décoration, etc., et qui le fait savoir publiquement. Le renoncement aux distinctions civiques n'est pas, dans ce cas, une manifestation de la grandeur inspirée qui en tant que telle dédaignerait les honneurs du monde. Si tel était le cas, la publicité faite autour du geste serait incongrue. Ce sacrifice prend au contraire tout son sens dans un compromis inspiré-civique destiné à supporter le dévoilement des impuretés qui compromettent les épreuves civiques. On peut, par exemple, renvoyer sa décoration pour dénoncer le trafic d'influence dont la remise des décorations fait l'objet. Celui qui accomplit un geste de protestation capte sur lui l'attention des autres par un acte extraordinaire qui réclame une interprétation. Ces *gestes* [i] *spectaculaires* [o], qui mettent les instruments de l'opinion au service de *causes collectives* [c], supposent donc la présence des autres mais sans leur être explicitement destinés. En effet, dans sa pureté naturelle, le *geste* inspiré est solitaire. Mais il n'exerce dans ce cas aucun effet direct sur autrui. Pour constituer un instrument efficace de mobilisation, le geste doit être visible et saillant. Mais il risque alors d'échapper au monde inspiré pour basculer complètement dans le monde de l'opinion, ce qui lui fait perdre sa valeur démonstrative. Car, et c'est là son paradoxe, le *geste* ne peut susciter une mobilisation que s'il est connu des autres, sans qu'on puisse l'accuser pour autant d'avoir été accompli dans l'intention d'agir sur autrui. Si tel est le cas, il peut en effet être dénoncé comme « intéressé » et comme « instrumental »; on parlera, par exemple, du « geste calculé » de quelqu'un qui veut se *donner en spectacle*[o], se *rendre intéressant*, se *faire bien voir* ou se *faire aimer du public*. La perspective d'un sacrifice corporel constitue une des façons privilégiées de préserver la dimension inspirée du *geste* civique en élevant le coût des critiques visant à le dévoiler comme inauthentique, stratégique, simulateur, intéressé ou spectaculaire. On le voit par exemple dans le cas des auto-mutilations destinées à protester contre l'univers carcéral ou encore de la grève de la faim. La grève de la faim accomplie par une personne *singulière*[i] mais pour une *cause commune*[c] est un objet de compromis qui accroche, côté faim, l'intime compassion pour le corps souffrant et, vers le civisme, la responsabilité publique des magistrats.

Mais cette forme de protestation, qui exige pourtant des personnes un degré élevé d'engagement, peut tomber elle-même sous l'accusation d'insincérité ou de simulation parce qu'elle permet de rendre le sacrifice progressif et donc de graduer la menace exercée sur les autres. C'est seulement lorsque le *geste* consiste à faire le sacrifice de sa vie que l'accusation d'inauthenticité ne peut plus être reçue. Ce sacrifice, qui ne suppose la possession d'aucun autre bien que son propre corps est, pour cette raison même, une des voies par laquelle les personnes ignorées, sans autorité ni richesses, peuvent accéder à une forme de grandeur : « Si cette chose n'était pas arrivée – déclarait Bartolomeo Vanzetti au lendemain de sa condamnation –, j'aurais passé toute ma vie à parler au coin des rues à des hommes méprisants. J'aurais pu mourir inconnu, ignoré : un raté. Maintenant nous ne sommes pas des ratés. Ceci est notre carrière et notre triomphe. Jamais, dans toute notre vie, nous n'aurions pu espérer faire pour la tolérance, pour la justice, pour la compréhension mutuelle des hommes, ce que nous faisons aujourd'hui, par hasard. Nos paroles, nos vies, nos souffrances, ne sont rien. Mais qu'on nous prenne nos vies, vies d'un bon cordonnier et d'un pauvre crieur de poisson, c'est cela qui est tout! Ce dernier moment est le nôtre. Cette agonie est notre triomphe » (déclaration de Vanzetti, après la condamnation, 9 avril 1927 – Sacco et Vanzetti, 1971).

Le génie collectif

La capacité de *créer*, qui est un attribut du *génie* [i] sous l'empire de l'inspiration, peut entrer en compromis avec la nature civique quand elle est accordée à un *groupe* [c]. L'exaltation de l'esprit d'un peuple, c'est-à-dire de sa capacité, en tant que collectif, à engendrer des formes littéraires, artistiques, politiques, conformes à son génie propre, constitue l'une des expressions canoniques de ce compromis. Il est présent, de façon moins ambitieuse, dans le guide de créativité qui nous sert d'ouvrage de référence, dans l'assertion selon laquelle « un groupe peut apprendre à créer au même titre qu'un génie individuel ». Ce compromis, ménagé par un passage dans le monde industriel *(apprendre)*, est directement lié à la profession de l'auteur dont l'activité de « conseil en créativité » s'exerce auprès de groupes réunis au cours de sessions. La *création de groupe* [i-c] dépasse pourtant ce contexte, comme en témoigne la référence au *bouillonnement* collectif de *Mai 68* qui « fit prendre conscience à beaucoup quel était le pouvoir de l'imagination » et à la *chaleur* des *rencontres* libérées qui font jaillir l'inspiration par opposition à la rigidité hiérarchique de la « société bloquée ».

Avec le monde marchand. Dans le monde marchand comme dans le monde inspiré, la coordination des actions ne passe pas par une continuité temporelle qui est, à l'inverse, déconsidérée parce qu'elle bloque les élans, élans du *désir* [m] ou élan de la *création* [i].

Le marché créatif

L'instabilité des deux grandeurs marchande et inspirée peut servir à une composition visant à rendre compatibles les singularités de l'*incertain* [i] marquées par l'insécurité et l'inquiétude, avec l'*opportunité* [m] dont on peut tirer *avantage* lorsque l'on sait *saisir sa chance* en transformant ainsi le sort en veine. Ainsi von Mises écrit : « Les hommes avides de profit sont toujours en quête d'occasions favorables. [...] Quiconque recherche le profit doit être constamment à l'affût de nouvelles possibilités » (von Mises, 1946, pp. 33-34).

La découverte de nouveaux biens qui prennent corps au cours de l'épreuve marchande transforme une chose insignifiante en bien précieux nettement identifiable. La brusque et imprévisible émergence de ce nouvel objet est l'occasion de soutenir le compromis d'un *marché créatif*.

Il reste que le compromis frayé par la possibilité de mettre le hasard à profit peut être dénoncé en spécifiant le monde dont relèvent les êtres dont on s'est saisi par un coup de chance. On fera alors la distinction entre le hasard inspiré qui marque un être pour l'élever dans un état d'élection (le créateur mettant en valeur la grâce d'une rencontre qui pourrait passer pour le fruit du hasard), et la chance du siècle, l'opportunité marchande qui saisit dans l'objet la possibilité d'une convergence des désirs sur cet objet.

Faire une folie

Si l'arrivée inattendue d'un nouveau bien sur le marché peut être rapprochée de la rupture soudaine qu'instaure le geste créateur, la montée d'un désir irrépressible d'appropriation peut aussi être mise en rapport avec la passion irrésistible à laquelle s'abandonne la personne inspirée. Ainsi de la passion qui pousse vers le marché lorsque l'on « fait une folie », de la fureur d'entreprendre et de la force du « désir ardent » qui fait *réussir* [m] dans les *affaires*.

Le sublime n'a pas de prix

Considérer que la beauté n'a pas de prix est une façon d'engager un compromis entre le monde marchand et le monde de l'inspiration en attribuant, à l'inverse de ce qu'exprime la phrase, un prix (certes très élevé) à un être inspiré. On trouve, dans l'ouvrage examiné pour figurer le monde marchand, deux exemples particulièrement significatifs de ce compromis. Dans le premier, l'auteur lance ce slogan troublant, si l'on s'en tient à l'une ou l'autre des deux natures dont peuvent relever les êtres engagés : « Sachez tirer *profit* d'un *coucher de soleil.* » L'auteur décrit la négociation où de tels êtres *sublimes* [i] ont pu être engagés dans une *affaire* [m], et un marché conclu. Un autre exemple cité, au demeurant fort connu, est « l'histoire de cette femme qui aborda Picasso dans un restaurant et lui demanda de gribouiller quelque chose sur une serviette; elle prétendait être prête à payer ce qu'il voudrait. Picasso s'exécuta et dit : " Ce sera dix mille dollars. " » (Pour un examen de la suite de l'histoire, voir, dans les critiques du monde marchand à partir du monde industriel, *Le prix injustifié*, p. 333.)

La passion du travail rigoureux

Avec le monde industriel. L'énergie qui est la spécification de la dignité humaine dans le monde industriel, le *potentiel* d'*activité* alimentant la *machine* humaine dans son *travail* [u], peut entrer en compromis avec la *passion* [i] inspirée, lorsque l'*effort* [u] corporel est lié à une expression *affective* [i]. Le compromis composé est une « capacité de création » : « L'homme est *intuitif* [i], *affectif* [i] [...] et l'*efficacité* [u] de l'*organisation* est *fonction de* cet homme. » Un tel compromis s'exprime dans la figure du « *responsable* (faisant preuve) d'*efficacité* tout en se *passionnant* [i] pour son *activité* [u] » et tirant de « l'aiguillon étonnant de la *créativité* » une « garantie de plus grande participation du personnel ».

Les techniques de créativité

Pour chercher à concilier *efficacité* et *passion*, on peut composer avec le répertoire de compromis déjà consolidés dans des dispositifs qu'offre la psychologie, science des affects. Ainsi, l'ouvrage examiné fait référence à une « ambiance psychologique satisfaisante » qui « favorise la mobilisation d'énergie *créative* [i] et *productive* [u] », les « défauts de *productivité* » étant associés à des « défauts d'*animation* ».

L'*ambiance* désigne en effet, dans le monde industriel, l'*environnement* considéré comme réservoir de *facteurs* susceptibles d'avoir des *effets* sur l'*activité*. Selon qu'elle est « thermique », « hiérarchique » ou « psychologique », l'*ambiance* s'inscrit dans un assemblage cohérent ou dans un compromis.

Comparées aux *techniques de créativité* qui « apprennent à rêver » et proposent des méthodes pour « ne pas penser pas sans cesse à être utile, efficace, logique, rationnel », les techniques d'animation de groupe frayent des compromis plus complexes avec d'autres mondes. Pour en comprendre l'usage sans leur prêter de pouvoirs magiques ni les réduire à des discours idéologiques, il est utile d'analyser les compromis qu'elles instrumentent. Le *jaillissement* [i] *spontané* de l'*expression libre*, dans des séances de « *brain-storming* », se prolonge par un *dialogue collectif* [c], en *groupe*, qui suppose une *écoute* attentive de chacun, constitue une *expérience vécue* [i] *commune* [c] et conduit à des *remises en cause* [i-c] éventuellement sanctionnées par une procédure de *vote* [c] : « L'intervenant fournit alors à chacun une capacité d'*expression,* de *dialogue,* de *remise en cause* qui lui permet en retour de mieux saisir la *réalité* qu'il doit faire *évoluer*. Une *expérience commune* se forge alors. » Dans les « cercles de qualité », les idées originales qui ont ainsi émergé, soumises à un débat qui contribue à forger une volonté générale, sont systématiquement organisées suivant les *diagrammes* [u] de *cause* et d'*effet* pour être testées en recourant souvent à des méthodes statistiques.

L'inventeur

Plus généralement, le scénario de la « découverte », qui exige de transformer une *intuition insolite* [i] en une *innovation efficace* [u], comprend un tel compromis. L'*ouverture d'esprit* qui est source d'actes *créatifs* [i] se confond ainsi, dans la figure de l'inventeur, avec l'*évolution novatrice* [u] qui caractérise la *dynamique* du monde industriel. Cependant la rupture radicale entraînée par le geste inspiré risque de rompre ce compromis avec l'assurance d'un avenir prévisible : « Il n'y a donc pas lieu de provoquer un changement brutal, mais il faut absolument dessiner les grands axes de l'organisation de demain. »

Compromis engageant le monde domestique

Entretenir de bons contacts

AVEC LE MONDE DE L'OPINION. Les compromis entre le monde domestique et le monde de l'opinion se mettent en place lorsqu'il faut associer des dispositifs destinés à attirer les regards du public avec des dispositifs favorables à l'instauration de relations personnelles entre les gens. Ainsi par exemple la *réception* [d], purement domestique lorsqu'il s'agit de resserrer des liens d'amitié avec ses proches, penche vers le monde de l'opinion dès qu'il est question de *relations* et de *connaissances*. Ce compromis s'affirme quand la *réception* est donnée pour un moyen de se faire des *relations* [o] en *côtoyant* des personnes importantes : « L'avantage des *réceptions* debout sur les *réceptions* assises est de pouvoir *côtoyer* beaucoup plus de monde que ses seuls *voisins* [d] de table. » Le basculement dans le monde de l'opinion est ainsi plus facile dans le cas de la réception que dans celui du banquet, plus fortement stabilisé dans le monde domestique. C'est la possibilité donnée aux invités de se déplacer à leur guise qui favorise le glissement dans le monde de l'opinion. Les participants peuvent entrer successivement en contact personnel les uns avec les autres, chacun étant pris à part sous le regard de l'assistance et se trouvant en mesure, à chaque instant, de savoir qui donne et qui reçoit des marques de reconnaissance.

Mais ce compromis instable se prête au basculement dans le monde de l'opinion, comme en témoignent les passages qui lui sont consacrés dans le guide des relations publiques que nous avons utilisé pour dégager les objets de cette nature. La réception, par exemple, à l'occasion d'une *inauguration* [c], est décrite dans cet ouvrage uniquement comme un moyen de rapprocher des *personnalités* [o] qualifiées par leur *célébrité* [o], des *publics* [o] sélectionnés et importants, et des *journalistes* [o] afin de donner le « *retentissement* [o] maximum » à l'événement que l'on souhaite mettre en valeur. A l'inverse, le banquet constitue un dispositif plus favorable à la formation d'un compromis entre le monde civique et le monde domestique. En effet le *rassemblement* autour d'une même table, pour un repas pris en *commun* destiné à célébrer une même *cause*, assure la présence du monde civique tandis que l'inscription de la *hiérarchie* [d] dans la disposition des personnes autour de la table (places d'honneur, bas de table, etc.) et dans l'ordre des préséances qui préside à la distribution des mets, favorise la réactivation des grandeurs domestiques. Ce dispositif de compromis se voit bien dans les banquets de corps (anciens élèves, etc.) célébrant la persistance de liens établis dans le passé, ou encore dans ces banquets qui, dans l'entre-deux-guerres, rassemblaient dans chaque commune les anciens combattants de la Grande Guerre, minutieusement décrits par Antoine Prost (Prost, 1977).

La référence à l'*opinion* peut également faire le passage du monde de l'opinion au monde domestique où l'opinion s'inscrit dans la chaîne des relations personnelles : le supérieur a, par exemple, une « bonne opinion » de son subordonné. Ainsi, des compromis avec des êtres du monde domestique sont ébauchés dès que l'*opinion* [o] est reliée à une *relation* [d] *personnelle*, à un *contact entretenu*, à un « réseau de relations » : « En matière de relations publiques, on s'attache à tisser un réseau de bonnes relations. » « La meilleure technique consiste à téléphoner, une quinzaine de jours avant la date prévue, aux journalistes que l'on souhaite inviter et que l'attaché de presse – s'il est un bon attaché de presse – doit presque tous connaître. » La grandeur de renom se trouve stabilisée par ce genre de compromis, où la « bonne *image* [o] » est liée à la *confiance* [d]. De même, la *considération* ou la *réputation* peuvent, selon l'agencement dans lequel elles figurent, et notamment selon qu'elles dépendent du *nombre* [o] ou de la position hiérarchique de ceux qui les donnent et qui les font, basculer d'une économie de l'opinion vers une nature domestique, comme c'est le cas dans l'exemple suivant : « Les femmes, en particulier, sont, en quelque sorte, les ambassadrices du foyer. De la façon dont elles se comportent à la boucherie, à la poste ou chez le coiffeur, on fera certaines déductions qui finiront par établir la réputation de la maison. “ J'ai rencontré Mme Untelle, ce matin, chez l'épicier, c'est fou ce qu'elle est agréable... ” [...] en voilà suffisamment pour fonder une réputation, à partir d'une attitude qui est très souvent, en fait, le reflet de la réalité. »

La correction envers les fonctionnaires

AVEC LE MONDE CIVIQUE. Un compromis peut être ébauché entre le monde domestique et le monde civique en traitant dans le registre des relations personnelles, celui des *bonnes manières* et du *savoir-vivre*, les situations qui mettent directement en rapport dans des bâtiments publics des citoyens et des représentants de l'État. Il faut ainsi « être *correct* [d] envers les *agents de l'ordre* [c] qui ne font qu'appliquer le *règlement* [c] dont ils ne sont pas *responsables* [d] ». De même, l'attente dans les administrations publiques, qui contrarie la politesse domestique (« l'exactitude est la *politesse* [d] des *rois* [d] »), ne doit pas exclure la *bienséance* : « Que ce soit à la Préfecture, à la Mairie, à la Poste, à la Caisse d'Allocations familiales ou de Sécurité sociale, il est d'usage d'attendre. [...] Cela mis à part, la bienséance est recommandée comme partout ailleurs. » C'est à ce compromis qu'il est fait référence, depuis le monde civique, quand il est question d' « humaniser les services publics » (par exemple en plaçant sur le bureau des fonctionnaires en contact avec le public un panonceau sur lequel est inscrit leur nom).

Le bon sens dans l'application des règlements

La nécessité de se montrer « humain » (au lieu d'agir de façon « rigide », comme une « machine ») est aussi invoquée fréquemment pour soutenir le compromis entre le monde domestique et le monde civique consistant à faire preuve de *bon sens* [d] dans l'application de la *règle* [c] (Corcuff, Lafaye, 1989). Ainsi dans les services municipaux d'une ville de moyenne importance, un conseiller municipal demande au chef du service de la voirie et au chef du service des jardins publics de faire preuve de *bon sens* afin de collaborer (dans l'intérêt de tous les habitants) à l'entretien des espaces limitrophes qui ne relèvent pas de leurs attributions réglementaires (Lafaye, 1987). Ces compromis entre des gens assez « souples » pour ne pas appliquer la règle « au pied de la lettre » et qui se font *confiance* [d], afin de surmonter des blocages, apparaissent comme des *scandales* [d/c], des arrangements particuliers non conformes au *droit* [c] quand ils sont dénoncés dans le monde civique. De même, on fait souvent appel à des personnes de *bon sens* quand on souhaite appliquer le droit et faire respecter la règle sans détruire les *bonnes relations* [d] entre les gens. La tension entre les formes du jugement domestique et les dispositifs civiques de traitement des conflits peut être surmontée ainsi par des formules de compromis, comme lorsque l'on fait appel à la conciliation par la médiation d'un arbitre. Ces compromis peuvent être observés dans certains dispositifs de traitement des fautes et des différends professionnels comme les prud'hommes, qui recherchent la conciliation et qui peuvent pour cette raison être dénoncés comme *paternalistes* [d/c] (Cam, 1981). Des arbitres, personnalités dont l'*autorité* est *respectée* [d], s'efforcent de rendre la justice en *composant* avec le *droit* [c] afin de favoriser l'accord en tenant compte de la singularité des cas particuliers et de la personnalité des gens. C'est encore un compromis de cette nature qui se met en place lorsque, dans un établissement scolaire, le conseil de discipline se trouve convoqué pour juger des élèves indisciplinés. Des gens qui se connaissent, parents ou professeurs, doivent instaurer un tribunal pour juger leurs enfants ou leurs élèves et se faire, pour un jour, magistrats. Le changement d'état, souvent incomplet, demande une longue préparation destinée à atténuer la prégnance des liens domestiques, par exemple en examinant les textes juridiques qui fondent la légitimité du conseil ou en s'acharnant sur des points de droit. Ces liens domestiques doivent malgré tout demeurer présents pour que l'on puisse parvenir à une solution humaine et acceptable par tous (Derouet, 1984).

On peut observer le même travail d'effacement des liens domestiques ouvrant la possibilité d'un appui sur une forme civique, lors de certains conflits en entreprise qui reposent, au moins à leurs débuts, sur des désaccords entre personnes, par exemple entre des employés de bureau et leur chef de service. Ce travail accompagne la prise en charge du conflit par les syndicats. Les syndicats doivent en effet supprimer toute trace des liens personnels pour transformer des litiges qui se prêtent à une description dans le registre du monde domestique en conflits *collectifs* [c] justiciables d'un traitement social. Il est nécessaire pour cela de changer la qualification des personnes en cause et, plus profondément, de transformer la liste des êtres pertinents. Les protagonistes ne sont plus désignés par leur prénom (comme lorsque le litige est rapporté de bouche à oreille dans les conversations entre collègues ou sur le mode du ragot), par leur nom propre (comme, par exemple, dans les rapports d'ordre judiciaire), ni même par leur titre (par exemple, « chef du personnel »), comme lorsque le cas est mis en forme dans le registre de la gestion, mais par des forces dont ils sont les « agents » (le capitalisme, l'État-patron, etc.). La dispute singulière qui opposait Paul à Jacques (supposons même qu'ils se tutoient), M. X à M. Y, l'attaché au chef de service, est redéfinie par référence à une lutte d'amplitude bien plus vaste entre le salariat et le patronat dont elle ne constitue qu'un exemple parmi d'autres. Chacune des personnes en cause est alors traitée en tant que membre d'une catégorie, en sorte que l'on puisse substituer à chacun des acteurs tout autre membre de la catégorie sans que la relation conflictuelle, ramenée à sa *structure* [c-u], ne s'en trouve pour autant modifiée.

On peut voir à l'œuvre ce travail de transformation en observant la façon dont des différends qui ont pris naissance localement sous la forme de litiges entre personnes (dans un bureau, dans un atelier, etc.) s'étendent dans l'entreprise et à l'extérieur, en épousant les formes conventionnelles (Thévenot, 1986) qui lient entre elles les unités de production aux autres entreprises de la même région ou de la même branche, ce qui les fait accéder au statut de *conflits du travail* [c-u]. Le travail syndical et, plus précisément, le travail de délégué syndical consiste en effet, au moins dans une large mesure, à sélectionner parmi les multiples différends quotidiens ceux qui peuvent faire l'objet d'un accrochage civique et qui peuvent ainsi être portés à l'ordre de la *revendication collective* [c]. Ce travail de clarification transforme la situation de litige personnel dans laquelle les gens se débattaient et où ils s'engageaient en personne en conflit catégoriel. Cette clarification dans le monde civique est nécessaire pour que la dénonciation puisse être formulée publiquement sans paraître gênante ou même anormale, au sens de la folie, comme ce serait le cas si la dénonciation publique prenait la forme de « griefs personnels », d'une « attaque *ad hominem* », d'un « déballage de linge sale » comme on dit, précisément, pour désigner et pour condamner l'exposition publique des litiges domestiques. Rapprochées des conflits *collectifs*, qui sont propres au sens où ils n'engagent pas directement des intérêts particuliers, les discordes entre personnes ont quelque chose de sale et d'impur. On les qualifie souvent de mesquines en suggérant par là qu'elles sont motivées par des intérêts cachés et inavouables. On en parle à mots couverts. Elles font l'objet de *ragots* [d] et de *bruits de couloir* et il n'est pas convenable d'en faire état dans les situations où les participants se présentent en tant qu'ils appartiennent à des collectifs et en fonction d'intérêts généraux, tels que *assemblées générales* [c], *commissions paritaires, comités d'entreprises*, etc. Symétriquement, les conflits qui ont pour objet des grandes *causes* [c] doivent faire abstraction des personnes : ils ont pour référence l'intérêt commun et chacune des parties ne doit regarder que le bien général. Les gens, qui ne s'y trouvent pas impliqués en personne et qui peuvent ne pas entretenir de relations familières ou même ne s'être jamais rencontrés, entendent ne s'opposer les uns aux autres qu'en tant qu'ils sont la « personnification » de *forces* [u] *sociales* [c] *objectives* [u] conçues sur le modèle des forces du monde industriel. L'expression publique d'un désaccord doit pour être jugée normale (au lieu d'être considérée comme la manifestation pathologique d'un déséquilibre psychique) être prise en charge par une instance déclarée d'*intérêt public* [c] à des fins *collectives*, syndicat, association, etc., capable de *dé-singulariser* la relation entre les différentes parties en cause en gérant le différend au moyen des équipements du monde civique (formes juridiques, conventions collectives, etc.) et de formuler le désaccord dans des termes qui sont généraux dans le monde civique et qui rendent par là son expression acceptable en public (Boltanski, 1990).

L'extension des droits civiques

Ce que l'on appelle l'*extension des droits civiques* consiste ainsi à construire des instruments juridiques et à établir des personnes collectives de façon à rendre possible l'expression publique de différends traités jusque-là comme relevant de la vie privée des personnes. On voit ce travail à l'œuvre dans l'apparition de nouvelles *causes* liées au sexe, aux relations familiales, à l'âge, autant de *conditions* [c-u] (condition féminine, condition paternelle, droits de l'enfant, troisième âge, etc.) pour lesquelles il existe des associations de défense (Ligue du droit des femmes, Mouvement de la condition paternelle, etc.), des statuts, des droits ou des revendications juridiques. Ainsi par exemple il a fallu l'institution d'une *condition féminine* pour que les outrages faits aux femmes, notamment les atteintes sexuelles dans le milieu de travail, puissent commencer à faire l'objet de dénonciations publiques et de poursuites légales. Ce n'est qu'en tant que *citoyennes* ou que *travailleuses* [u-c] que le monde civique reconnaît les femmes qui doivent, dans les situations agencées selon un principe de grandeur civique, suspendre la référence à leur féminité ou l'endosser sous la forme catégorielle d'une identité collective liée à une *cause*.

La communauté scolaire

L'institution scolaire, lorsqu'elle est saisie dans la matérialité d'un établissement (Derouet, 1989), fait souvent l'objet de rapports établissant un compromis qui résorbe la tension entre deux modèles pédagogiques antagonistes. Le premier est le modèle d'éducation civique élaboré pendant la Révolution française et développé sous la Troisième République. Reposant sur le principe de l'égalité devant l'instruction, il conduit à l'instauration de relations désingularisées entre les maîtres, entre les élèves et surtout entre les maîtres et les élèves, les manquements à cet impératif étant dénoncés comme favoritisme. Ce principe met l'accent sur les formes impersonnelles de transmission et d'évaluation des savoirs, sur les diplômes, les statuts et les grades nationaux et sur un enseignement fondé sur des valeurs universelles. De même dans ce modèle, chaque unité éducative, qui n'est pas supposée posséder une identité propre, est traitée comme une projection particulière d'un modèle national. Le second modèle éducatif, prédominant sous l'Ancien Régime, mais qui est toujours très présent, particulièrement dans l'enseignement privé, insiste sur la continuité entre l'éducation de l'enfant dans sa famille et son éducation à l'école. Il trouve sa justification, non dans la conformité au principe d'égalité, mais dans la recherche de la « cohésion » et du « bonheur » autour d'une « petite communauté chaleureuse, enracinée dans ses particularités ». Dans les formules de compromis, l'établissement scolaire apparaît indissociablement comme une communauté scolaire qui vaut par la qualité des personnes qui la composent et la qualité des rapports entre elles et comme un service public justifié par l'application de règles nationales.

AVEC LE MONDE MARCHAND. L'interrogation sur le lien possible entre une coordination par le marché et une coordination par la confiance fut une question centrale de l'économie politique, avant d'occuper une place importante dans la littérature anthropologique sur l'échange. Nous avons rappelé les écrits jansénistes qui suggèrent que le marché contribue à simuler les effets d'une charité défaillante. Dans la tradition de Locke, on traitera plutôt la confiance comme un réquisit des transactions contractuelles, en constituant donc une structure hiérarchique entre ces deux ordres. Cependant nous avons souligné que la sympathie qui détermine, chez Smith, une nature humaine propice à l'échange, s'écarte de la bienveillance. L'interrogation sur la place relative de cette bienveillance dans l'ordre marchand, sur sa nécessité, son rôle complémentaire tempérant la dureté du laisser-faire ou les perturbations qu'elle entraîne, court tout au long des débats sur le libéralisme. Les débats sur la définition « substantielle » ou « formelle » du marché, déclenchés par une approche anthropologique de sa réalisation, éclairent les rapports critiques et les possibilités de compromis entre les mondes marchand et domestique.

Écarté de la théorie économique de l'équilibre général, l'ordre domestique de la confiance revient aujourd'hui au cœur du débat sur des modalités non marchandes de contrats et de transactions, dont on reconnaît l'importance dans des situations caractérisées par des biens spécifiques, des relations durables, ou une information asymétrique. La référence à la *réputation* [d], ou le recours moins explicite à des effets de *mémoire* [d] dans des approches utilisant des modèles des jeux répétés, supposent d'élaborer un compromis avec cet ordre.

La confiance dans les affaires

Les relations domestiques sont parfois insérées à

l'intérieur d'une situation marchande, dans des figures de compromis. On prône alors le « beau geste » : « En affaires, un beau geste, c'est un acte que l'on fait en faveur de quelqu'un ou à sa demande, *pour que cette personne devienne votre obligé.* » Ce glissement peut même conduire à critiquer un calcul marchand qui ôterait au geste son désintéressement : « J'ai eu affaire à des cadres qui semblaient tenir une comptabilité des services dus et donnés. »

La « personnalisation » des relations avec les clients, la vente de biens ou services « sur mesure » passent par un tel compromis, de même que les « marchés domestiqués » ou « concertés » décrits dans la littérature économique comme mettant en cause le marketing classique. Ainsi les activités commerciales des entreprises impliquent, outre les compromis avec le monde industriel frayés dans les méthodes de vente, des arrangements contribuant à « fidéliser la clientèle ». Plus fondamentalement encore, la « confiance » qui permet d'inscrire le temps dans les relations marchandes, et la garantie des promesses suppose un accommodement avec la réputation domestique.

C'est aussi à un « état de confiance » que, selon Keynes dans la *Théorie générale* (1982, Liv. IV, 12, II, p. 161), les hommes d'affaires ont recours pour aménager un dispositif marchand et lui assurer quelque stabilité par la convergence des anticipations.

La transformation de l'espace marchand, homogène et mondial, en espace domestique ayant la physionomie d'un territoire compose un compromis similaire avec le monde domestique : « Même si vous avez un bureau minuscule, il vaut mieux que la réunion se passe sur votre propre terrain. » Notons que, dans la littérature néoclassique, la qualification de « spécifique » (« investissement spécifique », « information spécifique » – Eymard-Duvernay, 1986) sert à frayer un tel compromis pour traiter d'un espace qui n'aurait pas l'homogénéité de l'espace industriel ou marchand. De même le concept de « marché interne du travail » (Doeringer et Piore, 1971) a mis en évidence la place de coutumes et de relations d'autorité, en même temps que d'une instrumentation industrielle, dans des relations de travail qui s'éloignent alors notablement d'une transaction marchande pour véritablement s'y substituer (Favereau, 1982, 1986). L'approche en terme de « coûts de transaction » accorde également une place importante à des relations durables en montrant leur cohérence avec des spécificités locales (Williamson, 1985).

Le service sur mesure

La qualification de « service », entendue comme une extension des biens attachés au monde marchand, entraîne déjà un compromis avec le monde domestique parce qu'elle comprend une relation personnelle difficile à détacher de liens spécifiques et durables, comme on le voit particulièrement nettement lorsque le service est dit « sur mesure ».

La propriété aliénable

Malgré la nécessité déjà soulignée de *se libérer des relations personnelles* dans le monde marchand et d'écarter les objets *patrimoniaux* [d] au profit d'objets *marchands* [m], l'appropriation des biens tend à composer un compromis entre ces deux mondes. La *propriété* comme souvent le bien lui-même sont des notions qui permettent de glisser du résultat d'une transaction marchande, sans passé ni avenir, parfaitement résiliable, à un attachement durable qui s'inscrit dans des relations de responsabilité et de confiance.

Avec le monde industriel. Parce que les mondes industriel et domestique permettent chacun de jouer de déplacements dans l'espace et dans le temps, des compromis peuvent être frayés qui tentent de passer outre aux différences séparant les topographies et les temporalités relatives à ces deux mondes. D'autre part, les deux grandeurs correspondantes s'évaluent selon des échelles d'états toutes deux très différenciées et des compromis peuvent aussi être recherchés en rapprochant ces hiérarchies.

L'esprit et le savoir-faire maison

Les compromis composés entre une *entreprise* industrielle et une *maison* domestique cherchent à dépasser les différences de qualifications de l'espace et de relations entre personnes qui manifestent l'incompatibilité des deux natures. Dans le monde industriel, l'espace est *homogène, réglé* par des *axes* et des *dimensions* qui définissent des coordonnées, alors que dans le monde domestique l'espace est déterminé par des *domaines* qui marquent un *extérieur*, des distances ou des voisinages. On trouve ainsi de nombreuses formules qui, associant des qualités domestiques à des objets du monde industriel, permettent de glisser d'une nature à l'autre telles que, par exemple, des *bureaux* [u] *accueillants* [d] et des *usines* [u] *fleuries*[d] qui devraient garantir une « harmonie des relations individuelles ». Dès que l'entreprise est traitée comme un *territoire* [d] – et non comme une *unité fonctionnelle* [u] –, des compromis sont amorcés avec le monde domestique, comme lorsqu'on se réfère à l' « esprit maison », la « réputation d'une maison », ou l' « esprit d'entreprise ». Ainsi le redécoupage de l'entreprise en unités de production indépendantes s'accompagne d'un compromis avec le monde domestique : « Chaque unité de production " indépendante " doit occuper un espace réservé avec tous les moyens humains et matériels. »

L'arrangement sur la nature de l'espace va de pair avec les convenances dans les relations entre personnes : « Le monde du travail est une forme de société où rien n'oblige à être désagréable », « une interdépendance si grande existe entre la vie professionnelle et la vie familiale que des problèmes surgissant dans la profession ont leur répercussion au foyer et vice versa ». Ainsi en est-il lorsqu'un *supérieur*, pour « juger le comportement d'un *cadre* [u] », l'*invite à déjeuner* [d]. Le compromis est fragile car, profitant d'un « climat de *confiance* [d] », il risque d' « abuser de la situation ». La collaboration d'une « personne de confiance » sera particulièrement précieuse dans les circonstances spéciales, en cas d'urgence, lorsqu'il faut « en mettre un coup ». C'est le même genre de compromis qui est recherché lorsque est prônée une bonne présentation au travail, notamment dans les situations de recrutement, et lorsque l'on adjoint à des procédures de sélection réglées reposant sur des critères formels, des évaluations relevant du monde domestique (cordialité, allure, physionomie, etc.). Cette formule de compromis entre le monde domestique et le monde industriel ignore les rapports juridiques et traite les relations professionnelles sur le mode des relations personnelles. Dans le monde civique, ce compromis est dénoncé en terme de *paternalisme.*

On peut rattacher à ce compromis l'attention au « local », qui peut être manifestée par des dirigeants d'entreprise soucieux de s'« implanter » dans un « tissu traditionnel » et, éventuellement, de se référer à une forme de bien commun supposant le développement d'une région ou d'une localité (Pharo, 1985, pp. 144-145).

L'efficacité des bonnes habitudes

C'est aussi un compromis entre ces deux mondes qui est recherché dans les efforts pour dépasser les différences entre la perpétuation d'une coutume enracinée et la régularité du fonctionnement d'un outil, en mettant en avant l'efficacité des bonnes habitudes. Faire ressortir des éléments relevant de cette coordination domestique est longtemps resté l'apanage d'une approche sociologique du travail industriel ou des techniques, qui cherchait à rendre compte d'un dispositif plus complexe qu'une fonction de production intégrant des facteurs, quand cette approche ne prenait pas appui sur des « pratiques locales » et des « savoir-faire » réels pour dénoncer l'illusoire des « procédures formelles ».

Aujourd'hui, même la littérature économique sur le changement technique est attentive à ces types d'objets et de relations dont nous avons cherché à restituer la cohérence au sein du monde domestique. L'approche évolutionniste cherche à dépasser la figure de l'« ingénieur en chef » ajustée à une *capacité technique* pouvant être *formalisée* dans des *manuels* et des *instructions* (*« blueprints »* – Nelson, Winter, 1982). S'inspirant des analyses de M. Polanyi sur les « savoirs tacites » (Polanyi M., 1962), elle insiste sur le caractère spécifique des savoir-faire et leur enracinement qui fait obstacle à leur transférabilité. Les *habitudes* [d] *(« routines »)*, transmises par apprentissage, sont la *mémoire* [d] du savoir-faire (*« remember by doing »* – Nelson, Winter, 1982, p. 99).

Le travail de compromis est particulièrement intense dans les efforts de *modernisation* [u] qui visent à conserver un art et une *qualité traditionnelle* [d], à *automatiser* [u] un *tour de main* [d] (Boisard, Letablier, 1989). Cependant, il fait partie du fonctionnement courant des entreprises qui suppose de rendre compatibles des formes industrielles et des formes domestiques, et qui repose sur la médiation réalisée par des « experts domestiques » (Thévenot, 1989 a, p. 184). Il n'est pas jusqu'à l'expert le plus industriel, le comptable national, qui ne soit amené à rechercher de tels compromis, à « remettre d'aplomb » un « équilibre qui ne lui plaît pas », qu'il « ne reconnaît pas ». Il compose alors des mesures industrielles, des chiffres et des ratios figurant sur les listings, avec des appréciations de nature domestique sur ce que les personnes et les choses peuvent donner, obtenues à partir de liens durables qui permettent, de proche en proche, d'estimer la confiance que l'on peut accorder aux êtres de nature domestique (Kramarz, 1989).

La compétence de l'homme de métier

La figure de l'*homme de l'art*, ou de l'*homme de métier*, fraye un compromis similaire en confondant la capacité technique avec une expérience acquise sur le tas et en découvrant, dans les plus hautes technicités, des formes d'apprentissage et de transmission des savoirs qui s'apparentent aux dispositifs domestiques des métiers. L'autorité domestique étant ordonnée par les *générations* [d], les *personnes âgées, anciennes* dans la *maison*, sont plus grandes que les *jeunes*. Le compromis avec l'autorité industrielle accorde donc aux plus anciens une aptitude associée à leur *expérience professionnelle*[u-d] : « Le secteur noble de l'usine confié à du personnel âgé, très consciencieux. » Ce compromis, que concrétise la figure de l'employé qui « a trente ans de maison », est évidemment menacé par le rappel à l'ordre de l'épreuve industrielle qui ne reconnaît comme probantes que des capacités techniques standardisées. La qualité d'ingénieur autodidacte ou d'« ingénieur-maison » est soumise à cette tension et l'ouvrage examiné, particulièrement bien adapté à ce public, est destiné à enseigner aux « cadres issus du rang » la façon de se rendre digne des « ingénieurs » venus des « Écoles ». Les seconds possèdent un *diplôme*[u-c] assis sur des connaissances générales, les premiers un *bagage*[d] qui « doit au moins comporter l'ABC du savoir-vivre ». Le compromis s'élabore autour d'une « éducation permanente » : « En définitive, un " savoir-vivre " à l'heure actuelle doit rentrer dans le cadre d'une éducation permanente qui évolue avec le temps [permettant de] de réussir avec ou sans diplôme. »

Les procédures d'homologation des diplômes de l'enseignement technologique qui amènent, par exemple, à homologuer « au niveau IV » le titre de « meilleur ouvrier de France », supposent un compromis similaire (Affichard, 1986, pp. 155-156).

La qualité traditionnelle

Le compromis composé pour dépasser, dans la qualification des personnes, la tension critique entre l'ancienneté et la compétence technique peut aussi être recherché pour définir la qualité des produits. L'un des bénéfices de la démarche adoptée ici est en effet d'aborder dans un même cadre la qualification des personnes et celle des choses.

La responsabilité du chef

Les grandeurs industrielle et domestique ont en commun de se déployer sur une large gamme d'états, et l'échelle de ces états peut s'exprimer dans une *hiérarchie*[d-u] accordée sur l'*autorité*[d-u]. Cette *autorité* équivoque dessine la figure du patron pourvu à la fois de l'autorité du *père*[d] sur ses *enfants*[d] ou de celle du *dirigeant*[u] sur son *person-*

nel[u]. Par ce compromis, « le *responsable* d'*unité*, avec son équipe d'*encadrement*, devient un véritable petit patron ». C'est cette même ambiguïté qui est mise en cause dans la dénonciation du « petit chef » dont l'autorité domestique *(respectabilité)* est défaite au regard de sa faible autorité industrielle *(compétence)*.

Les ressources humaines

Plus nettement engagés dans le monde industriel, les dispositifs des *relations humaines* tendent à rendre compatibles des normes d'*efficacité*[u] et de bonnes *relations entre personnes*[d]. Les *relations humaines* sont ainsi rapprochées des relations qualifiées de *traditionnelles*[d], naturelles dans le monde domestique : « Les relations humaines dont on fait tant de cas à l'heure actuelle [...] ne sont, en fait, que les règles mises au goût du savoir-vivre traditionnel. »

Compromis engageant le monde de l'opinion

Toucher l'opinion publique

Avec le monde civique. Le *public*, être ambigu, favorise les passages entre le monde civique et le monde de l'opinion. Les dispositifs qui tiennent compte du nombre sont souvent communs à ces deux natures dans lesquelles ils font l'objet de spécifications différentes. C'est le cas par exemple de la *manifestation*, associée à la protestation dans le monde civique *(manifestation revendicative*[c]*)* et au spectacle dans le monde de l'opinion *(manifestation de relations publiques*[o]*)*. Mais cela vaut également pour les actions de *mobilisation* qui signifient l'enrôlement pour une cause dans le monde civique (« la *mobilisation* consciente et active du *plus grand nombre* des *travailleurs*[c] ») et la captation des regards dans le monde de l'opinion (« trouver des sujets nouveaux susceptibles de *mobiliser* l'intérêt du *public*[o] »). Lever l'ambiguïté conduirait à dénoncer le compromis, mais on peut la signaler en plaçant entre guillemets le terme ambigu, et suggérer par là que la référence entraîne dans une autre nature. Ainsi, dans l'ouvrage que nous avons utilisé pour analyser le monde civique, le terme de *public* est encadré de guillemets lorsqu'il fait apparaître une grandeur de l'opinion : « L'*information* [o-c] d'une *section* [c] syndicale est un *outil* [u] au service de l'*action* [c]. Elle doit donc être *organisée* [u]. [...] Il faut donc étudier le *"public* [o-c] *"* à qui l'on veut s'adresser (tous les salariés de l'entreprise ou certaines catégories...), les formes de l'information (*tract, affichage, réunion* [c], etc.), sa fréquence, ses objectifs précis. »

L'*information* qui, on l'a vu, n'est pas étrangère au monde civique (le « peuple » doit, pour « délibérer », être « suffisamment informé ») et qui est souvent invoquée dans les brochures que nous avons utilisées pour le décrire, permet également de soutenir un compromis avec le monde de l'opinion, comme lorsque l'auteur du manuel de relations publiques que nous avons utilisé invoque la nécessité d'*informer l'opinion publique* : « Une entreprise ne peut plus se permettre actuellement de négliger l'opinion publique », particulièrement lorsque le maniement de l'information est l'occasion d'une *participation* [c] de *responsables* [c-u] et de *représentants* [c] : « Faire préalablement à toute manifestation une *campagne de relations publiques* [o] interne ayant pour but d'*informer* [o-u] le personnel sur les buts poursuivis et sur la solution envisagée, de demander des idées, des suggestions, de l'aide. Il sera ainsi possible de *présenter* [o] ensuite telle ou telle action comme provenant des suggestions recueillies (même si cela n'est pas tout à fait vrai). Il est notamment toujours possible de faire de temps à autre, sans tomber dans l'excès, bien sûr, des *réunions* [c] dites de coordination, où sont conviés des *responsables* [c-u] d'autres *services* [u] et des *représentants* [u] du personnel à divers *échelons* [u]. » Mais, comme le signale la parenthèse que l'auteur introduit dans son texte, destiné non à des syndicalistes mais à des cadres des relations publiques, ce compromis peut facilement être dénoncé depuis le monde civique, comme cynique, instrumental et manipulateur.

Parmi les compromis qui, depuis le monde de l'opinion, jettent un pont vers le monde civique, figure aussi le *mécénat d'entreprise* qui peut associer l'*intérêt national*[c] à une *action de relations publiques*[o] : « *Consciente*[c] de ses *responsabilités civiques*[c] et *sociales*[c-u] à l'égard de la *collectivité nationale*[c], la *Société Singer* s'est fixé pour *objectif*[u], à travers la “ Journée Singer Mécénat ” d'*attirer l'attention*[o] de l'*opinion publique*[o-u] sur un *devoir*[c] d'*intérêt national*[c] » ; « une *campagne*[o-u] d'*intérêt national*[c] (prévention routière, campagne contre la faim, etc.) peut être, pour l'entreprise, l'occasion idéale d'exploiter habilement sa *participation*[c] et d'*apparaître*[o] vis-à-vis de l'*opinion publique* avec une *image*[o] très sympathique, très *humaine*[c] ». Mais ici encore, comme dans l'exemple précédent, l'auteur appelle en quelque sorte la dénonciation du compromis qu'il engage en introduisant la référence à une activité stratégique (« exploiter habilement »).

Mettre son nom au service d'une cause

Les compromis entre grandeurs civique et de l'opinion vont être soutenus par des objets, des personnes ou des dispositifs ayant à la fois pour qualité d'être *célèbres*[o] et, d'autre part, d'être au service du *bien commun*[c]. Ainsi, dans la *pétition*[o-c], la présence des personnes est assurée par leur *nom*. C'est en tant qu'elles se sont fait un *nom*[o] qu'elles valent de figurer dans la liste des signataires qui peut d'ailleurs aussi avoir été établie sur la base de *relations personnelles*[d]. L'*opinion* qui a fait leur *célébrité*[o] est le principe d'équivalence sur lequel repose la succession, dans l'ordre alphabétique (ou dans l'ordre auquel les signatures ont été apportées), de personnes sans commune mesure sous le rapport des autres façons de faire la grandeur. Il en va de même dans d'autres dispositifs, comme les dictionnaires de célébrités (*Who's who*, etc.) dans lesquels des personnes exerçant des *professions*[u] ou des *fonctions* différentes sont mises en équivalence sous le rapport de la *renommée* °. Mais dans les pétitions comme dans les meetings ou dans les comités de soutien, la réunion des individus célèbres est déterminée par le service d'une *cause* c. Ils témoignent devant l'opinion, qu'ils incarnent du fait même qu'ils sont *célèbres*, et leur nombre peut être d'autant moins élevé qu'ils sont plus *connus*.

Lorsque le nombre des signataires augmente mais que la célébrité de chacun décroît, la pétition glisse vers le monde civique ou, comme dans le *geste* c-i, vers un compromis civique-inspiré si elle se présente comme une manifestation *spontanée* i de la *volonté générale* c. Comme nous l'avons déjà observé dans le cas du geste qui, pour rassembler, doit être visible, les médias sont un instrument nécessaire pour qu'un compromis entre la grandeur de l'opinion et la grandeur civique puisse s'établir. L'histoire de ce compromis se confond avec l'histoire de l'*opinion publique*, particulièrement dans ses relations avec la presse, et son élaboration est liée à l'apparition des grandes *affaires* judiciaires. Elle est sans doute particulièrement active durant l'affaire Dreyfus qui fait travailler les compromis et les tensions entre natures et, particulièrement, la tension entre le système judiciaire et l'opinion publique.

La caution d'un officiel

Dans le monde de l'opinion, l'*apparaître* et la *réalité* se confondent. Mais la visée des autres mondes vers lesquels des compromis sont frayés mène à des concessions pouvant aller jusqu'à la profanation de l'expression la plus pure de cette grandeur de l'opinion. Dans l'ouvrage que nous avons utilisé pour déployer cette grandeur, la profanation se manifeste par la mise en cause, au moins partielle, de la réalité de l'apparaître. Les mesures visant à faire voir ou à faire reconnaître sont alors traitées comme des visées instrumentales supportées par une intention manipulatrice. L'auteur conseille parfois de *présenter* ° les choses de telle ou telle façon même, ajoute-t-il, « si ce n'est pas tout à fait vrai ». A d'autres endroits l'auteur évoque, pour les spécialistes des relations publiques à qui son ouvrage s'adresse, la possibilité de « créer de toutes pièces » un « événement », ce qui suppose la référence implicite à une réalité distincte de celle que le cadre des relations publiques fait apparaître par une « habile exploitation » des ressources dont il dispose : « Quand un événement n'existe pas naturellement, il est possible d'en créer un de toutes pièces [...] organiser une manifestation portes ouvertes; susciter un congrès; créer une exposition. » Ainsi par exemple l'utilité d'inviter un ministre dans le cadre d'une opération de relations publiques ne dépend pas seulement de la renommée du ministre (seule réalité qui compte dans le monde de l'opinion) mais aussi du caractère *public* [c] de ce magistrat qui apporte, par sa présence, une « caution » *officielle* [c] à l'entreprise. Les *officiels* qui apportent leur caution peuvent être des *représentants* ou des *magistrats* [c] et, plus généralement, des *personnalités*, des *personnes en vue* [o] envisagées dans des situations qui les relient à l'*intérêt général* [c].

L'effet de cautionnement est invoqué aussi à propos des *manifestations* [o-c] et, particulièrement, des *inaugurations*. L'inauguration, dans sa forme canonique, consiste à prendre un objet, produit de l'industrie, pont, édifice, vaisseau, etc., et à le détacher du monde industriel pour le consacrer à l'intérêt général, le remettre à tous et le rendre public. Il est alors traité, le temps d'une cérémonie, comme un objet du monde civique. Aussi lorsqu'un *ministre* [c], représentant du monde civique, est présent « lors de l'*inauguration* d'une nouvelle *usine* [u] ou lors du *lancement* [o] d'un nouveau *produit* [m] », « ses commentaires sont autant d'éléments qui sont traduits par l'*opinion publique* comme une caution *officielle* [c] ».

Donner sa caution se réfère, dans le monde où l'opinion fait équivalence, à l'opération par laquelle un être accroît sa puissance en faisant d'un autre un allié dont le crédit lui apporte un surplus de force (Latour, 1983). Mais le cautionnement fait aussi référence à la grandeur dont les êtres grands dans l'opinion peuvent bénéficier dans d'autres mondes. Cette tension entre le principe d'équivalence propre à l'opinion et d'autres principes s'exprime dans la gêne (« en quelque sorte ») ou dans la distance avec laquelle le cautionnement est traité lorsque sont impliqués des êtres marchands (*marchandise* ou *produit*) ou civiques (*ministre*). Par le truchement d'une autorité compétente, l'État certifie ce qui est donné pour vrai (« c'est sûr, c'est officiel »).

De même le *sondage*, objet de compromis favorisant de multiples passages puisqu'il constitue une instrumentation industrielle de l'opinion [o-u] à laquelle il confère un caractère *objectif* [u], mais permet aussi des glissements vers la consultation civique et le principe de majorité [o-c], est dit cautionner l'*opinion* : « Le recours de plus en plus fréquent aux sondages d'opinion a permis de mettre en avant le fait suivant : la publication de résultats faisant ressortir qu'une *majorité* [c] de personnes a telle *opinion* [o] renforce l'opinion de ces personnes, la cautionne en quelque sorte et *influe* [o] sur l'opinion des autres. » Pareillement, « pour ses lecteurs, le journaliste représente une caution » : « Il a jugé une information intéressante, l'a vérifiée et en toute *objectivité* [u], l'a reproduite dans ses colonnes en pensant qu'elle pourrait être utile à ceux qui lisent le journal. La différence entre un article signé par un journaliste et une annonce ou un publi-reportage est évidente. »

Faire une campagne d'adhésion

Des dispositifs relevant du monde de l'opinion sont introduits dans des situations de nature civique lorsque les opérations visant à susciter l'expression de *la volonté générale* [c] s'accompagnent de mesures destinées à obtenir l'*adhésion* des personnes. La *propagande* qui est dénoncée dans le monde de l'opinion où elle désigne la compromission avec des intérêts politiques (« il convient de souligner que les relations publiques ne sont pas synonymes de *propagande*, ni de " lavage de cerveau " ») est, dans le monde civique, un point par lequel peut se frayer un compromis vers l'opinion. On lit ainsi, dans l'ouvrage que nous avons utilisé pour déployer le monde civique dans l'entreprise, que « la *section* déterminera toujours *collectivement*[c] les secteurs où elle fera porter régulièrement ses efforts de *propagande*[c-o] ». Cette visée de compromis depuis le monde civique se remarque particulièrement dans le cas des *campagnes* (dispositif commun au monde de l'opinion – campagne de presse – et au monde civique – campagne électorale) où, « pour créer un *climat*[o] favorable à l'adhésion », il est fait appel à des instruments étrangers au civisme, à des *thèmes mobilisateurs* évalués au degré auquel ils sont *accrocheurs*[o] et *attirent l'attention.* Les dispositifs qui doivent susciter l'*adhésion* sont en effet très favorables à la confusion des grandeurs civique et de l'opinion. Car, les *aspirations*[c] de *tous*[c] ne pouvant s'exprimer directement, doivent être *traduites* par une organisation qui, suscitant la *prise de conscience* des personnes, est chargée de les *diffuser*[o]. On parlera alors d'*influence*[o] (« quels sont les secteurs " stratégiques " de l'usine, ceux où il serait utile d'avoir une forte influence »), d'*audience*[o] ou d'*impact*[o] : « Cette diffusion [de la presse syndicale] est très importante. Elle permettra à la section de mesurer son audience et d'en tirer des éléments d'appréciation instructifs sur son impact. »

L'image de marque

AVEC LE MONDE MARCHAND. Les tentatives de compromis entre grandeur de l'opinion (*célébrité*[o]) et grandeur marchande (prix[m]) se renforcent de leur commune versatilité, de l'échelle continue de leurs états, et de l'homogénéité des espaces sur lesquels ils valent. La grandeur dans l'opinion d'un bien marchand, qui est au cœur des actions de marketing ou de publicité, compose un tel compromis entre ces deux grandeurs.

Comme nous l'avons indiqué précédemment, le manuel choisi pour dépeindre le monde marchand est d'autant plus riche d'exemples de ce compromis que l'auteur fait profession de vendre des êtres renommés, de *représenter*[o] la marque de personnes illustres (« célébrités du sport » : joueurs de tennis ou de golf) ou d'organismes mondialement connus (Fondation Nobel, Vatican, Église catholique d'Angleterre). L'auteur s'emploie donc à *faire affaire* [m] avec des *noms connus* [o] dont il s'occupe « du marketing et du management », composant une grandeur de l'opinion avec une grandeur marchande. Ainsi explique-t-il à un client chef d'entreprise qui juge excessif le prix à payer pour associer le nom de son produit à celui d'un sportif célèbre, que « ce qu'il achetait, c'était l'identification de sa marque à un nom, et comparée aux dizaines de millions de dollars que cela coûterait de développer, dans des proportions semblables, une identification de marque, la contrepartie que nous réclamions était tout à fait raisonnable ».

Plus généralement dans une entreprise, le « climat propice à la vente » qui est recherché par les actions de relations publiques relève d'un semblable compromis conçu pour attirer l'attention du public sur un produit. Cependant, l'ensemble des dispositifs de relations publiques ne sont pas construits dans la perspective d'un tel compromis, comme on le voit lorsque l'épurement du monde de l'opinion amène à critiquer la dépendance du service des relations publiques par rapport à la direction *commerciale* [m], la « façon de raisonner » des *commerciaux,* ou encore à distinguer l'*image d'entreprise* [o] qui relève de ce monde de l'*image de marque* [o-m] qui suppose le compromis avec le monde marchand : « Les problèmes d'*image* peuvent être contradictoires. Si la politique générale d'*image d'entreprise* n'a pas été clairement définie, le service des relations publiques sera toujours pris entre deux tendances : promouvoir l'image de marque; promouvoir l'image d'entreprise. Or, à court terme, les actions mises en œuvre pour promouvoir une image d'entreprise peuvent très bien ne pas intéresser du tout la direction commerciale, qui souhaiterait, elle, agir sur l'image de marque. » Le dispositif boursier peut être également engagé dans un tel compromis (« une bonne image [...] stimule la cote en bourse »), avec le risque d'aboutir à des mouvements spéculatifs et à une dégénérescence du marché.

Il est rare que le compromis précédent ne s'étende pas à un troisième monde (industriel ou domestique) qui contribue à stabiliser l' « image de marque » du produit ou sa réputation (Eymard-Duvernay, 1986). Dans le premier cas, cette constance est assurée par le glissement dans un monde industriel. La stabilité de la renommée d'une marque tient alors à celle des équipements et méthodes de production ainsi qu'à la permanence de l'*efficacité* [u] du produit pour le consommateur. Dans le second cas, c'est parce que l'entreprise existe en tant que *maison* [d] ayant une réputation à maintenir et qu'elle *entretient* [d] des liens domestiques de *confiance* [d] mutuelle avec sa clientèle (on parle de « marchés domestiqués » en théorie du marketing), que la consommation de son produit n'est pas soumise aux brusques fluctuations des évaluations naturelles dans le monde marchand.

Les méthodes pour implanter une image

AVEC LE MONDE INDUSTRIEL. La grandeur de l'opinion est inconstante. « Il suffit de regarder attentivement la presse pendant un mois pour s'en persuader : des événements qui mobilisent l'opinion publique d'un pays pendant plusieurs jours sont, du jour au lendemain, totalement oubliés parce qu'ils ont disparu des journaux. Or, si le journaliste ne revient pas sur le sujet, c'est qu'il estime que l'opinion publique n'est plus réceptive, qu' " elle n'en veut déjà plus " et que d'autres informations sont plus importantes. » Les tentatives pour la rendre moins changeante passent par des compromis soit avec le monde domestique (lorsque l'*opinion* [o] devient *confiante* [d]), soit avec le monde industriel. Dans le premier cas, on retrouve cet « état de confiance » qui stabilise l'opinion et que Keynes mettait en avant comme frein aux menées spéculatives (Keynes, 1982, pp. 161, 165). Dans le second cas, c'est l'ancrage dans des outils de nature industrielle qui contribue à la stabilisation : *moyens* [u], *méthodes* et *organisation* assurent plus de *prévisibilité* [u] et de *stabilité.*

Ce qu'on entend par « relations publiques », et qui est le sujet de l'ouvrage choisi pour déployer le tableau du monde de l'opinion, spécifie la *capacité professionnelle* [u] de *spécialistes* œuvrant dans des *entreprises* aux compromis précédents, grâce à des *outils* et des *techniques* pour *contrôler* l'opinion. Notre matériel est donc très riche de ce genre de compromis. Ainsi, « une *campagne* vise à [...] *implanter* [u] une *image* [o] », comme on *installe* [u] un équipement industriel. Et ces outils, tels ceux *mis en œuvre* [u] à la suite d'*investissements* [u] industriels, demandent à être *entretenus* [u] pour durer : « Une image qui n'est pas systématiquement entretenue s'estompe petit à petit dans l'opinion publique et tout le capital investi dans cette image disparaît. »

La mesure de l'opinion

Le compromis entre le monde de l'opinion et le monde industriel se manifeste encore dans la confection d'instruments pour *mesurer* [u] l'*audience* [o] qu'a connue une campagne, particulièrement les *sondages* [o-u] fondés sur un *échantillon représentatif.*

Une opinion objective

C'est encore d'un compromis avec le monde industriel que relèvent les figures dans lesquelles il est fait référence à une réalité qui ne serait pas que d'opinion, comme c'est le cas par exemple lorsque l'on dit d'une opinion qu'elle est « fondée ou non », ou encore lorsque l'on distingue l' « objectif » du « subjectif » : « Le *produit* lui-même est bon, ou de *qualité* [u] discutable, *utile ou inutile* [u], *cher ou bon marché* [m], etc., et entraîne *ipso facto* un jugement en grande partie *objectif* [u] au sein des consommateurs, *subjectif* vis-à-vis des non-consommateurs, qui se réfèrent seulement à l'*opinion des autres* [o]. »

Compromis engageant le monde civique

Vers le monde marchand. Dans l'ouvrage examiné, aucun compromis entre ces deux grandeurs n'a été rencontré.

Vers le monde industriel. En dépit de tout ce qui sépare un ordre où ce qui importe est plus efficace, d'un ordre où ce qui importe représente une volonté plus générale, les deux grandeurs industrielle et civique sont, particulièrement dans la société française, l'objet d'intenses efforts de compromis, comme on l'a vu dans l'œuvre de philosophe politique qu'accomplit Durkheim. La figure du *travailleur*, supportée par les dispositifs du syndicalisme et par l'équipement du droit social, est issue de ce travail de compromis. Le qualificatif de *social* sert souvent, à lui seul, à jeter un pont entre une dignité s'exerçant dans la confection d'une volonté collective inscrite dans des groupes, et une dignité s'exprimant dans le travail. Les *groupes sociaux* sont ainsi constitués de gens qui, tout à la fois, tendent à se confondre dans une même volonté collective et exercent une même fonction dans une division de travail.

Au compromis central que nous désignerons par « les droits des travailleurs », s'ajoutent des figures moins symétriques où l'une des deux grandeurs vient, de manière plus instrumentale, conforter l'autre. Ainsi peut-on chercher à consolider par « des méthodes efficaces de mobilisation » la relation civique de solidarité, au risque de voir dénoncée la bureaucratie du syndicat. De même peut-on trouver dans l'aspiration des hommes à être en collectif au sein d'équipes et de groupes, le moyen d'un « accroissement de la productivité des travailleurs motivés » et les bénéfices du « travail en groupe ».

Les droits des travailleurs

Le compromis entre les grandeurs civique et industrielle, qui se déploie dans le droit social, a fait l'objet d'un intense travail de construction et d'étayage. Ce travail, qu'éclaire l'ouvrage d'Ewald *L'État providence* (1986), peut donner idée des élaborations préalables à l'émergence d'une nouvelle cité. Ce mouvement n'est toutefois pas abouti, faute d'une systématisation qui supposerait la formulation d'un principe nouveau d'équivalence et d'équilibre capable de fonder une épreuve de justification. Le caractère inaccompli apparaît clairement lorsque des différends engageant des êtres du monde industriel et du monde civique ne peuvent être réglés sans un accord rappelant la nécessité de composer avec des exigences différentes. Cette impossibilité d'aller jusqu'au bout d'une épreuve unique, par manque de principe supérieur commun, que l'on observe notamment dans l'application d'un droit social ou d'un droit du travail, définit précisément le compromis qui vise, sans pouvoir l'atteindre, un dépassement de deux principes disponibles.

Le compromis recherché est instrumenté par le *syndicalisme* et, plus largement encore, par tous les dispositifs pouvant être qualifiés de *sociaux* (droit social, action sociale, politique sociale, etc.). Il vise une double référence à la fois à l'*unité de tous* [c], au groupe, à la *solidarité collective* et à une *fonction* d'*utilité,* à des *capacités productives* [u]. Ce compromis qui met en valeur la *dignité des travailleurs* se marque par la substitution des *travailleurs* aux *citoyens* [c], ou aux *hommes* en général, termes utilisés pour désigner la grandeur civique. Souvent invoqués chez Saint-Simon, où ils s'opposent aux *inactifs,* les *travailleurs* ne figurent plus aujourd'hui dans un contexte industriel que s'il comporte aussi une composante civique. « Confrontés à la même politique d'exploitation que pratique le patron », les travailleurs sont qualifiés par leur *condition* qu'il s'agit de « faire progresser » et qui peut recouvrir aussi bien une qualité d'expression politique que la satisfaction de fonctions. La situation même de « chômeur » (par opposition à celle, strictement industrielle, d' « oisif ») est comprise dans un dispositif d'indemnisation engageant un tel compromis avec le monde civique (Salais, Baverez, Reynaud, 1986).

La composition des biens communs civique et industriel se réalise aussi dans des situations à visée probatoire comme la *grève* qui « démontre, par la capacité de mobilisation de la population, qu'une " insatisfaction " latente existe ». De même, l'*inspecteur du travail* participe activement à ce compromis lorsque, dans des situations de désaccord, il modère par un *appel* à la *solidarité* [c] ou par le recours au *droit* [c] les exigences de la *production* [u] ou les contraintes du *marché* [m] (Dodier, 1989). L'étayage du compromis civique-industriel se voit dans l'abondance des dispositifs décrits dont l'usage est, précisément, d'établir la *convention* ou l'*accord collectif*, par une *négociation contractuelle*, de permettre des *concessions*, des *compromis*, au sens courant du terme, « dans lesquels sont intervenues les organisations des travailleurs mais aussi le patronat et l'État », de mettre en place une *politique sociale* au moyen de *réunions paritaires* avec les *partenaires sociaux* et les *délégués du personnel*. Ces compromis éloignent des « méthodes productivistes classiques qui peuvent conduire à des déboires cuisants et développer presque toujours l'antagonisme " intérêt de l'entreprise – intérêt des travailleurs ", dont les conséquences négatives durent longtemps ».

Des méthodes efficaces de mobilisation

Les compromis avec la grandeur industrielle peuvent porter aussi sur la façon même de concevoir le lien civique. Ils se font alors à propos de l'*organisation* en liant dans un même agencement des instruments de stabilisation fondés sur des *routines* [u] à la manifestation de la *volonté générale* [c]. Ils sont souvent associés à des dénonciations de l'inspiration. Ils se cristallisent autour d'objets techniques, d'instruments de mesure ou de prévision, de compétences ou de capacités qualifiées de *techniques* : « Si les problèmes posés aux travailleurs et aux sections syndicales nécessitent pour les résoudre une *volonté d'action* [c], ils exigent aussi un minimum de *capacité technique* [u]. » La personne civique, représentée ici par la *section* [c], est caractérisée par son *potentiel d'action* [u] et traitée alors, à la façon d'une machine, comme si elle était justiciable d'une évaluation en terme d'*efficacité* ou de *rendement* pouvant faire l'objet d'une *mesure* et d'une *prévision.* Cela vaut par exemple pour le *plan de travail* dont l' « élaboration représente un grand moment pour la section » : « Les militants ne peuvent vivre ballottés par les événements. Ils doivent avoir prise sur eux. Ils doivent être en mesure de faire face à la réalité, jour après jour, pour pouvoir disposer de tous les instruments leur permettant d'affronter l'imprévisible ». Aussi la section devra élaborer un plan de travail qui conduira à introduire tout un ensemble d'objets et de dispositifs relevant du monde industriel : des *tâches* à effectuer, des *objectifs* utiles aux adhérents pour « savoir où ils en sont et quels sont les efforts à faire », des *programmes,* des *graphiques* « indiquant la progression des diffusions », des *recensements* (« par exemple, s'il y a 70 % d'ouvriers dans l'établissement et que seulement 10 % des syndiqués de la section sont des ouvriers, cela doit poser un problème à la section »), des *cartes* (« pour mettre au point le plan de recrutement, une carte de l'entreprise indiquant par bureaux, par ateliers, par services, la répartition du personnel, le nombre de syndiqués et le nom des militants sera un instrument utile. Il permettra de visualiser les efforts à faire »), un *budget* « qui oblige à se poser la question de la liaison entre l'action et les finances ».

L'accroissement de productivité des travailleurs motivés

La recherche des moyens d' « intéresser les gens à leur travail », de les « motiver », de les « responsabiliser » vise à construire un dispositif qui ne soit pas purement industriel, qui ne soit pas tenu par une dignité des personnes sise dans leur activité, le travail n'étant alors pas, comme on dit, une fin en soi. « Une motivation supérieure, une ambiance meilleure, un intérêt plus grand dans le travail entraînent une mobilisation plus importante, donc une capacité de productivité plus élevée. » Les compromis alors esquissés associent l'*évolution*[u] *technique*, figure harmonieuse de l'ordre naturel industriel (autre formulation du *progrès*[u]), à l'*aspiration des hommes*[c], expression de la dignité des personnes dans le monde civique. « Définir l'avenir de l'entreprise en tenant compte à la fois de l'évolution technique et des aspirations des hommes, c'est apporter des éléments de réponse à une société industrielle dont les membres tolèrent de moins en moins leur industrie, sans pouvoir s'en passer. »

Le caractère humanitaire du travail accompli peut renforcer un dispositif supportant un semblable compromis. Ainsi à la MGEN, le ministre de l'Éducation nationale inaugure un Bureau national au cours d'une scène qui présente un caractère industriel (visite des installations, équipements hospitaliers de technicité avancée, budget important, gestion sanitaire définie par son utilité professionnelle, etc.) mais comprend également des êtres civiques, dans la présentation du caractère humanitaire et désintéressé de l'activité psychiatrique de ce Centre et de la convention qui le lie au Ministère : « En parallèle aux activités soignantes, la MGEN a voulu créer les conditions de la réadaptation des malades dans leur emploi et dans la société. Si cet objectif, pour certains, a une valeur utilitaire, en ne considérant le fonctionnaire qu'en tant qu'élément de production, il a pour les mutualistes une valeur humaine qui dépasse le critère économique et vise à restituer au malade sa place, son indépendance, sa dignité, en un mot à le replacer sur le chemin de l'émancipation de l'homme grâce à l'effort collectif de solidarité » (*MGEN Actualité*, juin 1985).

Le compromis entre ces deux grandeurs cherche donc à rendre compatibles l'*accroissement* de la *productivité*[u] et la *satisfaction* d'*aspirations*[c], car « il existe des solutions qui optimisent à la fois les coûts et la satisfaction de toutes les catégories de personnel » et qui reposent sur l'« appréhension conjointe des problèmes techniques et des problèmes des hommes ». Ainsi le « groupe de travail » distribue côte à côte, à la même échelle, « l'expert » et « le membre du personnel particulièrement motivé », arrangement dont l'incohérence ne résisterait pas à une épreuve purement industrielle (ou purement civique).

L'identification des « conditions de travail » et la mesure de la « sécurité du travail » participent encore à des compromis de ce type. On peut certes, tout en restant dans le monde industriel, mettre en évidence les *facteurs* [u] qui, dans l'*environnement* du *poste de travail*, ont une *action négative* ou *nuisible* sur l'*efficacité* du *travail*. Mais l'arrangement des conditions de travail suppose la tension entre deux principes de grandeur, comme on le voit bien dans les dénonciations des mauvaises conditions et des « nuisances », ou dans les compromis par lesquels l'encadrement « isole les solutions qui optimisent productivité et conditions de travail ». C'est par un glissement vers un monde civique qu'on peut en appeler à une dignité de l'homme dépassant le cadre de son travail :

« L'investissement humain de l'entreprise est sans doute à la fois le plus difficile et le plus fructueux, rentable si l'on veut, mais d'une rentabilité qui dépasse l'entreprise. »

Le travail en groupe

Le glissement vers le monde civique peut reposer, non sur la dignité civique des personnes (l'« aspiration des hommes »), mais sur la référence au principe du supérieur commun et à la forme de grandeur (*tous* [c], *ensemble*, en groupe, *collectif*) : « Avec *tous* [c] mieux *produire* [u]. » Par ce glissement, l'état de grand n'est plus l'état de *spécialiste* [u], mais l'état de *groupe* [c] : « Déjà ce n'est plus le spécialiste qui parle mais le groupe : " Oui, nous sommes bien d'accord, cette ambiance thermique n'est pas saine. Comment voulez-vous travailler correctement dans ces conditions-là? " » De la vérité par la *mesure* [u], *mathématique*, on glisse vers la vérité par l'*opinion publique* [c], par l'opinion du groupe. « Puisqu'il est si difficile d'estimer le non mesurable, le parti pris de ce guide est de réaliser des cotations ou des notations [...] et de cumuler des notations, de manière non mathématique, pour en tirer des synthèses dont on peut estimer qu'elles ont un sens du fait de [...] la confrontation d'opinions [...] Cette synthèse n'est pas mathématique, mais la multitude des cotations entraîne une capacité de notation globale représentant l'opinion du groupe et ayant un sens pour l'action. »

La *mobilisation* [c] de cette *énergie* [u] du *collectif* passe par des compromis comme ceux qui soutiennent les méthodes d'organisation du travail post-tayloriennes telles l'« équipe autonome », « dans laquelle un ensemble d'ouvriers effectue un ensemble de tâches sans qu'il y ait de relation bi-univoque entre une personne et une tâche ». Plus généralement de semblables glissements ont lieu lorsque « les problèmes sont traités en mode participatif » qui « permet d'obtenir un consensus ».

On peut également citer comme mises en œuvre de ce type de compromis les dispositifs, cette fois installés par des ouvriers plutôt que par des patrons, de compensation de charges de travail par solidarité au sein d'une équipe de travail (Dodier, 1986).

La certification de la compétence

Le compromis entre les mondes civique et industriel que suppose la certification des compétences s'impose aujourd'hui à tel point qu'il faut revenir à un état antérieur à sa consolidation pour en analyser les éléments. J. Weiss a ainsi montré, en comparant le fonctionnement des écoles Centrale et Polytechnique au début du XIXe siècle, que les taux d'abandon avant l'obtention du titre étaient plus élevés à Centrale (60 % au lieu de 10 % à Polytechnique) parce que les industriels y plaçaient leurs enfants en vue d'acquérir une compétence strictement industrielle, sans attacher d'importance au titre qui était, à l'inverse, pertinent dans les carrières au service de l'État (Weiss, 1982, pp. 183-185).

L'impératif de sécurité

Une autre forme de compromis civique-industriel peut être soutenue par la référence à une exigence de sécurité comme on peut le voir dans le cas d'une grande entreprise publique de transports : la SNCF (Corcuff, 1989). Comportant un grand nombre de situations de nature industrielle (machines, ateliers, etc.) cette organisation, en tant que service public, doit maintenir un lien fort avec le monde civique. A la différence des chemins de fer américains, fortement marqués dès le départ par des préoccupations commerciales, les chemins de fer français, bien qu'ils aient été gérés jusqu'à la dernière guerre par des sociétés privées, ont été associés à la construction d'un compromis civique-industriel dont la stabilité reposait, pour une large part, sur les dispositifs mis en place pour assurer la sécurité des transports. Définis comme « services publics », les chemins de fer sont liés à la sécurité dans un impératif de sécurité publique. L'accent mis sur l'impératif de sécurité pour le bien commun accroît le poids des ingénieurs dans la gestion de l'entreprise et facilite l'introduction de la psychotechnique, définie comme un effort pour étendre aux êtres humains le souci porté à la fiabilité du matériel en se donnant les moyens d'assurer, par des méthodes non moins scientifiques, l'aptitude et la prévisibilité des comportements des personnes humaines.

L'efficacité du service public

Les services publics offrent un autre exemple de compromis entre le monde civique et le monde industriel lorsque des mesures destinées à accroître l'efficacité du travail sont justifiées, notamment auprès des personnels, par le souci du bien commun des usagers. C'est le cas, par exemple, dans les services municipaux d'une ville de moyenne importance du nord de la France, étudiés par Claudette Lafaye (Lafaye, 1989). Dans une organisation de ce type, aux dimensions d'une entreprise de grande taille et qui doit assurer des tâches très diverses, les dispositifs de compromis entre le monde civique et le monde industriel sont particulièrement nombreux. En effet la légitimité d'une action municipale repose d'abord sur un principe civique, appuyé sur un ensemble de textes juridiques et réglementaires dans lesquels se trouve déposée la volonté générale dont l'administration est l'exécutif. Ainsi le maire et le conseil municipal, élus au suffrage universel, ont une mission d'intérêt général et doivent garantir, entre autres choses, l'égalité des citoyens devant le service public. Mais pour accomplir leur mission, ils doivent prendre appui sur un grand nombre de dispositifs techniques, d'ordres très différents, dont la mise en œuvre repose sur la détention d'une compétence spécifique et dont l'évaluation fait appel à un principe de légitimité industrielle. La tension entre la cité civique et la cité industrielle est inscrite dans le dispositif même qui préside à la mise en œuvre de chaque activité particulière dont la responsabilité incombe à la fois, et d'une façon qui peut devenir facilement conflictuelle, à un conseiller municipal, élu par les citoyens, mais sans compétence spécifique et à un chef de service, sans légitimité d'ordre civique, mais en mesure de revendiquer la possession du savoir-faire nécessaire pour accomplir la tâche qui revient au service. Ainsi face à la population, mais aussi face aux agents municipaux, l'investissement dans un équipement technique ne sera jamais uniquement justifié par référence au seul principe d'efficacité industrielle, comme on le voit par exemple dans le cas du nouveau système de collecte des ordures ménagères justifié à la fois en terme de « rentabilité » (« amortissement rapide », « efficacité », etc.) et par rapport au bien commun (« ville propre », mais aussi « meilleures conditions de travail pour le personnel »).

Compromis engageant le monde marchand

Avec le monde industriel. Le choix que nous avons fait de tirer toutes nos raisons pratiques de manuels consacrés à l'entreprise montre assez que l'entreprise est un dispositif complexe composé d'éléments relevant de toutes les natures examinées ici. C'est sans doute d'une reconnaissance de la pluralité des registres d'action identifiés dans ce chapitre que l'on peut espérer progresser dans la compréhension de ce type d'organisation, en l'analysant comme un dispositif *composite* faisant appel à plusieurs formes de justification.

Au cœur même de l'entreprise est la nécessité de frayer un compromis entre un ordre réglé par le marché et un ordre fondé sur l'efficacité. Sans cette exigence, l'entreprise n'a pas lieu d'être. Dans un monde marchand, elle n'est qu'une source de rigidité par les routines qu'elle suppose. Dans un monde industriel, elle est source d'inefficacité du fait de l'imprévisibilité des désirs des clients qui nuit à l'organisation rigoureuse des dispositifs techniques. C'est à la mise en évidence de la nécessité de compromis entre ces grandeurs qu'est consacrée la littérature économique de tradition institutionnaliste qui met l'accent sur le rôle des organisations et de la firme (Coase, 1987). Elle souligne que leur fonctionnement est composé de transactions plus complexes que l'échange marchand (Williamson, 1975, 1985) et, pour reprendre le titre de l'ouvrage de Chandler, met en avant une « main visible » (Chandler, 1977).

Un produit vendable

Le *produit* est le point de passage le plus emprunté entre nature industrielle et nature marchande. Le produit peut résulter du *fonctionnement* [u] d'une *unité de production efficace*, ou constituer un *bien* [m] plus ou moins *rare*, convoité par des *désirs concurrents*.

La maîtrise de la demande

Les systèmes dits « fordiens », ou de « production de masse », sont des dispositifs de compromis qui cherchent à concilier les exigences d'une production efficace, caractérisée par une productivité élevée, et la nécessité de satisfaire une demande sur le marché. Ces dispositifs reposent sur des économies d'échelle impliquant que le prix de la marchandise baisse alors que s'accroît le nombre des acheteurs qui expriment le désir de se l'approprier, relation qui n'est pas naturelle dans la nature marchande. Ce qu'on appelle alors la taille du marché n'est pas strictement un indicateur de la grandeur marchande puisqu'il signale une concentration qui contrevient à la concurrence (Eymard-Duvernay, 1989 b, p. 128). « Dédaignez l'esprit de concurrence », réclame Ford, et spécialisez-vous, mot d'ordre indiquant clairement que la division du travail est une exigence fonctionnelle qui n'a pas de commune nature avec le monde marchand. Dans le cas du système fordiste, le dispositif est composé d'éléments assurant une efficacité industrielle et un « marché porteur », la standardisation du produit et le mode de rémunération devant assurer le compromis entre les objets qui relèvent des deux natures. Avec la constitution d'un marché de masse, la baisse du prix de revient doit s'accompagner d'une stabilisation de la demande supposant de concilier la fluidité du marché à la prévisibilité caractéristique de la nature industrielle, de *maîtriser* [u] (notamment par le « marketing ») l'instabilité des grandeurs marchandes.

Plus généralement, la décision d'investissement et le calcul économique qui la soutient supposent un compromis entre une exigence industrielle rencontrée lorsque l'on éprouve l'efficacité technique du nouvel équipement, et la contrainte d'un marché financier qui pourrait s'exprimer par des intérêts à courte vue. Le compromis repose sur la référence à un taux de croissance et à un horizon (autre expression du taux d'intérêt) pour décider des actions à entreprendre, dans la recherche d'une compatibilité entre les deux exigences (Favereau, Thévenot, 1991).

Les méthodes pour faire des affaires

Les compromis avec la nature industrielle sont relativement rares dans le manuel examiné, surtout par comparaison avec les ouvrages français les plus proches qui, même lorsqu'ils sont consacrés principalement aux affaires et à la vente, présentent tous un appareillage de méthodes extrêmement instrumenté faisant de larges emprunts à la nature industrielle. Ces manuels français ne s'adressent pas à des *hommes d'affaires* [m] mais concernent des cadres commerciaux d'entreprise, représentants, vendeurs, ingénieurs technico-commerciaux, directeurs commerciaux, chefs des ventes, directeurs du marketing ou chefs de produits. L'approche y est principalement industrielle puisqu'il s'agit, par la mise en œuvre de *méthodes* [u] *rationnelles*, d'*accroître* l'*efficacité* et la *productivité* des vendeurs.

Dans l'ouvrage américain examiné, la nature industrielle est beaucoup moins présente, même si elle apparaît lorsque l'auteur s'adresse à l'entrepreneur qui doit « tenir la barre ». Ces emprunts portent surtout sur les *instruments* [u] d'enregistrement et de *mesure* qui permettent de *stabiliser* et de *prévoir* : les « notes » (« noter, c'est s'engager »), les « blocs-notes », les « itinéraires », les « *emplois du temps* [u] » qu'il faut respecter, les *planning* et les *timing* auxquels il faut se tenir et qui permettent de « *gérer* [u] le temps [...] avec une ponctualité militaire ». Symétriquement, le P.-D.G. est grand par ses vues à long terme en même temps que par son sens des affaires et de l'occasion à saisir : « Je n'ai encore jamais rencontré de *président* [u] ou de *P.-D.G.* [u], qui ne soit fier de son art de persuader... c'est-à-dire de son *art de vendre* [m]. »

L'utilité, entre désir et besoin

De même que le produit permet, dans le dispositif complexe qu'est la firme, le passage entre le monde du marché et le monde industriel, la notion d'utilité sert souvent, quand elle ne correspond pas strictement à la satisfaction d'un désir, à frayer un compromis avec l'exigence de fonctionnalité propre au monde industriel. Ce compromis tend à confondre ce qui meut une personne en proie à des *désirs* [m] subjectifs et ce qui la pousse pour des raisons *fonctionnelles* [u].

XI

LA RELATIVISATION

Les arrangements particuliers

La présupposition d'un bien commun est nécessaire pour fonder le compromis. Mais, pour que le compromis tienne, il ne faut pas chercher à avancer dans le sens d'une clarification, puisqu'il n'existe pas de cité de rang supérieur en laquelle les mondes incompatibles, associés dans le compromis, pourraient converger. L'effort pour stabiliser le compromis en lui donnant une base solide exerce donc plutôt l'effet inverse. Chercher à définir de quoi pourrait bien être fait le bien commun censé soutenir le compromis risque en effet de le casser et de le faire basculer dans la discorde. Car cette exploration des bases de l'accord fait voir le compromis comme simple assemblage sans fondement, ce qui équivaut à le dénoncer. Il n'apparaît plus comme accord entre tous en vue du bien commun, mais comme accord circonstanciel entre des gens qui s'entendent bien ensemble. La visée d'un intérêt général est en effet ce qui élève le compromis au-dessus d'un accord « local », « à l'amiable », « entre personnes », dans lequel les gens se font des concessions et transigent momentanément dans la définition d'un bien qui leur soit commun dans la situation.

Nous appellerons cette transaction au bénéfice des présents un *arrangement* (Rousseau parlait de « brigues » pour désigner ces associations dans l'intérêt des particuliers). L'arrangement est un accord contingent aux deux parties (« tu fais ça, ça m'arrange; je fais ça, ça t'arrange ») rapporté à leur convenance réciproque et non en vue d'un bien général. Le lien qui rassemble alors les personnes n'est pas généralisable à tous. Ainsi, par exemple, dans un service dépendant d'une administration municipale, le directeur laisse le sous-directeur, qui est très serviable au bureau et avec qui il entretient de bons contacts, conserver la voiture de service pendant le week-end; c'est un arrangement, un accord à l'amiable, entre eux. Il ne fait l'objet d'aucune convention explicite, il ne peut être justifié publiquement et peut être remis en cause à tout moment, par exemple s'il est dénoncé comme favoritisme injustifiable par d'autres membres du service ou par des supérieurs hiérarchiques. La suppression du privilège dont bénéficient à titre personnel des fonctionnaires arrangeants n'entraîne pas de protestation publique et les intéressés ne donnent libre cours à leur mécontentement que sous la forme de la grogne et du ragot. En revanche, la suppression d'une prime indiciaire les affectant en tant qu'ils appartiennent à une catégorie définie dans une convention collective les jette aussitôt dans la grève.

C'est souvent à ce genre d'arrangements que l'on fait référence lorsque l'on dit d'une relation, d'une situation, d'un accord, qu'ils sont « privés » ou que l'on parle, à leur propos, de « coalition ». Le terme de « privé », dans ses usages ordinaires, possède des significations différentes. Il peut être utilisé pour qualifier ce qui relève du monde domestique ou marchand par opposition à d'autres mondes, au monde civique (le respect de la vie privée) ou encore au monde de l'opinion (la vie privée d'une vedette). Mais il sert aussi à opposer les arrangements entre personnes aux dispositifs dont le caractère justifiable peut être rendu manifeste en remontant au principe qui les soutient. C'est ce sens que nous retiendrons ici. Est « privé », dans cette acception, ce qui, ignorant le bien commun pour n'impliquer que les bénéfices des parties en cause, n'a pas la visée d'une justification. On peut dire, par exemple, d'une coalition qu'elle a un caractère privé au sens où elle n'est pas justifiable par rapport à une cité. Ces deux sens sont souvent confondus, particulièrement lorsque le terme de « privé » est utilisé pour qualifier des situations amicales ou encore familiales. Mais il est nécessaire de les séparer pour faire apparaître le monde domestique dans sa généralité et pour distinguer les dispositifs domestiques qui se présentent sous une forme justifiable tels que, par exemple, les réunions de famille à l'occasion d'un mariage ou d'un décès, des situations qui rapprochent des personnes disposées à s'arranger entre elles en écartant la contrainte d'avoir à justifier leur accord dans un cercle plus large.

Être « entre soi » c'est ainsi suspendre la visée du bien commun et établir des liens qui ne sont plus supportés par une exigence de justice et qui ne sont pas universalisables : « entre nous, je te dirais que ». Entre nous, on peut tout dire, on se comprend. C'est précisément la mise à l'écart des autres et, éventuellement, le secret, qui contribuent à donner forme à la coalition dont on dira des membres qu'ils sont dans un rapport de « complicité ». Quand deux personnes font des plaisanteries à propos d'une troisième, qui seraient inadmissibles non seulement en présence de la personne visée mais même devant un public non directement concerné, on dénonce la connivence qui les lie en disant qu'elle se fait sur le dos d'un tiers dont elles font leur bouc émissaire. La plaisanterie que l'on fait entre soi et qui, faite au grand jour, c'est-à-dire affrontée à une exigence de justification, serait déclarée de mauvais goût, l'ironie « douteuse », les apartés et, plus généralement, tout ce qui exprime la complicité, constituent des entrées dans l'arrangement.

Il était nécessaire d'analyser la figure de l'arrangement pour comprendre la façon dont un compromis peut être dénoncé. Dans la dénonciation du compromis, on le réduit à un arrangement au bénéfice des parties prenantes. On rapporte le bien commun non spécifié que vise le compromis à un *intérêt*, c'est-à-dire à une qualité pouvant servir à faire des équivalences entre les personnes et à les ordonner sans que cet ordre ne soit justifiable en toute généralité, parce qu'il n'a pas été fondé sur un principe d'équivalence respectant l'appartenance des personnes à une commune humanité. Les arrangements reposent en effet sur des intérêts partagés qui, mis en œuvre pour qualifier d'autres personnes, sont ainsi engagés dans un procès de généralisation sans légitimité. Mais encore faut-il distinguer ici les rapprochements qu'on dirait simplement « arbitraires », au sens où ils n'ont pas été affrontés aux contraintes d'une cité, des rapprochements qui ont un caractère inacceptable parce qu'ils ne sont pas compatibles avec le modèle de cité auquel nous avons confronté la compétence que les personnes mettent en œuvre dans leurs jugements, comme c'est le cas, par exemple, des mises en équivalence de type eugénique qui subordonnent la grandeur à la possession d'une qualité biologique inscrite une fois pour toutes dans le corps.

L'insinuation

Lorsque, dans le cours d'une dispute, une des parties accuse l'autre de faire des insinuations, affectant par là à cette opération une valeur négative (ce qui ne recouvre évidemment pas tous les cas de sous-entendus) elle vise à dévoiler des intentions cachées. L'adversaire est accusé de faire, dans le secret de son cœur, des rapprochements inacceptables que trahit, à son insu ou, pire encore, intentionnellement, l'ambiguïté des propos exprimés. Forme de dissimulation, le sous-entendu, quand il est relevé dans une figure polémique, ne peut, par définition, être présenté en tant que tel par le locuteur. Pour l'amener à jouer un rôle dans l'épreuve, il faut par conséquent une interprétation dont la validité peut être à son tour récusée. Relever une insinuation appartient ainsi aux figures du dévoilement. L'accusation, s'emparant d'un énoncé jugé ambigu pour alléguer la présence d'une implicitation, met l'adversaire au défi de rendre ses intentions explicites. L'accusation d'insinuation présuppose en effet que l'ambiguïté ne peut être levée parce que la clarification supposerait la référence explicite à des formes d'équivalence injustifiables. Dans ce procès, la demande de clarification peut être soutenue. La personne mise au défi reconnaît alors qu'il y a bien sous-entendu, mais elle se défend en alléguant sa volonté de ne pas durcir la dispute. La clarification l'amène alors à s'engager plus avant dans le procès de justification en présentant carrément l'argument valable auquel elle faisait allusion, la référence à un principe légitime ayant pour résultat de durcir le différend.

Relevées et mises au défi d'être justifiées, ce qui ferait, par exemple dans le cas d'une allusion raciste ou machiste, basculer la situation dans une épreuve civique, les insinuations peuvent aussi être repoussées par une échappatoire. On dit alors que l'incident a été ramené « à ses justes proportions » (« on ne va pas en faire une affaire; ce n'était rien qu'une plaisanterie »). Ainsi, par exemple, au cours d'une altercation avec des collègues portant sur des problèmes d'horaires de service, un radiologiste s'entend dire : « Tu serais mieux à Saint-Germain que dans un hôpital », énoncé qu'il interprète comme une référence à son homosexualité, par association avec un monde artiste futile. A la demande d'éclaircissements : « Qu'est-ce que tu veux dire par là? », il lui est répondu : « Je veux rien dire de particulier, simplement que tu habites à Saint-Germain-des-Prés. » Comme on le voit à cet exemple, l'accusation de faire des insinuations dans une situation soumise à un impératif de justification peut être associée à la dénonciation d'une coalition cachée, d'une conspiration, comportant des scènes où des jugements injustifiables ont pu affermir une entente (on dit, par exemple, que les gens en ont discuté entre eux derrière son dos, que des ragots ont circulé, qu'il y a eu des bavardages ou des commérages, etc.).

La fuite hors de la justification

L'analyse de la façon dont les personnes peuvent renoncer à soutenir un arrangement ou se refuser à clarifier une insinuation nous conduit à examiner une autre façon de sortir d'une dispute. Mais, à la différence des solutions étudiées jusqu'ici, la dénonciation et le compromis, l'issue que nous allons explorer maintenant ne permet d'échapper aux rigueurs de la dispute qu'en suspendant la contrainte de justification, sans se plier pour autant au genre de contraintes qui ouvrent la possibilité du pardon et dont l'analyse ne rentre pas dans le cadre du programme développé ici (cf. Postface).

Pour se soustraire à l'épreuve et échapper au différend sur ce qui importe en réalité, les personnes peuvent en effet convenir de ce que rien n'importe. A quoi bon le désaccord si rien n'importe. Nous appellerons cette figure la *relativisation.* Dans la relativisation, l'épreuve de réalité est abandonnée au profit d'un retour aux circonstances. La situation est traitée comme sans conséquences et comme purement locale et les êtres qu'elle contient comme sans ordre et sans importance, en sorte qu'il serait à la fois inutile et impossible de chercher à en faire un rapport général. Le soulagement qu'apporte la relativisation tient précisément à l'apaisement que procure le retour aux situations détendues dans lesquelles la question de l'accord est suspendue. La relativisation peut constituer par là une réponse à la peur d'affronter une épreuve (comme lorsque des enfants chahutent un jour d'examen). Mais la relativisation peut aussi être un moyen de ménager un passage en douceur vers un autre monde en évitant le désaccord qui ne peut manquer de se présenter lorsqu'un principe de justice alternatif est introduit par une dénonciation.

Pour relativiser, il ne suffit pas de se laisser aller. La relativisation suppose une connivence active des personnes pour s'intéresser à la contingence et la faire venir au premier plan. Le retour vers les circonstances réclame des efforts pour suspendre la question de la justice en écartant ou en ignorant les êtres qui, si leur importance était relevée, tireraient à nouveau la situation vers l'épreuve. Il faut limiter les rapprochements afin d'éviter toute généralisation qui risquerait de ramener la tension entre des principes incompatibles et marquer que rien n'importe ni ne mérite d'être relevé : « c'est rien »; « pas de problème »; « peu importe »; « quoi qu'il en soit », etc. Lorsque la proximité spatiale ou temporelle impose des rapprochements difficiles à ignorer, on les contournera en les traitant hors de la justification, sur le mode de la comparaison métaphorique, de l'association momentanée et forfuite « qui ne prouve rien ». Il faut, par conséquent, rester au plus près de l'insignifiant et, comme on le voit dans la régression vers l'enfantillage, jouir du bonheur d'être petit.

Les enfants n'ont pas accès à toutes les formes de dénonciation parce qu'ils n'ont pas accès à la généralité dans toutes les natures. Dans certaines, comme la nature civique, ils demeurent en bord d'humanité puisqu'ils ne sont pertinents qu'en tant que futurs citoyens et donc en tant qu'ils peuvent faire l'objet d'une instruction civique. Ils sont donc armés pour défaire les moments les plus tendus vers une grandeur par leurs cris et par leurs jeux intempestifs, par leurs rires désarmants, par leurs mots d'enfants. La relativisation, qui ignore la grandeur, est l'un des états dans lequel ils peuvent facilement basculer. Mais la tentation du retour aux circonstances où ils sont à leur aise parce que tout y est petit, rentre chez eux en tension avec le désir de « devenir grand », c'est-à-dire d'accéder à la possibilité d'une généralité qui définit l'état d'adulte.

La mise en valeur de la contingence confère à la relativisation un caractère éminemment instable. Si tout se vaut parce qu'il n'existe pas de commune mesure, la cité se défait. Certes, le différend est suspendu, mais seulement dans la mesure où tout jugement devient impossible. C'est la raison pour laquelle la relativisation est souvent une figure de passage entre des épreuves de natures différentes.

Le relativisme

La relativisation constitue un moment de la dispute particulièrement instable qui suspend le différend, mais pour ménager un passage vers une autre nature une fois le danger écarté. Les personnes ne peuvent en effet demeurer longtemps dans l'insignifiance sans que se défasse le lien d'identité qui les unit, sans sortir de l'état politique pour régresser vers l'amour de soi, vers une autosatisfaction qui ne se préoccupe plus d'établir un accord avec d'autres. Pour asseoir sur la relativisation une position plus stable et passer ainsi au *relativisme* – comme attitude proclamée devant la vie – il faut donc franchir un pas de plus et, mettant entre parenthèses les contraintes de la cité, adopter une position d'extériorité à partir de laquelle le train du monde puisse être subordonné à un équivalent général qui ne soit pas un bien commun. Cet équivalent général est, aujourd'hui, le plus souvent qualifié comme force, pouvoir, intérêt ou puissance, et traité comme s'il était naturellement attaché à tous les êtres. Tous les êtres se trouvent par là confondus dans un même cosmos, ce qui tend à abolir la distinction entre les différents registres de justification et même entre les personnes humaines et les êtres non humains. Les grandeurs propres à chacun des mondes que nous avons analysés peuvent ainsi être traitées par le relativisme comme la manifestation travestie d'une force primordiale [1].

Le relativisme se distingue donc de la relativisation par sa capacité à dénoncer le bien commun d'un point de vue général. Mais il ne ramène pas pour autant vers la dénonciation. Le relativisme prend ce qui importe dans la situation pour le diminuer mais sans prendre appui sur un principe alternatif : les riches font des affaires parce qu'ils aiment l'argent de même que les magistrats ou les délégués, grands dans une cité démocratique, administrent par goût du pouvoir. C'est la même volonté de puissance comme volonté d'être sans limites, qui se réalise dans la passion du lucre, le désir de domination, la force de caractère, le désintéressement inspiré traité comme un intérêt à instituer une redevance pour nouer un attachement, l'entêtement obscur de l'instinct, l'obstination aveugle de l'inconscient, autant de forces indéfinies, reconvertibles, traductibles les unes dans les autres, dont l'impulsion sans frein n'est bornée que par l'obstacle d'une force supérieure. Ainsi, tandis que dans la dénonciation, la contestation de la validité d'un principe se fait en prenant appui sur un autre principe, qui se trouve du même coup porté au jour, le relativisme critique permet de dénoncer sans expliciter la position d'où la dénonciation est portée, parce qu'il prend pour cible non pas une forme particulière de bien commun mais la possibilité même de l'existence d'un bien commun. L'intérêt mène le monde et chacun, dominé par les forces qui l'habitent, « voit midi à sa porte ». La réduction aux intérêts est l'un des instruments favoris du relativisme. Mais l'intérêt doit être distingué ici de la signification que le terme peut avoir par référence à une cité marchande où il constitue la propriété qui permet aux êtres d'accéder, par le sacrifice de l'attachement singulier, à la généralité de la grandeur. A l'inverse, dans le relativisme critique, la réduction aux intérêts sert à suspendre la référence à la grandeur et à contester la réalité de toute forme de sacrifice.

Les sciences sociales sont, aujourd'hui, souvent invoquées par les acteurs pour asseoir des positions relativistes, quand ils sont en mesure d'accéder à cette ressource. Ce détour n'est pas dépourvu de tout fondement. C'est en effet dans la posture critique adoptée par Nietzsche et transportée, notamment à travers l'œuvre de Max Weber (Fleischmann, 1964), dans la pratique des sciences sociales, que l'on trouve l'expression la plus systématique des questions que soulève la possibilité donnée aux personnes de relativiser. Le thème du « nihilisme » peut à la fois servir à révéler l'état misérable auquel est réduit un monde privé de valeurs, ce qui suppose, même implicitement, l'espoir d'une restauration des valeurs (« les fins manquent; il n'est pas de réponse à cette question : à quoi bon? » Nietzsche, 1948, vol. 2, p. 43, fragment de 1887), et être utilisé comme une procédure critique pour s'établir dans une position affranchie de la tyrannie des valeurs, en retournant les valeurs les unes contre les autres : « Toutes les fins sont anéanties : les jugements de valeurs se retournent les uns contre les autres » (Nietzsche, 1948, vol. 2, p. 51, fragment de 1881-1882). Cette figure se rapprocherait de la dénonciation (on prend appui sur un principe contre un autre) si la référence à chacune des valeurs n'était subordonnée à un projet critique qui entend les dépasser toutes. Les valeurs sont rendues relatives par le rapprochement de dénonciations contraires dont la réunion dans un même corps de textes vise à faire chuter toutes les grandeurs dans la misère et à dévoiler la vanité d'un bien commun quel qu'il soit. Tout sacrifice n'est que le travestissement d'un intérêt : « Nous suivons notre *goût*, et c'est ce que nous appelons en termes nobles le devoir, la vertu et le sacrifice » (Nietzsche, 1948, vol. 2, p. 121, fragment de 1881-1882). L'équivalence étant établie par la volonté de persister dans l'être, il est alors possible d'esquisser une économie générale des formes de reconversion de ce commun appétit de pouvoir : « En réalité on agit avec " désintéressement " parce que c'est à cette *seule* condition que l'on peut encore exister; on a pris l'habitude de penser à l'existence des autres plutôt qu'à la sienne propre (par exemple le prince à celle de son peuple, la mère à celle de son enfant, parce que sans cela le prince n'existerait plus en tant que prince, ni la mère); ce qu'ils veulent tous, c'est conserver leur sentiment de puissance, même s'il exige des attentions perpétuelles et d'innombrables sacrifices en faveur de leurs subordonnés » (Nietzsche, 1948, vol. 2, pp. 120-121, fragment de 1881-1882).

Le recours à un équivalent général est nécessaire parce que le relativisme le plus conséquent ne peut se soustraire aux contraintes qui pèsent sur la relativisation sans tomber dans un nihilisme radical et autodestructeur, puisqu'il se condamnerait lui-même au silence, qui n'est jamais complètement réalisé dans le nihilisme philosophique ou politique. Une fois accomplie la mise en perspective critique de toutes les valeurs, le relativisme est donc à son tour sommé de se fonder et de se justifier, ce qui l'amène à sortir de sa logique propre soit en régressant vers la dénonciation, qui va chercher un autre principe de grandeur, soit (et les deux opérations ne sont pas incompatibles) en s'orientant vers la recherche d'un nouveau principe. Le relativisme critique peut ainsi basculer dans l'indignation qui prend appui sur une grandeur pour dénoncer la misère des vanités illusoires. Chez Nietzsche, la grandeur de l'opinion est souvent critiquée par la grandeur inspirée : « De nos jours ce n'est que par leur écho que les événements acquièrent de la " grandeur " – par l'écho des journaux ! » (Nietzsche, 1948, vol. 2, p. 63, fragment de 1882-1884). Le relativisme peut aussi s'orienter vers la reconstruction d'une cité par la transformation de la force, comme équivalent général sous-jacent, comme maître absolu libéré du fardeau de la justification et purement affirmatif, en une grandeur véritable destinée à faire reconnaître sa vocation universelle à ordonner les êtres de la façon la plus juste, ce qui réinstaure l'horizon d'un bien commun : « Ce qui détermine le rang, ce qui distingue le rang, ce sont uniquement des quantités de puissance, et rien d'autre » (Nietzsche, 1948, vol. 2, p. 195, fragment de 1887). La fondation de cette cité, dans laquelle la justice sera « la vitalité de la vie même », n'est pas achevée, sans doute partiellement en raison d'une réticence à admettre le principe d'une humanité commune (associé au judaïsme et au christianisme et traité comme une expression de la morale du ressentiment et comme un moyen d'oppression des grands par les médiocres) ce qui conduit à fixer les personnes dans des états de grandeurs (obstacle déjà rencontré à propos des tentatives pour fonder sur l'équivalence biologique, une cité hygiénique).

Violence et justification

Mais il reste une troisième possibilité. A défaut de retomber sur un bien commun, le relativisme peut encore chercher à faire alliance avec la science, comme le suggère, dans le fragment cité plus haut, la référence à la quantité de puissance. Soit cette quantité n'est pas mesurable, et cela introduit une contradiction dans les termes, soit on peut en donner une mesure, ce qui est cohérent avec le projet de faire de la force un équivalent général, et il faut fixer des règles de méthode permettant l'établissement de cette mesure de façon à la rendre objectivable en la détachant des personnes [2]. La réduction aux intérêts constitue ainsi le moment critique du positivisme où la science s'autonomise par rapport aux valeurs. Mais elle ne peut constituer la totalité de l'activité scientifique qui, pour faire la preuve de sa validité, doit prendre prise sur le réel, faire des prédictions et dépasser le réductionnisme de l'intérêt singulier. Si chaque être est dominé par son intérêt propre, ces intérêts sont incommensurables et il en découle un ordre chaotique dont on ne peut rien dire. La science est donc obligée de spécifier l'intérêt par une contrainte supplémentaire et de le soumettre à une détermination qui en précise la direction. Cette contrainte se distingue des principes de la philosophie politique en ce qu'elle est traitée comme une détermination agissant sur les individus sans réclamer une intervention de leur volonté. Cela vaut, par exemple, pour la distinction entre la conscience collective chez Durkheim et la volonté générale chez Rousseau ou encore entre la détermination par le marché en économie et le marché comme principe d'accord chez Adam Smith.

Cette distinction est particulièrement marquée lorsque l'on peut montrer que la contrainte à laquelle la science soumet l'intérêt est distincte des valeurs auxquelles les personnes font référence pour justifier leurs conduites. Mais outre qu'elles ne peuvent assurer leur propre fondement, critique qui leur a été souvent adressée [3], les sciences de l'homme qui ont tiré profit de cette alliance et qui ont pris appui sur le relativisme pour s'affranchir de l'autorité des valeurs (et, notamment, pour se détacher des disciplines juridiques), ne peuvent plus reconnaître la nécessité pour les hommes d'asseoir leur accord sur un bien commun et d'en fonder la légitimité sur une métaphysique. Ce qu'il y a de plus spécifique dans leur objet tend par là à leur échapper. Non qu'elles puissent fermer les yeux sur les métaphysiques de l'accord qui soutiennent les justifications des personnes. Mais embarrassées pour les développer dans une science, elles les externalisent comme savoirs indigènes illusoires. Elles ne peuvent plus ressaisir l'impératif de justification que dans un dévoilement et sous la forme d'une illusion ou d'une tromperie, comme le montrent, par exemple, les usages les plus fréquents du terme d' « idéologie ». Du même coup (et Max Weber lui-même est toujours ambigu sur ce point), l'étude de la contrainte de légitimité fait place à une analyse de la légitimation, non plus comme fondation nécessaire mais comme rationalisation, au sens de la psychanalyse, comme entreprise de licitation *a posteriori*, de transformation de l'être en devoir être, de validation par une retraduction normative de l'état de fait. La légitimation contribue par là à mettre en cohérence la conception sociologique de l'ordre social comme produit de régulations inconscientes et, d'autre part, comme expression d'une domination des forts sur les faibles. Elle est dévoilée comme arbitraire et donc, au moins implicitement, comme injuste, bien que l'absence de référence à un bien commun fasse obstacle à la clarification de l'injustice qui supposerait, en bonne logique, de pouvoir prendre appui sur un principe de grandeur fondant un ordre légitime et donc la sortie du relativisme.

Reprenant à son compte la question des conditions de possibilité d'un ordre politique sans recourir aux théories du contrat, contre lesquelles elle s'édifie, la sociologie classique construit des modèles visant à détacher les facteurs d'ordre et de stabilité des motifs et des causes invoqués par les acteurs. Ces modèles supposent l'existence d'un *inconscient* (Nisbet, 1984, p. 110), bien que ce schème souvent peu explicité n'accède pas à un statut proprement théorique, comme ce sera le cas, à la fin du siècle, à partir de traditions partiellement différentes et en prenant appui sur la biologie, pour la psychologie (Sulloway, 1981). Ces modèles, dans leurs formes les plus accomplies, intègrent des apports venus du durkheimisme et du marxisme dont les divergences les plus patentes – consensus ou conflit – estompent les liens profonds dus, notamment, comme l'a montré Pierre Ansart (Ansart, 1969), à une commune influence saint-simonienne. Les personnes sont présentées comme incohérentes (et donc comme petites), parce qu'elles justifient rationnellement leurs conduites au nom de motifs apparents et fallacieux (prénotions ou idéologies) alors qu'elles sont déterminées, en fait, par des forces cachées mais objectives. L'ordre est maintenu par une tromperie (aliénation, croyance) qui, sans être imposée par la force des armes, relève pourtant de la violence. Cette tromperie garantit la stabilité de l'ordre social qui va de soi et n'est remis en question qu'exceptionnellement. Le sociologue fait œuvre de savant en tant qu'il n'est, lui, pas dupe, et qu'il sait dévoiler le caché sous les fausses apparences, conformément à l'axiome selon lequel « toute science serait superflue si l'apparence et l'essence des choses se confondaient » (Marx, 1950, Livr. III, p. 96.). Le schème de l'inconscient apporte une solution originale à la question de la mise en ordre parce qu'il permet de concevoir la contrainte sous la forme d'une puissance indissociablement extérieure et intérieure à la personne, comme une extériorité intériorisée : une force qui, si elle devait s'imposer de l'extérieur se manifesterait comme violence, vient habiter les personnes, les contraindre de l'intérieur, déterminer leurs conduites en épousant les contours de leur volonté. Elle tend à estomper la différence entre la violence physique et les autres formes de contraintes et, à la limite, à traiter sur un pied d'égalité toutes les déterminations, qu'elles soient ou non justifiables. L'explication générale par les « rapports de force », expression éminemment ambiguë puisqu'elle associe le recours à la violence et la référence à un principe d'équivalence nécessaire pour mettre en « rapport », ne fait plus place aux justifications que les personnes donnent de leurs actions. Pourtant, le caractère fallacieux des interprétations que se donnent les gens ne peut être expliqué par une incapacité à connaître la nature cachée des phénomènes, par un aveuglement naturel puisque, dans les cas étudiés par les sciences sociales, les systèmes qui assurent la régularité des causes sont du même ordre que les motifs invoqués par les personnes elles-mêmes (la valeur du travail, l'éducation familiale, la solidarité collective, etc.). Les personnes sont d'ailleurs créditées par les théories qui subordonnent l'entreprise scientifique à un principe de non-conscience, de la capacité à perdre leurs illusions et à prendre conscience de la réalité lorsqu'elle leur est dévoilée par la science.

Prendre au sérieux les justifications des personnes et les métaphysiques de l'accord sur lesquelles elles se fondent constitue la condition d'une science sociale rigoureuse, parce que cette exigence fait peser une contrainte sur l'interprétation. Or, cette interprétation est menacée d'arbitraire lorsqu'elle traite de la même façon toute appréciation et qu'elle se donne ainsi comme objet un univers infini de « représentations » ou de « valeurs », ou encore lorsqu'elle s'incline devant la spontanéité de la pratique, le caractère anarchique de la réalité ou l'imprévisibilité des associations livrées au hasard des rencontres entre forces. En posant la contrainte d'un impératif de justification, le modèle présenté ici ne vise évidemment pas à ignorer que les personnes peuvent s'y soustraire par la violence et la tromperie, mais il permet précisément d'identifier les passages à la violence ou les régressions dans l'insignifiance, de discriminer les situations orientées vers la justification des situations de domination ou de contingence et, en dégageant les contraintes générales auxquelles doit satisfaire un principe pour pouvoir être mis en œuvre dans un jugement, de distinguer les justifications acceptables des rapprochements inacceptables. Il se veut par là en adéquation avec la compétence que mettent en œuvre les personnes elles-mêmes pour asseoir leur concorde ou mener leurs disputes. C'est précisément la capacité du modèle de limiter et de spécifier les objets à traiter et, particulièrement, sa focalisation sur les situations d'épreuve au détriment des circonstances contingentes, qui ouvre la possibilité d'enregistrer des faits nouveaux dont la pertinence ne peut être dégagée à partir de cadres d'analyse centrés sur la violence, et de décrire les opérations de justification, de dénonciation ou de compromis en échappant au va-et-vient entre le relativisme désillusionné et l'accusation pamphlétaire. C'est en effet dans les situations d'épreuve, ou dans les situations préparées pour l'épreuve, que les personnes mettent en œuvre leur faculté de jugement parce que ces situations doivent être cohérentes pour qu'un accord puisse se faire sur le résultat de l'épreuve.

POSTFACE

VERS UNE PRAGMATIQUE DE LA RÉFLEXION

Le modèle de justification dont on vient de présenter les grandes lignes ne prétend pas rendre compte des conduites des acteurs dans l'ensemble des situations auxquelles ils peuvent être confrontés. Les nombreux travaux empiriques prenant appui sur ce modèle (Boltanski, Thévenot, ed., 1989) en ont fait voir la pertinence pour l'analyse des opérations de justification qui sont au cœur de la dispute, tout en montrant la nécessité d'ouvrir le cadre pour accéder à des conduites moins directement affrontées à un impératif de justification. En effet, les moments de dispute constituent des interruptions dans des actions menées avec d'autres personnes; ils doivent donc être resitués dans un cours d'action qui, en amont et en aval du moment du jugement, se déroule en dehors des contraintes fortes de réflexion et de justification que nous avons examinées. La suite normale du programme, qui fait l'objet de nos travaux actuels, consiste donc à porter attention à des configurations dans lesquelles le poids de la justification ne se fait pas sentir de la même manière, soit parce que l'acteur n'a pas à affronter la critique et l'exigence d'argumenter sur ce qu'il fait, soit même parce que l'exigence de justification risquerait de faire basculer des relations pacifiées dans la discorde.

La place de la justification dans l'éventail des actions

Cette investigation a consisté, dans un premier temps, à explorer les limites du cadre en recherchant des situations éloignées de celles à partir desquelles il avait été établi, et donc à faire jouer le modèle de la justification dans des cas ne comportant pas toutes les spécifications de la critique (Thévenot, 1989 b). Ainsi, des exigences proches de la justification peuvent peser sur une conduite individuelle, en dehors d'une controverse avec d'autres, lorsque se manifestent des contraintes de cohérence et de contrôle. L'effet d'une résistance rencontrée dans l'action menée, comparable à celui d'une objection exigeant réponse, rappelle par là le cycle de la critique et de la justification. Des actions n'impliquant pas le concours d'autres personnes, et qui ne semblent donc pas affrontées à des contraintes d'accord, ne peuvent pourtant être décrites sans faire intervenir des épreuves de coordination entre différents états d'une personne. Sans comporter de justification au sens où nous l'avons entendu jusqu'ici, la coordination entre les actions d'un même individu suppose donc un retour de l'acteur sur son action et une épreuve de cohérence (Thévenot, 1990 a). Les mêmes recherches montraient, d'autre part, que plusieurs personnes peuvent coordonner leur action sans pour autant présenter des exigences de contrôle commun de l'accord comparables à celles que nous avions décrites en terme d'impératif de justification. Enfin, des observations de terrain faisaient apparaître des abandons de dispute sans que l'on puisse repérer un retour à l'accord reposant sur une argumentation générale et sur des opérations de mises en équivalence fournissant des points d'appui solides pour asseoir le jugement.

La stratégie adoptée fut de ne pas aborder ces configurations nouvelles en ignorant les acquis des travaux antérieurs, mais de chercher jusqu'où elles s'accommodaient des contraintes que nous avions spécifiées, dans le modèle des *Économies de la grandeur*, à partir de situations de justification. L'analyse des étapes qui précèdent ou suivent la justification nous a amené à analyser, en amont du jugement, des moments de l'action où le désaccord n'est pas déclaré, sans qu'on puisse pour autant dire que les gens s'accordent puisqu'il n'y a pas eu jugement. En examinant comment les personnes se dirigent vers le jugement, nous avons attaché une attention particulière à la façon dont les écarts par rapport à des attentes sont réparés au fur et à mesure, sans passer par une dispute interrompant le cours d'action, ni même, par conséquent, par une remontée en généralité faisant porter l'attention sur les équivalences (Thévenot,

1990 a). Cette analyse nous a conduit, d'autre part, à nous intéresser, en aval, aux suites du jugement et aux modalités d'apaisement et d'abandon de la critique nécessaires pour arrêter la dispute (Boltanski, 1990).

En deçà du jugement : l'anicroche et le retour sur l'action qui convient

Sans développer ici une pragmatique de la réflexion qui fait l'objet de recherches en cours, on peut suggérer quelques configurations principales, en partant de moments de moindre réflexivité qui se situent en deçà du jugement, puis en revenant sur la tension de l'arrêt du jugement, pour examiner enfin des possibilités d'abaisser cette tension par la diminution de la distance réflexive.

Pour étudier la façon dont les acteurs s'orientent vers le jugement dans un cours d'action, nous adoptons un point de vue sur l'action qui privilégie le moment réflexif de retour sur ce qui s'est passé, ou d'interprétation de ce qui est en cours. Nous limitons les interrogations concernant les intentions ou les croyances à l'analyse de la quête à laquelle procèdent les personnes elles-mêmes, notamment lorsqu'elles se livrent à un procès d'intention. Nous conservons ainsi la position de méthode adoptée pour étudier les justifications dans les disputes qui consiste, comme on l'a vu, à suivre au plus près les mouvements des acteurs sans se donner les facilités d'une approche surplombante et, par conséquent, sans en rajouter sur les opérations auxquelles ils se livrent. Notre intérêt pour le jugement ne s'inscrivait pas dans une réflexion critique sur les catégories de la connaissance, mais partait d'une analyse des disputes et conduisait donc à une pragmatique. De même, notre attention au retour réflexif doit prendre appui sur la façon dont les acteurs en viennent à opérer ce retour.

L'entrée dans l'action par le moment du retour interprétatif n'est pas biaisée par l'importance que nous avons attachée – aux étapes antérieures de la recherche – à la justification. Elle constitue une entrée raisonnable, dans la mesure où elle tient compte des limites auxquelles les acteurs sont astreints pour identifier les actions des autres et leurs propres actions. Or, la connaissance des acteurs ne peut se former qu'à l'expérience de l'échec, c'est-à-dire dans la rencontre de quelque chose qui cloche, dans la découverte d'une anicroche. Pour accéder au retour réflexif, il faut donc s'intéresser en priorité aux anicroches qui conduisent l'acteur, même en dehors de la présence d'autres êtres humains et *a fortiori* s'il est engagé dans une action commune avec eux, à expliciter des attentes à l'égard des choses ou des personnes impliquées. On se retrouve donc là face à une relation qui rappelle celle du jugement, entre une attente insatisfaite et la nécessité d'identifier les êtres sur la capacité desquels on doit pouvoir compter pour réaliser une action qui convienne.

Il reste que le retour réflexif dans le cours d'action ne repose pas sur l'usage du langage à l'œuvre dans le jugement, qui suppose de rendre compte d'un état de fait dans un rapport. A la différence du rapport, le retour réflexif n'a pas pour contrainte de concentrer l'état de fait sous une forme telle qu'il puisse être transporté sans entraîner à sa suite le cortège de circonstances vers lequel il pointerait. Les désignations des êtres peuvent rester floues et locales, du moment qu'elles servent ici et maintenant à saisir l'anicroche. Elles sont faiblement contrôlées dans leur relation aux référents, et amplement épaulées par des actes d'ostension. La question d'une qualification commune n'est pas posée, et la nécessité ne s'impose pas d'en passer par des grandeurs légitimes pour appréhender les personnes. Le cours de l'action peut être modifié par l'un ou l'autre des acteurs engagés sans que se manifestent pour autant une exigence d'accord sur l'incident, ni une identification des défauts permettant de généraliser l'incident et d'en tirer les conséquences. Dans cette configuration, les acteurs ne disposent d'aucun moyen pour s'assurer de la conformité des interprétations effectuées par les différents protagonistes. C'est précisément l'explicitation des divergences d'interprétation qui va ouvrir la voie à d'autres possibilités que nous allons examiner maintenant.

De l'emportement à la crise

Quand l'anicroche n'est pas réparée, on peut chercher à la réduire en redressant en force le cours d'action, sans examiner les circonstances, au risque de l'emportement. Dans l'urgence d'une intervention dans le cours d'action, le moment de délibération préalable à la formation d'un jugement commun est escamoté. A sa place est prise une option qui, n'étant pas explicitée, ne fait pas l'objet d'une qualification partagée. Elle s'exprime dans l'emportement et jaillit comme une invective. L'émotion caractéristique de cet instant répond à la tension créée par l'impossibilité de délibérer. Elle saisit l'acteur dans un geste qui s'impose et qui est accompli sans possibilité de retour ou de réflexion.

Si, à la suite d'une anicroche, le raccommodage a échoué, c'est-à-dire n'est pas parvenu à faire taire les interprétations divergentes, les acteurs ne peuvent donc échapper à la violence qu'en s'engageant dans la formation d'un jugement commun. Différent aussi bien du raccommodage que de l'emportement, l'opération de jugement suppose de suspendre les actions antérieures et de se consacrer à un procès. Pour comprendre la tendance à l'emportement, il faut prendre la mesure du coût de la réduction d'interprétations divergentes par la délibération, possibilité que nous avons examinée dans les *Économies de la grandeur* et sur laquelle nous reviendrons dans un instant. Le passage au débat entraîne en effet un bouleversement profond parce que l'accès à l'espace de la délibération interne ou publique suppose d'interrompre l'action en cours qui, par définition, engage l'avenir en s'orientant vers un changement de l'état du monde.

Avec le passage au débat, va se manifester le désaccord que les tensions dans le cours de l'action ne suffisaient pas à faire apparaître puisque des jugements divergents n'étaient pas exprimés. Il s'ensuit une crise qui accompagne l'arrêt de l'action. On a choisi de retenir dans le concept de crise, non pas le tableau d'un chaos créé par des acteurs suivant chacun leur propre chemin sans aucune recherche de coordination, mais des moments dans lesquels les partenaires s'accordent sur la nécessité commune d'établir la réalité. C'est seulement alors que l'on peut parler d'incertitude, notion qui n'aurait pas sa place dans la confusion des actions chaotiques. L'effort commun pour réduire l'incertitude sur une réalité conduit à des qualifications qui portent en elles des assurances sur l'avenir. Il exige de ne pas s'engager immédiatement dans une intervention qui, accomplie isolément, apparaîtrait comme un recours à la violence. La crise est donc un moment paradoxal où, à la différence du moment de l'action, la question de l'accord sur la réalité occupe tous les esprits mais où, en l'absence de réalisation dans un présent rempli par des engagements et des attentes, le sens de la réalité fait défaut. En effet, dans l'accord, la réalité prend la forme d'un tableau d'objets dotés de capacités générales, tandis que, dans la réalisation, elle consiste à faire face à des choses présentes. En situation de crise, ces deux modalités sont suspendues. Les personnes ne sont plus affrontées à la présence localisée de choses à faire sans délai, sans pouvoir encore prendre appui sur la réalité d'un jugement commun. Elles sont donc amenées à soutenir en personne des jugements visant à une validité générale. Elles courent par là le risque de s'abîmer dans cette sorte d'irréalisme dans lequel se trouve abolie la différence entre le local ou le personnel et, d'autre part, le général ou l'universel. L'irréalisme pathologique de la folie des grandeurs ou du délire paranoïaque apparaît particulièrement lorsque les acteurs éternisent le moment de crise en relançant continuellement des interprétations qui jettent un soupçon sur la réalité. En effet, l'interruption de l'action dans la crise n'est acceptable que si les acteurs manifestent une bonne volonté dans la recherche d'une convergence. Pour n'être pas pathologique, la délibération doit être orientée vers la clôture sur une décision cohérente avec les arguments mis en œuvre.

Le moment de vérité du jugement

La délibération orientée vers le jugement est soumise à la fois à des contraintes argumentatives qui sont celles du procès-verbal, et à l'obligation d'asseoir les arguments sur des preuves en procédant à des constats qui visent à rétablir la réalité ébranlée par la crise. Le statut du langage dans le jugement s'ajuste aux exigences rhétoriques de l'argumentation et à celles de la quête scientifique de la vérité. La prise en compte des opérations argumentatives mène à l'examen des contraintes de légitimité et de cohérence que doit satisfaire le jugement pour se clore en s'inscrivant dans un procès-verbal. C'est précisément la dimension argumentative de la justification qui est rationalisée par la philosophie politique, les théories de la justice, et la rhétorique quand elle conserve ses attaches avec les disciplines normatives. Ce qui compte dans cette optique est de fonder une décision, non comme une simple adaptation aux circonstances mais en lui donnant une portée générale qui permette d'en transporter la validité en un autre temps et un autre lieu. La clôture de la décision et l'arrêt accepté de l'enquête importent plus dans le moment du jugement que la prise en compte de la façon dont il lui sera donné suite dans la reprise de l'action. En refermant l'action sur une décision, on se place dans un espace de délibération où s'échangent des arguments dont la cohérence logique est seule en cause.

Mais le jugement ne comprend pas seulement les aspects argumentatifs de la communication. C'est aussi le moment de vérité où les acteurs, pour faire valoir leur position, doivent qualifier les êtres présents, rendre patent ce qu'ils sont et passer de la cohérence argumentative à l'épreuve des faits. Les opérations de preuve obligent à être attentif au rapport que le procès-verbal entretient avec la réalité, et à privilégier un usage référentiel du langage. La réalité doit être représentée dans le procès-verbal qui produit un rapport contrôlé des faits et les enregistre dans une forme détachée des contingences locales permettant leur transport au-delà des limites de la situation, en toute indépendance à l'égard de la qualité de celui qui énonce ou transmet le jugement. Or cette délimitation en commun de ce qui est engagé ne s'impose pas dans toutes les formes d'action. C'est seulement lorsqu'elle est à l'œuvre qu'apparaissent des configurations correspondant au concept de situation. La dynamique du procès avec ses critiques, ses mises à l'épreuve et ses relances de l'enquête, dessine des situations et contribue à l'objectivité des êtres qui ont été engagés au titre de preuves. Le jugement, pour se référer à des faits, doit appréhender dans les êtres ce qui dépasse l'action immédiate et leur assure une subsistance. C'est pourquoi l'identification de la situation demande un arrêt de l'action afin d'en dégager la pertinence.

La tension du jugement et la qualification des personnes insaisissables

En problématisant la question de l'arrêt du jugement, on met en lumière la tension interne qui pèse sur le sens du juste quand on passe d'une construction soumise à la contrainte d'un jugement bien formé à l'intégration du jugement dans le cours de l'action. Pour rencontrer cette tension, il faut se préoccuper des suites pragmatiques du jugement et anticiper la remise en présence des personnes dans une action commune. Elle n'est pas visible lorsque le jugement est saisi au moment où il s'arrête sur le procès-verbal de l'épreuve et donc sur des qualifications générales des personnes.

Cette tension peut être schématiquement décrite de la façon suivante. La résolution de la dispute dans l'épreuve suppose une qualification des capacités des personnes sous un rapport déterminé, c'est-à-dire dans un monde, et dans un état de grandeur qui permet la convergence des attentes. Le jugement fixe ainsi la relation de la capacité à l'acte. Mais, comme l'a montré l'explicitation du modèle de la cité, le sens du juste n'accepte la qualification que sous réserve d'un non-attachement des grandeurs aux personnes. Comme on l'a vu, ce modèle vise à concilier deux exigences difficilement compatibles : une exigence d'ordre nécessaire pour rendre possibles des actions avec d'autres qui ne soient pas des disputes et, d'autre part, une exigence de commune humanité. La référence à une égalité fondamentale entre les êtres humains interdit de les hiérarchiser définitivement par une qualification, quelle qu'elle soit, qui déferait l'humanité en conduisant à un continuum du plus au moins humain. Des propriétés attachées en permanence aux êtres permettent bien de construire des attentes. Mais elles font obstacle à la conception d'une humanité commune, de même qu'à la reconnaissance d'une incertitude qui définit en propre l'action des personnes humaines.

Lorsque l'on réinsère le jugement dans une suite d'actions, l'une des conséquences de l'exigence de non-attachement s'exprime dans la nécessité de laisser toujours ouverte la possibilité d'une nouvelle attribution de grandeur, au moyen d'une nouvelle épreuve dans laquelle se rejoue la mise en relation des états-personnes et des états de chose. C'est en effet à l'épreuve des choses que les capacités des personnes se révèlent. Mais cette possibilité suppose également que les états-personnes ne puissent se confondre avec les personnes. On passe ainsi d'une approche de la commune humanité centrée sur l'impossibilité d'une hiérarchie essentielle et sur l'égalité – qui est partagée par les philosophies politiques du bien commun et par les théories de la justice – à une approche orientée vers le caractère insaisissable des personnes et l'impossibilité de les enfermer dans une qualification résumant la connaissance de leurs capacités. La tension entre les deux exigences du modèle de cité (ordre et commune humanité) est ainsi au cœur de la relation entre l'arrêt du jugement et ses suites.

En replongeant le jugement dans l'action, on voit donc réapparaître la difficile compatibilité entre les deux exigences d'ordre et de commune humanité, que la construction formelle du bien commun permet d'apaiser. L'exigence de qualification doit s'intégrer à une ontologie de la personne qui reconnaît à la fois la subsistance d'un être entre les actes – ce qui suppose une puissance rendant possible la qualification dans le jugement – et le caractère inépuisable, et par là inconnaissable en totalité, des puissances de la personne, ce qui limite considérablement la possibilité de prendre appui sur un jugement pour établir la façon dont on peut se comporter avec les autres. L'arrêt du jugement résulte d'un travail rétrospectif d'enquête pour qualifier ce qui s'est passé et est orienté vers la stabilisation des attentes mutuelles, puisqu'il dessine les capacités pour l'avenir. Il est par là confronté à l'accusation de chercher à résorber complètement les personnes inépuisables dans la qualification de leur état.

C'est la possibilité toujours ouverte de cette accusation et la connaissance commune d'une impossibilité d'interrompre une fois pour toutes l'enquête qui confèrent à l'arrêt du jugement son caractère conventionnel, au sens où chacun sait que les qualifications ne peuvent ni résumer la totalité de l'action passée ni embrasser toutes les potentialités des actes à venir.

Le jugement entre le pouvoir et l'oubli

Un jugement entré dans les faits porte en lui le risque d'être dénoncé comme perpétuant de façon abusive un état passé de l'épreuve en réduisant les personnes à leur qualification et en les enfermant dans les limites de rapports de grandeur établis. C'est ce jugement installé dans les faits que désigne le terme de pouvoir dont l'acception est toujours dénonciatoire. Le passage dans les faits suppose que les personnes puissent être confondues avec les capacités que le jugement a qualifiées, et donc que leurs actions puissent être contrôlées soit directement, ce qui renvoie à la force et à la violence, soit indirectement par le dispositif d'objets qui les enserre. La dénonciation du pouvoir ne vise pas seulement l'enfermement des personnes dans un dispositif d'objets sans marge de tolérance, où leur action est réduite à celle d'agents passifs. Le pouvoir peut encore être dénoncé dans des formes plus insidieuses. Ainsi, même si une action est confrontée à des épreuves, la misère des objets disponibles peut empêcher la manifestation de la grandeur des personnes, ce qui éternise les conséquences d'une épreuve passée. Dans ce cas de figure, l'infériorité n'est plus clairement le résultat d'un arbitraire disciplinaire. Bien au contraire, elle est inscrite dans un jugement commun auquel ne peut échapper la personne elle-même puisqu'il fait sans arrêt l'objet d'une vérification. Les comportements des êtres humains dans cet état ne correspondent plus au langage de l'action mais peuvent être décrits sans dommage dans le langage des forces. Les équivalences nécessaires à la généralisation de la description en termes de lois sont alors assurées.

Le pardon offre une figure opposée d'arrêt de la dispute, dans laquelle la qualification des capacités est abandonnée. Dans le pardon, l'attention va en effet se détacher de l'évaluation, qui suppose la mise en œuvre d'équivalences, pour se centrer sur une approche singulière des personnes. Le mouvement du pardon ouvre la possibilité d'un oubli qui permet d'échapper au travail de totalisation des actions passées nécessaire au jugement. A la différence de ce qui se passe dans le jugement, l'arrêt de la dispute que permet le pardon ne fonde pas des attentes qui supposeraient la référence à des capacités qualifiées et, par conséquent, à des équivalences. Plus sûrement que le jugement, le pardon marque un arrêt net de l'enquête en la disqualifiant. Le pardon défait les opérations de rapprochement nécessaires au jugement et renonce à la mise en perspective et à la totalisation des actions passées. L'expression du pardon dans l'émotion repousse l'usage du langage qui porte toujours la menace du rapprochement et, particulièrement, du langage à l'œuvre dans le procès-verbal orienté vers l'épreuve de vérité. La référence à des objets n'a plus sa place puisqu'elle porte en elle l'équivalence impliquée dans l'identification des objets et l'épreuve pour les mettre en valeur. Enfin, le pardon ne peut s'exercer que dans la présence des personnes et n'est donc pas généralisable. L'action reprend donc après le pardon sans que les conséquences de la crise n'aient été tirées et sans que soient mis à profit les enseignements apportés par l'enquête et, éventuellement, par le jugement.

L'usage humain du jugement et la tolérance dans l'action

Le rapport humain au jugement consiste à ne pas résorber l'inquiétude en arrêtant l'appréhension des personnes sur ce moment. Il suppose d'accepter, dans la suite de l'action, la tension entre la qualification des états-personnes et la construction de la notion de personne comme être irréductible à ses qualifications. Cette posture se réalise dans le fait de ne pas traiter toute action comme épreuve, c'est-à-dire de rester dans l'action sans se préoccuper sans cesse de sa conformité au jugement. Cela demande une tolérance aux écarts traités comme s'ils ne tiraient pas à conséquence. La tolérance n'est donc pas abordée ici comme une conduite morale, mais comme une exigence pragmatique. Sans elle, le retour à l'action est contrarié. Soit on reste dans une perspective permanente de jugement manifestée par un soupçon ce qui, en empêchant de prendre part à l'action, rejoint l'anxiété paranoïaque mentionnée plus haut. Soit encore, s'engageant dans l'action, on cherche à réaliser un dispositif d'objets rigoureusement conforme au jugement, en faisant de toute action une épreuve. C'est le cas, par exemple, dans la conception de la chaîne de montage. La coordination y est à ce point calée sur des instruments aux capacités rigourcusement définies que tout écart est immédiatement visible comme une défaillance et interdit que ses conséquences sur les autres puissent être réparées par des corrections. Du point de vue de la morale, par rapport à la figure du pardon, cette tolérance pragmatique est comprise dans la patience. Retardant le moment de l'épreuve, elle écarte la volonté de connaître qui pousse à l'enquête et porte au jugement.

La tolérance permet de comprendre la position dans laquelle les acteurs portent le poids de la correction isolément, sans la mettre au jour par une remarque ou une excuse. C'est seulement lorsqu'on ravive les activités de cumul et que, perdant patience devant une succession d'incidents mis en série, on rapproche la défaillance de défaillances antérieures, que l'on glisse vers une interrogation, qui reste d'abord privée, sur les capacités des personnes (« ça ne peut plus durer, c'est un incapable »).

Le modèle d'action vers lequel nous nous orientons, qui rapproche les exigences de la pragmatique et de l'éthique, permet d'éviter une réduction de l'éthique à la question du jugement en portant attention à la façon dont les gens traitent la tension entre l'exigence d'un jugement bien formé, qui va absorber les personnes dans des états-personnes, et les exigences des personnes réclamant que soit laissé ouvert leur champ d'action. Une action humaine qui renoncerait à l'épreuve et se passerait du jugement peut être considérée comme utopique, mais un cours d'action constamment contrôlé et généralisé sur le mode de l'épreuve serait proprement inhumain. Une pragmatique de la réflexion doit rendre compte du passage entre des moments d'engagement dans l'action et d'abaissement de la réflexion, qui se manifestent dans la tolérance ou l'accommodement local et qui peuvent aller jusqu'à l'oubli du pardon, et des moments de retour de l'action sur elle-même dans la crise et de fixation de la réalité dans le procès-verbal.

La connaissance de l'action

La crise et sa clôture dans un procès-verbal, qui nous ont servi de point d'entrée pour construire le modèle de la justification, offrent une voie d'accès vers l'analyse de l'action qui permet d'éviter les problèmes de l'introspection dans des intentions non manifestes ou de l'objectivation mécaniste dans des systèmes réglés. En effet, la crise et le jugement sont les occasions dans lesquelles les acteurs exposent et déploient verbalement leur action. Ils cherchent alors à généraliser et à constituer des faits au moyen du langage et en font par là un usage qui se rapproche de celui de la science. Lorsque les acteurs sont dans le procès, ils se livrent eux-mêmes au travail d'enquête et d'imputation des intentions qui met en œuvre les catégories de l'analyse de l'action. C'est pourquoi la stratégie de recherche consistant à prendre appui sur un moment d'épreuve et d'explicitation nous a semblé particulièrement opportune. S'interrogeant sur la réalité et éprouvant ce qui se tient, les acteurs écartent des phénomènes contingents au profit de ce qui peut valoir en général, en rendant apparents les liens qui unissent le local au global. Considérant l'action avec une distance objective et dans une visée de vérité, ils vont mettre en œuvre des langages de description qui donnent prise à la saisie par les sciences sociales. C'est donc dans les moments d'inquiétude orientés vers le jugement, où s'affrontent plusieurs réalités, ou dans le moment de vérité du jugement qui redonne corps à la réalité, que la transposition de la pratique des acteurs dans un exposé scientifique supporte les risques de déformation les plus faibles. Mais, en s'arrêtant sur la justification, ne risque-t-on pas de s'éloigner, comme les personnes qui s'y livrent, des contraintes de l'action?

Ce détour est pourtant nécessaire car c'est seulement en se concentrant sur le moment de la justification que l'on peut entreprendre une entrée sur l'action tenant compte de la place qu'y occupe le retour réflexif. Pour prolonger ainsi notre programme vers une pragmatique de la réflexion, nous nous sommes intéressés, notamment, à des moments du cours d'action caractérisés par une correction. Ces corrections font suite à la résistance d'un autre être qui ne répond plus aux attentes et prend par là un relief qui le détache sur le fond de l'action en cours. L'étude de ces moments peut bénéficier de l'analyse préalable de la justification parce qu'ils ont en commun avec le jugement de supposer un retour – ne s'agirait-il que d'une boucle courte – sur ce qui s'est passé. Ces retours prennent appui sur l'identification d'accidents de terrain qui sont des ébauches d'objets. En revanche, ces retours se distinguent des jugements étudiés dans les *Économies de la grandeur* en ce qu'ils ne sont pas soumis aux mêmes contraintes d'explicitation et de connaissance commune. Dans ces moments-là, les acteurs ne sont obligés ni de s'entendre sur l'objet de leur inquiétude ni même de partager une gêne. Cette différence de position est le point d'appui qui permet d'accéder à l'analyse des moments d'oubli et de pardon. En effet, ces moments de pardon et d'oubli sont indiscernables lorsque les personnes sont toutes dans une même disposition car, dans ce cas-là, la question de savoir dans quelle disposition elles se trouvent est indécidable. En revanche, ils font saillance et donnent prise à l'analyse lorsque les acteurs sont dans des dispositions différentes. Le décrochement entre les conduites de ceux qui se préoccupent d'une enquête et l'attitude de ceux qui rejettent l'investigation permet de repérer le travail de l'oubli et d'analyser les opérations qui lui sont nécessaires pour sortir de l'épreuve ou pour effacer les traces du jugement.

La démarche suivie, en prolongeant l'examen de la justification vers une analyse plus générale de la relation entre réflexion et action, permet d'échapper à une alternative classique dans les sciences de l'homme. Dans cette alternative, les approches qui ne s'intéressent aux conduites humaines qu'en tant qu'elles se ramènent à des décisions de la raison – traitées comme le seul objet permettant d'accéder à une vérité – sont opposées à celles qui, associant la réflexion à une rationalisation illusoire, se donnent pour projet un accès direct à la réalité de pratiques dont les raisons seraient méconnues des agents. Pour surmonter cette opposition il faut en effet l'extraire de l'espace des querelles doctrinales, où s'opposent des anthropologies incompatibles, et la comprendre dans le cours des activités humaines où elle est à l'œuvre. Les personnes doivent en effet, pour faire face au monde, procéder à un continuel va-et-vient entre la réflexion et l'action, en basculant sans cesse entre des moments de maîtrise consciente et des moments où l'appel du présent les embarque dans le cours des choses. L'étude de la faculté de juger et de la structure des jugements bien formés est, certes, indispensable à l'analyse du sens du juste. Mais elle ne l'épuise pas car elle laisse échapper la tension qui pèse sur le sens du juste quand il est mis en œuvre. Pour continuer à l'explorer il faut donc le suivre dans les opérations qui forment la trame de la vie quotidienne. L'élaboration d'un modèle dynamique devrait permettre de comprendre les séquences qui échappent jusqu'à présent à l'analyse, parce que les ruptures qu'elles impliquent confèrent une apparence chaotique au cheminement des personnes, de la réparation à la crise, de la tolérance à la dispute, du jugement à l'oubli.

15 janvier 1991

NOTES

II. Le fondement de l'accord dans la philosophie politique : l'exemple de la cité marchande

1. Pour qualifier les vertus qu'il prête aux systèmes, Smith use de termes qui expriment aussi bien leur capacité d'articulation, leur performance égale à celle des machines, que la grâce qui résulterait de leur adéquation à un but déterminé. « Les systèmes, à bien des égards, ressemblent à des machines. [...] Un système est une machine imaginaire, inventée pour relier, dans l'imagination, des mouvements effectifs dans la réalité » (*Astronomy*, IV, 19, cité dans Smith, 1982). « Il a été généralement observé et convenu que la propriété de toutes les parties d'un système ou d'une machine, pour arriver au but auquel on l'a destinée, répand sur elle un certain charme et une certaine grâce, qui la rend agréable à l'œil et même à la pensée » (*TSM*, p. 205).

2. Pour un examen des notions de « sympathie » et de « spectateur impartial » éclairant la relation entre les *Sentiments moraux*... et la *Richesse*... et soulignant le rôle de la sympathie comme « autorégulateur de l'harmonie sociale », voir Dupuy, 1987.

III. Ordres politiques et modèle de justice

1. L'acceptation ou le refus d'une mixité ou d'une composition de principes politiques différents est une question classique de la philosophie politique. Ainsi Bodin, dans la *République*, confrontant diverses espèces de républiques, examine la possibilité de mêler les bienfaits de l'« État aristocratique » à ceux de l'« État populaire ». Projetant l'opposition de ces deux principes de souveraineté sur la distinction d'Aristote (*Eth. Nic.*, V) entre justice distributive (qui devient la « proportion géométrique » dans l'« État aristocratique ») et justice corrective (la « proportion arithmétique » de l'« État populaire »), Bodin montre les mérites d'une situation intermédiaire caractérisée par une « proportion harmonique » et exemplifiée par la seigneurerie populaire de Venise (Bodin, 1987). Cependant, comme le souligne Mesnard, « le mixte n'est (dans cette perspective) pas un principe, un drapeau qu'on puisse planter hardiment sur des institutions. C'est bien plutôt une inscription de fait qui se dégage de la

prudence des gouvernants » (Mesnard, 1977, pp. 516-517). Pufendorf s'élève d'ailleurs, en se référant à Bodin, contre l'acception des personnes qui résulte de cette proportion harmonique et qui fait que l'on « traite inégalement ceux qui ont mérité la même punition » (Pufendorf, 1771, VII, III, § XXV, t. 2, p. 493). L'auteur de l'Abrégé de la *République* nous offre un bon exemple de la position opposée quant à la question de la mixité. Écartant comme « pure question de grammaire » le repérage des différentes espèces de républiques, il souligne que « la question intéressante pour le droit politique est de savoir si l'assemblage de deux ou trois (sortes de républiques) peut être avantageux, et mériter le nom de république bien gouvernée » comme « république composée ou mixte ».

2. Notons que des ordres qui ne satisfont pas aux axiomes du modèle de cité peuvent néanmoins comporter une formule de sacrifice et la possibilité d'une balance sur plusieurs vies. Nous n'avons pas compris dans notre champ d'étude de tels ordres qui supposent une réincarnation, non plus que les constructions théologiques qui reportent sur un état d'après la mort la charge balançant des actes commis au cours de la vie.

3. En France, la démographie, en particulier la « démographie qualitative », et secondairement la statistique administrative, furent les lieux d'un intense travail de composition de la valeur eugénique avec les grandeurs industrielle, civique et domestique, travail dont on peut retrouver des jalons dans la généalogie des enquêtes portant sur la qualité des personnes, depuis le projet de « recensement des enfants déficients en France », les enquêtes sur l'« état qualitatif » de la population, engagées par la Fondation française pour l'étude des problèmes humains, jusqu'aux enquêtes d'orientation professionnelle et de formation et qualification professionnelle de l'INED et de l'INSEE (Thévenot, 1990 b).

4. Ainsi que l'exprime Galton, « l'amélioration des dons naturels des futures générations de la race humaine est largement, bien qu'indirectement, sous notre contrôle » (Galton, 1972, p. 41), ce que résume L. March, eugéniste et directeur de la Statistique générale de la France (Desrosières, 1985), dans une formule évoquant plus nettement encore le bien commun : « La croyance eugénique étend la fonction de philanthropie aux générations futures. »

IV. Les formes politiques de la grandeur

1. La rédaction de la *Cité de Dieu* peut être située entre 410 et 420. Elle succède à la *Genèse au sens littéral*, rédigée entre 400 et 410. Elle est à peu près contemporaine des écrits sur la grâce, publiés à l'occasion de la polémique avec Pélage (cf. Marrou, 1957, p. 48).

2. La grandeur domestique, dénoncée pour faire valoir le détachement vers la grâce, fait l'objet d'un compromis lorsque saint Augustin s'emploie à justifier l'esclavage (« l'esclavage, fruit du péché », *CD*, 37, 121-126) qui ne peut être traité dans le cadre du modèle de la cité de Dieu. Après avoir ramené les esclaves dans l'humanité commune en remarquant qu'Isaac, prescrivant la circoncision « à tous, non seulement aux fils, mais aussi aux esclaves nés dans la maison ou achetés », « témoigne que cette grâce appartient à tous » (*CD*, 36, 277), saint Augustin établit, au Livre XIX, un compromis entre cette grandeur d'inspiration et la grandeur domestique : « Voilà pourquoi nos saints patriarches qui avaient aussi des esclaves réglaient cependant la paix domes-

tique sans confondre, quant aux biens temporels, le sort de leurs enfants avec la condition des esclaves; mais pour le culte à rendre à Dieu, en qui nous espérons les biens éternels, ils veillaient avec un même amour sur tous les membres de leur maison. Et cela est si conforme à l'ordre naturel que le nom de père de famille en tire son origine : nom si populaire que les maîtres iniques eux-mêmes se réjouissent d'être ainsi appelés » (*CD*, 37, 125).

3. Le sacrifice du corps inspiré fait l'objet d'un compromis domestique dans l'institution du patronage et dans le culte des reliques du saint protecteur *local* d'une ville ou d'une communauté (cf. Chiavaro, 1987).

4. Vico, pour rendre compte d'un état de la société antérieur aux constructions des jurisconsultes, qui « supposent d'abord un état de civilisation où les hommes seraient déjà éclairés par une raison développée », décrit deux autres façons de construire un lien entre les hommes qu'il rattache à des « âges » de l'humanité. La deuxième, correspondant à l'« âge héroïque », renferme des éléments de ce que nous désignerons plus loin comme la cité domestique. La première forme exposée par Vico comporte de nombreux traits que nous attribuons à la grandeur inspirée. Associée à l'âge divin, elle est supportée par ce que Vico nomme une « métaphysique poétique, dans laquelle les poètes théologiens prirent la plupart des choses matérielles pour des êtres divins », en attribuant à ces choses « des sentiments et des passions » (Vico, 1963, pp. 124-126). Et Vico décrit les formes de généralité de ce qu'il nomme lui-même une « topique sensible dans laquelle [les gens] unissaient les propriétés, les qualités ou rapports des individus ou des espèces » (*id.*, p. 160). Attachant toujours une importance décisive au langage, Vico présente les synecdoques comme les instruments privilégiés pour accéder à une plus grande généralité : « La *synecdoque* fut employée ensuite [après la métaphore], à mesure que l'on s'éleva des particularités aux généralités, ou que l'on réunit les parties pour composer leurs entiers » (*id.*, p. 129).

5. Nous reviendrons plus loin sur la façon dont le marché se dénature dans la croyance (cf. *infra* : « Les méfaits de la spéculation »). Notons cependant ici que ce glissement de la valeur marchande au renom nourrit une grande part de la littérature sociologique, qui repose sur les notions de « crédit » ou de « marché » employées par référence à l'opinion des autres.

6. Hobbes parle lui-même de la « vaine gloire » qui, pour être distinguée de la renommée, suppose une subtile distinction entre la « flatterie » et l'estime : « La *joie* issue de l'image qu'on se fait de sa puissance et de ses aptitudes est cette exultation de l'esprit qu'on appelle se glorifier; cette passion, si elle est fondée, chez un homme, sur l'expérience de ses propres actions passées, est la même chose que l'*assurance*; mais si elle est fondée sur la flatterie d'autrui, ou seulement forgée mentalement par l'homme en question à cause du plaisir qui s'attache à ses conséquences, elle est appelée vaine gloire, dénomination appropriée, car une *assurance* bien fondée conduit à entreprendre, alors que la fiction mentale de puissance ne le fait pas, et mérite donc bien d'être appelée *vaine* » (Hobbes, 1971, p. 53).

7. « L'honneur fait mouvoir toutes les parties du corps politique; il les lie par son action même; et il se trouve que chacun va au bien commun, croyant aller à ses intérêts particuliers. Il est vrai que, philosophiquement parlant, c'est un honneur faux qui conduit toutes les parties de l'État : mais cet honneur faux est aussi utile au public, que le vrai le serait aux particuliers qui pourraient l'avoir. Et n'est-ce pas beaucoup, d'obliger les hommes à faire toutes les

actions difficiles, et qui demandent de la force, sans autre récompense que le bruit de ces actions? » (Montesquieu, 1979, vol. 1, pp. 149-150). (Sur la tradition à laquelle se rattache cet argument, voir Hirschman, 1977.)

8. La relation entre la volonté générale chez Rousseau et les théories de la grâce est analysée par P. Riley dans son histoire de l'idée de « volonté générale » (Riley, 1986). P. Riley montre ainsi comment l'idée de volonté générale se développe au XVIIe siècle à travers les discussions sur la grâce. La volonté générale, qui est d'abord une notion théologique, désigne l'espèce de volonté attribuée à Dieu lorsqu'il décide qui doit recevoir la grâce suffisante au salut. La question est soulevée à propos de l'interprétation de l'assertion de saint Paul selon laquelle « Dieu veut que tous les hommes soient sauvés ». Les jansénistes interprètent cette volonté divine de la façon suivante : la référence à « tous » ne renvoie pas à « tous les hommes » pris chacun en particulier; elle désigne une volonté de salut qui peut se porter sur n'importe quelle espèce d'homme, quelles que soient ses qualités, juif ou gentil, esclave ou homme libre, etc. Le terme de « général » est ainsi associé à l'idée d' « homme en général » détaché de ses qualités particulières, ce qui ouvre la voie à un glissement vers l'utilisation du terme dans la théorie politique pour désigner un citoyen en général (par opposition à l'appartenance à des corps et aux dépendances hiérarchiques qui qualifient les personnes dans la cité domestique) (Riley, 1986, pp. 4-13).

9. Dans un précédent ouvrage consacré à l'analyse du concept de volonté dans les philosophies politiques contractualistes, P. Riley insiste sur le caractère paradoxal de la volonté chez Rousseau. Conformément à la tradition du contrat, Rousseau fait du consentement la condition de la légitimité d'un ordre politique. Mais ce volontarisme est obscurci par le caractère ambigu de la volonté générale. La volonté générale est parfois assimilée à la volonté qui émane de la totalité du corps politique, parfois à la volonté d'un individu en tant qu'elle est volonté de renoncer à sa volonté propre, en même temps qu'à ses appétits singuliers, pour accéder à l'état général. Il explique cette ambiguïté par l'intention de réconcilier l'individualisme contractualiste comme principe de légitimité, et la nostalgie de la cohésion et de l'unité immédiates de la cité antique (particulièrement Sparte et Rome à l'époque de la République) conçues comme des formes « non individualistes » ou « pré-individualistes » de solidarité (Riley, 1982, pp. 99-100).

10. L'influence de Saint-Simon sur Marx, que P. Ansart a analysée dans *Marx et l'anarchisme* (en particulier dans le chapitre intitulé « Une critique saint-simonienne de la philosophie » : Ansart, 1969, pp. 329-358), est soulignée par G. Gurvitch dans son introduction à l'édition d'œuvres choisies : « Gans, un des rares professeurs dont Marx ait suivi les cours à l'université de Berlin, fut le premier hégélien à s'efforcer de corriger la *Philosophie du droit* de Hegel par l'idée saint-simonienne que la société économique (dite civile) est beaucoup plus importante que l'État et détermine le fonctionnement ainsi que le sort même de ce dernier » (Saint-Simon, 1965, p. 36).

V. Le jugement mis à l'épreuve

1. C'est ainsi que Amelot de la Houssaye traduit en français le titre de l'ouvrage de Gracian *El oraculo manual y arte de prudencia*, s'inspirant mani-

festement, comme le remarque A. Pons, du *Il libro del cortegiano* de Castiglione (1987, p. II). Amelot s'en explique par le fait que ce livre est « une espèce de rudiment de Cour et de code politique » (Gracian, 1692, préface). Notons que, dans ces ouvrages, la prudence est principalement réglée par le renom, la mesure des grandeurs se réalisant sous le regard des autres. Grands sont les emplois « universellement applaudis » qui « gagnent la bienveillance commune parce qu'on les exerce à la vue de tout le monde » (*id.*, p. 85). La civilité française d'Antoine de Courtin de 1671 est, par comparaison, plus nettement orientée par une hiérarchie domestique, la première leçon consistant, comme le remarque J. Revel (1986), à « reconnaître sa propre place et le gradient particulier » de chaque relation sociale.

VII. Le conflit des mondes et la remise en cause du jugement

1. Rousseau utilise cette figure dans de nombreux passages des *Confessions*, particulièrement pour dénoncer le renom et les richesses. C'est le cas, par exemple, dans le récit de « l'illumination de Vincennes », qui appartient au registre de l'inspiration, comme en témoignent non seulement l'émotion soudaine qui suscite la rédaction du *Second discours*, mais aussi la description de la façon dont il a été composé : « Je travaillais ce discours d'une façon bien singulière et que j'ai presque toujours suivie dans mes autres ouvrages. Je lui consacrais les insomnies de mes nuits. Je méditais dans mon lit à yeux fermés, et je tournais et retournais mes périodes dans ma tête avec des peines incroyables; puis quand j'étais parvenu à en être content, je les déposais dans ma mémoire jusqu'à ce que je pusse les mettre sur le papier, mais le temps de me lever et de m'habiller me faisait tout perdre, et quand je m'étais mis à mon papier, il ne me restait presque plus rien de ce que j'avais composé. » Pour camper cette scène particulièrement inspirée, Rousseau écarte les grandeurs alternatives en revendiquant, avec fierté, sa solitude et sa pauvreté, il marche à pied, par une « chaleur excessive » parce qu'il est « peu en état de payer des fiacres » (Rousseau, 1959, pp. 350-352).

2. Ces traductions qui font un rapprochement entre le bien commun d'une cité et ce qui, dans une autre, ne peut être identifié que comme bien particulier, sans généralité ni grandeur, sont rendues plus aisées si elles peuvent suivre le frayage d'une association déposée dans la langue. Ainsi, pour reprendre l'exemple précédent, la référence à une forme commune au moyen de laquelle exprimer, dans des termes différents, tantôt le surgissement de la grandeur inspirée (bouillonnant) tantôt le désordre des familles (brouillon), la référence à ce qui bout, à ce qui se mêle et s'agite sans ordre sous l'effet d'une cause extérieure et, par association, à ce qui emporte et à ce qui trouble, permet une inversion des grandeurs qui ne s'imposerait pas avec la même évidence si l'on devait, par exemple, passer de « brouillon » à « utile » ou à « opérationnel ». Rien, dans ce dernier cas, ne soutiendrait le frayage de la dénonciation qui peut au contraire suivre, dans l'exemple précédent, un chemin déjà tracé dans les mots : « Ce que vous déclarez brouillon pour le diminuer est le bouillonnement du génie. »

Ce que l'on appelle le langage ordinaire enferme déjà, dans la matière qui lui est propre, c'est-à-dire dans le jeu des homonymies et des synonymies, la trace des relations naturelles et aussi des dénonciations ou des compromis entre natures. Les synonymes et, particulièrement, les doublets dépréciateurs ou dénonciateurs, paraissent souvent liés à la nécessité de reformuler des qualités de grands dans une nature, en les disqualifiant de façon à ce qu'elles puissent s'appliquer aux petits dans une autre nature. Mais ces transformations se font avec d'autant plus d'aisance qu'elles peuvent s'appuyer sur une racine commune, sur l'homonymie ou sur la fausse étymologie, c'est-à-dire sur ce que l'on pourrait appeler les relations domestiques entre les mots. Lorsque l'élément dépréciateur s'adosse à une racine commune, c'est toute une famille de mots qui se trouve entraînée dans la chute ou livrée au soupçon. Ces frayages ne suffisent pas à soutenir une dénonciation parce qu'ils ne contiennent pas la justification qui pourraient les fonder. Dire de quelqu'un qu'il est « brouillon », ce n'est rien d'autre qu'une injure tant qu'on ne peut établir la référence au principe de justice qui fonde la justesse d'un ordre en toutes choses. Mais ils peuvent contribuer à soutenir et à orienter la visée justificatrice dans sa remontée vers un principe fondateur. Il faut pourtant faire une exception pour la nature inspirée où le jeu des homonymies et des synonymies et les associations qu'il permet d'établir, traitées comme la révélation d'une inscription tracée de la main du Créateur ou comme l'expression d'une authenticité venue du fond de l'inconscient, sont le principe même de la preuve, les multiplicités inépuisables de sens que recèle la langue, gisement dont la poésie ou la mystique dévoilent les trésors, constituant ici la forme de généralité la plus élevée.

3. En Mai 68, il est possible de retourner le public d'un théâtre et de le basculer du renom au civique parce que les gens sont préoccupés par les événements et qu'ils ne peuvent s'abstraire des soucis qui sont les leurs en tant que citoyens et qui se rappellent constamment à eux par le bruit de la foule dans la rue. Ce dispositif est lui-même souvent utilisé dans des œuvres théâtrales pour créer une épaisseur permettant de dénoncer le caractère artificiel, coupé de la « réalité », de l'activité à laquelle se vouent les acteurs sur la scène. Ainsi, par exemple, dans *Le Balcon* de Genet, les bruits de l'émeute derrière les volets fermés dénoncent l'univers clos, la perversité douillette du bordel où les grands jouent leur grandeur, et en dévoilent ainsi la vanité, dans des saynètes que vient troubler la réalité des cris extérieurs.

4. Ainsi, dans les conditions de servitude les plus extrêmes comme, par exemple, dans les camps de concentration nazis (Pollak, 1986, 1990), les maîtres ont à l'égard des détenus des comportements sadiques, qui seraient bien incongrus si leur puissance s'exerçait sur des choses, ou même sur des animaux, ce qui prouve qu'ils reconnaissent l'humanité de leurs victimes. Dans les témoignages de déportés juifs on trouve souvent le récit d'instants, présentés comme particulièrement troublants, dans lesquels leurs bourreaux oublient, comme on fait un lapsus, de nier l'humanité des sous-hommes (par exemple un médecin allemand d'Auschwitz entre dans la pièce où une déportée affectée au Revier se déshabille et recule précipitamment en demandant « pardon »). Ces souvenirs sont entachés de la honte qui accompagne la compromission, lorsque la victime a reconnu cette reconnaissance (par exemple en renvoyant un regard) et en a tiré un avantage, ou la vie sauve.

IX. Les compromis pour le bien commun

1. On peut rapprocher ce passage de l'aphorisme 3 : « L'avantage des grands sur les autres hommes est immense par un endroit : je leur cède leur bonne chair, leurs riches ameublements, leurs chiens, leurs chevaux, leurs singes, leurs nains, leurs fous et leurs flatteurs; mais je leur envie le bonheur d'avoir à leur service des gens qui les égalent par le cœur et par l'esprit, et qui les passent quelquefois » (La Bruyère, 1982, p. 226).

2. La Bruyère ébauche la réponse dans de nombreux passages des *Caractères* qui ouvrent sur d'autres grandeurs, avec une insistance particulière sur la capacité et la compétence. Par exemple dans l'aphorisme 19 du même chapitre : « Les grands croient être seuls parfaits, n'admettent qu'à peine dans les autres hommes la droiture d'esprit, l'habileté, la délicatesse, et s'emparent de ces riches talents comme de choses dues à leur naissance. C'est cependant en eux une erreur grossière de se nourrir de si fausses préventions : ce qu'il y a jamais eu de mieux pensé, de mieux dit, de mieux écrit, et peut-être d'une conduite plus délicate, ne nous est pas toujours venu de leur fonds » (La Bruyère, 1982, p. 229). Sur la crise de légitimité, notamment dans le discours de Pascal sur la condition des grands, voir Marin (1981), particulièrement le chapitre final, « L'usurpateur légitime ou le naufragé roi » (pp. 263-290).

3. On peut lire ainsi dans cet article en grande partie consacré à la critique de l'utilitarisme : « Pour l'école de Manchester l'économie politique consiste dans la satisfaction des besoins de l'individu et spécialement de ses besoins matériels. L'individu se trouve donc être, dans cette conception, la fin unique des relations économiques; c'est par lui et c'est aussi pour lui que tout se fait; quant à la société, c'est un être de raison, une entité métaphysique que le savant peut et doit négliger. Ce qu'on appelle de ce nom n'est que la mise en rapport de toutes les activités individuelles; c'est un composé où il n'y a rien de plus que dans la somme de ses composants. » La « société » dit encore Durkheim dans le même texte « est un être véritable »; il a « sa nature propre et sa personnalité. Ces expressions de la langue courante, la conscience sociale, l'esprit collectif, le corps de la nation, n'ont pas une simple valeur verbale, mais expriment des faits éminemment concrets. Il est faux de dire qu'un tout soit égal à la somme de ses parties ». L'être social « a des propriétés spéciales » et peut même « sous de certaines conditions, prendre conscience de soi ». La société « ne se réduit donc pas à la masse confuse des citoyens » et l' « organisme social » n'est pas réductible à une « collection d'individus ». La totalité à laquelle Durkheim fait référence lorsqu'il parle de la « société » est ramenée ici à une « nation » ou à un « État » : « En d'autres termes, les grandes lois économiques seraient exactement les mêmes quand même il n'y aurait jamais eu au monde ni nations, ni États; elles supposent seulement que des individus sont en présence, qui échangent leurs produits » (Durkheim, 1975, *SP*, pp. 271-275).

4. « Sans doute, les individus qui s'adonnent à un même métier sont en relations les uns avec les autres par le fait de leurs occupations similaires. Leur *concurrence* même les met en rapports. Mais ces rapports n'ont *rien de régulier*; ils dépendent du *hasard des rencontres* et ont, le plus souvent, un caractère tout à fait *individuel.* C'est tel individu qui se trouve en contact avec tel autre; ce n'est pas le corps industriel de telle ou telle spécialité qui se réunit pour agir en commun » (Durkheim, 1960 a, *DT,* p. VII; souligné par nous).

5. « Nous insistons à plusieurs reprises, au cours de ce livre, sur l'état d'*anomie* juridique et morale où se trouve actuellement la vie économique. [...] Les actes les plus blâmables sont si souvent absous par le *succès* que la limite entre ce qui est permis et ce qui est prohibé, ce qui est *juste* et ce qui ne l'est pas, n'a plus rien de fixe, mais paraît pouvoir être déplacée presque *arbitrairement* par les individus. [...] C'est à cet état d'*anomie* que doivent être attribués, comme nous le montrerons, les *conflits* sans cesse renaissants et les *désordres* de toutes sortes dont le monde économique nous donne le triste spectacle. Car, comme rien ne contient les *forces* en présence et ne leur assigne de bornes qu'elles soient tenues de respecter, elles tendent à se développer sans termes, et viennent se heurter les unes contre les autres pour se refouler et se réduire mutuellement. Sans doute, les plus intenses parviennent bien à écraser les plus faibles ou à se les subordonner. Mais si le vaincu peut se résigner pour un temps à une subordination qu'il est contraint de subir, il ne la consent pas, et, par conséquent, elle ne saurait constituer un équilibre stable. [...] Qu'une telle *anarchie* soit un phénomène morbide, c'est ce qui est de toute évidence, puisqu'elle va contre le but même de toute société, qui est de supprimer ou, tout au moins, de modérer la guerre entre les hommes, en subordonnant la *loi physique du plus fort* à une loi plus haute » (*DT*, pp. II-III ; souligné par nous).

6. Durkheim distingue la « question sociale » de la question ouvrière, le problème de la « justice sociale » et celui de l'extinction du paupérisme. Ces distinctions se voient nettement dans les passages où Durkheim oppose le socialisme, caractérisé par la prépondérance accordée aux « fonctions économiques » (Durkheim, 1971, *LS*, p. 92), du communisme (auquel il rattache Rousseau – *LS*, p. 222) qui ne cherche qu'à en neutraliser les effets. Ce que le communisme « met en question, ce sont les conséquences morales de la propriété privée en général et non, comme fait le socialisme, l'opportunité d'une organisation économique déterminée » (*LS*, p. 66).

7. « [Pour Saint-Simon :] Le moyen de réaliser la paix sociale est d'affranchir les appétits économiques de tout frein, d'une part, et, de l'autre, de les satisfaire en les comblant. Or, une telle entreprise est contradictoire, car ils ne peuvent être comblés que s'ils sont limités (pour être comblés partiellement), et ils ne peuvent être limités que par autre chose qu'eux-mêmes. » D'où il suit qu'« ils ne sauraient être considérés comme la fin unique de la Société, puisqu'ils doivent être subordonnés à quelque fin qui les dépasse et que c'est à cette condition seulement qu'ils sont susceptibles d'être réellement satisfaits. Imaginez l'organisation économique la plus productive qui soit, et une répartition des richesses qui assure aux plus humbles une large aisance, peut-être une telle transformation produira-t-elle, au moment même où elle s'établira, un instant d'apaisement. Mais cet apaisement ne pourra jamais être que provisoire. Car les désirs, un moment calmés, reprendront bien vite de nouvelles exigences » (*LS*, pp. 225-226).

8. « Ce qu'il faut pour que l'ordre social règne c'est que la généralité des hommes se contentent de leur sort ; mais ce qu'il faut pour qu'ils s'en contentent, ce n'est pas qu'ils aient plus ou moins, c'est qu'ils soient convaincus qu'ils n'ont pas le droit d'avoir plus. Et, pour cela, il faut de toute nécessité qu'il y ait une autorité, dont ils reconnaissent la supériorité, et qui dise le droit. Car jamais l'individu, abandonné à la seule pression de ses besoins, n'admettra qu'il est arrivé à la limite extrême de ses droits. S'il ne sent pas au-dessus de lui une force qu'il respecte et qui l'arrête, qui lui dise avec autorité que la

récompense qui lui est due est atteinte, il est inévitable qu'il réclame comme lui étant dû tout ce qu'exigent ses besoins, et, comme dans l'hypothèse ces besoins sont sans frein, leurs exigences sont nécessairement sans bornes. Pour qu'il en soit autrement, il faut qu'il y ait un pouvoir moral dont il reconnaisse la supériorité qui lui crie : " Tu ne dois pas aller plus loin " » (*LS*, pp. 226-227).

9. « La subordination de l'utilité privée à l'utilité commune quelle qu'elle soit a toujours un caractère moral, car elle implique nécessairement quelque esprit de sacrifice et d'abnégation. [...] cet attachement à quelque chose qui dépasse l'individu, cette subordination des intérêts particuliers à l'intérêt général est la source même de toute activité morale. [...] La vie commune est attrayante en même temps que coercitive. [...] Voilà pourquoi, quand des individus qui se trouvent avoir des intérêts communs s'associent, ce n'est pas seulement pour défendre ces intérêts, c'est pour s'associer, pour ne plus se sentir perdus au milieu d'adversaires, pour avoir le plaisir de communier, de ne faire qu'un avec plusieurs, c'est-à-dire, en définitive, pour mener ensemble une même vie morale » (*DT*, pp. XV-XVIII). On notera la similitude entre ce dernier argument, qui évoque la grandeur civique, et l'argument développé par Albert Hirschman (Hirschman, 1983, pp. 135-150) dans sa critique de l'hypothèse du ticket gratuit de Mancur Olson (Olson, 1978), selon lequel l'action collective est recherchée en tant que telle, en sorte que « le bénéfice individuel de l'action collective n'est pas la différence entre le résultat espéré et l'effort fourni, mais la somme de ces deux grandeurs ».

10. Les nombreux passages dans lesquels Durkheim critique l'artificialisme, le volontarisme et l'individualisme des théories du contrat, critiques auxquelles il associe souvent l'œuvre politique de Rousseau (par exemple dans la quatrième *Leçon de sociologie* consacrée à la « morale civique » – Durkheim, 1950, *LE*, p. 62), dans l'introduction de l'étude sur Montesquieu (Durkheim, 1966, *MR*, p. 30) ou encore dans la « Leçon d'ouverture du Cours de sciences sociales de la Faculté de Bordeaux » (publiée en 1888 dans les *Annales de la Faculté des lettres de Bordeaux* et republiée dans Durkheim, 1970, pp. 77-110), ont eu tendance à cacher les similitudes entre la construction de la totalité chez Rousseau et chez Durkheim (cf., par exemple, Lacroix, 1981, p. 73, ou Boudon, Bourricaud, 1982 p. 189). De même la critique de la philosophie politique à laquelle Durkheim a souvent recours pour mettre en valeur la spécificité et la nouveauté de la science sociale a relégué au second plan les aspects de son œuvre qui reprennent les questions de la philosophie politique classique. Ces questions réapparaissent nettement dans les textes où Durkheim entreprend de définir les institutions les mieux à même d'assurer le bonheur et la justice dans la société.

11. Une société est « un être moral qui a des qualités propres et distinctes de celles des êtres particuliers qui la constituent, à peu près comme les composés chimiques ont des propriétés qu'ils ne tiennent d'aucun des mixtes qui les composent [...] il y aurait une sorte de sensorium commun qui servirait à la correspondance de toutes les parties; le bien et le mal publics ne seraient pas seulement la somme des biens ou des maux particuliers comme dans une simple agrégation, mais ils résideraient dans la liaison qui les unit, ils seraient plus grands que cette somme, et loin que la félicité publique fût établie sur le bonheur des particuliers, c'est elle qui en serait la source » (*Du contrat social*, 1re version, Rousseau, 1964, p. 285, cité dans *MR*, p. 136).

12. Cette raison désincarnée est, chez Durkheim, accomplie par la science,

« chose sociale et impersonnelle au premier chef » comme forme « la plus haute » de la conscience collective : « Dans le règne moral comme dans les autres règnes de la nature, la raison de l'*individu* n'a pas de privilèges en tant que raison de l'*individu*. La seule raison pour laquelle vous puissiez légitimement revendiquer, ici comme ailleurs, le droit d'intervenir et de s'élever au-dessus de la réalité morale historique en vue de la réformer, ce n'est pas ma raison ni la vôtre; c'est la raison humaine impersonnelle qui ne se réalise vraiment que dans la science » (Durkheim, 1967, pp. 74-75; souligné dans le texte).

13. L'importance accordée par Durkheim à la réintériorisation des règles supra-individuelles se manifeste notamment dans son intérêt pour le processus de l'éducation. Ses préoccupations pédagogiques le ramènent encore une fois à Rousseau, comme en témoigne le plan du cours consacré à la pédagogie de Rousseau et publié en 1919 dans la *Revue de métaphysique et de morale* (repris dans Durkheim 1975, vol. 3, pp. 371-401). Ce texte fait voir de façon particulièrement nette, comme le souligne P. Besnard, les homologies entre l'anthropologie rousseauiste et l'anthropologie durkheimienne : « Durkheim lit dans l'*Émile* que " la route du vrai bonheur " consiste à " diminuer l'excès des désirs sur les facultés " [...] » (Besnard, 1987, pp. 28-29).

14. « Pour que l'anomie prenne fin, il faut donc qu'il existe ou qu'il se forme un groupe où se puisse constituer le système des règles qui fait actuellement défaut. Ni la société politique dans son ensemble, ni l'État ne peuvent évidemment s'acquitter de cette fonction; la vie économique, parce qu'elle est très spéciale et qu'elle se spécialise chaque jour davantage, échappe à leur compétence et à leur action. L'activité d'une profession ne peut être réglementée efficacement que par un groupe assez proche de cette profession, même pour en bien connaître le fonctionnement, pour en sentir tous les besoins et pouvoir suivre toutes leurs variations » (*DT*, p. VI).

15. « Une société composée d'une poussière infinie d'individus inorganisés, qu'un État hypertrophié s'efforce d'enserrer et de retenir, constitue une véritable monstruosité sociologique. [...] Une nation ne peut se maintenir que si, entre l'État et les particuliers, s'intercale toute une série de groupes secondaires » (*DT*, pp. XXXII-XXXIII).

16. « Le seul [groupe] qui réponde à ces conditions est celui que formeraient tous les agents d'une même industrie réunis et organisés en un même corps. C'est ce qu'on appelle la corporation ou le groupe professionnel. Depuis que, *non sans raison*, le siècle dernier a supprimé les anciennes corporations, il n'a guère été fait que des tentatives fragmentaires et incomplètes pour les reconstituer sur des bases nouvelles. [...] Pour qu'une morale et un droit professionnel puissent s'établir dans les différentes professions économiques, il faut donc que la corporation, au lieu de rester un agrégat confus et sans unité, devienne, ou plutôt redevienne un groupe défini, organisé, en un mot une institution publique » (*DP*, pp. VI et VIII; souligné dans le texte).

17. « On se plaît à croire qu'il y a dans la consanguinité une cause exceptionnellement puissante de rapprochement moral. Mais nous avons eu souvent l'occasion de montrer que la consanguinité n'a nullement l'efficacité extraordinaire qu'on lui attribue. La preuve en est que dans une multitude de sociétés, les non-consanguins se trouvent en nombre au sein de la famille [...] inversement, il arrive très souvent que des consanguins très proches sont, moralement ou juridiquement, des étrangers les uns pour les autres [...]. La

famille ne doit donc pas ses vertus à l'unité de descendance : c'est tout simplement un groupe d'individus qui se trouvent avoir été rapprochés les uns des autres, au sein de la société politique, par une communauté plus particulièrement étroite d'idées, de sentiments et d'intérêts » (*DT*, p. VXII).

XI. La relativisation

1. Les constructions qui définissent les êtres selon le degré auquel ils sont habités par une force et qui, par conséquent, traitent cette force primordiale comme un équivalent général, ne sont pas l'apanage des sciences sociales. Les personnes ont souvent recours à ce type d'interprétation lorsqu'elles doivent rendre compte de conduites qui paraissent échapper à l'impératif de justification et de la répétition d'épreuves dont l'issue est toujours jugée injuste, comme si elles opposaient une résistance anormale aux règles d'équité sur lesquelles se fonde la possibilité d'un accord. Ainsi, par exemple, le modèle de la sorcellerie en Mayenne, dégagé par J. Favret, qui repose sur une théorie de la force (le sorcier est l'homme fort à qui tout réussit et dont la grandeur s'augmente de façon injustifiable et incompréhensible – Favret, 1977), constitue une des formes dans lesquelles peut être schématisée la compétence mise en œuvre par les personnes pour rendre compte d'actions qui se renouvellent avec succès, bien qu'elles échappent aux règles d'équivalence et d'équité auxquelles obéissent les épreuves justes ou au moins contestables (ce que J. Favret appelle les « médiations ordinaires »).

La possibilité de s'agrandir au détriment des autres à cause d'un excès essentiel de forces, qui est au cœur du modèle de compétence permettant d'engendrer des interprétations en termes de sorcellerie (Augé, 1975), est envisagée avec sérieux par les personnes parce qu'elles connaissent elles-mêmes des états dans lesquels elles se sentent assez fortes pour se soustraire à l'issue d'une épreuve adverse en s'emparant de leur faiblesse pour l'inverser, par un pur acte de volonté sans justification ni fondement. Cette formule d'inversion – sous ta grandeur est une misère, sous ma misère est une puissance – décrit la façon dont des grandeurs absentes se remuent aux confins et frappent à la porte. La puissance se manifeste alors, comme dans la prime enfance, sous la forme d'un désir de toute-puissance à l'état brut, à la fois illimité et imprécis. Mais cette bouffée de puissance, sur laquelle la sorcellerie construit la théorie de la grandeur qui lui est propre, doit, dans un modèle d'action justifiée, se transformer dès qu'elle rencontre l'obstacle de la critique sous la forme d'une exigence de clarification, à laquelle des personnes ne peuvent se soustraire sans que leurs prétentions ne soient disqualifiées par l'accusation de folie. Pour être exprimable et justifiable, la montée en puissance doit être spécifiée par référence à une grandeur fondée, ce qui fait basculer dans une autre nature comportant de nouvelles épreuves (souvent, lorsque l'instrumentation est réduite au corps propre, dans la nature inspirée).

2. Sur le projet de fonder des valeurs sur des forces scientifiquement mesurables et, plus généralement, sur le problème délicat de la mesure des forces chez Nietzsche, *cf.* G. Deleuze qui écrit, dans *Nietzsche et la philosophie :* « Nietzsche a toujours cru que les forces étaient quantitatives et devaient se définir quantitativement » (Deleuze, 1962, p. 48). Il cite à l'appui de sa thèse le passage suivant, extrait de la *Volonté de puissance*, dans lequel est nette-

ment exprimée l'intention de faire de la force un nouvel équivalent général permettant de distinguer la vraie grandeur des valeurs illusoires : « Notre connaissance est devenue scientifique dans la mesure où elle peut user de nombre et de mesure. Il faudrait essayer de voir si l'on ne pourrait pas édifier un ordre scientifique des valeurs d'après une échelle numérale et quantitative de la force. Toutes les autres valeurs sont des préjugés, des naïvetés, des malentendus. Elles sont partout réductibles à cette échelle numérale et quantitative » (Nietzsche, 1948, vol. 2, 352). Mais ce projet est rendu ambigu par le prix attaché à l'« inégalisable », c'est-à-dire à ce qui est « inégalisable dans la quantité », en tant que « la quantité elle-même n'est [...] pas séparable de la différence de quantité ». Si la « différence de quantité est l'essence de la force, le rapport de la force avec la force », les forces n'ont d'existence que dans « les rencontres de forces ». Elles dépendent par là du hasard des rencontres et demeurent « comme telles étrangères à toute loi » (Deleuze, 1962, pp. 49-50), ce qui contrevient singulièrement au principe industriel, inhérent à l'entreprise scientifique, de stabilisation de la mesure.

3. Voir, par exemple, la critique de Max Weber par Léo Strauss (Strauss, 1954, pp. 48-75).

BIBLIOGRAPHIE

ADORNO T., 1962, *Philosophie de la nouvelle musique*, Paris, Gallimard (traduction de H. Hildenbrand et A. Lindenberg; première édition : 1949).

AFFICHARD J., 1986, « L'homologation des titres et diplômes de l'enseignement technologique, une transformation pour donner valeur d'État à des formations spécifiques », in Salais R. et Thévenot L. (eds.), *Le travail; marchés, règles, conventions*, Paris, INSEE – Economica, pp. 139-159.

AGLIETTA M., Orléan A., 1982, *La violence de la monnaie*, Paris, PUF.

AKRICH M., 1989, « De la position relative des localités : systèmes électriques et réseaux socio-politiques », in *Innovation et ressources locales*, Paris, CEE – PUF, pp. 117-166.

Angenot M., 1983, *La parole pamphlétaire. Typologie des discours modernes*, Paris, Payot.

ANSART P., 1969, *Marx et l'anarchisme*, Paris, PUF.

ANSART P., 1970, *Sociologie de Saint-Simon*, Paris, PUF.

ARISTOTE, 1962, *La Politique*, Paris, Vrin (traduction, introduction et notes de J. Tricot, 1962).

ARISTOTE, 1965, *Éthique de Nicomaque*, Paris, Garnier-Flammarion.

ARISTOTE, 1967, *Rhétorique*, Livre 1, Paris, Les Belles Lettres (texte établi et traduit par M. Dufour).

ARISTOTE, 1984, *Organon*, vol. V : *Les topiques*, Paris, Vrin (traduction et notes par J. Tricot).

ARNAULD D'ANDILLY, 1736, *Les Vies des saints pères des déserts et de quelques saintes écrites par des pères de l'église et autres anciens auteurs ecclésiastiques grecs et latins*, Paris, Josse et Delespine.

ARNAULD A., NICOLE P., 1981, *La Logique ou L'Art de penser*, Paris, Vrin (édition critique par P. Clair et F. Girbal).

ARON R., 1967, *Les étapes de la pensée sociologique*, Paris, Gallimard.

AUBENQUE P., 1963, *La prudence chez Aristote*, Paris, PUF.

AUERBACH E., 1968, *Mimésis. La représentation de la réalité dans la littérature occidentale*, Paris, Gallimard (traduction de C. Heim; première édition : 1946).

AUGÉ M., 1975, *Théorie des pouvoirs et idéologie*, Paris, Hermann.

AUGUSTIN (saint), 1955, *La Trinité*, Œuvres de saint Augustin, Bibliothèque Augustinienne, publiée sous la direction des Études Augustiniennes, Paris, Desclée de Brouwer, vol. 15 et 16.

AUGUSTIN (saint), 1959, *La Cité de Dieu*, vol. 33 à 37.

AUGUSTIN (saint), 1962, *Les Confessions*, vol. 13 et 14.

AUGUSTIN (saint), 1966, *La Crise pélagienne*, vol. 21 et 22.

AUGUSTIN (saint), 1972, *La Genèse au sens littéral*, vol. 48 et 49.

BAKER K.M., 1975, *Condorcet. From Natural Philosophy to Social Mathematics*, Chicago and London, The University of Chicago Press.

BASTID P., 1970, *Sieyès et sa pensée*, Paris, Hachette (première édition : 1939).

BAUMGARTNER P. Ch., 1966, article « Grâce », *Dictionnaire de spiritualité*, t. VI, col. 701-763.

BÉNICHOU P., 1948, *Morales du grand siècle*, Paris, Gallimard.

BENJAMIN W., 1971, *Poésie et Révolution*, Paris, Denoël.

BERGER S., PIORE M., 1980, *Dualism and Discontinuity in Industrial Societies*, Cambridge, Cambridge University Press.

BERMAN M., 1970, *The Politics of Authenticity*, New York, Atheneum.

BESNARD P., 1973, « Durkheim et les femmes ou le *Suicide* inachevé », *Revue française de sociologie*, XIV, pp. 27-61.

BESNARD P., 1987, *L'anomie, ses usages et ses fonctions dans la discipline sociologique depuis Durkheim*, Paris, PUF.

BLOCH M., 1986, *From Blessing to Violence. History and Ideology in the Circumcision Ritual of the Merina of Madagascar*, Cambridge, Cambridge University Press.

BODIN J., 1987, *La République*, Paris, Fayard, Corpus des œuvres philosophiques en langue française.

BODIN J. (d'après), 1755, *Abrégé de la République*, Londres, Jean Nourse.

BÖHM-BAWERK E. von, 1959, *Capital and Interest*, 2 vol., South Holland, Libertarian Press.

BOISARD P., LETABLIER M-T., 1987, « Le camembert : normand ou normé; deux modèles de production dans l'industrie fromagère », in *Entreprise et produits*, Paris, CEE – PUF.

BOISARD P., LETABLIER M-T, 1989, « Un compromis d'innovation entre tradition et standardisation dans l'industrie laitière », in Boltanski, L. Thévenot, L. (eds.), *Justesse et justice dans le travail*, Paris, CEE – PUF, pp. 209-218.

BOLTANSKI L., 1982, *Les cadres. La formation d'un groupe social*, Paris, Minuit.

BOLTANSKI L., (avec Darré Y. et Schiltz M.-A.), 1984, « La dénonciation », *Actes de la recherche en sciences sociales*, n° 51, pp. 3-40.

BOLTANSKI L., 1990, *L'amour et la justice comme compétences*, Paris, Métailié.

BOLTANSKI L., THÉVENOT L., 1983, « Finding One's Way in Social Space : A Study based on Games », *Social Science Information*, vol. 22 (4-5), pp. 631-680.

BOLTANSKI L., THÉVENOT L. (eds.), 1989, *Justesse et justice dans le travail*, Paris, CEE - PUF.

BONALD L. de, 1985, *Démonstration philosophique du principe constitutif de la société*, Paris, Vrin (avant-propos de F. Azouvi; première édition : 1830).

BOOTH C., 1886, « On Occupations of the People of the United Kingdom, 1808-81 », *Journal of the Royal Statistical Society*, XLIX, pp. 314-445.

BOSSUET J.B., 1845, *Discours sur l'histoire universelle*, Paris, Firmin Didot (d'après la troisième édition de 1700).

BOSSUET J.B., 1967, *Politique tirée des propres paroles de l'Écriture sainte*, Genève, Droz (première édition : 1709).

BOUDON R., BOURRICAUD F., 1982, *Dictionnaire critique de la sociologie*, Paris, PUF.

Bourdieu P., 1972, *Esquisse d'une théorie de la pratique. Précédé de trois études d'ethnologie kabyle*, Genève, Paris, Droz.

Bourdieu P., 1980, *Le sens pratique*, Paris, Minuit.

Bourdieu P., 1982, *Ce que parler veut dire. L'économie des échanges linguistiques*, Paris, Fayard.

Brown P., 1971, *La vie de saint Augustin*, Paris, Seuil.

Brown P., 1983, *Genèse de l'antiquité tardive*, Paris, Gallimard.

Brown P., 1984, *Le culte des saints. Son essor et sa fonction dans la chrétienté latine*, Paris, Cerf.

Cabanis P.-J.-G., 1843, *Rapports du physique et du moral de l'Homme*, Paris, Fortin, Masson et Cie (première édition : 1802).

Cairnes J.E., 1874, *Political Economy*, New York, Harper.

Callon M., Latour B., 1981, « Unscrewing the Big Leviathan or How Actors Macrostructure Reality », in Knorr K., Cicourel A. (eds), *Toward an Integration of Micro and Macro Sociologies*, Londres, Routledge.

Callon M., Law J., 1989, « La proto-histoire d'un laboratoire ou le difficile mariage de la science et de l'économie », in *Innovation et ressources locales*, Paris, CEE – PUF, pp. 1-34.

Cam P., 1981, *Les prud'hommes, juges ou arbitres*, Paris, Presses de la Fondation nationale des sciences politiques.

Camusat P., 1970, *Savoir-vivre et promotion*, Paris, Éditions d'Organisation.

Carrel A., 1935, *L'homme, cet inconnu*, Paris, Plon.

Castiglione B., *Le Livre du courtisan*, Paris, Ed. G. Lebovici (présenté et traduit par A. Pons d'après la version de Gabriel Chappuis, 1580).

Certeau de. M., Julia D., Revel J., 1975, *Une politique de la langue*, Paris, Gallimard.

CFDT, 1981, *La section syndicale*, édité par la CFDT.

CFDT, 1983, *Pour élire ou désigner les délégués*, édité par la CFDT.

Chandler A.D., 1977, *The Visible Hand. The Managerial Revolution in American Business*, Cambridge, Belknap Press of Harvard University Press.

Chamboredon J.C., 1984, « Emile Durkheim : le social, objet de science. Du moral au politique? », *Critique*, XL, pp. 460-531.

Charlety S., 1931, *Histoire du saint-simonisme (1825-1864)*, Paris, Gonthier.

Chateauraynaud F., 1986, « Formes de justice, épreuves de normalité et traduction psychiatrique dans la construction des affaires », DEA de sociologie de l'EHESS, 2 tomes.

Chateauraynaud F. 1989a, « La faute professionnelle », in Boltanski L., Thévenot L. (eds.), *Justesse et justice dans le travail*, Paris, CEE - PUF, pp. 247-280.

Chateauraynaud F. 1989b, *Les affaires de faute professionnelle. Des figures de défaillance et des formes de jugement dans les situations de travail et devant les tribunaux*, Thèse de doctorat, EHESS (à paraître en 1991).

Chiavaro F., 1987, *Les saints dans l'histoire du christianisme, Anthologie de la sainteté*, vol. 1, Paris, Hachette.

Cicéron, 1922-1928, *De l'orateur*, 2 tomes, Paris, Les Belles Lettres (texte établi et traduit par E. Courbaud).

Cicéron, 1960, *Partitiones Oratoriae* et *Topiques*, Paris, Les Belles Lettres (texte établi et traduit par H. Bornecque).

Cicéron, 1962, *Traité des devoirs* in *Les stoïciens*, Paris, Gallimard, Pléiade, pp. 495-628.

Clausewitz C. von, 1955, *De la guerre*, Paris, Ed. de Minuit (préface de C. Rougeron, introduction de P. Naville, traduction de D. Naville; première édition : 1832-1937).

CLAVERIE E., LAMAISON P., 1982, *L'impossible mariage. Violence et parenté en Gévaudan, XVIIe, XVIIIe et XIXe siècles*, Paris, Hachette.

CLAVERIE E., 1984, « De la difficulté de faire un citoyen : les " acquittements scandaleux " du jury dans la France provinciale du début du XIXe siècle », *Études rurales*, n° 95-96, pp. 143-166.

COASE R.H., 1987, « La nature de la firme », *Revue française d'économie*, vol. II, n° 1, pp. 133-157 (publication originale : 1937).

CONDORCET, 1986, *Essai sur la constitution et les fonctions des assemblées provinciales* in *Sur les élections et autres textes*, Paris, Fayard, Corpus des œuvres philosophiques en langue française (édition de 1804).

CORCUFF P., 1989, « Sécurité et expertise psychologique dans les chemins de fer », in Boltanski L., Thévenot L. (eds.), *Justesse et justice dans le travail*, Paris, CEE - PUF, pp. 307-321.

CORCUFF P., LAFAYE C., 1989, « Une relecture critique du *Pouvoir périphérique* – du fonctionnalisme au constructivisme », *Politix*, n° 7.

CROCE B., 1913, *The Philosophy of Giambattista Vico*, New York, Macmillan (transl. by R.G. Collingwood).

CROPSEY J., 1975, « Adam Smith and Political Philosophy », in Skinner A., Wilson T. (eds.) 1975, *Essays on Adam Smith*, Oxford, Clarendon, Press, pp. 132-153.

DARRÉ J.-P., 1986, « La fonction de production de la vache », in Thévenot L. (ed.), *Conventions économiques*, Paris, CEE – PUF.

DELAMOURD V., 1988, « " Monsieur le Président... " Les formes de justification de l'état de chômeur », Paris, DEA de sociologie, EHESS.

DELEULE D., 1979, *Hume et la naissance du libéralisme économique*, Paris, Aubier-Montaigne.

DELEUZE G., 1962, *Nietzsche et la philosophie*, Paris, PUF.

DEMORY B., 1974, *La créativité en pratique*, Paris, Chotard et associés.

DERATHÉ R., 1970, *Jean-Jacques Rousseau et la science politique de son temps*, Paris, Vrin (première édition : 1950).

DEROUET J.L., 1984, *Pour une sociologie de l'établissement scolaire*, Paris, Institut national de la recherche pédagogique.

DEROUET J.-L., 1989, « L'établissement scolaire comme entreprise composite. Programme pour une sociologie des établissements scolaires », in Boltanski, L., Thévenot, L. (eds.), *Justesse et justice dans le travail*, Paris, CEE – PUF, pp. 11-42.

DESCARTES, 1953, *Discours de la méthode*, in *Œuvres et lettres*, Paris, Pléiade, Gallimard (présentation par A. Bridoux).

DESROSIÈRES A., 1977, « Éléments pour l'histoire des nomenclatures socio-professionnelles », in *Pour une histoire de la statistique*, t. I, Paris, INSEE (deuxième édition, INSEE-Economica : 1987).

DESROSIÈRES A., 1985, « Histoire de formes : statistiques et sciences sociales avant 1940 », *Revue française de sociologie*, vol. 26, n° 2.

DESROSIÈRES A., 1986, « L'ingénieur d'État et le père de famille », *Annales des Mines. Série « Gérer et comprendre »*, n° 2, pp. 66-80.

DESROSIÈRES A. 1989, « L'opposition entre deux formes d'enquête : monographie et statistique », in Boltanski L., Thévenot L. (eds.), *Justesse et justice dans le travail*, Paris, CEE – PUF, pp. 1-9.

DESROSIÈRES A., THÉVENOT L., 1988, *Les catégories socioprofessionnelles*, Paris, La Découverte.

DI BELLA M.P., 1981, « Implications et conséquences du code de l'honneur dans l'" Orestie " d'Eschyle », in *Atti del convegno internazionale « Letterature classiche e narratologia »*, Pérouse, Éditions de l'université de Pérouse.

Dodier N., 1986, « Corps et accords; les événements corporels individuels dans l'organisation collective des ouvriers », in Thévenot, L. (ed.), *Conventions économiques*, Paris, CEE – PUF, pp. 91-114.

Dodier N., 1989, « Le travail d'accommodation des inspecteurs du travail en matière de sécurité », in Boltanski, L., Thévenot, L. (eds.), *Justesse et justice dans le travail*, Paris, CEE – PUF, pp. 281-306.

Dodier N., 1990, « Représenter ses actions. Le cas des inspecteurs et des médecins du travail », in Pharo P., Quéré L. (eds.), *Les formes de l'action*, Paris, Ed. de l'EHESS, pp. 115-148.

Doeringer P., Piore M., 1985, *Internal Labor Markets and Manpower Analysis*, Armonk, London, Sharp (première édition : 1971).

Domat J., 1828, *Œuvres complètes*, Paris, F. Didot (première édition : 1689).

Duby G., 1964, « Les jeunes dans la société aristocratique dans la France du Nord-Ouest au XIIe siècle », *Annales : E.S.C.*, 19 (5), pp. 835-846.

Dumont L., 1966, *Homo hierarchicus*, Paris, Gallimard.

Dumont L., 1977, *Homo aequalis*, Paris, Gallimard.

Dumont L., 1983, *Essais sur l'individualisme. Une perspective anthropologique sur l'idéologie moderne*, Paris, Esprit-Seuil.

Dupuy J.-P., 1987, « De l'émancipation de l'économie : retour sur " le problème d'Adam Smith " », *L'Année sociologique*, 37, pp. 311-342.

Durkheim E., 1950, *Leçons de sociologie : physique des mœurs et du droit*, Paris, PUF (avant-propos de H.N. Kubali, introduction de G. Davy).

Durkheim E., 1960a, *De la division du travail social*, Paris, PUF (première édition : 1893; première édition de la seconde préface : 1902).

Durkheim E., 1960b, *Les formes élémentaires de la vie religieuse*, Paris, PUF (première édition : 1912).

Durkheim E., 1966, *Montesquieu et Rousseau précurseurs de la sociologie*, Paris, Marcel Rivière (avant-propos d'A. Cuvillier, note introductive de G. Davy; première édition : 1953).

Durkheim E., 1967, *Sociologie et philosophie*, Paris, PUF (préface de C. Bouglé; première édition : 1924).

Durkheim E., 1970, *La science sociale et l'action*, Paris, PUF (présentation de J.C. Filloux).

Durkheim E., 1971, *Le socialisme : sa définition, ses débuts, la doctrine saint-simonienne*, Paris, PUF (introduction de M. Mauss, préface de P. Birnbaum; première édition : 1928).

Durkheim E., 1975, *Textes*, 3 vol., Paris, Minuit (édition, présentation et notes de V. Karady).

Elias N., 1974, *La société de cour*, Paris, Calmann-Lévy.

Elster, J., 1979, *Ulysse and the syrens. Studies in rationality and irrationality*, Cambridge, Paris, Cambridge University Press et Maison des sciences de l'Homme.

Ewald F., 1986, *L'État providence*, Paris, Grasset.

Eymard-Duvernay F., 1986, « La qualification des produits », in Salais, R. et Thévenot, L. (eds.), *Le travail; marchés, règles, conventions*, Paris, INSEE – Economica, pp. 239-247.

Eymard-Duvernay F., 1989a, « Coopération et concurrence dans les relations d'entreprises », in Boltanski, L., Thévenot, L. (eds.), *Justesse et justice dans le travail*, Paris, CEE – PUF, pp. 121-133.

Eymard-Duvernay F., 1989b, « Conventions de qualité et pluralité des formes de coordination », *Revue économique*, n° 2, mars, pp. 329-359.

Faccarello G., 1984, « Quelques réflexions sur l'équilibre économique chez

P. de Boisguilbert », *Œconomia*, Cahiers de l'ISMEA, série P.E. n° 1, pp. 35-62.

FACCARELLO G., 1986, *Aux origines de l'économie politique libérale : Pierre de Boisguilbert*, Paris, Anthropos.

FARGE A., FOUCAULT M., 1982, *Le désordre des familles*, Paris, Gallimard.

FASSO G., 1972, *Vico e Grozio*, Naples, Guida Editori.

FAUCCI D., 1969, « Vico and Grotius : Jurisconsults of Mankind », in Tagliacozzo G., White H.V. (eds.), *Giambattista Vico, an International Symposium*, Baltimore and London, The Johns Hopkins University Press, pp. 61-76.

FAVEREAU O., 1982, « Le niveau de l'emploi dans une économie en croissance », Thèse d'État, Univ. Paris 1,2 vol.

FAVEREAU O., 1986, « La formalisation du rôle des conventions dans l'allocation de ressources », in Salais, R. et Thévenot, L. (eds.), *Le travail; marchés, règles, conventions*, Paris, INSEE – Economica, pp. 249-267.

FAVEREAU O., 1989a, « Valeur d'option et flexibilité : de la rationalité substantielle à la rationalité procédurale », in Cohendet P., Llerena P. (eds.), *Flexibilité, information et décision*, Paris, Economica, pp. 121-182.

FAVEREAU O., 1989b, « Marchés internes, marchés externes », *Revue économique*, n° 2, mars, pp. 273-327.

FAVEREAU O., THÉVENOT L., 1991, « Réflexions sur la notion d'équilibre utilisable dans une économie de marchés et d'organisations », in Hermès, *Marché interne, marché externe*, Paris, PUF.

FAVRET J., 1968, « Relations de dépendance et manipulation de la violence en Kabylie », *L'Homme, VIII*, 4, oct.-déc. 1968, pp. 18-44.

FAVRET J., 1977, *Les mots, la mort, les sorts*, Paris, Gallimard.

FLEISCHMANN E., 1964, « De Weber à Nietzsche », *Archives européennes de sociologie*, vol. V, pp. 100-238.

FOUCAULT M., 1966, *Les mots et les choses. Une archéologie des sciences humaines*, Paris, Gallimard.

FOUCAULT M., 1984, *Histoire de la sexualité*, t. 3 : *Le souci de soi*, Paris, Gallimard.

FURET F., 1978, *Penser la révolution française* Paris, Gallimard.

FURET F., OZOUF J., 1977, *Lire et écrire. L'alphabétisation des Français de Calvin à Jules Ferry*, 2 vol., Paris, Minuit.

GALTON F., 1972, *Hereditary Genius*, Gloucester, Mass., Peter Smith (introduction de C.D. Darlington; première édition : 1869).

GEERTZ C., 1978, « The Bazaar Economy : Information ad Search in Peasant Marketing », *American Economic Review*, vol. 68, n° 2.

GEERTZ C., 1983, *Local Knowledge*, New York, Basic books.

GINSBURG C., 1980, « Signes, traces, pistes. Racines d'un paradigme de l'indice », *Le Débat*, 7, pp. 3-44.

GIRARD R., 1972, *La violence et le sacré*, Paris, Grasset.

GODARD O., 1989, « Jeux de natures : quand le débat sur l'efficacité des politiques publiques contient la question de leur légitimité », in Mathieu N., Jolivet M. (eds.), *Du rural à l'environnement. La question de la nature aujourd'hui*, Paris, L'harmattan.

GODARD O., 1990, « Environnement, modes de coordination et systèmes de légitimité : analyse de la catégorie de patrimoine naturel », *Revue économique*, 2, mars, pp. 215-242.

GOFFMAN E., 1973, *La mise en scène de la vie quotidienne*, t. 1 : *La présentation de soi*, Paris, Minuit.

GOLDSCHMIDT V., 1974, *Anthropologie et politique. Les principes du système de Rousseau*, Paris, Vrin.

GOUHIER H., 1970, *La jeunesse d'Auguste Comte et la formation du positivisme*, t. III : « Auguste Comte et Saint-Simon », Paris, Vrin (seconde édition; première édition : 1941).

GRACIÁN B., 1692, *L'homme de cour*, Paris, Barbier (traduit et commenté par Amelot de la Houssaye; première édition : 1647).

GRASSI E., 1969, « Critical Philosophy or Topical Philosophy? Meditations on the *De nostri temporis studiorum ratione* », in Tagliacozzo G., White H.V. (eds.), *Giambattista Vico, an International Symposium*, Baltimore and London, The Johns Hopkins University Press, pp. 39-50.

GUY J.-C., 1976, *Paroles des anciens. Apophtegmes des pères du désert*, Paris, Seuil.

HABERMAS J., 1987, *Théorie de l'agir communicationnel*, 2 vol., Paris, Fayard (traduit par J.-M. Ferry et J.-L. Schlegel; édition originale : 1981).

HACKING I., 1975, *The Emergence of Probability*, Cambridge, Cambridge University Press.

HALBWACHS M., 1976, « Introduction, notes, commentaires » de Jean-Jacques Rousseau, *Du contrat social*, Paris, Aubier-Montaigne (première édition : 1943).

HAYEK F.A., 1953, *Scientisme et sciences sociales. Essai sur le mauvais usage de la raison*, Paris, Plon (trad. par R. Barre; édition originale : 1952).

HÉRAN F., 1984, « L'assise statistique de la sociologie », *Économie et statistique*, n° 169, pp. 23-36.

HIRSCHMAN A., 1970, *Exit, Voice and Loyalty*, Cambridge Mass., Harvard University Press (traduction de C. Beysseyrias : *Face au déclin des entreprises et des institutions*, Paris, Ed. Ouvrières, 1972).

HIRSCHMAN A., 1977, *The Passions and the Interests*, Princeton, Princeton University Press (traduction de P. Andler : *Les passions et les intérêts*, Paris, PUF, 1980).

HIRSCHMAN A., 1982, « Rival Interpretations of Market Society : Civilizing, Destructive, or Feeble? », *Journal of Economic Literature*, vol. 20, pp. 1463-1484.

HIRSCHMAN A., 1983, *Bonheur privé, action publique*, Paris, Fayard (traduction de M. Leyris et J.B. Grasset de *Shifting Involvements. Private Interest and Public Action*, Princeton, Princeton University Press, 1982).

HOBBES T., 1971, *Leviathan*, Paris, Sirey (traduction et introduction de F. Tricaud de l'édition de 1651).

HOBBES T., 1977, *Les Éléments du droit naturel et politique*, Lyon, Ed. L'Hermes (traduction, introduction et notes de L. Roux; première édition : 1640).

HOLLANDER S., 1975, « On the Role of Utility and Demand in *The Wealth of Nations* », in Skinner A., Wilson T. (eds.), 1975, *Essays on Adam Smith*, Oxford, Clarendon Press, pp. 313-323.

HUME D., 1983, *Traité de la nature humaine*, Paris, Aubier (traduction, préface et notes de A. Leroy; édition originale : 1740).

JAMOUS R., 1977, *Honneur et baraka*, Paris, Éditions de la Maison des sciences de l'homme.

JAUME L., 1983, « La théorie de la " personne fictive " dans le *Leviathan* de Hobbes », *Revue française de sciences politiques*, vol. 33, n° 6, pp. 1009-1035.

JULIA D., 1981, *Les trois couleurs du tableau noir. La Révolution*, Paris, Belin.

KANTOROWICZ E., 1957, *The King's Two Bodies. A Study in Mediaeval Political Theology*, Princeton, Princeton University Press (traduction française, Gallimard, 1989).

KAPLAN S.L., 1976, *Le complot de famine; histoire d'une rumeur au XVIIIe siècle*, Paris, A. Colin (traduit par M. et J. Revel).

KAPLAN S.L., 1986, *Le pain, le peuple et le Roi. La bataille du libéralisme sous Louis XV*, Paris, Perrin (traduction de M.A. Revellat, préface de E. Le Roy Ladurie; première édition : 1976).

KAPLAN S.L., 1988, *Les ventres de Paris. Pouvoirs et approvisionnements dans la France d'ancien régime*, Paris, Fayard (traduit par S. Boulongne; première édition : 1984).

KAUDER E., 1953, « The Retarded Acceptance of The Marginal Utility Theory », *Quaterly Journal of Economics*, vol. 67, nº 4, pp. 564-575.

KEOHANE N., 1980, *Philosophy and the State in France. The Renaissance to the Enlightenment*, Princeton, Princeton University Press.

KERR C., 1954, « The Balkanisation of Labor Markets », in Bakke, E.W. et alii, *Labor Mobility and Economic Opportunity*, New York, MIT Press, pp. 92-110.

KEYNES J.M., 1982, *Théorie générale de l'emploi, de l'intérêt et de la monnaie*, Paris, Payot (traduction de J. de Largentaye).

KOSELLECK R., 1979, *Le règne de la critique*, Paris, Minuit (traduction de H. Hildenbrand; première édition : 1959).

KRAMARZ F., 1989, « La comptabilité nationale à la maison », in Boltanski L., Thévenot L. (eds.), *Justesse et justice dans le travail*, Paris, CEE – PUF, pp. 219-245.

LA BRUYÈRE, 1982, *Les Caractères ou Les Mœurs de ce siècle*, Paris, Flammarion (chronologie et préface de R. Pignarre; première édition : 1688).

LACAN J., 1980, *De la psychose paranoïaque dans ses rapports avec la personnalité*, Paris, Seuil (première édition : 1932).

LACROIX B., 1981, *Durkheim et le politique*, Paris, Presses de la fondation nationale des sciences politiques.

LAFAYE C., 1987, *La cohérence des services municipaux et la pluralité des logiques d'action*, mimeo., GSPM.

LAFAYE C., 1989, « Réorganisation industrielle d'une municipalité de gauche », in Boltanski L., Thévenot L. (eds.), *Justesse et justice dans le travail*, Paris, CEE – PUF, pp. 43-66.

LAFAYE C., 1990, « Situations tendues et sens ordinaire de la justice au sein d'une administration municipale », *Revue française de sociologie*, vol. XXXI-2, avril-juin, pp. 199-223.

LAGARDE G. de, 1956, *La naissance de l'esprit laïque au déclin du MoyenÂge*, Louvain, Nauwelaerts.

LANGLOIS C., SEIGNOBOS C., 1898, *Introduction aux études historiques*, Paris, Hachette.

LATOUR B., 1983, *Les microbes*, Paris, Métailié.

LATOUR B., 1989, *La science en action*, Paris, La Découverte.

LATOUR B., STRUM S., 1986, « Human Social Origins : oh please, tell us another origin story », *Journal of Social and Biological Structures*, nº 9.

LATOUR B., WOOLGAR S., 1988, *La vie de laboratoire*, Paris, La Découverte.

LE BON G., 1971, *Psychologie des foules*, Paris, PUF (première édition : 1895).

LÉVY-BRUHL H., 1964, *La preuve judiciaire*, Paris, Marcel Rivière.

LEWIS A., 1986, *Le sang royal. La famille capétienne et l'État, France, Xe-XIVe siècle,* Paris, Gallimard (traduction de J. Carlier, préface de G. Duby; première édition : 1981).

LIDA DE MALKIEL M.R., 1968, *L'idée de la gloire dans la tradition occidentale,* Paris, Klincksieck.

LOCKE J., 1984, *Traité du gouvernement civil,* Paris, Flammarion (traduction de D. Mazel publiée en 1795, à partir de la cinquième édition de Londres de 1728; première édition : 1690).

LOMBROSO G. (Gina), 1931, *La rançon du machinisme,* Paris, Payot (traduit de l'italien par H. Winckler).

LUKES S., 1973, *E. Durkheim, his Life and Work,* Londres, Allen Lane.

LÜTDKE A., 1984, « Cash, Coffee-breaks, Horse-play : " *Eigensinn* " and Politics Among Factory Workers in Germany around 1900 », in M. Hanagan, Ch. Stephenson (eds.), *Workers aud Industrialisation. Comparative Studies of Class Formation and Workers Militancy,* Londres, Coxon.

MACCORMACK M.H., 1985, *Tout ce que vous n'apprendrez jamais à Harvard,* Paris, Rivages-Les Échos (traduction de M. Lebailly; première édition : 1984).

MACKENZIE D.A., 1981, *Statistics in Britain, 1865-1930,* Edinburgh, Edinburgh University Press.

MACPHERSON C.B., 1964, *The Political Theory of Possessive Individualism. Hobbes to Locke,* Oxford, Oxford University Press (première édition : 1962).

MANDEVILLE B., 1974, *La Fable des abeilles ou Les vices privés font le bien public,* Paris, Vrin (introduction, traduction, index et notes de L. et P. Carrive; édition originale de 1714).

MARIN L., 1981, *Le portrait du roi,* Paris, Minuit.

MARROU I., 1957, *Saint Augustin et l'augustinisme,* Paris, Seuil.

MARX K., 1950, *Le capital*, Paris, Éditions sociales, 8 vol. (traduction de J. Roy; première édition : 1867, 1885 et 1894).

MAUSS M., 1960, « Essai sur le don. Forme et raison de l'échange dans les sociétés archaïques », in, *Sociologie et anthropologie,* Paris, PUF (introduction de C. Lévi-Strauss; première édition : 1923).

MEAD G.H., 1963, *L'esprit, le soi et la société,* Paris, PUF (traduction de J. Cazeneuve, E. Kaelin et G. Thibault, préface de G. Gurvitch; première édition : 1934).

MESNARD P., 1977, *L'essor de la philosophie politique au XVIe siècle,* Paris, Vrin (troisième édition; première édition : 1969).

MISES L. von, 1946, *La bureaucratie*, Paris, Librairie de Médicis (traduction de R. Florin et P. Barbier).

MONTESQUIEU, 1979, *De l'esprit des lois,* 2 vol., Paris, Garnier-Flammarion.

MORIN E., 1972, *Les stars,* Paris, Seuil.

MOSCOVICI S., 1981, *L'âge des foules,* Paris, Fayard.

MOUSNIER R., 1974, *Les institutions de la France sous la monarchie absolue,* 2 volumes, Paris, PUF.

NELSON R.R., WINTER S.G., 1982, *An Evolutionary Theory of Economic Change,* Cambridge, Harvard University Press.

NICOLE P., 1733, *Essais de Morale,* Paris, F. Desprez (première édition : 1671).

NIETZSCHE F., 1948, *La volonté de puissance,* 2 vol., Paris, Gallimard (traduction de G. Bianquis; première édition : 1901).

NIETZSCHE F., 1950, *Le gai savoir,* Paris, Gallimard (traduction de A. Vialatte).

NIETZSCHE F., 1971, *La généalogie de la morale*, Paris, Gallimard, Œuvres philosophiques complètes, vol. VII (texte et variantes établis par G. Colli et M. Montinari, traduction de I. Hildenbrand, J. Gratien; première édition : 1887).

NISBET R., 1984, *La tradition sociologique*, Paris, PUF (traduction de M. Azuelos; première édition : 1966).

NOZICK R., 1974, *Anarchy, State and Utopia*, Oxford, Basil Blackwell.

OLSON M., 1978, *La logique de l'action collective*, Paris, PUF (traduction de M. Lévi; première édition : 1965).

PACÔME, AUGUSTIN, BENOÎT, FRANÇOIS d'ASSISE, 1982, *Règles des moines*, Paris, Seuil.

PALLADIUS, 1981, *Les moines du désert. Histoire lausiaque*, Paris, Desclée de Brouwer (introduction par Louis Leloir).

PAPPAS J., 1982, « La campagne des philosophes contre l'honneur », *Studies on Voltaire and the 18 th century*, vol. 205, pp. 31-44.

PARETO W., 1968, *Traité de sociologie générale*, Genève-Paris, Droz (préface de R. Aron; première édition : 1917).

PARROT, J.-P., 1974, *La représentation des intérêts dans le mouvement des idées politiques*, Paris, PUF.

PASCAL B., 1912, *Pensées et opuscules*, Paris, Hachette (édition de Léon Brunschvicg; première édition : 1670).

PASCAL B., 1954, *Œuvres complètes*, Paris, Gallimard, Pléiade.

PHARO P., 1985, *Le civisme ordinaire*, Paris, Librairie des Méridiens.

PIERROT M., 1980, *Productivité et conditions de travail. Un guide diagnostic pour entrer dans l'action*, Paris, Entreprise moderne d'édition.

PIZZORNO A., 1986, « Sur la rationalité du choix démocratique », in Birnbaum P. et Leca J. (eds.), *Sur l'individualisme*, pp. 330-369.

PLATON, 1950, *Œuvres complètes*, Paris, Gallimard, Pléiade (traductions et notes par Léon Robin avec la collaboration de M.-J. Moreau), t. 2, pp. 431-524.

PLATON, 1987, *Gorgias*, Paris, Flammarion (traductions, introduction et notes par Monique Canto).

POLANYI M., 1962, *Personal Knowledge : Towards a Post-Critical Philosophy*, Chicago, The University of Chicago Press.

POLLAK M., 1986, « La gestion de l'indicible », *Actes de la recherche en sciences sociales*, n° 62-63.

POLLAK M., 1990, *L'expérience concentrationnaire. Essai sur le maintien de l'identité sociale*, Paris, Métailié.

PROST A., 1977, *Les anciens combattants et la société française, 1914-1939*, 3 vol., Paris, Presses de la Fondation nationale des sciences politiques.

PUFENDORF S., 1771, *Le Droit de la Nature et des Gens, ou Système général des Principes les plus importants de la Morale, de la Jurisprudence et de la Politique*, Leyde (traduction de J. Barbeyrac; édition originale en latin : 1672).

RAPHAEL D., 1975, *The Impartial Spectator*, in Skinner A., Wilson T. (eds.), 1975, *Essays on Adam Smith*, Oxford, Clarendon Press, pp. 83-99.

RAWLS J., 1973, *A Theory of Justice*, Oxford, Oxford University Press (édition originale : 1972).

REVEL J., 1986, « Les usages de la civilité », in Ariès P., Duby G., 1986, *Histoire de la vie privée*, t. 3, Paris, Seuil.

REYNOLDS L.G., 1951, *The Structure of Labor Markets*, New York, Harper.

RICŒUR P., 1965, *De l'interprétation. Essai sur Freud*, Paris, Seuil.

RICŒUR P., 1969, *Le conflit des interprétations. Essais d'herméneutique,* Paris, Seuil.

RICŒUR P., 1979, « La raison pratique », in Geraets T. (ed.), *La rationalité aujourd'hui,* Ottawa, Éd. de l'Université d'Ottawa, pp. 225-241, republié dans Ricœur P., 1986, *Du texte à l'action. Essais d'herméneutique II,* Paris, Seuil-Esprit, pp. 237-259.

RICHARDS A., KUPER A. (eds.), 1971, *Councils in Action,* Cambridge, Cambridge University Press.

RILEY P., 1982, *Will and Political Legitimacy,* Cambridge (Mass.), Harvard University Press.

RILEY P., 1986, *The General will before Rousseau,* Princeton, Princeton University Press.

ROBERTSON H.M., TAYLOR W.L., 1957, « Adam Smith's Approach to the Theory of Value », *The Economic Journal,* vol. 67, nº 266, pp. 181-198.

ROOVER R. de, 1955, « Scholastic Economics : Survival and Lasting Influence from the Sixteenth Century to Adam Smith », *The Quaterly Journal of Economics,* vol. 69, nº 2, may 1955.

ROOVER R. de, 1971, *La pensée économique des scolastiques, doctrines et méthodes,* Montréal, Inst. d'études médiévales, Paris, Vrin.

ROSANVALLON P., 1985, *Le moment Guizot,* Paris, Gallimard.

ROSCH E., 1978, Lloyd B.B., *Cognition and Categorization,* New York, Erlbaum.

ROUSSEAU J.-J., 1959, *Les Confessions,* Paris, Gallimard, Pléiade (vol. I : *Textes autobiographiques*).

ROUSSEAU J.-J., 1964, *Du contrat social,* Paris, Gallimard, Pléiade (vol. III : *Écrits politiques*).

ROUSSEAU J.-J., 1966, *Émile ou De l'éducation,* Paris, Garnier-Flammarion.

ROUSSEAU J.-J., 1967a, *Julie ou La nouvelle Héloïse,* Paris, Garnier-Flammarion.

ROUSSEAU J.-J., 1967b, *Lettre à d'Alembert,* Paris, Garnier-Flammarion.

SABEL C., 1982, *Work and Politics,* Cambridge, Cambridge University Press.

SACCO et VANZETTI, 1971, *Lettres 1921-1927,* Paris, Union générale d'éditions (traduction de J. Guéhenno).

SAHLINS M., 1980, *Critique de la sociobiologie. Aspects anthropologiques,* Paris, Gallimard (traduction de J.-F. Roberts; édition originale : 1976).

SAINT-SIMON C.-H. de, 1869, *Œuvres,* Paris, E. Dentu.

SAINT-SIMON C.-H. de, 1965, *La physiologie sociale; Œuvres choisies,* Paris, PUF (avec introduction et notes de G. Gurvitch).

SALAIS R., BAVEREZ N., REYNAUD B., 1986, *L'invention du chômage,* Paris, PUF.

SARTRE J.-P., 1980, *L'être et le néant,* Paris, Gallimard (première édition : 1943).

SCHNEIDER C., 1970, *Principes et techniques des relations publiques,* Paris, Delmas.

SCHUMPETER J., 1983, *Histoire de l'analyse économique,* 3 tomes, Paris, Gallimard (traduit de l'édition anglaise de 1954 sous la direction de J.-C. Casanova, préface de R. Barre).

SÉNÈQUE, 1962, *De la vie heureuse,* dans *Les Stoïciens,* pp. 723-755, Gallimard, Pléiade, Paris.

SEWELL W., 1983, *Gens de métier et révolutions,* Paris, Aubier (traduction par J.-M. Denis; édition originale : 1980).

SIEYÈS E., 1970, *Qu'est-ce que le Tiers-État,* Genève, Droz (introduction et notes par Roberto Zapperi).

SILVER A., 1989, « Friendship and Trust as Moral Ideal : an Historical Approach », *Journal européen de sociologie*, XXX, pp. 274-297.

SKINNER A., WILSON T. (eds.), 1975, *Essays on Adam Smith*, Oxford, Clarendon Press.

SKINNER Q., 1978, *The Foundations of Modern Political Thought*, 2 vol., Cambridge, Cambridge University Press.

SMITH A., 1860, *Théorie des sentiments moraux*, Paris, Guillaumin et Cie (traduction de Mme S. de Grouchy et la Marquise de Condorcet; première édition : 1759).

SMITH A., 1976, *Recherches sur la nature et les causes de la richesse des nations*, Paris, Gallimard (extraits traduits et préfacés par G. Maret).

SMITH A., 1982, *The Wealth of Nations*, Livres I à III, Penguin Books (introduction de A. Skinner, 1970; première édition : 1776).

STAROBINSKI L., 1971, *Jean-Jacques Rousseau. La transparence et l'obstacle*, Paris, Gallimard.

STRAUSS L., 1954, *Droit naturel et histoire*, Paris, Plon (traduction de M. Nathan et E. de Dampierre; première édition : 1953).

SULLOWAY F., 1981, *Freud, biologiste de l'esprit*, Paris, Fayard.

TAGLIACOZZO G. (ed.), 1969, *Giambattista Vico. An International Symposium*, Baltimore, The John Hopkins Press.

THÉVENOT L., 1979, « Une jeunesse difficile; les fonctions sociales du flou et de la rigueur dans les classements », *Actes de la recherche en sciences sociales*, n° 26-27, pp. 3-18.

THÉVENOT L., 1983, « L'économie du codage social », *Critiques de l'Économie politique*, n° 23-24, pp. 188-222.

THÉVENOT L., 1986, « Les investissements de forme », in Thévenot L. (ed.), *Conventions économiques*, Paris, CEE – PUF, pp. 21-71.

THÉVENOT L., 1987, « Les enquêtes : formation et qualification professionnelle et leurs ancêtres français », in Affichard J. (ed.), *Pour une histoire de la statistique*, t. II, Paris, INSEE-Economica.

THÉVENOT L., 1989a, « Économie et politique de l'entreprise; économies de l'efficacité et de la confiance », in Boltanski L., Thévenot L. (eds.), *Justesse et justice dans le travail*, Paris, CEE – PUF, pp. 135-207.

THÉVENOT L., 1989b, « Équilibre et rationalité dans un univers complexe », *Revue économique*, n° 2, mars, pp. 147-197.

THÉVENOT L., 1990a, « L'action qui convient », in Pharo P., Quéré L. (eds.), *Les formes de l'action*, Paris, Éd. de l'EHESS, pp. 39-69.

THÉVENOT L., 1990b, « L'origine sociale des enquêtes de mobilité sociale », *Annales ESC*, n° 6, nov.-déc., pp. 1275-1300.

THOMAS D'AQUIN (saint), 1947, *Somme théologique*, 2a-2ae, Questions 63-66, Paris, Desclée de Brouwer (traduction, notes et appendices de C. Spicq).

THOMAS D'AQUIN (saint), 1949, *Somme théologique*, 2a-2ae, Questions 47-56, Paris, Desclée de Brouwer (traduction, notes et appendices de T.-H. Deman).

TOCQUEVILLE A. de, 1981, *De la démocratie en Amérique*, 2 vol., Paris, Garnier-Flammarion (préface par François Furet; première édition : 1835).

TURGOT, 1970, *Écrits économiques*, Paris, Calmann-Lévy (préface de B. Cazes).

TURGOT, 1976, *Les édits de Turgot*, Paris, Imprimerie Nationale (préface de M. Garden; première édition : 1776).

TURNER V., 1967, *The Forest of Symbols : Aspects of Ndembu Ritual*, Ithaca (NY), Cornell University Press.

VAUGHAN C., 1971, *The Political Writings of Jean-Jacques Rousseau,* 2 vol., New York, Burt Franklin (première édition : 1915).

VEBLEN T., 1953, *The Theory of the Leisure Class ;An Economic Study of Institutions,* New York, New American Library (introduction de C. Wright Mills; première édition : 1899).

VERNANT J.-P. (ed.), 1974, *Divination et rationalité,* Paris, Seuil.

VICO J.-B., 1963, *Principes de la philosophie de l'histoire,* Paris, Armand Colin (introduction et traduction de J. Michelet d'extraits de la *Scienza Nuova,* à partir de l'édition de 1744).

VICO J.-B., 1981, *Vie de Giambattista Vico écrite par lui-même* suivie de *La méthode des études de notre temps,* Paris, Grasset (présentation, traduction et notes de Alain Pons).

VILLEY M., 1983, *Le droit et les droits de l'homme,* Paris, PUF.

WALLISER B., 1985, *Anticipations, équilibres et rationalité économique,* Paris, Calmann-Lévy.

WALZER M., 1974, *Regicide and Revolution. Speeches at the Trial of Louis XVI,* Cambridge, Cambridge University Press.

WALZER M., 1983, *Spheres of Justice. A Defense of Pluralism and Equality,* New York, Basic Books.

WEBER M., 1971, *Économie et société,* tome premier, Paris, Plon (traduction sous la direction de J. Chavy et E. de Dampierre; première édition : 1922).

WEISS J., 1982, *The Making of Technological Man. The Social Origins of French Engineering Education,* Cambridge (Mass.), MIT Press.

WILLIAMSON O., 1975, *Markets and Hierarchies : Analysis and Antitrust Implications. A Study in the Economics of Internal Organization,* New York, The Free Press.

WILLIAMSON O., 1985, *The Economic Institutions of Capitalism : Firms, Market, Relational Contracting,* New York, Macmillan.

WISSLER A., 1987, « Cohésion de l'entreprise et pluralité des logiques d'action », miméo, Groupe de Sociologie politique et morale, 181 p.

WISSLER A., 1989a, « Les jugements dans l'octroi de crédit », in Boltanski L., Thévenot L. (eds.), *Justesse et justice dans le travail,* Paris, CEE – PUF, pp. 67-119.

WISSLER A., 1989b, « Prudence bancaire et incertitude », in *Innovation et ressources locales,* Paris, CEE – PUF, pp. 201-237.

INDEX

INDEX DES MATIÈRES

INDEX DES NOMS PROPRES

Boltanski

Le Monde

December 3, 1993

SECTION: Monde des livres

LENGTH: 1146 words

HEADLINE: ESSAIS La politique de la pitie

BYLINE: DROUIN PIERRE

KEYWORD: CRITIQUE D'OEUVRE, SENTIMENT, PSYCHOLOGIE ; LIVRE ; BOLTANSKI LUC ; LA SOUFFRANCE A DISTANCE

HIGHLIGHT.

Luc Boltanski analyse le declenchement des emotions et des actions devant les images de la souffrance du monde

BODY:

Bernard Kouchner n'a plus fenetre ouverte sur les foyers des Francais depuis que le vent politique a tourne. Mais le sillon qu'il a creuse est loin de s'effacer. L'action humanitaire a relance ce que Hannah Arendt appela " la politique de la pitie ". Luc Boltanski a resolu de regarder de tres pres cette place du spectateur devant la souffrance. Ce qui nous vaut un considerable travail d'approfondissement de situations et de comportements.

L'auteur part de tres haut pour mieux embrasser le champ de sa recherche. Ses soixante-dix pages sur " la question du spectateur " les plus difficiles ont pour dessein de debroussailler le chemin, plus encombre qu'on ne croit d'idees toutes faites. Il s'appuie beaucoup, pour ce faire, sur deux ecrivains a premiere vue fort eloignes : Hannah Arendt et Adam Smith. Ce dernier, on ne le sait pas assez, s'est interesse autant a " la theorie des sentiments moraux " qu'a " la richesse des nations ". Il faut considerer, par exemple, que la pitie n'est ni la justice ni la compassion (qui n'est pas loquace). Quand Adam Smith veut reconstruire le monde, c'est autour de la double figure d'un malheureux et d'un spectateur impartial qui l'observe a distance. Mais le spectateur se dedouble dans la mesure ou il est aussi spectateur de soi-meme, de ses propres reactions et conduites.< Cette ambivalence conduit a des situations que Luc Boltanski scrute sans jamais s'essouffler, en analysant la parole sur la souffrance dans trois grands ensembles d'arguments, qu'il appelle " topiques " : la topique de la denonciation, celle du sentiment et celle de l'esthetique. La pitie peut se transformer tres vite en indignation et en colere contre le persecuteur. Encore faut-il identifier ce dernier.

Le debat sur l'action humanitaire

Dans les " affaires ", on s'y retrouve fort bien. Notre auteur cite l'histoire du chevalier de La Barre, execute publiquement en 1766 pour

blaspheme. Voltaire arrive a inverser le dispositif de l'accusation en revelant les intrigues contre la victime d'un " vieux maraud d'Abbeville " nomme Belleval, amoureux de " l'abbesse de Vigancourt ". La denonciation sociale s'affirmant au XIX siecle dans la defense des ouvriers miserables prendra souvent la forme d'une immense et grandiose " affaire ". La denonciation du spectateur est vulnerable a la critique s'il est prouve qu'elle est habitee par la passion de l'accusation. Chateaubriand fait le portrait de " saint Robespierre " en parlant de ce " bourreau qui parle avec attendrissement de Dieu, de malheurs, de tyrannie, d'echafaud, afin de persuaderles hommes qu'il ne veut que des coupables, et encore par un effet de vertu ". Mais l'on peut, pour parer a la critique, deplacer l'accusation des personnes vers des systemes. Ce qu'a fait tres explicitement le marxisme.

Le spectateur de " la souffrance a distance " peut etre domine par une autre pulsion que l'indignation. Il lui arrive de sympathiser avec les sentiments de gratitude que l'intervention d'un bienfaiteur inspire au malheureux (" la topique du sentiment "). Les postures sont alors celles de l'attendrissement et de l'urgence. La critique porte sur la maniere d'emouvoir, comme on l'a vu souvent dans certaines attaques portees contre des emissions de television. Jadis, elle se dirigeait contre le " sentimentalisme " des romans de Richardson, par exemple, la duplicite des emotions, le plaisir ambigu des coeurs sensibles. On bascule avec Sade du cote de l'amateur de souffrance, de la justification politique des gouts singuliers ou de l'utopie abritant des cites ou les lois servent a maintenir l'oppression des forts sur les faibles.

Dans la " topique esthetique ", les spectateurs ou acteurs considerent la souffrance comme sublime. C'est le cas du peintre ou du " dandy ", celui qui se " regarde voir ". Baudelaire conseille aux artistes de frequenter les bordels, ou l'on peut " ramasser la noblesse partout, meme dans la fange " (le Peintre de la vie moderne). Tout naturellement, Boltanski devait classer Nietzsche dans cette galerie (" On a toujours a defendre les forts contre les faibles " ecrit-il dans la Volonte de puissance), ainsi que Bataille, Blanchot et, bien sur, Genet, " le voyou souverain ".

Luc Boltanski s'interroge , enfin, " sur la crise de la pitie ". La philanthropie du XIX siecle a ete accusee de selectionner les pauvres meritants, c'est-a-dire ceux qui ne protestent pas, pour mieux exclure les mauvais. Au XX siecle, une incertitude provient de ce que notre auteur appelle " la derobade du referent ".On perd parfois les criteres faciles d'identification des victimes. Dans Humanisme et terreur, Maurice Merleau-Ponty a essaye de repondre a la question : " Si le communisme est persecuteur en URSS, comment peut-il etre invoque en France et ailleurs dans le monde pour defendre les opprimes contre l'exploitation ? "

Autres types d'incertitudes : celles qui derivent du soupcon porte sur l'authenticite du desir desinteresse de venir en aide a autrui ou de la vanite des intentions d'agir. Le debat autour de l'action humanitaire, ces derniers temps, en a fourni des illustrations. On lui a reproche aussi bien le retour a l'ordre moral que les incantations mediatiques qu'elle provoque, destinees a " servir d'alibi a notre incapacite d'agir " (A.-G. Slama). Luc

Boltanski defend Bernard Kouchner. " Ce qui justifie le mouvement humanitaire, ecrit-il, c'est que ses membres sont sur place. "

Pour faire face aux exigences morales suscitees par la representation de la souffrance, la parole est le recours principal du spectateur, entendons la parole agissante, la manifestation, la solidarite avec les groupes qui vont vers les victimes, etc. Tout le reste parait chicane oiseuse a notre auteur. Il est tres convaincant lorsqu'il legitime le mouvement humanitaire par sa " politique du present ", et de la presence dans l'aide aux victimes.

TROISIÈME PARTIE

Les mondes communs

QUATRIÈME PARTIE

La critique

NRF Essais n'est pas une collection au sens où ce mot est communément entendu aujourd'hui; ce n'est pas l'illustration d'une discipline unique, moins encore le porte-voix d'une école ni celui d'une institution.

NRF Essais est le pari ambitieux d'aider à la défense et restauration d'un genre : l'essai. *L'essai est exercice de pensée, quels que soient les domaines du savoir : il est mise à distance des certitudes reçues sans discernement, mise en perspective des objets faussement familiers, mise en relation des modes de pensée d'ailleurs et d'ici. L'essai est une interrogation au sein de laquelle la question, par les déplacements qu'elle opère, importe plus que la réponse.*

Éric Vigne

(*Les titres précédés d'un astérisque ont originellement paru dans la collection* Les Essais.)

Raymond Abellio *Manifeste de la nouvelle Gnose.*

*Theodor W. Adorno *Essai sur Wagner (Versuch über Wagner*; traduit de l'allemand par Hans Hildenbrand et Alex Lindenberg).

Svetlana Alpers *L'atelier de Rembrandt. La liberté, la peinture et l'argent* (*Rembrandt's Enterprise. The Studio and the Market*; traduit de l'anglais [États-Unis] par Jean-François Sené).

Bronislaw Baczko *Comment sortir de la Terreur. Thermidor et la Révolution* (traduit en italien, roumain, anglais).

Gilles Barbedette *L'invitation au mensonge. Essai sur le roman.*

Jean-Pierre Baton et Gilles Cohen-Tannoudji *L'horizon des particules. Complexité et élémentarité dans l'univers quantique.*

Michel Blay *Les raisons de l'infini. Du monde clos à l'univers mathématique.*

Luc Boltanski et Laurent Thévenot *De la justification. Les économies de la grandeur* (traduit en anglais, portugais [Brésil]).

Jorge Luis Borges *Entretiens sur la poésie et la littérature* suivi de *Quatre essais sur J. L. Borges* (*Borges the Poet*; traduit de l'anglais [États-Unis] par François Hirsch).

*Michel Butor *Essais sur les Essais* (traduit en japonais).

*Albert Camus *Le mythe de Sisyphe. Essai sur l'absurde* (traduit en allemand, anglais, bulgare, catalan, danois, espagnol, hébreu, italien, japonais, néerlandais, norvégien, portugais, roumain, serbo-croate, slovène, suédois).

*Albert Camus *Noces* (traduit en allemand, anglais, bulgare, catalan, danois, espagnol, hébreu, italien, japonais, néerlandais, portugais, roumain, serbo-croate).

*Cioran *La chute dans le temps* (traduit en allemand, italien, espagnol, norvégien).

*Cioran *Le mauvais démiurge* (traduit en allemand, anglais, espagnol, italien, japonais, serbo-croate).

*Cioran *De l'inconvénient d'être né* (traduit en allemand, anglais, espagnol, italien, japonais, néerlandais, suédois).

*Cioran *Écartèlement* (traduit en allemand, anglais, japonais, néerlandais).

*Jean Clair *Considérations sur l'état des beaux-arts* (traduit en italien, espagnol).

Robert Darnton *Édition et sédition. L'univers de la littérature clandestine au XVIIIe siècle* (traduit en portugais [Brésil], japonais, italien).

Daniel C. Dennett *La stratégie de l'interprète. Le sens commun et l'univers quotidien* (*The Intentional Stance*; traduit de l'anglais [États-Unis] par Pascal Engel).

Alain Dieckhoff *L'invention d'une nation. Israël et la modernité politique.*

Michael Dummett *Les sources de la philosophie analytique* (*Ursprünge der analytischen Philosophie*; traduit de l'allemand par Marie-Anne Lescourret).

*Mircea Eliade *Briser le toit de la maison. La créativité et ses symboles* (textes traduits de l'anglais par Denise Paulme-Schaeffner et du roumain par Alain Paruit).

*Mircea Eliade *Occultisme, sorcellerie et modes culturelles* (*Occultism, Witchcraft and Cultural Fashions*; traduit de l'anglais [États-Unis] par Jean Malaquais).

Pascal Engel *La norme du vrai. Philosophie de la logique* (traduit en anglais).

*Etiemble et Yassu Gauclère *Rimbaud.*

Alain Finkielkraut *La mémoire vaine. Du crime contre l'humanité* (traduit en espagnol, allemand, portugais, néerlandais, serbo-croate, anglais, roumain).

Michael Fried *La place du spectateur. Esthétique et origines de la peinture moderne* (*Absorption and Theatricality. Painting and Beholder in the Age of Diderot*; traduit de l'anglais [États-Unis] par Claire Brunet).

Michael Fried *Le réalisme de Courbet. Esthétique et origines de la peinture moderne II* (*Courbet's Realism*; traduit de l'anglais [États-Unis] par Michel Gautier).

Raul Hilberg *Exécuteurs, victimes, témoins. La catastrophe juive 1933-1945* (*Perpetrators Victims Bystanders. The Jewish Catastrophe 1933-1945*; traduit de l'anglais [États-Unis] par Marie-France de Paloméra).

*Alexandre Koyré *Introduction à la lecture de Platon* suivi de *Entretiens sur Descartes* (traduit en hébreu, portugais).

Julia Kristeva *Le temps sensible. Proust et l'expérience littéraire* (traduit en anglais).

Thomas Laqueur *La fabrique du sexe. Essai sur le corps et le genre en Occident* (*Making Sex. Body and Gender from the Greeks to Freud*; traduit de l'anglais [États-Unis] par Michel Gautier).

J.M.G. Le Clézio *Le rêve mexicain ou la pensée interrompue* (traduit en anglais, espagnol, allemand, italien, grec, danois, japonais).

*Gilles Lipovetsky *L'ère du vide. Essais sur l'individualisme contemporain* (traduit en espagnol, italien, portugais, polonais, turc, serbo-croate, allemand).

Gilles Lipovetsky *Le crépuscule du devoir. L'éthique indolore des nouveaux temps démocratiques* (traduit en espagnol, portugais).

Nicole Loraux *Les expériences de Tirésias. Le féminin et l'homme grec* (traduit en italien, anglais, grec).

Giovanni Macchia *L'ange de la nuit. Sur Proust* (*L'angelo della notte. Proust e dintorni*; traduit de l'italien par Marie-France Merger, Paul Bédarida et Mario Fusco).

Pierre Pachet *La force de dormir. Essai sur le sommeil en littérature.*

*Octavio Paz *L'arc et la lyre* (*El arco y la lira*; traduit de l'espagnol par Roger Munier).

*Octavio Paz *Conjonctions et disjonctions* (*Conjunciones y Diyunciones*; traduit de l'espagnol [Mexique] par Robert Marrast).

*Octavio Paz *Courant alternatif* (*Corriente alterna*; traduit de l'espagnol [Mexique] par Roger Munier).

*Octavio Paz *Deux transparents. Marcel Duchamp et Claude Lévi-Strauss* (*Marcel Duchamp, Claude Lévi-Strauss o el nuevo Festín de Esopo*; traduit de l'espagnol [Mexique] par Monique Fong-Wust et Robert Marrast).

*Octavio Paz *Le labyrinthe de la solitude* suivi de *Critique de la pyramide* (*El laberinto de la soledad*; *Posdata*; traduit de l'espagnol [Mexique] par Jean-Clarence Lambert).

*Octavio Paz *Marcel Duchamp : l'apparence mise à nu* (*Apariencia desnuda, la obra de Marcel Duchamp. El Castillo de la Pureza. * water writes always in * plural*; traduit de l'espagnol [Mexique] par Monique Fong).

Hilary Putnam *Représentation et réalité* (*Representation and Reality*; traduit de l'anglais [États-Unis] par Claudine Engel-Tiercelin).

David M. Raup *De l'extinction des espèces. Sur les causes de la dispa-*

rition des dinosaures et de quelques milliards d'autres (*Extinction. Bad Genes or Bad Luck?*; traduit de l'anglais [États-Unis] par Marcel Blanc).

Jean-Pierre Richard *L'état des choses. Études sur huit écrivains d'aujourd'hui.*

Rainer Rochlitz *Le désenchantement de l'art. La philosophie de Walter Benjamin* (traduit en anglais).

Rainer Rochlitz *Subversion et subvention. Art contemporain et argumentation esthétique.*

Marc Sadoun *De la démocratie française. Essai sur le socialisme.*

Jean-Paul Sartre *Vérité et existence* (traduit en allemand, portugais [Brésil], italien, anglais, bulgare).

Jean-Marie Schaeffer *L'art de l'âge moderne. L'esthétique et la philosophie de l'art du* XVIII*e siècle à nos jours* (traduit en italien, espagnol).

Jean-François Sirinelli (sous la direction de) *Histoire des droites en France*, tome 1 : *Politique*, tome 2 : *Cultures*, tome 3 : *Sensibilités.*

Jean Starobinski *Le remède dans le mal. Critique et légitimation de l'artifice à l'âge des Lumières* (traduit en allemand, italien, anglais, japonais, portugais [Brésil]).

George Steiner *Réelles présences. Les arts du sens* (*Real Presences. Is there anything* in *what we say?*; traduit de l'anglais par Michel R. de Pauw).

Paul Veyne *René Char en ses poèmes* (traduit en japonais).

Bernard Williams *L'éthique et les limites de la philosophie* (*Ethics and the Limits of Philosophy*; traduit de l'anglais par Marie-Anne Lescourret).

Yosef Hayim Yerushalmi *Le Moïse de Freud. Judaïsme terminable et interminable* (*Freud's Moses. Judaism Terminable and Interminable*; traduit de l'anglais [États-Unis] par Jacqueline Carnaud).